THE PHILOSOPHY BOOK

第2版

哲学大図鑑

BIG IDEAS

THE ARCHITECTURE BOOK

THE ART BOOK

THE ASTRONOMY BOOK

THE BIBLE BOOK

THE BIOLOGY BOOK

THE BLACK HISTORY BOOK

THE BUSINESS BOOK

THE CHEMISTRY BOOK

THE CLASSICAL MUSIC BOOK

THE CRIME BOOK

THE ECOLOGY BOOK

THE ECONOMICS BOOK

THE FEMINISM BOOK

THE HISTORY BOOK

THE ISLAM BOOK

THE LAW BOOK

THE LGBTQ+ HISTORY BOOK

THE LITERATURE BOOK

THE MATHS BOOK

THE MEDICINE BOOK

THE MOVIE BOOK

THE MYTHOLOGY BOOK

THE PHILOSOPHY BOOK

THE PHYSICS BOOK

THE POETRY BOOK

THE POLITICS BOOK

THE PSYCHOLOGY BOOK

THE RELIGIONS BOOK

THE SCIENCE BOOK

THE SHAKESPEARE BOOK

THE SHERLOCK HOLMES BOOK

THE SOCIOLOGY BOOK

THE WORLD WAR I BOOK

THE WORLD WAR II BOOK

SIMPLY EXPLAINED

THE PHILOSOPHY BOOK
哲学大図鑑 第2版
BIG IDEAS SIMPLY EXPLAINED

マーカス・ウィークス ほか 著
小須田 健 訳

三省堂

Original Title: The Philosophy Book: Big Ideas Simply Explained

Copyright © 2011, 2024 Dorling Kindersley Limited

A Penguin Random House Company

Japanese translation rights arranged with

Dorling Kindersley Limited, London

through Fortuna Co., Ltd., Tokyo.

For sale in Japanese territory only.

Printed and bound in China

www.dk.com

執筆者

マーカス・ウィークス

作家・音楽家。哲学を学び、教師を務めたのち、著述家。
芸術と一般科学にかんする執筆が多い。

ウィル・バッキンガム

哲学者・小説家。
哲学と語り（ナラティヴ）の相互作用について研究している。
近年は、英国レスターのド・モンフォール大学で教鞭をとる。
著書に『船になれること──倫理学・経験・物語の海』ほかがある。

ダグラス・バーナム

英国スタッフォードシャー大学哲学教授。
近代ヨーロッパ哲学にかんする多数の論文と著書がある。

クライヴ・ヒル

政治理論・英国史の講師。現代世界において
知識人がになう役割について研究している。

ピーター・J・キング

英国オクスフォード大学ペンブローク・カレッジで教鞭をとる。
哲学博士。
近著に『百人の哲学者─世界の偉大な思想家へのガイド』がある。

ジョン・マレンボン

英国ケンブリッジ大学トリニティ・カレッジ・フェロー。
中世哲学を専門としている。
著書に、『初期中世哲学入門　480-1150年』がある。

■編集協力者
リチャード・オズボーン

本書企画に協力。
カンバーウェル・カレッジ・オブ・アーツ（ロンドン芸術大学）で
哲学と批評理論を教えている。

ステファニー・チルマン

「哲学者人名録」に協力。

■訳者
小須田　健（こすだ・けん）

1964年神奈川県生まれ。
中央大学大学院文学研究科博士課程満期退学。
現在、中央大学、清泉女子大学、東京情報大学、実践女子大学ほか
の講師。
専攻は現代哲学・倫理学。
著書に、『哲学の解剖図鑑』（エクスナレッジ）ほか。
訳書に、アンドレ・コント＝スポンヴィル『哲学』（白水社・共訳）、
ラース・スヴェンセン『働くことの哲学』（紀伊國屋書店）、
ローゼンツヴァイク『救済の星』（みすず書房・共訳）など。

CONTENTS 目次

10 はじめに

18 古代世界
紀元前700年～後250年

22 万物は水からできている
ミレトスのタレス

24 道の道とすべきは
常の道に非ず
老子

26 数こそがかたちと観念を
統べている
ピュタゴラス

30 自己の煩悩を克服した
人間は幸福だ
ゴータマ・シッダータ

34 忠信を主とせよ
孔子

40 万物は流転する
ヘラクレイトス

41 万物は一である
パルメニデス

42 人間は万物の尺度だ
プロタゴラス

44 我に投ずるに桃を以てす、
之に報ゆるに李を以てす
墨子

45 原子と空虚な空間のほかには
なにも存在しない
デモクリトスとレウキッポス

46 吟味されることのない人生など
生きるに値しない
ソクラテス

50 地上での知識は影にすぎない
プラトン

56 真理は私たちをとりまく世界にこそ住まう
アリストテレス

64 死は私たちにとってなにものでもない
エピクロス

66 最小のもので満足できるひとは、
最大のものを有している
シノペのディオゲネス

67 人生の目標は自然との調和のうちに
生きることだ
キティウムのゼノン

68 中世世界
250年～1500年

72 神は悪の起源ではない
ヒッポの聖アウグスティヌス

74 神は私たちの自由な思考と行為とを
予見している
ボエティウス

76 魂は身体から区別されている
イブン＝シーナー（アヴィケンナ）

80 ただ神のことを考えるだけで、
私たちは神が実在していると
知ることができる
聖アンセルムス

82 哲学と宗教は両立不可能なものではない
イブン＝ルシュド（アヴェロエス）

84 神には属性などない
モーセス・マイモニデス

86 嘆いてはならない。
なにをなくしたとしても、
それはかたちを変えてもどってくる
ジャラール・ウッディーン・ルーミー

88 宇宙はつねに実在していた
わけではない
トマス・アクィナス

96 神は非他なるものだ
ニコラウス・フォン・クザーヌス

97 なにも知らないでいるのが、
もっとも幸福な人生だ
デシデリウス・エラスムス

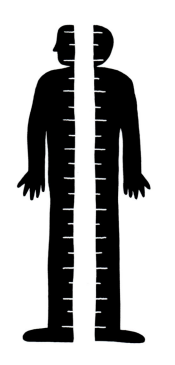

98 ルネサンスと理性の時代
1500年〜1750年

- 102 目的が手段を正当化する
  ニコロ・マキャヴェリ
- 108 名声と平静さが並びたつことはありえない
  ミシェル・ド・モンテーニュ
- 110 知は力だ
  フランシス・ベーコン
- 112 人間は機械だ
  トマス・ホッブズ
- 116 われ思う、ゆえにわれ在り
  ルネ・デカルト
- 124 想像力がすべてを左右する
  ブレーズ・パスカル
- 126 神は自身のうちにあるいっさいのものの原因だ
  ベネディクトゥス・スピノザ
- 130 ここでは、どんな人間の知識も当人の経験を超えることはありえない
  ジョン・ロック
- 134 二種類の真理がある。理性の真理と事実の真理だ
  ゴットフリート・ライプニッツ
- 138 存在するとは知覚されてあることだ
  ジョージ・バークリー

142 革命の時代
1750年〜1900年

- 146 懐疑は喜ばしい状態ではないが、確実性も不条理だ
  ヴォルテール
- 148 習慣は人間生活の偉大なガイドだ
  デイヴィッド・ヒューム
- 154 人間は生まれつき自由だが、いたるところで鎖につながれている
  ジャン=ジャック・ルソー
- 160 人間は取引する動物だ
  アダム・スミス
- 164 二つの世界がある。私たちの身体と外界だ
  イマヌエル・カント
- 172 社会とはじつのところ契約だ
  エドマンド・バーク
- 174 最大多数の最大幸福
  ジェレミー・ベンサム
- 175 精神にはジェンダーはない
  メアリ・ウルストンクラフト
- 176 どの手の哲学を選ぶかで、どの手の人間かがわかる
  ヨハン・ゴットリープ・フィヒテ
- 177 哲学について哲学する以上に、哲学することのできる主題などない
  フリードリヒ・シュレーゲル
- 178 あらゆる現実は歴史的な過程だ
  ゲオルク・ヘーゲル
- 186 だれもが自分の視野の限界を世界の限界だと思っている
  アルトゥール・ショーペンハウアー

- 189 神学は人間学だ
  ルートヴィヒ・アンドレアス・フォイエルバッハ
- 190 自分自身の身体と精神にたいしてはだれもが支配者だ
  ジョン・スチュアート・ミル
- 194 不安は自由の眩暈だ
  セーレン・キルケゴール
- 196 これまで存在していたあらゆる社会の歴史は、階級闘争の歴史だ
  カール・マルクス
- 204 そもそも市民は、自分の良心を立法者に委ねなければならないのか
  ヘンリー・デイヴィッド・ソロー
- 205 事物がどのような効果をもつかを考えよ
  チャールズ・サンダーズ・パース
- 206 自分のなすことがちがいをもたらすかのようにふるまえ
  ウィリアム・ジェイムズ

210 現代世界
1900年〜1950年

214 人間とは、乗りこえられるべきなにかだ
フリードリヒ・ニーチェ

222 自分を信頼している人びとが、来て見て勝つ
アハド＝ハアム

223 言語は、諸観念を表現するもろもろの記号からなるひとつの体系だ
フェルディナン・ド・ソシュール

224 経験それ自体は学問ではない
エドムント・フッサール

226 直観はまさに生の方向にそって進む
アンリ・ベルクソン

228 私たちは困難に直面したときにだけ思考する
ジョン・デューイ

232 過去を覚えていられないひとは、それを繰りかえすよう強いられる
ジョージ・サンタヤーナ

233 苦しみのみが私たちを人間にする
ミゲル・デ・ウナムーノ

234 人生を信じること
ウィリアム・デュ・ボイス

236 幸福へいたる道は、労働の組織的な減少のうちにある
バートランド・ラッセル

240 愛こそが貧しい知識から豊かな知識への架け橋だ
マックス・シェーラー

241 ひとりであるかぎりでのみ、ひとは哲学者になりうる
カール・ヤスパース

242 人生は未来との一連の衝突だ
ホセ・オルテガ・イ・ガセット

244 哲学するためには、まず懺悔(ざんげ)しなければならない
田辺 元

246 私の言語の限界が私の世界の限界だ
ルートヴィヒ・ウィトゲンシュタイン

252 私たち自身が分析されるべき存在だ
マルティン・ハイデガー

256 個人の唯一真の道徳的選択は、共同体のための自己犠牲をとおしてなされる
和辻哲郎

257 論理学は哲学の最後の科学的要素だ
ルドルフ・カルナップ

258 人間を知るただひとつの方法は、なんの望みもいだくことなくその人間を愛することだ
ウォルター・ベンヤミン

259 存在するものは真実ではありえない
ハーバート・マルクーゼ

260 歴史が私たちに帰属するのではなく、私たちが歴史に帰属する
ハンス＝ゲオルク・ガダマー

262 科学的言明は、現実について語るものであるかぎり、誤りとなる可能性から逃れられない
カール・ポパー

266 知性は道徳的カテゴリーだ
テオドール・アドルノ

268 実存は本質に先だつ
ジャン＝ポール・サルトル

272 悪の月並みさ
ハンナ・アーレント

273 理性は言語に宿る
エマニュエル・レヴィナス

274 世界を見るために、私たちは世界の慣れしたしんだ受容を断ちきらなければならない
モーリス・メルロ＝ポンティ

276 男は人間として定義され、女は女性として定義される
シモーヌ・ド・ボーヴォワール

278 言語は社会的技術だ
ウィラード・ヴァン・オーマン・クワイン

280 自由にたいする根源的感覚は、鎖からの自由だ
アイザイア・バーリン

282 山のように考えよう
アルネ・ネス

284 人生に意味などなければ、人生はずっと生きやすくなるだろう
アルベール・カミュ

286 現代哲学
1950年～現在

- **290** 言語は皮膚だ
  ロラン・バルト

- **292** 文化なしで私たちは
  どうやってゆけばよいのか
  メアリー・ミッジリー

- **293** 通常科学がめざすのは、
  事実あるいは理論の新奇性ではない
  トマス・クーン

- **294** 正義の原理は無知のヴェールの
  背後で選択される
  ジョン・ロールズ

- **296** 芸術は人生の一形式だ
  リチャード・ウォルハイム

- **297** なんでもあり
  ポール・ファイヤアーベント

- **298** 知は売られるべく生みだされる
  ジャン=フランソワ・リオタール

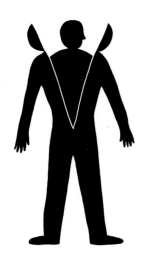

- **300** 黒人にはたったひとつの運命しかない。
  それは白人になることだ
  フランツ・ファノン

- **302** 機械は驚くべき頻度で私を驚かせる
  アラン・チューリング

- **303** 道徳的運という表現を最初にもち
  だしたとき、私が示唆したかったの
  は、撞着語法であった
  バーナード・ウィリアムズ

- **304** 人間とは最近の発明品だ
  ミシェル・フーコー

- **306** 私たちが選択するなら、私たちは心地
  よい幻想の世界で暮らすことができる
  ノーム・チョムスキー

- **308** できることをしないでいるのを
  正当化するよりも、なにかをしてしま
  うのを正当化するほうが難しい
  フィリッパ・フット

- **310** 社会はそれ自身の伝統の批判に
  依拠している
  ユルゲン・ハーバーマス

- **312** テクストの外部はない
  ジャック・デリダ

- **318** 私たちの奥底には、私たちが自分で
  そこに置いたもの以外にはなにもない
  リチャード・ローティ

- **324** あらゆる欲望は狂気に関係している
  リュス・イリガライ

- **325** どんな帝国も、自身ともほかのどんな
  帝国とも似ても似つかない世界を語る
  エドワード・サイード

- **326** 思想はつねに対立によって作動する
  エレーヌ・シクスー

- **327** コウモリであるとはどのようなことか
  トマス・ネーゲル

- **328** こんにちのフェミニズムのなかで、
  だれが神を演じるのか
  ジュリア・クリステヴァ

- **329** 人間の意識こそは、
  まさに最後まで残っている謎だ
  ダニエル・デネット

- **330** 哲学は書かれた企てに
  つきるものではない
  ヘンリー・オデラ・オルカ

- **331** 苦しむという点では、
  動物も私たちの同胞だ
  ピーター・シンガー

- **332** 最良のマルクス主義的分析は、
  いつでも誤りの分析だ
  スラヴォイ・ジジェク

- **333** 家父長制支配は、人種差別主義と
  イデオロギー的土台を共有している
  ベル・フックス

- **334** 哲学者人名録
- **348** 用語解説
- **352** 索引
- **358** 第2版 訳者あとがき
- **359** 出典一覧

はじめに

はじめに

哲学とは、一般に思われているのとはちがって、才能には恵まれているものの常軌を逸したところのある思想家たちの吹きだまりではない。それは、日々の仕事に追われることなく、人生や宇宙はそもそもどうなっているのかと問いかける余裕ができたとき、だれもがおこないとなみだ。私たち人間は、もともと知りたがりの生きものであり、自分をとりまく世界や世界のなかでの自身の位置について疑問をいだかずにはいられない。私たちにはパワフルな知的能力も付与されており、そのおかげで、ただ疑問を感じるだけでなく、推論をはたらかせることもできる。自分では気づいていないかもしれないが、推論をはたらかせるときにはいつでも私たちは哲学的に考えている。

哲学とは、根本的な問いへの答えを与えてくれるものというよりは、まずは慣習的な見解や伝統的な権威を鵜呑みにするのをやめて、推論を駆使してみずから答えを見つけだそうと試みる過程だ。古代ギリシアと中国にあらわれた最初の哲学者たちは、宗教や習慣が与えてくれる既成の説明に満足することなく、自分に納得できる答えを見つけだそうとした思想家たちであった。そして、こんにち私たちと友人や同僚のものの見方が似かよっているように、最初の哲学者たちはみずからの考えをたがいに討議し、「学派」をつくりさえした。学派といっても、たんに自分たちの到達した結論を教えるだけの集まりでは

なく、そうした結論にいたった道筋をも伝えようとするものであった。だから、弟子たちの意見が折りあわず、自分たちの考えが批判されることも恐れず、そうした討議の場を、それまでの思索をより発展させ、新しい別の考えをもたらす機会にさえした。ひとりきりで自分の結論にいたるというのは、よく見受けられる誤った哲学者像だ。じっさいには、そんなことはごくまれで、新しい考えは、討論をつうじて、また他人の考えを吟味し、分析し、批判するなかから生まれる。

論争と対話

この点で、原型となる哲学者はソクラテスだ。彼はなにも書きのこさなかったし、自分の思索の結論となるような偉大な着

> 驚きこそは、
> 哲学者の感情にほかならない。
> なにしろ、
> これにまさる哲学の
> はじまりはない
> **プラトン**

想のひとつすら残さなかった。ソクラテスは自分が一番の知者であることを誇りとしていたが、それは自分がなにも知らないということを知っていたという意味においてのことだ。ソクラテスの遺産は、彼によって確立された論争と討論の伝統、すなわち他人の臆見に問いかけてさらに深い理解を獲得し、根本的な真理を引きだそうと試みる伝統にある。ソクラテスの弟子であったプラトンの著作は、そのほとんどがソクラテスを主人公とした対話篇形式で書かれている。その後の哲学者たちも、みずからの考えを表明するのに対話篇という同じ手法を採用したが、それはただ自分たちの推論と結論を表明するだけではなく、相手に論証と反論のチャンスをも与えたいと願ったからであった。

哲学者には、自分の考えを世間に表明するさいに、一も二もなく賛意を示すよりは、「たしかに、だが…」とか「もし…ならどうだろう」といった、間合いをとったコメントで答えようとする傾向がある。じっさい哲学者たちの見解は、哲学のたいていの側面において、驚くほど食いちがっている。たとえば、プラトンとその弟子アリストテレスは、哲学の根本問題にかんして真っ向から対立する見解をいだいており、この二人の異なったアプローチは、後につづく哲学者たちの意見を分裂させるもととなった。この食いちがいは、さらなる討論をひきおこし、さらに斬新な考えを誘発もした。だが、こうした哲学的な問

はじめに

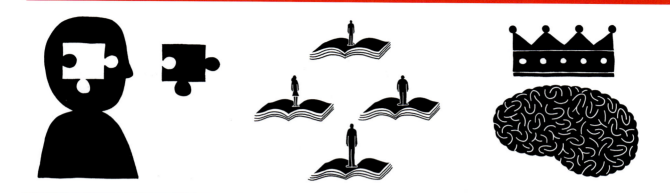

いかけが、いまなお討論や論争の的となっているというのは、どうしたことだろうか。なぜ思想家たちは、最終的な答えにたどりつかないのか。そもそも、哲学者たちが長い歳月をかけて取りくみつづけている「根本的な問い」とはなんなのか。

存在と知識

2500年以上も昔の古代ギリシアに最初の哲学者たちが出現したとき、彼らの好奇心を刺激したのは、周囲に広がる世界であった。彼らが眼にしていたのは、大地とそこに住まう有象無象の生きもの、太陽に月や惑星といった星々、さらには荒天や地震、日食といった自然現象であった。彼らは、これらすべてにたいする説明を求めた。それも、神々をもちだす古来からの神話や伝説ではなく、自分たちの好奇心と知性とを満たしてくれる説明を求めた。この時代の哲学者たちの関心を惹いた最初の問いとは、「世界はなにからできているのか」であったが、これはすぐに膨張して、「なんであれ存在するものの本性はなにか」という、ずっと広範な問いに変貌した。

これが、こんにち形而上学と呼ばれる哲学の一分野だ。最初の問いの多くは、その後科学によって説明されるようになったが、「なぜなにもないのではなく、なにかがあるのか」といった形而上学的問いには、依然として答えが与えられていない。

私たちも宇宙の一部なのだから、人間存在の本性や、物体とちがって意識をもって在るとはどういうことなのかといったことも、形而上学の考察対象となる。そもそも私たちは、自分をとりまく世界をどのように知覚しているのだろうか。また事物は、私たちの知覚とは無関係に在るのだろうか。私たちの精神と身体の関係はどうなっているのか。さらには、霊魂は不滅なのか。存在論は、存在の問いにかかわる形而上学の土俵をなしているというだけでなく、その範囲はきわめて広大で、ほとんどの西洋哲学の土台をなしてもいる。

ひとたび哲学者たちが世間の常識を理性的に吟味しだすと、また別の根本的な問いがあらわになる。それは「どのようにして私たちは知ることができるのか」という問いだ。知の本性と限界にかんするこの研究が、認識論という哲学第二の主要な分野をかたちづくる。

その中核に位置するのは、私たちはどのようにして知識を獲得するのか、私たちは自分がなにを知っているのかをどうやって知るにいたるのか、ある種の知識（それどころかすべての知識）は生得的なのか、それとも私たちはすべてを経験から学ぶのか、私たちは推論だけでなにごとかをきちんと知りうるのかといった問いだ。正しく推論できるためには、自分たちの知識が信頼できるものでなければ話にならない以上、哲学的に思考するためにはこれらの問いは不可欠だ。そして、自分たちの知識のおよぶ範囲と限界もきちんと見定めておかねばならない。さもなければ、自分で知っているつもりのことを自分は本当に知っているのであって、たとえば感覚によってそう信じるよう「欺かれて」いるわけではないのだと確信することもできなくなる。

論理と言語

推論がめざすのは言明の真理を立証することであり、その真理の上に最終的に結論へとつうじてゆく一連の思想が構築される。これは、こんにちの私たちにはごく当たりまえのことに思える。だが、理性的な推論を構築するという考えが、最初の哲学者たち以前に存在していた迷信や宗教にもとづく説明から、哲学を分かつことになったのだ。これらの思想家たちは、自分たちの考えの妥当性を確証するやりかたをも考案しなければならなかった。そうした思索から生まれたのが、推論の技術と

迷信は世界全体を
炎に投げこむ。
その炎を消すのが哲学だ
ヴォルテール

はじめに

しての論理学であり、これは時代とともに洗練されていった。論理学は、最初はたんにある論証が筋のとおったものであるかどうかを分析するための便利な道具にすぎなかったが、その規則と規約がどんどん発展していって、ほどなく固有の権利をそなえた研究領域をなすにいたり、哲学の主題の拡張につれて、独立したひとつの分野にまでなった。

大半の哲学がそうであるのと同様に、論理学は科学、とりわけ数学と密接な関係にある。前提から出発して一連の推論過程を経て結論へいたるという論証の基本スタイルは、数学の証明のそれと同じだ。そうであってみれば、哲学者たちがしばしば自明で議論の余地のない真理の例として数学を引きあいにだすとしても、またピュタゴラスからルネ・デカルトやゴットフリート・ライプニッツにいたるまでの偉大な思想家たちが専門の数学者であったとしても、驚くにはあたらない。

論理学は、物事の白黒がはっきりつく領域であるかぎりで、哲学のもっとも正確で「科学的な」分野のように思われるかもしれないが、その扱う主題をよくよく考察してみると、事態はそれほど単純ではない。19世紀における数学の進歩は、アリストテレスによって定められた論理法則をも疑わしいものとしたが、古代においてさえ、エレアのゼノンによる有名なパラドクスが、一見したところでは誤りがあるとは思われない前提と論証をつうじて、不条理な結論に到達していた。

問題の大半は、数学とはちがって、哲学的論理学が数や記号によってではなくことばで表現されており、そのため言語に内在するありとあらゆる曖昧さやとらえがたさを免れないというところにある。筋のとおった論証を構築するには、細心の注意をはらって正確に言語を用いて、みずからの言明と論証を吟味し、それらが意味していると私たちが考えるとおりの内容をそれらがあらわしていることを確実なものにしておかねばならない。さらに、他人の論証を研究するさいには、そこで採用されている論理の組みたてのみならず、用いられている言語をも分析して、その結論が首尾一貫しているかどうかを見ておく必要がある。こうした過程から、20世紀に開花するまた別の哲学の領域である言語哲学が登場した。これは術語とその意味を検討し、確定しようとするものだ。

道徳・芸術・政治

言語が不正確なために、哲学者たちは哲学的な問いに答えようとするにあたって、ことばの意味を明確にしようとしてきた。ソクラテスがアテネ市民に向けて発した一連の問いは、彼らがじっさいに確実な概念であると信じていることの真実を突きとめようとするものであった。ソクラテスは「正義とはなにか」あるいは「美とはなにか」といった単純な問いを発し、その意味を引きだそうとしたばかりでなく、概念そのものを探索しようと意図していたようだ。この種の討論においてソクラテスは、私たちが自身の人生を生きるやりかたや重要だとみなしていることがらについての想定自体を疑った。

「よい」人生を送るとはどういうことを意味しており、正義や幸福といった概念が本当のところなにを意味しているのか、どうすれば私たちはそれに到達できるのか、そしてどうふるまうべきかといった問いは、倫理学（もしくは道徳哲学）として知られている哲学上の分野の土台をなしており、また、美や芸術をかたちづくるものはなにかという問いに由来する分野は、こんにちでは美学として知られている。

私たちの個人的な生活にかかわる倫理的な問いの考察から、私たちが暮らしたいと思う社会の種類についての考察、つまりそもそも社会はどのように統治されるべ

懐疑主義こそが
真理への第一歩だ
ドニ・ディドロ

 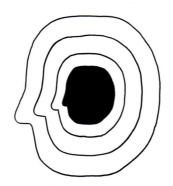 

きか、そこに暮らす市民の権利と責任はどのようなものかなどといった考察へと進んでゆくのは自然な流れだ。これらの考えを扱うのが政治哲学で、これが哲学の主要な分野の最後に位置する。哲学者たちは、社会がどのように組織されるべきだとみずからが考えているかについて、プラトンの『国家』からカール・マルクスの『共産党宣言』にまでおよぶ、さまざまなモデルを提案してきた。

宗教——東洋と西洋

哲学の諸分野は、相互に連結しているばかりでなく、相当程度まで重なりあってもいる。そのため、ある特定の観念がどの領域に属するかをはっきりさせるのが難しくなることもしばしばだ。のみならず哲学は、科学・歴史・芸術といったまったく異なる主題にも侵食している。哲学は、宗教や迷信の教えへの問いかけというその端緒以来、宗教そのものをも絶えず吟味しており、とりわけそこでは「神は実在するのか」、あるいは「私たちは不死の魂を有しているのか」といった問いが扱われる。これらは、形而上学に根をもつ問いだが、言うまでもなく倫理学にもかかわる。たとえば、私たちの道徳性は神に由来するのか、そんなものは純然たる人間の創作物ではないのかといったことを問う哲学者たちもいる。そしてこうした問いから、人間はどの程度まで自由意志をもっているのかという問題にかかわるありとあらゆる論争が巻きおこった。

中国とインドで発展した東洋哲学（とりわけ道教と仏教）においては、哲学と宗教のあいだの境界線は、少なくとも西洋の思考法のばあいほどには明瞭ではない。ここに、西洋哲学と東洋哲学との主たるちがいのひとつが明瞭にあらわれている。東洋哲学は、そのすべてが神的啓示や宗教的教義の帰結というわけではないが、ときとして、西洋人であれば信仰の問題とみなすことがらと複雑に絡みあっている。ユダヤ－キリスト教およびイスラム教の世界では、信条を正当化するために頻繁に哲学的推論が用いられるのにたいして、信条と信仰は東洋哲学の不可欠な一部をなしており、これに類したものは西洋には見られない。東洋哲学と西洋哲学は、その出発点からしても異なっている。古代ギリシアの人びとが形而上学的な問いを提起したのにたいして、最初の中国の哲学者たちは、そうした問いは宗教によってこそ適切に扱われると考え、その代わりに道徳哲学と政治哲学に関心を集中した。

推論の後をたどるということ

哲学は私たちに、歴史上きわめて重要で影響力のあるいくつもの観念を提供してきた。本書で提示されるのは、もっともよく知られている哲学者たちから採ってきた思想のコレクションだが、それらはよく知られている引用句や彼らの思想の簡潔なまとめといったかたちに要約されている。おそらく、哲学でもっともよく知られている引用は、デカルトの「cogito, ergo sum」（しばしばラテン語からそのまま引用されるが、意味は「われ思う、ゆえにわれ在り」）だ。このことばは、哲学史上もっとも重要な観念のひとつに位置づけられ、私たちを近代へと導いたものとして、つまり思考における転換点になった里程標として広く認められている。だが、それだけを切りはなして見るなら、この引用はたいしたことを意味しているわけではない。これは、確実性の本性にかかわる一連の論証の結論部であって、そこにいたる推論を吟味するばあいにのみ、その観念は意味をなす。そして、デカルトがどこからこの観念を採ってきたのかを、つまりはこの結

思想のはじまりは、
不一致のなかにある。それも他者
たちとの不一致ばかりでなく、
自分自身との不一致のなかに

エリック・ホッファー

はじめに

論から引きだされる帰結がどのようなものであるのかを吟味するばあいにのみ、その重要性は理解される。

本書で扱われる多くの思想は、一読しただけでは判じものように思われるかもしれない。自明に思われる思想もあれば、逆説的で、あからさまに常識はずれに思われるものもあろう。それらは、バートランド・ラッセルの「哲学の核心は、とりたてて言うまでもないように思えるほどに単純ななにかからはじめ、だれも信じようとはしないほどに逆説的ななにかで終えるところにある」という皮肉の効いたことばを裏づけるものであるように思われるかもしれない。そうだとすると、そんな思想がどうして重要なのだろうか。

思想の体系

ときとして、本書に提示されているさまざまな理論は、その種のもののなかで思想の歴史にはじめて姿をあらわしたものだ。その結論がこんにちの私たちには、後知恵ではあれ、どれほど自明なように思われるにせよ、それらは当初出現した時代においては新しかったし、見た目の単純さとは裏腹に、当たりまえと思われることがらを一から再検討するよう私たちをうながした。本書で提示される、逆説的で反直観的な言明とさえ思われる理論は、自分自身や世界にたいする私たちの想定に疑問を付す観念であり、さらには私たちがものごとをどう見ているかを新しいやりかたで考えるよう私たちをうながす。そこには、哲学者たちがいまなお格闘しているさまざまな論点を掘りおこすいくつもの思想が埋もれている。なかには、同じ哲学者の思想の異なった領域における別の思考や理論に関係するものもあれば、ほかの哲学者の著作の分析や批判から生じたものもある。この後者に該当する思想は、数世代あるいは数世紀にわたることもあれば、特定の哲学「学派」の中心的な思想である一連の推論の一部に組みこまれることもある。

少なからぬ偉大な哲学者たちが、相互に連結している諸観念を用いた統合的な哲学「体系」をつくりあげた。たとえば、私たちがどのように知識を獲得するかについての彼らの見解は、宇宙と人間精神にかんする固有の形而上学的見解へとつうじていった。ついでそれは、私たちがどんな種類の人生を送るべきであり、どんな型の社会が理想とされるべきだと哲学者たちが考えているかについてのヒントを与えてくれる。そしてさらに、諸観念のこうした体系は、後につづく哲学者たちにとっての出発点となった。

こうした観念が、けっしてすっかり時代遅れになるわけではないということも忘れてはならない。その結論の誤りが後続の哲学者や科学者によって証明されたにしても、それらは依然として多くのことを私たちに教えてくれる。事実、数世紀ものあいだ退けられていた観念が、のちになって驚くほどの先見の明をそなえていたことがあきらかになるケースもある。古代ギリシアの原子論者の理論がその一例だ。もっと重要なことには、哲学の手法や思考の進めかた、自分たちの思想を系統だてるやりかたは、これらの思想家たちによって確立された。これらの着想が哲学者の思考のごくささやかな部分にすぎず、たいていのばあいはもっと長い一連の推論の結論部でしかないことを忘れてはならない。

科学と社会

これらの思想のもたらした影響は、哲学の内部にとどまらない。なかには科学や政治や芸術の領域での主潮流を生みだしたものもある。しばしば哲学と科学の関係は、一方から他方に伝達される諸観念をともなった、相前後する出来事となる。じっさい、科学の方法と実践の背後にある思考の研究がそのまま、哲学のひとつの分野をなすこともある。論理的思考の発

**思想はつねに
対立によって作動する
エレーヌ・シクスー**

はじめに

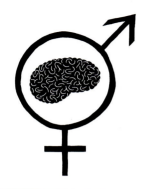  

展は、数学が進歩し、世界を解明するための網羅的な観察に依拠する科学的手法の土台となるにいたった過程に、多大な影響を与えた。自己と意識の本性にかんする諸観念は、心理学へと発展していった。

同じことは、哲学と社会の関係にもあてはまる。どんな種類の倫理学も、私たちがこんにち暮らしている社会をかたちづくる突破口となり、ばあいによっては革命の導火線ともなった歴史上の政治指導者たちのなかに、その信奉者を見いだしている。どんな種類の職業においてくだされるものであれ、倫理的決断には、偉大な哲学思想によって告知されている道徳的次元がつきものなのだ。

思想の背後

本書で採りあげられている思想の源泉は、それを形成した社会や文化のうちで暮らす人びとのなかにある。それらの思想を検討するなかで、私たちは、それらが生きていた時代の香りのみならず、特定の民族的かつ領域的な諸特性からなる一枚のタブローをも手にいれることになる。

本書に登場してくる哲学者には、きわだった個性の持ちぬしが少なくない。細部にこだわる徹底的な思索者もいれば、幅広い視野でものを考える者もいる。明晰で自身を厳格なことばで語る者もいれば、詩的に、そればかりか晦渋で抽象的な、理解するのに時間のかかることばで語る者もいる。原文でこれらの思想を読まれたなら、そこで語られていることに同意や反発を覚え、それらが結論にたどりつくまでの推論過程をたどることになるばかりでなく、その背後にいるのがどんな類いの人物なのかについての印象も得られることだろう。たとえば、ヒュームであれば、言うことはしっくりこないにしても、その素晴らしく明晰な散文に感銘を受けて、ウィットに富み魅力的なヒュームに好意を寄せる読者も生まれるかもしれないし、ショーペンハウアーがとりたてて好感のもてる人間ではないことがはっきりと伝わってきても、ショーペンハウアーに説得力を感じ、その著作を読むことに喜びを覚える読者も生まれるかもしれない。

なによりもこれらの思想家たちは、私たちの関心を惹いてやまないばかりか、刺激を与えてもくれた(いまもなおそうだ)。最良の思想家は偉大な著述家でもあり、彼らの原典を読むことは、文学作品を読む行為にも匹敵するだろう。私たちには彼らの文学的な文体を正しく評価することなどできるはずもないが、彼らの哲学的な文体、つまり彼らがその論証を提示するやりかたについてもそれは同じことだ。それは、思想を喚起するばかりでなく、偉大な芸術と同じように私たちを高揚させ、数学の証明と同じようにエレガントで、テーブルスピーチの名手と同じようにウィットに富んでいる。

哲学は、たんに思想内容にかかわるのではない。それは思考の流儀だ。ほとんどのばあい、そこには正解も誤答もない。しばしば哲学者たちは、科学にも宗教にも答えることのできない問いを探究してゆくなかで、まったく異なった答えに到達する。

哲学を楽しむ

驚きと好奇心が人間につきものだとするなら、探求するスリルと発見する喜びについてもそれは同じだ。肉体を動かすことから得られるのと同じ種類の「わくわく感」や、意義深い芸術を鑑賞するときに得られる喜びと同じ愉しみが、哲学から得られてもおかしくない。なににもまして、社会や教師、宗教、さらには哲学者たちから私たちに伝えられたり、強制されたりするのではなく、自分自身による個人的な推論を経た信念や思想にいたったという満足感が、そこからは得られるだろう。■

哲学は書かれた企てにつきるものではない
ヘンリー・オデラ・オルカ

古代世界
紀元前700年～後250年

知られているかぎりで最初の哲学者である**ミレトスのタレス**が、私たちの住んでいる世界にかんする問いへの**合理的解答**を探しもとめた

仁と礼を土台とした哲学を展開した**孔子**の生誕年と伝えられる

宗教にして哲学でもある**仏教**の創始者**ゴータマ・シッダータ（釈迦）**が亡くなる

エンペドクレスが**四大元素**にもとづく自身の理論を提唱するが、彼はみずからの思想を詩のかたちで表現した最後のギリシア哲学者だ

紀元前624年～前546年 | **紀元前551年** | **紀元前480年** | **紀元前460年**

紀元前569年 | **紀元前508年** | **紀元前469年** | **紀元前404年**

哲学と数学を結合したギリシアの思想家**ピュタゴラス**誕生

ギリシアの強大な都市国家アテナイで、**民主制**が採用された

アテナイで、**問答法**を創始した**ソクラテス**誕生。この手法は、その後の大半の西洋哲学にとって土台となった

ペロポネソス戦争での敗北によってアテナイの政治力が失墜した

歴史のはじまり以来、人びとは世界とそのなかでの自身の位置について問うてきた。初期の社会では、そうしたもっとも根本の問いへの答えは宗教に求められた。宇宙の動きは神の行為として説明され、それが人類の文明にとっての枠組みとなった。

だが、やがて伝統となっていた既成の宗教的説明に不満を覚える人びとも出てきた。彼らは、慣習や宗教以上に理性に基礎をおいた探究を開始した。この方向転換が、哲学の誕生につながった。知られるかぎりで最初の哲学者は、現代のトルコにあるギリシアの植民都市ミレトス生まれのタレスであった。タレスは、理性を駆使して宇宙の本性を探究し、同じようにやってみてはどうかとほかの人びとに勧めた。タレスが後継者たちに伝えたのは、自身の答えだけでなく、そこにいたる思考過程の全体であり、そこには、どんな類いの説明なら満足しうるかについての見解もふくまれていた。

最初期の哲学者たちの主たる関心事は、「世界はなにからできているか」というタレスの根本的な問いをめぐっていた。その答えが科学的思想の土台となり、こんにちもなお存在する科学と哲学の親密な関係を築くこととなった。ついで、ピュタゴラスの業績が決定的な転換点となった。なにしろ、ピュタゴラスは、世界をアルケー（万物の根源）とみなしうる物質に照らしてではなく、数学的観点から説明しようとしたのだ。彼とその弟子たちは、数と比例と幾何学を用いて宇宙の構造を記述した。こうした数学的関連づけのいくつかは、ピュタゴラスとその弟子たちには神秘的な意味をもつものであったが、宇宙を数で説明しようとした彼らの手法は、科学的思考のはじまりに決定的な影響を与えた。

古代ギリシア哲学

ギリシアのポリスが発展するとともに、哲学はイオニアからギリシア世界全域へと波及し、とりわけ短期間にギリシア世界の文化的中心となったアテナイへと広まっていった。ここアテナイで、哲学者たちはその探究の幅を広げて、「自分がなにを知っているのかをどのようにして知るのか」とか、「自分の人生をどう生きるべきか」といった新しい問いを探究した。古代ギリシア哲学において、活動時期こそ短かったが多大な影響を残したという意味では、実りおおい時期への導入役を務めたのが、アテナイのソクラテスであった。ソクラテスはなにひとつ書きのこさなかったが、その思想は哲学の進路に決定的な影響力をもち、そこから遡って、彼以前の哲学者は一括して「ソクラテス以前の人びと」と呼ばれるようになった。ソクラテスの弟子であったプラトンは、アカ

古代世界　21

プラトンが、後世に決定的な影響を与えることになるアカデメイアをアテナイに創設

キプロス島出身のゼノンがストア哲学を創始する。これはのちにローマ帝国で広く支持される

エジプトのローマ市民であったプトレマイオスが、地球こそが宇宙の中心であり、それ自体は不動であるという見解を提唱する

ペルガモのガレノスがそれまでの常識を超えた医学理論を生みだし、それは1543年のヴェサリウスの業績が出現するまで権威と仰がれた

紀元前385年ころ　　紀元前332年～前265年ころ　　後100年ころ～178年　　150年ころ

紀元前335年　　紀元前323年　　後122年　　220年

プラトンの弟子であったアリストテレスが、みずからの学園リュケイオンをアテナイで開校する

アレクサンドロス大王の死が、古代世界におけるギリシアの文化的・政治的優位の終焉(しゅうえん)を告げる

イギリスにおいてハドリアヌス防壁の構築がはじまる。これはローマ帝国の北限を示すものとなった

漢王朝崩壊が統一中国の終わりを画し、これ以降三国時代がはじまる

デメイア（英語のアカデミーは、これに由来する）という哲学のための学校をアテナイに創設した。そこでプラトンは、師の思想を説くだけでなく、それを発展させ、アリストテレスをはじめとする弟子たちに伝えた。アリストテレスは、アカデメイアに20年以上も、最初は生徒として、のちには先生として在籍した。ソクラテス、プラトン、アリストテレスといった偉大な思想家たちの対照的な思想と方法が、こんにち知られる西洋哲学の土台をかたちづくることとなった。彼らの多岐にわたる思想は、その後の歴史をつうじて、哲学者たちをいまなお対立させてもいる。

古代ギリシアの最良の時代は、紀元前323年のアレクサンドロス大王の死とともに終焉を迎えた。この偉大な指導者は、ギリシアをひとつに統合したが、一度は協力態勢にあったギリシアのポリスは、大王の死を機にふたたび敵対関係に陥った。紀元前322年のアリストテレスの死以降、哲学もまた思想の上で多様な学派に分裂し、キニク学派（犬儒学派）や懐疑主義、エピクロス派、ストア派などがそれぞれの立場を主張した。

つづく数世紀、ローマ帝国の興隆とは裏腹に、ギリシア文化は衰微していった。ストア派を別にすれば、ローマ人はギリシア哲学にほとんど関心を示さなかったが、それでもギリシア思想が消えさるということはなかった。というのも、それらの思想が草稿のかたちで保存され、アラビア語に翻訳されたからだ。中世を潜りぬけたのち、それらの思想はキリスト教とイスラム教の隆盛とともにふたたび表舞台に登場してくることになる。

東洋哲学

アジアの思想家も、慣習的な智恵への問いかけをおこなった。紀元前771年から前481年にかけての中国における政治的大変動は、多彩な哲学者たちを生んだが、彼らの関心は宇宙の本質よりも、公正な社会を組織し、そのなかで生きる個々人に道徳的指針を与えるための最善の方法はなにかといったことにあった。その過程で彼らは、「よい」人生を可能にするものはなにかを問題にした。この時期に開花したのが、いわゆる「諸子百家」であり、なかでももっとも重要なのが儒家と道家だ。このいずれも、20世紀にいたるまで中国哲学を領導しつづけた。

中国南部（いまのネパール）にも、同じくらいに影響力をもった哲学者が出現した。ゴータマ・シッダータ、のちの仏陀だ。紀元前500年ころのインド北部での説教をつうじて、その哲学はアジア一帯と南アジアの大半の地域に普及し、いまなお広範な地域で実践されている。■

万物は水からできている
ミレトスのタレス
（紀元前624年～前546年ころ）

観察にもとづいてタレスはこう結論した。天候は、神々へ訴えかける機会などではなく、豊穣をもたらす予兆だ。ある年にオリーヴの値が高騰することを予言したタレスは、その地方のあらゆるオリーヴ搾り機を買いしめ、需要の高まりに応じてそれらを貸しだして大もうけをしたと伝えられている。

その哲学的背景

部門
形而上学

手法
一元論

前史
紀元前2500年～前900年 クレタ島のミノア文明とギリシアの後期ミケーネ文明は、宗教によって自然現象のしくみを説明していた。
紀元前1100年ころ バビロニアの創世神話エヌマ・エリシュでは、世界の原初状態は水の塊であったと述べられている。
紀元前700年ころ ギリシアの詩人ヘシオドスの『神統記』には、どのようにして神々が世界を創造したかが物語られている。

後史
紀元前5世紀初頭 エンペドクレスが、宇宙を構成する主要元素として地水火風を提唱した。
紀元前400年ころ レウキッポスとデモクリトスが、宇宙は原子と空虚だけからなっていると結論した。

古代（紀元前8世紀半ば～前6世紀）をつうじて、ギリシア半島の人びとは、徐々にポリスごとに分かれて生活するようになった。彼らは、アルファベットを用いた書字体系を発展させる一方で、こんにちの西洋哲学の端緒をもひらいた。それ以前の文明が、自分たちをとりまく世界で生じる諸現象を説明するのに宗教に頼っていたのにたいして、新しい種類の思想家たちが出現したのだ。その特徴は、自然にそくした合理的な説明を見いだそうとしたところにある。

この新しい科学的思想家たちのうちで、知られるかぎりで最初の人物がミレトスのタレスだ。現存している著作はなにもないが、タレスは幾何学と占星術にたいする造詣が深く、紀元前585年の皆既日食を予言したと言われている。こうした実践的な問題に関心を向けなおすなかで、タレスは、世界に起こる出来事は超自然的な力の介入によるものではなく、理性と観察をはたらかせれば解明できる自然的な原因にもとづいているのではないかと考えるようになった。

基礎となる実体

タレスは、思考の作業をはじめる出発点となる原理を確立する必要を感じ、「宇宙を構成している基礎となる物質はなにか」という問いをたてた。宇宙におけるあらゆるものが究極的にはひとつの実体に還元可能だという考えかたは、ふつう一元論と言われるが、タレスとその後継者たちは、この一元論を提起した最初の西洋哲学者たちだ。宇宙を構成する基

参照 ピュタゴラス 26〜29頁 ■ デモクリトスとレウキッポス 45頁 ■ アリストテレス 56〜63頁
■ アナクシマンドロス 336頁 ■ ミレトスのアナクシメネス 336頁 ■ エンペドクレス 336頁

古代世界 23

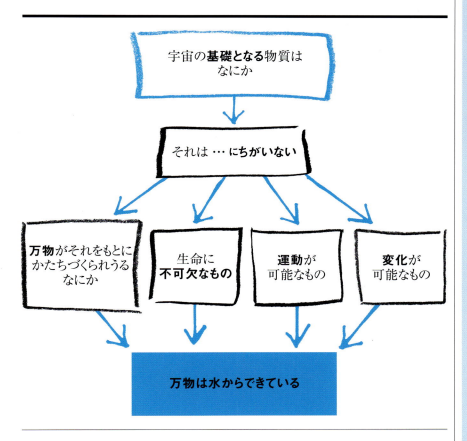

ミレトスのタレス

タレスが現在のトルコの海岸沿いの町ミレトスで生まれたことはわかっているが、その生涯についてはほとんど知られていない。タレスの著作は、ひとつとして——じっさいに彼が著作を書いたとしての話だが——現存していない。だが、タレスがギリシア初期の主要な思想家のひとりとみなされるのは当然だし、じっさいアリストテレスが詳細にタレスを採りあげ、さらには古代ギリシアの哲学者たちの評伝を著した3世紀前半ころの著述家ディオゲネス・ラエルティオスもタレスを論じている。

エピソードからわかるのは、タレスが哲学者であるのと並行して積極的に政治に参加し、実業家としても大変な成功を収めたということだ。彼は、東地中海周辺を広範に旅行してまわり、エジプトを訪れたさいには実用幾何学を学んだらしく、それがのちのタレスの演繹的推論の土台になったと推測される。

だがタレスは、なににもまして教師であったし、ミレトス学派の最初の哲学者であった。弟子であったアナクシマンドロスは、タレスの科学的理論を拡張したが、彼は彼でアナクシメネスの師となり、さらにこのアナクシメネスは若き数学徒だったピュタゴラスに教えたと言われている。

礎となる物質は、そこから自余のあらゆるものがかたちづくられるなにかであり、生命に不可欠ななにかであり、動きうるものであり、それゆえ変化することもありうるなにかだと、タレスは推論した。綿密に自然を観察した結果、タレスは、どんな形態の生きものにとっても生きてゆくのに水が不可欠なことはあきらかであり、のみならず水は流れもすれば変化もし、液体から固い氷、さらには蒸発する気体にいたるまで、さまざまな形態をまとうということを知った。そこからタレスは、どんな物質も、見かけはさまざまな属性を示しはするものの、どれもがなんらかの移行段階にある水であるにちがいないと結論した。

さらにタレスは、すべての大陸が海という水のへりからはじまっていることにも気づいていた。そこから彼は、地球の全体は下層にある水から出現し、その上に浮いているのではないかと推測した。なにかのきっかけでこの水にさざなみや震動が生じると、それが私たちには地震として経験されるのだとタレスは主張した。

だが、タレスの理論の細部には興味深い点がなくもないが、彼が哲学史上の主要人物とみなされる主たる理由はそこにはない。タレスの真の重要性は、事物や出来事の原因を気まぐれな神々の移り気のせいにせずに、基本的な問いにたいして自然にそくした合理的な解答を与えようと腐心した、最初の思想家であったという点にある。これによってタレスとその後のミレトス学派の哲学者たちは、西洋世界をつらぬいてゆく科学的・哲学的思索にとっての土台を築いた。■

道の道とすべきは常の道に非ず
老子
（紀元前4世紀ころ）

その哲学的背景

部門
中国哲学

手法
道教

前史
紀元前1600〜前1046年 殷の時代、運命は神によって統べられていると信じられており、祖先崇拝がおこなわれていた。
紀元前1045〜前256年 周の時代になると、政治的決断は天命（神から与えられた権威）によって正当化されるようになった。
紀元前5世紀 孔子が、人間形成と倫理的統治のための独自の規範を定めた。

後史
紀元前4世紀 哲学者荘子が、道家思想の主眼を国家のふるまいよりも個人の行為のほうにシフトさせた。
3世紀 魏の学者王弼と西晋の郭象が、新しい道家の学派として玄学を創始した。

紀元前6世紀、周の支配が崩壊するとともに、中国は内乱状態に陥った（春秋時代）。この変化は、宮廷内に行政や執政にかかわる新しい社会階層を生みだした。彼らは、どうすればより効率的な統治ができるかをあれこれと試行した。これらの官僚たちによって生みだされた膨大な思想が母体となって、こんにち諸子百家として知られる思想家たちが輩出した。

こうしたいっさいには、ギリシアにおける哲学の誕生と合致するところがあったばかりでなく、絶えず変化する世界のうちに恒常的なものを探しもとめ、それまでは宗教に決められていた問題を別なふうに考える可能性を探しもとめたということからもわかるように、いくつかの問題意識が両者には共有されてもいた。だが、中国哲

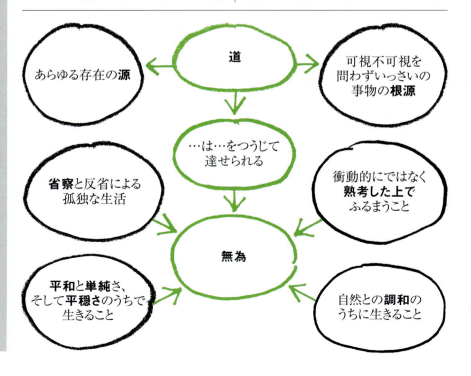

古代世界

参照　ゴータマ・シッダータ 30〜33頁　■　孔子 34〜39頁　■　墨子 44頁　■　田辺元 244〜45頁　■　王弼 337頁

学は現実の政治から誕生したものであり、だから宇宙の本性などよりも道徳や倫理のほうに関心を向けた。

この時期にあらわれたもっとも重要な思想のひとつは、老子によるものとされる『老子』のテキスト（道徳経）に由来する。この著作は、「徳」にもとづいて公正なしきたりの理論を提起しようとする最初の企てのひとつであった。その理論は、「道」にしたがってゆくことで見いだされるはずのものであり、こんにち道教として知られる哲学の基礎となった。

変化のサイクル

「道」という概念を理解するには、古代中国の人びとが移ろいゆく世界をどんなふうに眺めていたかを知る必要がある。彼らにとって、変化とは循環的なものであり、夜から昼へ、夏から冬へといったぐあいに、ある状態から別の状態への絶えざる循環だ。つまり彼らは、異なった諸状態を対立するものとしてではなく、一方から他方が生ずるという相関関係にあるものとみなしていた。これらの状態は相補的な属性をもち、それらが一緒になってひとつの全体をかたちづくる。こうした変化の過程は「道」のあらわれとみなされ、そこから世界を構成している無数のあらわれが導かれる。『老子』では、人間もこの無数のあらわれのひとつにすぎず、なんら特別の地位をもつものではないと述べられている。だが、欲望と自由意志をもっているために、ときに私たちは「道」からはずれ、調和に満ちた世界の均衡を崩してしまう。徳にかなった人生を送るとは、「道」にならって行動することを意味する。

だが、「道」にしたがうのは、『老子』に

自然との**調和のうちに生きること**は、『老子』においてバランスのとれた人生を送るために定められているひとつの道だ。この絵の人物にとって、それは湖のエコロジカルなバランスを尊重してむやみに魚を釣らないことを意味する。

> ひとを知る者は智、
> みずから知る者は明
>
> **老子**

よれば、簡単なことではない。「道」について哲学しようとしても不毛な結果になるのは、それが人間に認識しうるいかなるものをも超えているからだ。だから、「道」は「無」（「非在」）によって特徴づけられ、私たちにできるのはただ「無為」（文字どおりにはなにもしないこと）によって「道」にならって生きることだけだ。「無為」といっても、老子が言わんとしているのは、ただなにもしないということではなく、自発的かつ直観的に自然にならいつつふるまうことだ。そしてこれが、欲望も野心ももたず、社会のしきたりにも依存せずふるまうことへとつうじてゆく。■

老子

『老子』は、伝統的に老子の手によるものとされているが、その著者について確かなことはほとんど知られていない。そのため老子は、ほとんど神秘的な存在と化している。この書物は老子によるものではなく、複数の思想家たちによって語られたことのミックスだという伝承さえある。わかっているのは、ひとりの思想家がいて、名を李耳もしくは老聃と言ったらしいということだ。『史記』「老子伝」によれば、この人物は、周の時代に老子（年長者にたいする敬称）として知られるようになった。いくつかの文献によると、彼は周の守蔵室（図書館）の史であり、孔子から儀礼と祭式にかんして相談を受けたこともあったと言われる。言いつたえでは、老子は、周朝が衰退したおりに宮廷を辞して、孤独を求めて西方へ旅だった。ある関所にいたったとき、関令のひとりが彼を知っていて、その教えを記録にとどめるよう乞うた。そこで老子は、この男のために『老子』を書きのこし、そののちさらに旅をつづけたと言われる。しかし現在では、紀元前4世紀ごろに生きた人物とみられている。

主要著作

紀元前4世紀ころ

『老子』

数こそが
かたちと観念を統べている
ピュタゴラス
(紀元前570年〜前495年ころ)

その哲学的背景

部門
形而上学

手法
ピュタゴラス主義

前史
紀元前6世紀ころ タレスが、宇宙にかんする非宗教的な説明を提起する。

後史
紀元前535年ころ〜前475年ころ ヘラクレイトスが、ピュタゴラス主義を退けて、宇宙は変化によって統べられていると主張する。
紀元前428年ころ プラトンが、イデアというみずからの思想を導入する。これは、感覚ではなく知性にたいしてあらわれるものだ。
紀元前300年ころ ギリシアの数学者ユークリッドが、幾何学の原理を確立する。
1619年 ドイツの数学者ヨハネス・ケプラーが、幾何学と自然現象とのあいだの相関関係を記述する。

　ピュタゴラスが生まれたころの西洋哲学は、まだその幼年期にあった。ギリシアのミレトスでは、のちにミレトス学派として知られることになる哲学者集団が、自然現象にたいする合理的な探求を試みはじめていた。彼らは、ピュタゴラスより一世代くらい先んじていただけだが、西洋哲学の伝統のはじまりを画す存在となった。幼少期をミレトスからほど遠くない地ですごしたこともあって、ピュタゴラスがミレトス学派を知っていた可能性は高いし、じかに彼らからその教えを学んだこともないとは言えない。ミレトス学派の創始者であるタレスと同様、ピュタゴラスもエジプトへの旅行中に幾何学の初歩を学んだと伝えられている。こうした背景からするなら、ピュ

古代世界 27

参照　ミレトスのタレス 22〜23頁　■　ゴータマ・シッダータ 30〜33頁　■　ヘラクレイトス 40頁　■　プラトン 50〜55頁　■　ルネ・デカルト 116〜23頁

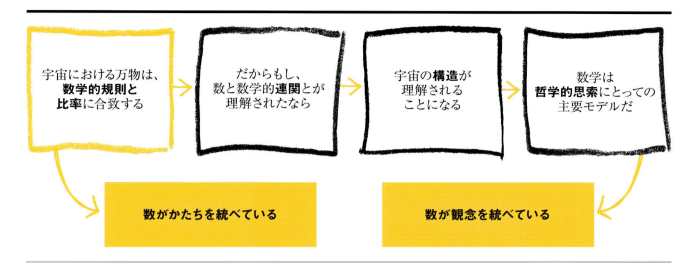

宇宙における万物は、**数学的規則と比率**に合致する → だからもし、数と数学的**連関**とが理解されたなら → 宇宙の**構造**が理解されることになる → 数学は**哲学的思索**にとっての主要モデルだ

数がかたちを統べている

数が観念を統べている

タゴラスが科学的かつ数学的な手法を用いて哲学的思索にアプローチしたとしても驚くにはあたらない。

ピュタゴラス学派

だが、ピュタゴラスは篤い信仰心をもち、特定の宗教を信じていた人物でもあった。彼は再生と魂の輪廻を信じており、南イタリアのクロトンで新興宗教をたちあげ、みずから救世主的役割を演じた。彼の弟子たちは共同体をつくって生活し、行動と食事にかんする厳密な規則にしたがいながら、ピュタゴラスの宗教理論と哲学理論を研究した。このピュタゴラス教団は、師の考えを神秘的な啓示とみなし、いくつもの発見をピュタゴラスからの「啓示」と受けとめていたようだが、じっさいにはそのいくつかは、外部から教団にもたらされたものであった可能性がある。ピュタゴラスの思想を書きとめた彼の弟子たちには、ピュタゴラスの妻クロトンのテアノや娘たちがふくまれる。

ピュタゴラスの信仰に見られる神秘的な側面と科学的な側面とは、両立しがたいように思われる。だが、ピュタゴラス自身はその二面を矛盾するものとは考えていなかった。ピュタゴラスにとっては、人生の目標は輪廻の循環から抜けだすことであったが、これは一連の厳格な行動規範にしたがうことと瞑想すること、現代風に言うなら客観的で科学的な思考を実践することではじめて実現可能となる。幾何学と数学においてピュタゴラスは真理を発見したが、それは当人にとっては自明にして神から与えられたものにすぎなかったし、さらに数学的証明にいそし

ピュタゴラス

ピュタゴラスの生涯は、ほとんど知られていない。彼自身はなにも書きのこさなかったし、ギリシアの哲学者ポルピュリオスが『ピュタゴラス伝』に記しているように、不幸なことには、「ピュタゴラスが弟子たちになにを語ったか、確かなことを知る者はひとりもいない。なにしろ、彼らは常軌を逸した沈黙を課されていた」。だが、現代の学者たちは、ピュタゴラスはおそらくこんにちのトルコの海岸沿いにあるサモス島で生まれたと考えている。若かったころ、彼は広く旅して、おそらくはミレトス学派のもとで学び、また当時学問の聖地であったエジプトも訪れたようだ。40歳ころ、南イタリアのクロトンで300名ほどのメンバーからなる共同体を立ちあげた。彼らが取りくんだのは、神秘的研究と学問的研究の混合物であった。その共同体の集団的性格がどうであれ、あきらかにピュタゴラスがリーダー的存在であった。60歳ころに、哲学者にして数学者であったクロトンのテアノという女性と結婚した。ピュタゴラス教団にたいする周囲の敵意が高まったため、ついにピュタゴラスはクロトンを離れざるをえなくなり、同じ南イタリアのメタポンティオンに逃れたが、ほどなくしてその地で亡くなった。この共同体が実質的に消滅したのは紀元前4世紀の終わりころのことだった。

28　ピュタゴラス

ピュタゴラスの定理は、かたちと比率とが発見可能な原理によって統べられていることを示した。その当時これは、宇宙全体の構造の解明が可能であるかもしれないと示唆していた。

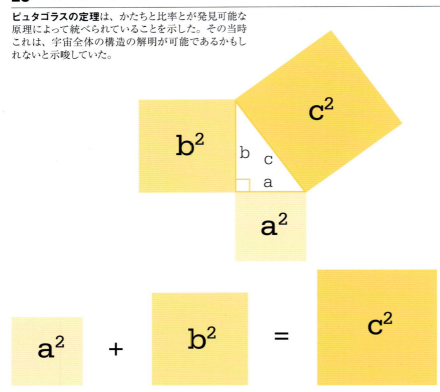

弦の響きのうちには幾何学がある。
天空の間隔のうちには音楽がある
ピュタゴラス

ラス学派の儀式でとりわけ重要な意味を有していた。ほとんど論議を深めることもなく、彼らは数1を単一の点として、ほかのいっさいがそこから派生してくる根源的な統一とみなした。この考えかたにしたがうなら、数2は線であり、数3は表面ないし平面を、数4は立体を意味する。そこには、現代の次元概念との対応が認められなくもない。

宇宙の創造についてのピュタゴラス学派の説明は、数学的なパターンにしたがっていた。それによれば、無限定なもの（宇宙以前に存在していたとされる無限）の上に神が制限を課し、その結果、実在するいっさいのものがいま現にあるサイズをもつにいたった。このようにして神は、ほかのいっさいにかたちを与える計測可能な統一体を創造した。

数的調和

ピュタゴラスのもっとも重要な発見は、数同士の相関関係としての比率と均衡の発見であった。それは音楽の、とりわけ一緒に弾くと心地よく響く音同士の相関関係の探求によって、さらに深められた。伝承によれば、仕事中の鍛冶屋の様子に耳を傾けたときに、はじめてピュタゴラスのなかにこの着想が閃いたらしい。ひとりの鍛冶屋がほかの鍛冶屋の半分のサイズの鉄床(かなとこ)を用いていたのだが、それぞれを槌でたたいたときに出た音がぴった

んだのは、それによって神の啓示に影響をもたらそうとしてのことであったらしい。

これらの数学的発見が然然たる推論による産物であったことから、ピュタゴラスはそれらがたんなる観察以上の価値をもつと考えた。たとえば、エジプト人は三辺が3：4：5の比率をもつ三角形には必ずひとつの直角がふくまれており、これが建築のような実用的な場面ではきわめて有効であることを知っていた。だがピュタゴラスは、直角をふくんだあらゆる三角形の背後に潜む原理（斜辺の自乗は残る二辺の自乗の和に等しい）が普遍的な真理であることをあきらかにした。この発見はきわめて優れたものであったため、ピュタゴラス教団の人びとはそれを神の啓示だと思いこんでしまったほどだ。

こうしてピュタゴラスは、宇宙全体が数学的規則によって統べられているにちがいないと結論した。彼の言うところでは、数（数的比率と幾何学の公理）を用いる

ことで、宇宙の構造そのものを説明することができる。こう考えたからといってピュタゴラスは、宇宙がたったひとつの基礎的な実体からつくられているというミレトス学派の見解をすっかり捨てさったわけではなく、ピュタゴラスは探求のほこさきを実体からかたちのほうへとシフトしたのだ。

これは、世界を観照する態度にかかわる根底的な変化であった。だから、結果的にピュタゴラスと弟子たちが興奮しすぎて数に神秘的な意味を与えたとしても、大目に見てやる必要があるだろう。数と幾何学との相関関係を探求するなかで、彼らは立方数と平方数を発見し、そこからさらに、それらにさまざまな特徴を割りふった。たとえば、偶数は「善き者」であり、奇数は「悪しき者」である、さらにはもっと具体的に、数字の4が「正義」の象徴であるといった具合だ。テトラクティス（列状に並べられた点からなる三角形）のかたちをとった数10は、ピュタゴ

り1オクターヴ（8音）離れていた。この話が正しいとするなら、ピュタゴラスが協和音（一緒に鳴らしたときにハーモニーとして響くかどうかを決める、2音間の音数）の比率を決定するのに、弦をかき鳴らしていろいろ試してみたというのもありそうな話だ。

ピュタゴラスが発見したのは、それらの間隔がハーモニーとして響くのは、それらの音相互の関係が正確かつ単純な数学的比率をなしているからだということであった。こんにちでは倍音列として知られているこの音列は、ピュタゴラスにすれば、抽象的な幾何学に見いだされた数学の優美さが自然界のなかにも存在することの証であった。

星とエレメント

いまやピュタゴラスは、宇宙の構造が数学の観点——「数こそがかたちを統べる」——から説明できるというばかりでなく、調和比例がひとつの精密科学であり、数がハーモニーの比率を統べていることをも証明した。ついでピュタゴラスは、自身の理論を宇宙全体に拡充して、星や惑星やエレメント（元素）のあいだにも、ハーモニーに匹敵する相関関係があることを証明しようとした。

星同士のハーモニー的な相関関係というピュタゴラスのアイディアは、中世やルネサンス期の天文学者たちにも熱烈に受けいれられた。天空の音楽という観念にかかわる全理論を展開したのはこの人びとだし、さらには諸エレメントが調和的に配列されているというピュタゴラスの指摘は、その死から2000年もたってからふたたび陽の目を見た。

1865年にイギリスの化学者ジョン・ニューランズは、化学原子が原子量に応じて配列されており、これらの原子が、音楽の音と同じように、8番目の要素ごとに類似した属性をもって出現することを発見した。この発見は、オクターヴ則として知られるようになり、こんにちなお用いられている化学原子の周期表の発展の前触れとなった。

演繹的推論の原理を確立したのもピュタゴラスだ。これは、（2 + 2 = 4 といった）自明な公理から出発して、一つひとつ段階を踏んで、新しい結論あるいは事実の確定へと進んでゆく過程だ。演繹的推論はのちにユークリッドによって洗練されて、中世およびそれ以降の時代にまで受けつがれてゆく数学的思考の土台をかたちづくることとなった。

哲学の発展にたいするピュタゴラスのもっとも重要な貢献のひとつは、抽象的思考のほうが感覚の明証性よりも上位に位置するという考えにあった。この発想はプラトンのイデア論によって採用され、17世紀の合理主義者たちの哲学的方法においてあらためて強固にされた。合理的なものと宗教的なものとを結合しようというピュタゴラスの企ては、哲学と宗教にそれ以前から付きまとっていた問題に取りくもうとする最初の試みであった。

私たちがピュタゴラスについて知るほとんどは、伝承による。彼の生涯にかか

> 理性は不死だが、
> そのほかのすべては
> 死すべき運命にある
> **ピュタゴラス**

わる事実でさえ、大半が推測の域を出ない。だがピュタゴラスは、彼に由来するとされるアイディアにかんしては、伝説的とさえ言いうる地位（そうなるようにしむけたのは彼自身だが）を獲得している。じっさいにピュタゴラスがその創案者であったかどうかは、たいした問題ではない。重要なのは、それらが哲学的思索にもたらした深甚な影響のほうだ。■

古典建築は、ピュタゴラスの数学的比率にしたがう。調和に満ちた構造と比率が隅々まで活用され、それはより小さい部分では縮尺され、天井を覆う構造では拡大される。

自己の煩悩(ぼんのう)を克服した人間は幸福だ

ゴータマ・シッダータ
（紀元前563年〜前483年ころ）

その哲学的背景

部門
東洋哲学

手法
仏教

前史
紀元前1500年ころ　ヴェーダ教が、インド亜大陸に到達する。
紀元前10世紀〜前5世紀ころ　バラモン教が、ヴェーダ信仰にとってかわる。

後史
紀元前3世紀　仏教が、ガンジス川流域西方からインドを横断するかたちで広まる。
紀元前1世紀　ゴータマ・シッダータの教えが、はじめて文字に起こされる。
後1世紀　仏教が、中国や東南アジアへ波及し、諸宗派が各地で展開してゆく。

のちに仏陀すなわち「覚者」として知られることになるゴータマ・シッダータ（釈迦）は、世界についての宗教的・神話的な説明に疑いがさしはさまれはじめたころのインドで生涯を送った。ギリシアでは、ピュタゴラスのような思想家たちが、理性を用いた宇宙の吟味にとりかかっており、中国では老子と孔子が宗教的教義から倫理を引きはなそうとしていた。紀元前6世紀のインド亜大陸では、聖なるヴェーダ文字にもとづいた古代の信仰ヴェーダ教から派生したバラモン教が支配的な信仰であったが、ゴータマ・シッダータは哲学的推論でその教えに挑戦した最初の人物のひとりだ。

ゴータマは、その叡智によって仏教徒たちから崇拝されるが、メシアでも預言者で

古代世界　31

参照　老子 24～25 頁 ■ ピュタゴラス 26～29 頁 ■ 孔子 34～39 頁 ■ デイヴィド・ヒューム 148
～53 頁 ■ アルトゥール・ショーペンハウアー 186～88 頁 ■ 田辺元 244～45 頁

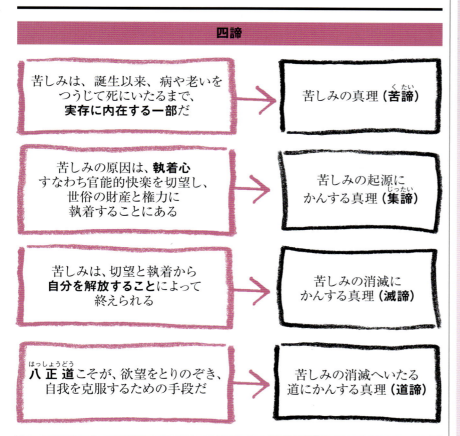

四諦

- 苦しみは、誕生以来、病や老いをつうじて死にいたるまで、**実存に内在する一部**だ → 苦しみの真理（苦諦(くたい)）
- 苦しみの原因は、**執着心**すなわち官能的快楽を切望し、世俗の財産と権力に執着することにある → 苦しみの起源にかんする真理（集諦(じったい)）
- 苦しみは、切望と執着から**自分を解放すること**によって終えられる → 苦しみの消滅にかんする真理（滅諦(めったい)）
- 八正道(はっしょうどう)こそが、欲望をとりのぞき、自我を克服するための手段だ → 苦しみの消滅へいたる道にかんする真理（道諦(どうたい)）

ゴータマ・シッダータ（釈迦）

たいていのひとがゴータマ・シッダータの生涯について知っているが、それは彼の死後数世紀のちに弟子たちによって書かれた伝記にもとづいている。ただしその伝記は、細部にかんしては内容にかなりの異同がある。確かなのは、ゴータマ・シッダータが現在のネパールに当たるルンビニに、紀元前560年ころ生まれたということくらいだ。彼の父は王で、おそらくは一族の長であった。そのため、シッダータは豪奢で上流身分の特権的な生活を送った。

そうした生活に失望を感じたゴータマ・シッダータは、妻子を残して精神的な道の探求に邁進(まいしん)し、官能的な放縦と禁欲とのあいだの「中道」を発見した。ゴータマが悟りを得たのは、菩提樹の下で瞑想をしたのちのことだった。そののちゴータマ・シッダータは、残りの生涯を費やしてインド中を旅し、説法してまわった。死後もその教えは400年近くのあいだ口伝(くでん)で受けつがれ、その後『三蔵』として文字に起こされた。

主著

紀元前1世紀

『三蔵』（弟子たちによってまとめられたもの）。『経蔵』『律蔵』『論蔵』からなる。

もなかったし、神と人間のあいだの媒介的存在としてふるまうこともなかった。彼の思想は、神的啓示ではなくあくまで推論によって到達されたものであったし、だからこそ仏教は、宗教であるのと同じくらいに哲学なのだ。ゴータマの問いかけは、真理を発見しようとする哲学的なものであったし、自分が提起する真理は理性をもちいればだれにでも利用可能なものだとも明言していた。たいていの東洋哲学者と同様、ゴータマはギリシアの哲学者たちの関心を惹いた解答不能な形而上学的問題にはまったくと言ってよいほど興味を示さなかった。経験を超える実体を扱おうとする探求は、甲斐のない思弁にしかならない。それにたいしてゴータマが関心を示したのは、人生の目標にかかわる問いであ

り、この問いはついで、幸福や徳、「よい」人生といった概念の吟味へとつうじてゆく。

中道

伝承によれば、若いころのゴータマは、豪奢(ごうしゃ)で、ありとあらゆる官能的な快楽を享受した。だが、ほどなく彼は、そうした快楽はそれだけでは真の幸福をもたらすには十分ではないと気づいた。ゴータマが明敏にも察知したのは、世界には苦しみが満ちあふれているということであり、さらには、その主たる原因が病や老い、死、そしてだれもが自分の必要とするものを欠いているという事実にあるということであった。私たちは、苦しみを和らげようとして官能的な快楽に耽(ふけ)るが、それによって十

ゴータマ・シッダータ（釈迦）

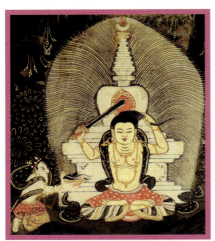

ブッダは、自分が物質界と手を切ったことの印として剃髪する。世俗の誘惑こそがあらゆる苦しみの源泉であり、それに影響されないようにならなければならない。

分な満足が与えられることはほとんどなく、それなりの満足が与えられるばあいでも、その効果は刹那的なものであることにもゴータマは気づいていた。同様に、過度の苦行体験（禁欲や断食）も満足を与えてはくれず、どうすれば幸福になれるのかを教えてもくれないということも、ゴータマにとっては紛れようもない事実であった。

ゴータマが到達した結論は、放縦と禁欲のあいだの「中道」があるにちがいないというものであった。彼の考えでは、この中道は、真の幸福すなわち「悟り」につうじてゆくはずであり、それをはっきりさせるためにゴータマは、みずからの経験に理性を適用した。

そのときゴータマが気づいたのは、苦しみはいたるところにあるということだった。私たちの苦しみの主たる原因は、私たちの期待と欲望が満たされないことに起因する。この欲望が「煩悩」と呼ばれるものだが、そのなかには、官能的欲望や世間的な名声のみならず、自己保存をめざすという私たちのもっとも基本的な衝動もふくまれる。ゴータマの言うところでは、これらの煩悩を満たすことは短期的な満足感を与えるかもしれないが、精神の満足と平穏

という意味での真の幸福をもたらしてはくれない。

「非‐我」

ゴータマはさらに推論を進めて、煩悩を選りわけることで、煩悩が満たされない結果として失望を感じることがなくなり、そうなれば苦しみそのものがなくなるのではないかと思いいたった。ゴータマの考えでは、これを実現する上でのポイントは、煩悩の主たる原因である利己心にある。利己心ということでゴータマが考えているのは、たんにだれのなかにもある満足を求める傾向といった程度のことではない。ゴータマによれば、利己心とは自己中心的態度であり、過剰な自己愛だ——それは、こんにち「自我」と呼ばれるものに相当する。だから、私たちに苦しみをもたらす煩悩から解放されるには、自分の欲望する対象を断念するだけでは足りない。欲望をいだく主体である「自己」への執着心を克服しなければならない。

だが、どうすればそんなことができるのだろうか。欲望や野心、期待は私たちの本性の一部をなしており、ほとんどの人間にとって生きる理由そのものとなっている。ここでもゴータマは、推論の過程をたどって、自我の世界自体が幻想だという解答に到達する。ゴータマによれば、宇宙のなかにはひとつとして自己原因、つまりそれ自体で自足しているものはない。なにしろ、現にあるどんなことがらも先行する行為の結果であって、私たちの一人ひとりにしても、つまるところ無常で実体をもたないこの永遠の過程のかりそめの部分にすぎない。こうして、「自己」とはより大きな全体の一部でしかなく、そのかぎりでいわば「非‐我」であり、あらゆる苦しみはこの事態をきちんと認識できないでいる私たち自身の過誤に起因する。こう言ったからといって、私たちが自身の実存や人格的自己同一性を否定しなければならないというわけではなく、そうしたものがもともとどんな性質のものなのか、つまり一時的で実体を欠いたものにすぎないという点を踏まえて、それらを認識しなければならないとい

> なにを読もうと、
> なにを聞かされようと、
> 自分自身の理性でもって
> 同意したこと以外には、
> なにも信じるな
> **ゴータマ・シッダータ**

うことだ。自分がかけがえのない「自己」だという考えに執着するのではなく、そもそも存在という概念自体が永遠の「非‐我」をかたちづくる一部にすぎないと知ることこそが、執着心を解きほぐし、苦しみからの解放を見いだす上での鍵だ。

八正道（はっしょうどう）

苦しみの原因から出発して幸福を実現する道へとつうじてゆくゴータマの推論は、仏教の教えにおいては四諦として定式化されている。第一に、苦しみはいたるところにある（一切皆苦）という苦諦。第二に、苦しみの原因は執着心にあるという集諦。第三に、執着心がとりはらわれれば苦しみは消えさると説く滅諦。第四に、八正道を歩むことで執着心を除去できると説

> 平和は内がわからやってくる。
> 外がわに探しもとめてはならない
> **ゴータマ・シッダータ**

古代世界 33

く道諦だ。最後の道諦は、ゴータマが悟りを実現するために弟子たちに説いた「中道」にいたるための実践的な導きとなっている。じっさい、八正道（正見、正思惟、正語、正業、正命、正精進、正念、正定（しょうじょう））は、人倫の手引きであり、よい人生と、ゴータマが当初見いだそうとしていた幸福とにいたるための手引きだ。

解脱（ニルヴァーナ）

ゴータマの考えでは、この世での生の最終目標は、私たちに生まれつきついてまわる苦しみのサイクル（誕生と死そして再生）である輪廻そのものを終えることにある。八正道を歩むことで、私たちは自我をのりこえて、苦しみから解放された人生を送ることが可能となる。さらに、悟りをとおして、苦しみに満ちたまた別の人生へ輪廻する苦しみを避けられるようになる。そのときひとは、自分が「非－我」のうちに身を置いていることに気づき、永遠なものと一体化できる。それが解脱（げだつ）の境地であり、これは、「脱－執着」、「非－存在」あるいは字義どおりに「吹きけし」（蠟燭（ろうそく）についてそう言うばあいのように）などとさまざまに言いかえられる。

ゴータマの時代のバラモン教、およびそれにつづくヒンドゥー教においては、解脱は神と一体化することとみなされてきたが、それにたいしてゴータマは神的なもの、つまり人生の究極目的への言及を慎重に避けている。ゴータマは、解脱を「来たるべき、方向をもたず、なにも生みださない、かたちを欠いた」、どんな感覚的経験をも超えたものとして記述するだけだ。それは「非－存在」という永遠で不変の状態であって、つまりは存在の苦しみからの究極的な解放だ。

ゴータマは、悟りを開いたあと何年もかけてインド中を旅して、説教に努め、自身の教えを説いてまわった。生涯をつうじて、彼は莫大な数の信者を獲得し、仏教はメジャーな宗教としても新しい哲学としても相応の権威となった。彼の教えは口伝で弟子たちをつうじて後続の世代へ伝承され、紀元1世紀ころにはじめて文字に起こされるまでになった。仏教がそののちインドを越えて東方へ広がり、中国や東南アジアへ伝えられるころには、さまざまな宗派が誕生するようになり、中国では、人気という点で、儒教や道教と張りあうほどになった。

ゴータマの教えは、紀元前3世紀にはギリシア帝国にまで到達したが、西洋哲学にはほとんど影響を残さなかった。だが、哲学にたいするゴータマのアプローチとギリシアのそれとのあいだには類似点がある。とりわけ、幸福を見いだすための手段としてゴータマが推論を重要視している点や、ゴータマの教えを解明するのに弟子たちが哲学的な対話を活用した点に、それは顕著だ。ゴータマの教えは、また、ヒュームの自己概念や、人間の条件にかんするショーペンハウアーの見解といった、ずっとのちの時代の西洋の哲学者たちの観念のうちにまで反響している。だが、仏教が西洋の思考に直接的な影響をもつようになるには20世紀を待たねばならなかった。それ以降、西洋の人びとはどう生きたらよいのかの手引きを求めて、ますます仏教に関心を向けるようになっている。■

法輪とは、最古の仏教のシンボルのひとつであり、解脱にいたる八正道をあらわしている。仏教では、「法」ということばは、仏陀の教えを意味する。

> 心こそがすべてだ。
> あなたは、自分の考えた
> ものになる
> **ゴータマ・シッダータ**

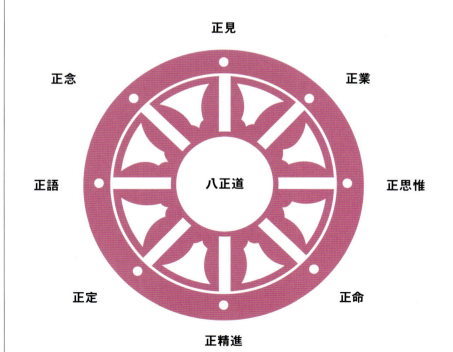

忠信を
主とせよ

孔子
(紀元前 551 年～前 479 年)

孔子

その哲学的背景

部門
中国哲学

手法
儒教

前史
紀元前7世紀　諸子百家が出現。

後史
紀元前4世紀ころ　老子が、道との調和のうちに行為することを提起する。
紀元前470年ころ～前380年ころ　墨子が、孔子の思想に反意を表明した。
紀元前372年～前289年　孟子が、儒教を再興する。
紀元前136年　漢王朝が、孔子のテクストにもとづいて郷挙里選制度（のちの科挙の原型）を導入する。
9世紀　儒教は、宋明理学として再生した。

紀元前770年から220年にかけて、中国は空前の文化的発展を謳歌していた。この時期に出現した多彩な哲学は、こんにちでは諸子百家として知られている。紀元前6世紀には周王朝が衰え、時代は春秋時代の安定期から戦国時代――とは、うまく名づけたものだが――へと移りゆき、この時期に孔丘、通称孔子が誕生している。ギリシアのタレスやピュタゴラス、ヘラクレイトスといった同時期のほかの哲学者と同じように、孔子も変転する世界のうちで変わらないものを探しもとめた。そしてそれは、孔子にとって、統治者による正しい統治を可能にする道徳的価値の探究をも意味していた。

論語

古代中国のほかの多くの哲学者たちとはちがって、孔子がその思想のヒントを求めて視線を向けた先は過去であった。孔子は、生来保守的な人間で、周王朝によって重視されてきた礼と先祖崇拝とをとても尊重していた。古来、周王朝の統治者の権威は、天命を受けたことにもとづくとされてきた。中国には厳格な社会階層があったが、孔子は宮廷に助言を与える者としてふるまう新しい学者階層――じっさいには、官吏にあたる――に属していた。この

> 君子は思うこと、其の位を出でず。
> ……君子は其の言の其の行ないに過ぐるを恥ず
>
> **孔子**
> （『論語』「憲問第一四」二八～二九）

人びとは、相続ではなく、能力（メリット）によってその身分を獲得した。孔子の独特な新しい道徳哲学は、旧来の理想と新しく出現した能力主義の制度（メリトクラシー）との彼自身による統合の産物であった。

孔子の教えを知ろうとするときに、私たちに残されている主たる資料としては、彼がおりに触れて語ったことを弟子たちが編集してまとめた『論語』しか残されていない。この書はまずもって、さまざまなアフォリズムと逸話からなる政治論だが、全体としてはありうべき統治のための指南書となっている。だが、徳の高い優れた人物をさす表現である「君子」（字義どおりには

孔子

伝承によると、孔子は紀元前551年に、中国の魯国にあった（現在の）曲阜に生まれた。もともとの名前は孔丘と言い、孔子ないし「孔夫子」と呼ばれるようになったのは、だいぶ後になってからのことだ。貧しい役人の家庭に生まれ、若かったころは、父の没後の家族を養うために、倉庫番や牧場の飼育係をしたことのほかには、生涯についてはほとんど知られていない。そんな環境のなかでも、寸暇を惜しんで勉学に励み、魯で仕官し、最後には大司寇まで務めた。だが、君主への助言が容れられなかったこともあって、やがて宮廷を離れて教育に専心した。教育者としての孔子は、中国各地をくまなく旅してまわった末、生涯の最後に曲阜に帰り、その地で紀元前479年に亡くなった。孔子の教えは、断章および対話というかたちで残り、それらは口頭で弟子たちへ受けつがれてゆき、儒学者たちによって『論語』20篇にまとめられた。

主著

紀元前5世紀ころ
『詩経』『書経』を編纂する。

紀元前2世紀ころ
『論語』成立。

古代世界

参照 ミレトスのタレス 22〜23頁 ■ 老子 24〜25頁 ■ ピュタゴラス 26〜29頁 ■ ゴータマ・シッダータ 30〜33頁 ■ ヘラクレイトス 40頁 ■ 田辺元 244〜45頁

「紳士」を意味する）という表現を孔子がどのように用いているかを検討してみると、彼の関心が政治にばかりでなく、社会にも同程度に向けられていたことがわかる。じっさい、『論語』の少なからぬ箇所は、礼儀についての指南書として読むことができる。だからといって、『論語』をたんに社会や政治にかかわる議論としかみないなら、肝心な点が見すごされてしまう。その核心には、ひとつの包括的な倫理体系が内包されている。

有徳な生活

諸子百家があらわれる前は、世界は神話と宗教によって説明されており、権力と道徳の権威は神から与えられたものとみなされていた。孔子は明敏にも神々については沈黙を守っているが、道徳的秩序の源泉としての「天」にはしばしば言及している。『論語』によるなら、私たち人間は、天がその意志を具現化し、世界を道徳的秩序と一体化させるために選びだした代理にほかならない——これは、伝統的な中国思想と合致した考えかただ。だが、孔子を伝統から分かつのは、「徳」とは統治階級のために天より与えられたものではなく、陶冶されうる——それも、だれによっても陶冶されうる——という信念だ。みずからを周王朝の衣鉢を継ぐ者に擬えていた孔子にとっては、公正で安定した社会を実現するべく徳と仁をもってふるまうことは、統治者にとっても中間階層にとっても等しく義務だ。

孔子は、社会が強固な階層構造をなしているという事実と、だれもが天命の祝福を受けとることが可能だという自身の信念とを両立させるべく、有徳者とはたんに社会階層の頂点に立つばかりでなく、その階層のなかでの自身の位置を理解し、それを十分に受けいれている人間でなければならないと主張した。そこから、徳にかなってふるまうさまざまな手だてを定義するために、中国の伝統的な徳目——「忠」「孝」「礼」「恕」——が引きだされてくる。これらの徳目を誠実に遵守している人間を、孔子は紳士にしてすぐれた人物だという意味で「君子」と呼ぶが、その意味は、徳を積み、教養があり、礼儀をわきまえている人間であるということだ。

徳の価値は、統治階級の内部でこそ重視されていたが、周王朝の分裂・崩壊とともに形骸化していった。孔子は、統治者たちをこれらの理想へ立ちもどらせ、公正な統治を回復しようと努めたが、そのさい「仁」の力にも信頼を寄せていた。恐怖ではなく模範を示すことで統治するなら、人びとも有徳な暮らしに倣おうとするという孔子独特の統治観は、ここに由来する。さらに孔子は、対人関係も同じ原理にしたがうべきだと考えた。

忠と礼

孔子は、対人関係を分析するさいに、

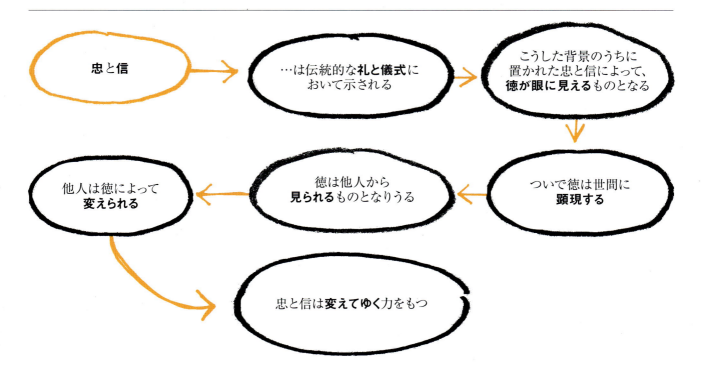

孔子

五常
（仁・義・礼・智・信）

君主―臣下
統治する者は仁をもたねばならず、臣下は忠をもたねばならない

父―子
両親は慈愛を発揮すべきものであり、子どもは従順でなければならない

夫―妻
夫は善良にして公正であらねばならず、妻は物わかりがよくなければならない

兄―弟
兄は優しくなければならず、弟は敬意をもたねばならない

友―友
目上の友は目下の者に思いやりをもたねばならず、目下の友は目上の者に敬意をもたねばならない

「忠」という概念を指導原理として用いている。話は、まず臣下が君主に忠を示すことの重要性からはじまり、ついで同様の関係が、父と子、夫と妻、兄と弟、そして友人同士のあいだにもなりたつものであることが示される。ここで重要なのは、孔子がこれらの関係を並べるさいの順序だ――最初に来るのは政治的な忠であり、ついで家族と氏族における忠、それから友人や他人にたいする忠がつづいている。そこには、各人は社会全体のなかでのおのれの分を、そして同様に家族や氏族のなかでのおのれの分をわきまえるべきだという孔子の考えが如実に反映している。

「おのれの分を知ること」の重要性を例証するのが「孝」だ。孔子にとって、「孝」は、自分の両親や先祖を敬うことにつきるものではない。じっさい、孝こそは、『論語』において孔子が宗教的観念へもっとも近づいていることを示す概念だ。なにしろ、「孝」は、伝統的な先祖崇拝の実践と結びついているというばかりでなく、なによりもまず、孔子の思考の中心に位置する、目下の者から目上の者へという関係性を裏うちするものとなっているのだ。

孔子のもっとも保守的な側面があらわになるのは、「礼」が強調される場面だ。「礼」は、たんに先祖崇拝のような儀式にかかわるばかりでなく、当時の中国人の生活のあらゆる側面を支える社会規範にかかわりをもつ概念だ。これは、婚姻・葬式・供犠といった祭式から、客の接待や贈与、お辞儀や正しい挨拶の仕方のような日々の簡単な礼儀作法といったしきたりまで、きわめて多岐にわたる。孔子の考えでは、これらは内面の「徳」の外的なあらわれ――ただし、そう言えるのは、それらが誠実におこなわれているばあいにかぎられるが――であり、その意味での「礼」こそが、すなわち天道だ。優れた人間は、内面での誠実さをともなった礼を実行することで、社会を変える力を発揮しうる。

誠

孔子の考えでは、社会は模範となる人物をつうじて変化してゆく可能性をもってい

孔子にとって礼は、個人を共同体へ結びつける中核をなしている。各人は、社会におけるみずからの分を知ることで、有徳のひとである君子になりうる。

る。彼の書いているところでは、「誠なれば則ち形る。形るれば則ち著し。著しければ則ち明らかなり。明らかなれば則ち動かす。動かせば則ち変ず。変ずれば則ち化す。ただ天下の至誠のみよく化すとなす。」（『中庸』）

ここで孔子は、もっとも保守的でない一面をのぞかせているが、彼の言うところでは、この変革の過程は二つの方向ではたらくことがある。「忠」という概念にも、「他人を尊重する」という意味がふくまれている。私たちはまず自分の知らないことを知ることで（ここには、自分が無知であることを受けいれる点にこそ、みずからの知があると考えたギリシアの哲学者ソクラテスによって、1世紀のちに繰りかえされることになる観念と類似した発想が認められる）、ついで他人を観察することで、より優れた人間となる。「賢を見ては斉しからんことを思い、不賢を見ては内にみずから省みる」（『論語』「里仁第四」一七）というわけだ。

内省

他人を尊重することを意味するこの「忠」という概念は、孔子が重視する徳目の最後のひとつである「恕」、すなわち思いやりとも関連している。それはみずからの内心を省みて他者を思いやることであ

古代世界

> これを知るをこれを知ると為し、
> 知らざるを知らずと為せ。
> 是れ知るなり
> **孔子**
> （『論語』「為政第二」一七）

り、それが他者にたいするわれわれの行動を導くべき機能を果たすことになる。「自分がしてもらいたいと思うことを他者にたいしてなせ」といういわゆる黄金律は、儒教においては「己れの欲せざるところは、ひとに施すことなかれ」（『論語』「顔淵第一二」二）という否定文のかたちをとる。このちがいは、微妙だが決定的だ。孔子はなにをすべきかを定めるのではなく、行為よりも自制を強調することで、なにをなすべきではないかだけを定めている。ここには、中国社会において伝統的に尊重され、孔子にとっては私たちの真の本性をあらわすものとみなされた慎みと謙譲とが含意されている。これらの徳目をはぐくむことは、自分にたいする忠のひとつのかたちであり、のみならずそれは、姿を変えた誠にほかならない。

儒教

孔子は、同時代の諸侯にたいして政治にかんするみずからの考えを採用するよう働きかけたが、果たせず、晩年は関心を教育に転じた。彼の学派――そのなかには孟子もふくまれる――が、師の書いたものを編纂し拡充する作業をつづけたこと

孔子は、人間社会を確固たるものにしようとする思想の彫琢に打ちこむために、12年ものあいだ中国中を旅し、忠と信の徳を説いてまわることとなった。

で、それは抑圧的な秦王朝を生きのび、その結果が西暦紀元初期の漢王朝における儒教再興につながった。それ以降、孔子の思想がもたらした影響にははかり知れないものがあり、行政から政治、哲学まで中国社会のほとんどあらゆる側面にわたっている。道教や仏教といった主要宗教も孔子の後につづく時代に開花し、伝統的な信仰にとって代わった。孔子が神々について正面から論じたことはなかったが、その思想がこれら二つの新興宗教の信仰のありかたにも影響を与えたことは確かだろう。

宋明理学派は9世紀に儒教運動を復興したものだが、12世紀にその頂点を迎え、東南アジア全域および韓国や日本にも影響をもたらした。イエズス会の宣教師たちが孔子の思想をヨーロッパにもちかえったのは16世紀のことだが、儒教は西洋思想には浸透せず、17世紀後半に『論語』の翻訳がなされるまでその影響はきわめてかぎられていた。

1911年、中国で王朝は消滅したが、孔子の思想は、公式には是認されていないものの、依然として中国の多くの道徳的・社会的しきたりの土台をなしている。近年にいたって、中華人民共和国は、あらためて孔子に関心を示し、現代中国の思想および西洋哲学の双方と孔子の思想とを統合した、「新儒家」として知られるハイブリッドな哲学を生みだしている。■

万物は流転する
ヘラクレイトス
（紀元前535年〜前475年ころ）

その哲学的背景

部門
形而上学

手法
一元論

前史
紀元前6世紀 ミレトス学派の哲学者たちが、宇宙はただひとつの特定の実体からなると主張する。
紀元前6世紀 ピュタゴラスが、宇宙は数学的に定義可能なひとつの下部構造をもつと言明する。

後史
紀元前5世紀初頭 パルメニデスが、論理的演繹を駆使して、そもそも変化ということがありえないことを証明しようとする。
紀元前4世紀後半 プラトンが、世界を流動状態にあるものとして記述するものの、ヘラクレイトスの説は矛盾しているとみなして退ける。
19世紀初頭 ゲオルク・ヘーゲルが、自身の哲学の弁証法的体系の基礎を対立物の統合の上に置く。

ほかの初期ギリシア哲学者たちが、宇宙の物理的性質を科学的に説明しようと努めたのにたいして、ヘラクレイトスは宇宙を神的なロゴスに統べられているものとみなした。ロゴスは、ギリシア語で「理性」や「推論」を意味することばと解されるのが普通だが、それをヘラクレイトスは、ひとつの普遍的で宇宙的な法則をさすものと解した。このロゴスの法則にしたがうことで、万物が存在し、宇宙を構成するあらゆる物質的要素も均衡を保つようになる。

宇宙の統一へつうずる核心は、「昼」と「夜」や、「熱い」と「冷たい」といった対立物のあいだでの均衡だ、あるいは万物は基礎となるただひとつの過程ないし本質の部分だ——この思想が一元論の核となる教義だ——とヘラクレイトスは考えた。だが、それと同時にヘラクレイトスによれば、対立関係をなす諸項のあいだにはつねに緊張関係が生じてもいる。そこからヘラクレイトスは、万物は絶えざる流動状態ないし変化のうちにあるにちがいないと結論した。たとえば、昼は夜になり、その夜がまた昼になるといった具合だ。

ヘラクレイトスは、みずからの理論を例証するのに川の例を挙げている。「同じ川に二度はいることはできない」。ここで彼が言わんとしているのは、川に足を踏みいれるまさにそのとき、新鮮な水がただちに最初に足を置いた地点の水にとって代わってゆくが、それでいて川それ自体は固定した不動のもののようにイメージされているということだ。

宇宙のあらゆる事物は絶えざる流動状態にあるというヘラクレイトスの信念は、万物をそれらの典型をなす不動の本質によって定義したタレスやアナクシメネスといったミレトス学派の哲学者たちの思考とは、正反対のほうを向いている。■

上りの道と下りの道は
同じひとつのものだ
ヘラクレイトス

参照 ミレトスのタレス 22〜23頁 ■ ピュタゴラス 26〜29頁 ■ パルメニデス 41頁 ■ プラトン 50〜55頁 ■ ゲオルク・ヘーゲル 178〜85頁 ■ ミレトスのアナクシメネス 336頁

古代世界　41

万物は一である
パルメニデス
（紀元前515年～前445年ころ）

その哲学的背景

部門
形而上学

手法
一元論

前史
紀元前6世紀　ピュタゴラスが、宇宙の土台は任意のひとつの実体ではなく、数学的構造だと主張した。
紀元前500年ころ　ヘラクレイトスが、万物は流動状態にあると述べる。

後史
紀元前5世紀後半　エレアのゼノンが、自身のパラドクスを開陳（かいちん）して、私たちの経験が幻想的な性質のものであることを論証する。
紀元前400年ころ　デモクリトスとレウキッポスが、宇宙は真空のうちにある無数の原子から構成されていると主張する。
紀元前4世紀後半　プラトンが、そのイデア論を提示して、抽象的なイデアが現実の最高度の形相であると論じる。
1927年　マルティン・ハイデガーが、『存在と時間』を執筆して、存在の意味にかんする問いを再興する。

パルメニデスが推しすすめた思想は、ギリシア哲学の重要な転換点をなしている。ピュタゴラスの論理的・科学的思考に影響されて、パルメニデスも演繹的推論を活用して、世界の物理的本質をあきらかにしようとする。その探究の結果、パルメニデスはヘラクレイトスとは相反する見解を採るにいたった。

パルメニデスは、なにかが存在している（「それがある」）という前提から、世界が論理的矛盾をふくむのでもないかぎり、そのものが存在してもいない（「それはあらない」）という結論がでてくることはありえないと推論する。その結果、なにも存在していない状態はありえない——真空は存在しえない——という帰結が導かれる。そうなると、存在しているとされるなにかは、無からは到来しえない以上、つねになんらかの形態において存在していたにちがいないことになる。この永続的な形式は、変化することがありえない。なにしろ、つねに存在しているものが、なにか別のものに変化してしまいながら、依然として永続的なものであるということはありえない。

パルメニデスは、こうした思考スタイルにもとづいて、現実のいっさいは永遠にして不変で、不可分の統一性をそなえている

宇宙を理解するということこそが、最古の哲学的探究の目標のひとつだ。20世紀になって、量子力学からもたらされた証拠は、パルメニデスが推論だけで到達したのと同じ見解を支持するものであることがあきらかになった。

にちがいない——つまりは、「万物は一である」——という結論をくだす。それ以降の哲学者たちにとって、この結論以上に看過できなかったのは、パルメニデスがこうした推論の過程をつうじて、私たちの世界知覚が誤りと矛盾に満ちていることを示した点だ。私たちは変化を経験していると思っているが、理性が告げるのは、変化などありえないということだ。こうして、私たちが到達しうる唯一の結論は、感覚器官から与えられる経験をあてにするわけにはゆかないということだ。■

参照　ピュタゴラス 26～29頁 ■ ヘラクレイトス 40頁 ■ デモクリトスとレウキッポス 45頁 ■ プラトン 50～55頁 ■ マルティン・ハイデガー 252～55頁 ■ エレアのゼノン 337頁

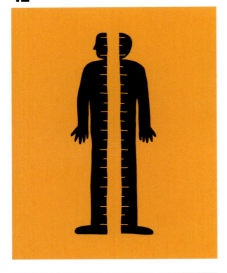

人間は万物の尺度だ
プロタゴラス
（紀元前490年ころ～前420年）

その哲学的背景

部門
倫理学

手法
相対主義

前史
紀元前5世紀初頭 パルメニデスが、感覚の明証性よりも理性のほうに重きを置くべきだと論じる。

後史
紀元前4世紀初頭 プラトンのイデア論が、万物には「抽象的な」ないし「理想的な（けいそう）」形相があると主張する。

1580年 フランスの著述家ミシェル・ド・モンテーニュが、自身の『エセー』において、人間のふるまいを描写するのにある種の相対主義を採用する。

1967～72年 ジャック・デリダが、脱構築という技法を用いて、どんなテクストにも調停不可能な矛盾が潜んでいることを示す。

2005年 ベネディクト16世が、みずからの法王としての最初の公開講演において「私たちは相対主義の独裁に近づきつつある」と警告する。

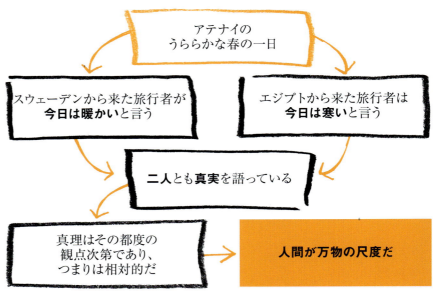

　紀元前5世紀をつうじて、アテナイは繁栄を誇る一級のポリス（都市国家）へと躍進し、ペリクレス（紀元前495年ころ～前429年）の指導のもとで、学問的にも文化的にも「黄金時代」に突入した。これに惹きつけられて、ギリシア全土から人材が集まったが、とりわけ法に精通した人間には、アテナイは濡れ手で粟（あわ）とでも言うべき絶好の機会を提供した。当時のアテナイには、民主主義の原理が行きわたり、法体系も完備されていた。ただ、裁判にかかわる者は、自分で自分を弁護しなければならなかった。まだ弁護士はいなかったが、じきに公に認められた助言者グループができあがった。プロタゴラスは、そのメンバーであった。

すべては相対的だ

　プロタゴラスは、報酬を支払う能力のある者に法と弁論術を講義した。その教えは、本質的には実践的な問題にかかわる内容で、話の核心を証明するというよりは

古代世界

参照　パルメニデス 41 頁 ■ ソクラテス 46 〜 49 頁 ■ プラトン 50 〜 55 頁 ■ ミシェル・ド・モンテーニュ 108 〜 09 頁 ■ ジャック・デリダ 312 〜 17 頁

> 知ることを妨げるものは数多くあるが、そのなかにはことがらの不明瞭さや人生の短さもふくまれる
>
> プロタゴラス

私的な争いで勝利するための議論であった。だが、プロタゴラスは自分の教えの哲学的な含意にも気づいていた。プロタゴラスの考えでは、どんな議論にも二つの面があり、いずれもが同等の妥当性をもつ。だから、分のよくない事例を逆転させるには、論証がどれほどの価値をもつかではなく、その提案者がどれほどの説得力をもっているかをあきらかにしさえすればよい。こんなふうにプロタゴラスは、どんな信念も主観的で、その価値を測る尺度は、その見解なり意見をいだいている当人であることを承認する。当時の法や政治では、こうした推論はありふれていたものの、哲学的には新鮮であった。それは、人間をその中核にすえる点で、宗教を哲学的議論の埒外に置くそれまでの伝統を引きつぐとともに、哲学の焦点を宇宙の本性の理解から人間のふるまいの吟味へとシフトするものでもあった。プロタゴラスは、実践的な問題に関心を示した。宇宙を構成する実体や神々の実在にかかわる哲学的思弁は、そうした問題は知りえないと考えるプロタゴラスにとっては、不毛なものであった。

「人間は万物の尺度だ」という主張の主眼は、信念とは主観的で相対的なものだということだ。こう考えた結果、プロタゴラスは、真理や正義や徳の絶対的な定義はないと考えるにいたった。プロタゴラスが言うには、ある人間には真理だと思えることも、別の人間には虚偽だと思われることがありうる。この相対主義は、なにが善でなにが悪かといった道徳的価値にも適用可能だ。プロタゴラスにとっては、それ自体で内在的に善なるものはない。なにかが道義的で正しいとしても、それはある人間ないし社会がそう判断しているにすぎない。

プロタゴラスは、のちにソフィスト（この語は、ギリシア語で知恵を意味する「ソフィア」に由来する）として知られることになる、各地を遍歴しながら法と弁論術を教えた人びとのなかでも、もっとも影響力をもったひとりであった。ソクラテスとプラトンは、ソフィストなどたんなる弁論屋にすぎないと嘲笑したが、プロタゴラスにかんしては事情は異なる。けだし、プロタゴラスは、絶対的なものなど存在せず、道徳的なそれもふくめていかなる判断も主観的だという見解へ向かう無視できない一歩を、倫理学の領域で踏みだした人物だ。■

プロタゴラスにしたがうなら、紀元前 5 世紀のギリシアの水差しに描かれた二人の哲学者によってあきらかにされるいかなる「真理」も、彼らの弁論術とその論争の技術に左右される。

プロタゴラス

プロタゴラスは、ギリシア北東部のアブデラで生まれ、あちこちを旅しながら、各地で教えた。あるとき、彼はアテナイに来て、当時のポリスの指導者であったペリクレスの助言者となった。紀元前 444 年、ペリクレスはプロタゴラスに植民都市トリオイのための憲法を起草するよう命じた。プロタゴラスは不可知論の擁護者で、伝えられるところでは、後年不敬虔のかどで、書物が広場で焼却される憂き目にあった。

プロタゴラスの著作は断片しか残っていないが、プラトンがその対話篇『プロタゴラス』でその見解を詳細に検討している。

プロタゴラスは 70 歳まで生きたらしいが、正確な没年も亡くなった場所も不明だ。

主著

紀元前5世紀

『神々について』
『真理論』
『存在について』
『論争の技術』
『数学』
『国制について』
『名誉心について』
『もろもろの徳について』
『原初の状態について』

我に投ずるに桃を以てす、之に報ゆるに李を以てす

墨子
(紀元前470年～前390年ころ)

その哲学的背景

部門
中国哲学

手法
墨家

前史
紀元前6世紀後半 孔子の道徳哲学が、家族の絆と伝統の重要性を強調する。

後史
紀元前4世紀 老子が、「道(タオ)」にしたがって生きるとは、自然と調和して直観的に行為することだと主張する。

紀元前4世紀中葉 孟子の儒教哲学が、人間の性善説を説く。

紀元前4世紀中葉 道家の哲学者荘子が、儒教と墨家を批判する。

紀元前3世紀 法家が、秦王朝によって採用される。法家は、人間の生来の性悪性を阻止するには厳格な法律が必要だと説いた点で、墨家と対立する。

孔子が亡くなった後の戦国時代の思想家墨子は、紀元前470年ころに生まれた。工匠の子とも言われ、最初は儒家に学んだが、のちになって、儒家に広く認められる特徴である氏族関係を重視する姿勢に嫌悪をいだくようになった。そこから、墨子は独自の思想学団を形成するにいたったのだが、それは普遍的な愛としての兼愛を推奨するものであった。墨子によれば、兼愛とは、あらゆるひとを平等に、その身分や私たちとの関係に左右されることなく、慈しむことを意味する。墨子が重視するこの哲学的立場は、のちに墨家として知られるようになるが、根本において兼愛を核とし、天の道に合致するかぎりでの「あらゆる生命を育み維持する」ことをめざすものであった。

墨子によれば、私たちのどんなふるまいもつねに相互的なものだ。自分が遇されたいと願うのと同じように他者を遇すれば、私たちも他者から同じように遇されるようになる。これが、「我に投ずるに桃を以てす、之に報ゆるに李を以てす」ということばの意味だ。だれをも公平に遇するというこの原理が統治者によって実施されたなら、おのずとあらゆる争いはなくなるはずだと墨子は主張した。同じ原理が万人によって実践されたなら、いっそう調和に満ちた、ずっと生産的な社会が実現することだろう。こうした発想には、その精神という点で、19世紀の西洋哲学者たちによって提起された、最大多数の最大幸福を説く功利主義の考えと近いところがある。■

毛沢東は、出身が貧しかったこともあって、墨子を真の人民哲学者とみなしていた。だれもが同等に遇されるべきだという**墨子**の主張は、現代中国において推奨されている。

参照 老子24～25頁■ゴータマ・シッダータ30～33頁■孔子34～39頁■ジェレミー・ベンサム174頁■田辺元244～45頁■王弼337頁

古代世界　45

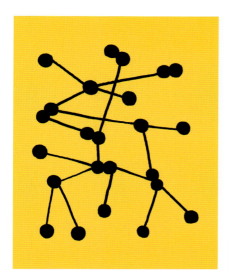

原子と空虚な空間のほかにはなにも存在しない

デモクリトス
（紀元前460年〜前371年ころ）と
レウキッポス
（紀元前5世紀初頭）

その哲学的背景

部門
形而上学

手法
原子論

前史
紀元前6世紀初頭　タレスが、宇宙はひとつの基礎となる実体からできていると主張する。
紀元前500年ころ　ヘラクレイトスが、万物は絶えざる流動状態、すなわち変化のうちにあると言明する。

後史
紀元前300年ころ　エピクロス派が、身体を構成している原子は死後には四散してしまうのだから、死後の生はないと結論する。
1805年　イギリスの化学者ジョン・ドルトンが、純粋な物体はいずれもただひとつの型(タイプ)の原子からなっており、それらが結合することで合成物ができあがるという考えを提起する。
1897年　イギリスの物理学者J.J.トムソンが、原子がさらに小さな部分に分割可能であることを発見する。

紀元前6世紀以降、哲学者たちは宇宙がたったひとつの基礎となる実体からできているのかどうかを問題にするようになった。紀元前5世紀をつうじて、ギリシアのアブデラ出身の二人の哲学者デモクリトスとレウキッポスが、万物はごく小さくてそれ以上分割することもできなければ変化することもない粒子からできていると考え、それを原子と呼んだ（「アトム」とは、もともとギリシア語で「分割できないもの」を意味する）。

最初の原子論

デモクリトスとレウキッポスは、空虚で空っぽの空間が原子相互を分離しており、それによって原子は自由に動きまわれるのだと主張した。原子は、運動するさい、たがいに衝突しあって新しい原子配列を生みだす。その結果、世界にあるさまざまな対象物が眼に見えるかたちで変化しはじめる。この二人の思想家は、これら永遠の原子の数は無限だが、それらの配列に応じて可能となる結合の数のほうは有限だと考えた。ここから、実在している実体の数が固定されているように思われる理由が推察される。たとえば、私たちの身体を構成している原子は、私たちが死ぬと腐敗して消えさってしまうわけではなく、四散するだけで、編成されなおされうる。

デモクリトスとレウキッポスによって考案されたこの理論は原子論として知られているが、これは、神のような超自然的な類いの概念を引きあいに出すことなく、宇宙を理解しようとする最初の徹底した機械論的説明であった。のみならずこの理論は、物質の根本的特性を同定するものでもあり、現在から振りかえってみるなら、とりわけ17世紀以降の物理学の発展にとって決定的な意義をもつものであった。その直接的な延長線上に、20世紀の科学に決定的な変革をもたらした原子論が位置づけられる。■

人間は宇宙のなかの小宇宙だ
デモクリトス

参照　ミレトスのタレス22〜23頁　■　ヘラクレイトス40頁　■　エピクロス64〜65頁

吟味されることのない人生など生きるに値しない

ソクラテス
（紀元前469年〜前399年）

その哲学的背景

部門
認識論

手法
問答法

前史
紀元前600年ころ〜前450年 イオニアとイタリアにおいて、ソクラテス以前の哲学者たちが、宇宙の本性の探究を開始する。
紀元前5世紀初頭 パルメニデスが、私たちは推論を介してしか宇宙を理解しえないと主張する。
450年ころ プロタゴラスとソフィストたちが、弁論術を哲学的問いかけに応用する。

後史
紀元前399年〜前355年 プラトンが、『ソクラテスの弁明』をはじめとする幾多の対話篇において、ソクラテスのひととなりを描きだす。
紀元前4世紀 アリストテレスが、ソクラテスの手法にたいするみずからの恩義を認める。

ソクラテスは、しばしば西洋哲学の創設者のひとりとみなされるが、自分ではなにひとつ書きのこさなかったし、学派もつくらず、自分固有の理論ももたなかった。ソクラテスがおこなったのは、一貫して自分に関心のある問題について問うことであり、そのなかで彼は、新しい思考方法を展開し、私たちが考えることについての新しい吟味の方法を展開した。それがソクラテスの手法ないし問答法と長らく呼ばれているものだが（「問答」と呼ばれるのは、それが対立する意見のあいだでの対話として進められるからだ）、これによってソクラテスは祖国アテナイに多くの敵をつくった。彼は、ソフィストにすぎない（欺くことだけを目的に議論をする輩（やから））と貶（おとし）められ、伝統にそぐ

古代世界 **47**

参照　ミレトスのタレス 22〜23頁　■　ピュタゴラス 26〜29頁　■　ヘラクレイトス 40頁　■　パルメニデス 41頁　■　プロタゴラス 42〜43頁　■　プラトン 50〜55頁　■　アリストテレス 56〜63頁

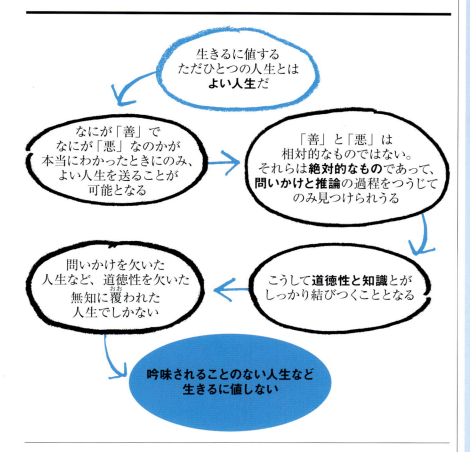

ソクラテス

ソクラテスは、紀元前469年にアテナイの石工と助産師のあいだに生まれた。ソクラテスが父親の仕事を継いだというのはありそうなことだし、哲学を学んだのはおそらく兵役につく前のことだったと推測される。ペロポネソス戦争での活躍によって有名になったのち、アテナイにもどり、しばらくは政治に携わったらしい。だが、父親が亡くなり、働かなくとも妻クサンチッペと暮らしてゆくのに十分なだけの遺産を相続した。

ソクラテスがアテナイの街中でよく見かけられる存在になったのは、これ以降のことだ。アテナイの同胞たちと哲学的議論を繰りひろげては、若い信奉者たちを獲得していった。最後にソクラテスは、アテナイの若者の心を惑わしたという罪で告訴され、死刑を宣告された。脱獄の機会を提供されたにもかかわらず、有罪の評決を受けいれ、毒ニンジンの杯をあおって紀元前399年に亡くなった。

主著

紀元前4世紀〜前3世紀
プラトンによって『ソクラテスの弁明』に書きとめられたソクラテスの生涯と哲学、および幾多の対話篇がある。

わない思想で若者たちを堕落させたという罪で死刑にされた。だがソクラテスは、多くの後継者にも恵まれた。そのなかに、ソクラテスの考えを「対話篇」と呼ばれる一連の著作に記録したプラトンがいる。そこに描かれたソクラテスは、つねに観念の吟味に着手している。ソクラテスの思想がそっくりこんにちまで伝えられ、西洋哲学の流れを領導しているのは、主としてこれらの対話篇——そこには、『ソクラテスの弁明』『パイドロス』『饗宴』といった著作がふくまれる——のおかげだ。

人生の目的

紀元前5世紀後半のアテネで暮らしたソクラテスは、若いころは自然哲学を研究し、宇宙の本性にかんするさまざまな説明を吟味したらしい。だが、その後ポリスの政治にかかわり、正義の本質といった、もっと地に足のついた倫理的問題に関心を傾注した。それでいて、議論に勝利することや金儲けのために議論することには、まったく興味をもたず、同時代人と同程度の謝礼すら受けとらなかった。ソクラテスは解答や説明を求めることもなかった——ただ、私たちがみずからに適用しているさまざまな概念（「よい」や「悪い」、「正しい」といった）の土台を吟味するだけであった。なぜなら、ソクラテスの考えでは、自分たちがなにものであるかを理解することこそが哲学の第一の課題だからだ。

このように、ソクラテスは、主として生きかたの検討に関心を向けたが、自分の周りに敵を増やしたのも、人びとのもっとも

ソクラテス

> 自分は世界市民だ
> **ソクラテス**

大事な信念（そのほとんどは、自分自身にかかわる）にたいする、ソクラテスの徹底的な問いかけのためであった——だが、ソクラテスは亡くなるときまで、この課題に取りくみつづけた。これは、プラトンが書きのこしているが、法廷の場での本人の弁明によるなら、ソクラテスは無知の人生に直面するくらいなら死を選ぶ。いわく、「吟味されることのない人生など生きるに値しない」。だが、正確に言って、この人生の吟味とはなにを意味するのだろうか。ソクラテスにとってそれは、私たちが毎日用いてはいるものの、一度として真剣に考えたことのない本質的な諸概念の意味を問いなおす過程であり、それらの真の意味と私たち自身の知あるいは無知をあらわにすることであった。ソクラテスは、「よい」人生を可能にするものはなにかを考えた最初の哲学者のひとりだ。その答えは、社会の道徳規範を鵜呑みにして生きるのではなく、正しいことをした結果として得られる心の平安だ。そして「正しいこと」は、厳格な吟味によってのみ決定されうる。

ソクラテスは、徳のような概念は相対的だとする見解を退け、そうした概念は絶対的で、アテナイ市民やギリシア人だけにでなく、世界中の人びとにあてはまると主張した。ソクラテスの考えでは、徳（ギリシア語の原語「アレテー」は、この時代には「優れていること」ないし「なしとげられたこと」を意味した）は「もっとも所有に値するもの」であり、じっさい悪をなそうと望む者はひとりもいない。悪をなすひとは、良心に逆らってそうしているのだから、内心では不快感を覚えているだろう。だれもが精神の平安を求める以上、悪は私たちが進んでやろうとしていることではありえない。したがって、悪がなされるのは、知恵と知識が欠けているからだ。こうした考えからソクラテスは、知識というただひとつの善と、無知というただひとつの悪しかないと結論した。知識は道徳性と分かちがたく結びついており——なにしろ、知識こそが「たったひとつの善」だ——、だからこそ私たちは絶えず自分の人生を「吟味」しつづけなければならない。

魂の配慮

ソクラテスの考えでは、知識は死後の生においても不可欠だ。『ソクラテスの弁明』でプラトンの描くソクラテスは、吟味を受けない人生についてのよく知られたことばの冒頭で、こう語る。「善と私がきみに語るいっさいのそのほかの主題についての検討をせずには、一日たりともすごすべきではないし、自分と他人についてのこの検討こそが、真に人間になしうる最上のことだと言っておこう」。健康や高い身分よりも正

ソクラテスの問答法は問いかけという単純な方法にもとづいているが、各人のいだいている、自分は知っているという主張の基礎にある、しばしば誤ることもある想定に光を投げかけるものであった。

- では、神はなんでも知っているというのかね？
- ああ、なにしろ彼らは神なんだからね
- ほかの神と意見のあわない神もいるんじゃないかな？
- もちろん、そんな神もいる。神々はいつだって戦っているんだ
- そうなると、なにが真で正しいのかということについても神々は対立しているんじゃないかい？
- たぶん、そうだろうね
- そうなると、ときにはまちがっている神もいるということにならないかい？
- どうやらそういうことになりそうだね
- **それでは神々がなんでも知っているということはありえない！**

しい知識を獲得することこそが、人生の究極目標だ。それは娯楽や好奇心の類いとは一線を画す、私たちの存在理由そのものだ。のみならず、あらゆる知識はつまるところ自分についての知識だ。なにしろ、それこそがこの世におけるきみという人間をつくりあげ、不死の魂を気づかう助けとなるものだ。『パイドロス』では、吟味を受けない人生を送ると、まるで酩酊したように、魂は「混乱と錯乱」に行きつくと言われている。それにたいして、賢明な魂は不動の安定性をそなえており、どれだけ放浪しても最後には目的へと導かれる。

問答法

ソクラテスは、その探究心が評判になって、瞬くまにアテナイの有名人になった。『ソクラテスの弁明』によれば、彼の友人のひとりがデルフォイ神殿のアポロの巫女に、この世で一番賢いのはだれかと尋ねたそうだ。巫女の答えは、ソクラテスにまさる知者はいないというものであった。これを聞いたソクラテスは打ちのめされて、知るかぎりでもっとも聡明な人びとのもとを訪れ、神託が誤っていることを証明しようとした。そこで彼が眼のあたりにしたのは、これらの人びとが多くのことを知っているつもりでいるにすぎないということであった。よくよく吟味してみると、彼らの知識はかぎられているか誤っているかであることが判明した。

だが、もっと重要なことは、彼らの知識に問いかけるさいにソクラテスが用いた方法だ。彼は、自分はなにも知らないという態度で吟味を開始し、ひたすら問いかけを積みかさね、相手の論証に潜む矛盾と、知識のうちに潜むギャップをあらわにし、少しずつ洞察を引きだしてゆく。ソクラテス自身は、観念の誕生に立ちあうこうした手法を、助産師をしていた自分の母になぞらえて「助産術」とも呼んでいた。

こうしたやりとりをつうじてソクラテスが悟ったのは、自分が一番賢いというデルフォイの神託が正しいということであった。といってもそれは、ソクラテスが一番の物知りだという意味でのことではなく、自分はなにも知らないと公言していたからだ。ソクラテスはさらに、デルフォイ神殿の入り口に掲げられている銘「汝自身を知れ」（グノーティ・サウトーン）こそが重要であることにも気づいた。世間および自分についての知識を獲得するには、まずは自分自身の無知という限界に思いいたり、いっさいの先入見を退けておく必要がある。その暁にはじめて、真理を見つけられる希望も可能となる。

ソクラテスは、愛や正義、忠誠の本性といった主題をめぐる討論に、アテナイの人びとを巻きこんだ。彼の使命は、その当時はソフィスト流の詭弁の手に負えない一形態ないしそれに利するための小器用さだと誤解されもしたが、人びとを教化しようとか自分たちがなにを知っているのかをわからせようといった程度のことにあったのではなく、あくまで人びとがいだいている観念の内実をはっきりさせようということにあった。ソクラテスにさまざまな洞察をもたらしたのは、彼自身が進行役を務める対話それ自体であった。ソクラテスは、一連の問いかけをつうじて対話相手がさまざまな観念や思いこみをいだいていることをあきらかにし、そのなかに潜む矛盾をあら

49 古代世界

> 自分が無知であるという事実のほかには私はなにも知らない
> **ソクラテス**

わにして、新しい結論に同意せざるをえないところまで彼らを導いた。

無知という前提から出発して、理性的な討議によって論証を吟味するこうしたやりかたは、哲学的思考における画期的な方向転換を画すものであった。それは、知られるかぎりで最初の帰納的論証の活用であり、これをつうじてはじめて、経験に立脚した一連の前提の真が裏づけられ、そこから普遍的真理をもった結論に到達することも可能となる。こうした強力な論証スタイルは、その後アリストテレスによって発展させられ、さらにはこのスタイルを自身の科学的手法の出発点として活用したフランシス・ベーコンによって展開された。こうしてソクラテスのスタイルは、たんに西洋哲学の土台となったばかりか、すべての経験科学にとっての土台ともなった。■

ソクラテスが死を宣告されたのは紀元前399年のことだが、それはつまるところアテナイの人びとの道徳性の土台を問題にしたからであった。絵のなかのソクラテスは、死をもたらす毒ニンジンの杯を受けとり、天を指さす身ぶりで周囲の人びとを挑発している。

地上での知識は影にすぎない

プラトン

（紀元前 427 年〜前 347 年）

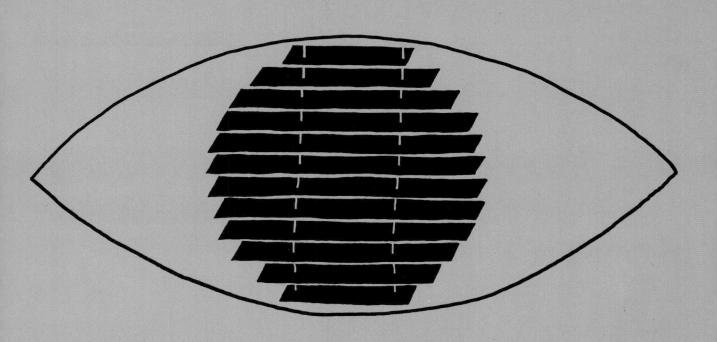

プラトン

その哲学的背景

部門
認識論

手法
合理主義

前史
紀元前6世紀 ミレトス学派の哲学者たちが、宇宙の本性と実体を説明する理論を提起する。
紀元前500年ころ ヘラクレイトスが、万物は絶えざる流動状態ないし変化のうちにあると論じる。
紀元前450年ころ プロタゴラスが、真理は相対的だと主張する。

後史
紀元前335年ころ アリストテレスが、真理は身のまわりを観察することで発見できると説く。
250年ころ プロティノスが、プラトンの思想を宗教的に解して、新プラトン主義を立ちあげる。
386年 ヒッポの聖アウグスティヌスが、プラトンの理論とキリスト教の教えを合体させる。

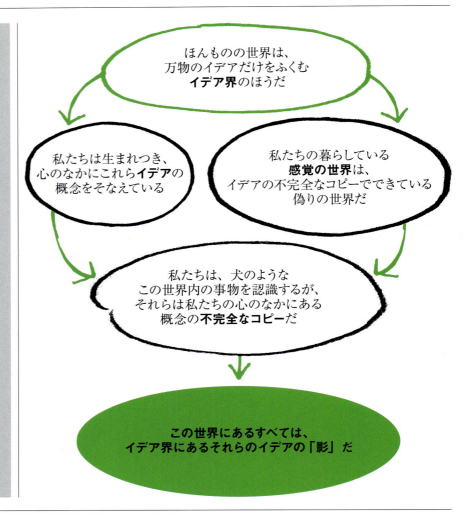

プラトンが師と仰いだソクラテスは、紀元前399年に死刑を宣告された。ソクラテスはなにも書きのこさなかったが、プラトンは、師から学んだことをのちの人びとのために残しておく決心をし、最初は『ソクラテスの弁明』で、法廷でのソクラテスの弁論を自分なりに再現し、のちになると一連の対話篇で、ソクラテスを主人公として活躍させた。これらの対話篇では、どれがソクラテスの見解でどれがプラトンのオリジナルな思想であるのかを解きほぐすのが困難に思われることもしばしばだが、師であるソクラテスがみずからの考えを探究し説明するやりかたをプラトンが自分なりに活用するその手法から、あるイメージが浮かびあがってくる。

プラトンの当初の関心は、彼の師のそれと同じであった。すなわち、「正義」や「徳」といった抽象的な道徳上の価値に定義を与え、善悪は相対的な概念にすぎないとするプロタゴラス的な考えを論駁することだ。『国家』のなかでプラトンは、理想国家についてのみずからのヴィジョンを開陳し、徳の諸相を探究するにいたった。だがその過程で、彼は道徳哲学の埒外にある諸問題に取りくんだ。初期ギリシアの思想家たちと同様、プラトンも宇宙の本性と実体を問題とし、一見したところ絶えず変化するこの世界のなかに、どうして不動で永遠のものが存在しうるのかを探究した。だが、先行者とはちがって、プラトンの出した結論は、自然における「不変なもの」は、道徳や社会における「不変なもの」と同じものだという思想であった。

イデアを求めて

『国家』のなかでプラトンは、ソクラテスを、徳や道徳についての明晰で厳密な定義を打ちたてようと考え、そのために必要な問いを発してやまない存在として描いている。ソクラテスが「徳は知である」と述べ、たとえば正しくふるまうにはまず正しさすなわち正義とはなんであるかが問われねばならないと述べたことはよく知られ

古代世界

参照　ミレトスのタレス 22～23頁 ■ ヘラクレイトス 40頁 ■ プロタゴラス 42～44頁 ■ ソクラテス 46～49頁 ■ アリストテレス 56～63頁 ■ ヒッポの聖アウグスティヌス 72～73頁 ■ プロティノス 337頁

ている。プラトンは、思考や推論を進めるさいに、なんらかの道徳的概念に依拠する前に、まずもってそうした概念で私たちがなにを言わんとしているのか、そしてその内容がまさにそうした類いの事物であることを保証するものがなんなのかをはっきりさせておく必要があると主張する。プラトンが提起する問いとは、事物の正しい姿や完全な姿を、言いかえるならどんな時代や社会にも等しく妥当する姿を、私たちはどうやって知るのかという問題だ。こう問うことで、プラトンが言わんとしているのは、この世界のうちにあるどんな事物——それが道徳的な概念であると物理的な対象であるとを問わず——にも、なんらかの理想的なかたちが存在しており、私たちはその存在にも気づいているにちがいないということだ。

プラトンは、たとえばベッドのようなこの世界にあるふつうの事物について語る。それによれば、私たちがベッドを見るさい、それがベッドであることはわかっており、それどころかどんなベッドでも、たとえそれらがどれほどさまざまな点で異なっていても、それをベッドと認めることができる。一口に犬といっても多種多様で、この先さらに多様になりうるだろうが、それでもあらゆる犬は「犬性」とでも言うべき特徴を共有しており、このおかげで私たちは犬を犬として識別できるし、さらに犬とはなにかを自分たちは知っていると語ることができる。プラトンによれば、だからといって「犬性」なり「ベッド性」が実在しているわけではなく、だれもの精神のなかに理念的な犬なりベッドなりがあって、それに依拠することで、私たちは個体の識別をおこなっている。

みずからの論証をさらに推しすすめるために、プラトンは数学の例を引いて、真の知識は感覚をつうじてではなく推論によって到達されると主張する。彼の言うところでは、論理的なステップを踏めば、直角三角形の斜辺の自乗は、ほかの二辺の自乗の和に等しい、あるいは任意の三角形の三つの内角の和はつねに180度であるということはわかる。私たちはこれらの言明が真であることを知っているが、完全な三角形などこの自然界のどこにも実在してはいない。それでいて、私たちは理性のみを用いて、完全な三角形を、あるいは完全な直線や円を思いえがくことができる。こうしてプラトンは、そうした完全なかたちは、どこかに実在しうるのだろうかと問いをすすめる。

イデア界

推論の結果、プラトンはただひとつの結論に到達する。それは、物質界から完全に切りはなされたイデア界があるにちがいないというものだ。完全な「三角形」のイデア（観念）は、完全な「犬」や完全な「ベッド」のイデアとともに、イデア界にある。プラトンによればこの場所は、感覚器官によっては知覚されえず、理性をつうじてのみ知覚可能となる。さらにプラトンは、

> 個物が意味をもちうるためには、普遍が存在していなくてはならない
> プラトン

このイデアの領域こそが真の「現実」であり、私たちの周囲の世界は、それをモデルにしてつくられたものにすぎないとまで言う。

プラトンは、みずからの理論を描写するのに、こんにちでは「洞窟の比喩」として知られる物語を提示する。まず私たちは、人びとがそのなかに生まれながらに囚われていて、闇のなかに浮かぶ壁に向きあうように固定されている洞窟を想像するよう求められる。彼らには、自分の正面にある壁のほうを向くことしかできない。彼らの背後には炎が燃えさかり、その影だけが、

洞窟の比喩　このなかでは、世界についての知識は現実と真理の影にかぎられているが、この話をプラトンは完全なかたちを意味するイデアの世界というみずからの思想を説明するために用いている。

プラトン

プラトンのイデア論にしたがうなら、私たちがこの世界で出くわすすべての馬は、イデア界に存在する「イデア」としての完全な馬の不完全なコピーだ。人間はみずからにそなわる理性という能力をつうじてのみ、このイデア界に到達することができる。

イデア界

感覚世界

彼らの向きあっている壁に映しだされる。炎と人びとのあいだにも壁が立ちはだかっているが、外の人びとはその壁に沿って動きまわり、ときどきさまざまな事物を手にとる。すると、その影が壁の上に映る。この影こそが、囚われている人びとが世界について知りうるすべてだ。彼らは、じっさいの事物それ自体についてはいかなる概念ももたない。囚われているひとりが、いましめをふりほどいて後ろを向くことができたなら、事物それ自体を眼にすることだろう。だが、それまでの人生を欺かれてすごしたわけだから、そのとき彼は混乱するとともに、炎のまぶしさで眼の前がくらくらし、おそらくはふたたび壁に向きなおって、それまでのなじみの現実とだけ向きあおうとするだろう。

プラトンの考えでは、私たちの感覚器官が知覚するいっさいはこの洞窟の壁に映った像のようなもので、現実の影だ。この信念こそが、私たちが感覚で知覚しうるあらゆる日常的な事物には、それに対応する「イデア」――これは、その事物の永遠にして完璧な現実だ――がイデア界にあるというプラトンのイデア論の土台だ。私たちが感覚をつうじて知覚するものは、現実の不完全な、あるいは欠けたところのある「影」の経験にもとづいているのだから、それらの事物にかんして本物の知識をもつことはかなわない。臆見くらいならもてるかもしれないが、真の知識はイデアを探究しないことには得られないし、その探究は、私たちを欺くことのある感覚をつうじてではなく、理性によってのみ成就されうる。見かけの世界と、プラトンが現実とみなすイデアの世界という二つの世界の分離は、変転してやまない世界のうちに恒常的なものを見いだすという問題への解決ともなっている。物質界は変化を免れないが、イデア界は永遠にして不動だ。プラトンはその理論をベッドや犬といった具体物ばかりでなく、抽象概念にも適用する。プラトンのイデア界には、本物の正義自体である正義のイデアがあり、物質界にみられるさまざまな正義の姿は、イデアとしての正義をもとにしたもろもろのヴァリエーションにすぎない。同じことは、プラトンが究極的なイデアであり、あらゆる哲学的探究の目標点でもあるとみなす善の概念にもあてはまる。

生得的な知識

残る問題は、私たちはどのようにしてイデアを知り、この世界にあるのがイデアの不完全なかたちだと知ることができるようになるのかだ。プラトンの論じるところでは、イデアについての私たちの概念は、自分では気づいていないにしても、生得的なものにちがいない。人間は、身体と精神という二つの部分に分けられるとプラトンは考えていた。身体には感覚器官があり、これをつうじて物質界が知覚される。それにたいして、魂には理性がそなわっており、

人間の魂は不死にして
不滅のものだ
プラトン

古代世界

マルクス・アウレリウスは、紀元161年から181年までローマ皇帝を務めたが、強大な権力をそなえた支配者であったばかりでなく、傑出した学者にして思想家でもあった。彼は哲学者が社会をリードすべきだというプラトンの思想を具現した存在だ。

これを介してイデアの領域が知られる。プラトンの結論は、不死にして永遠なものである私たちの魂は、生まれる以前からイデアの世界に住んでおり、死んだのちはその領域にもどりたいと願っているというものだ。だから、感覚をつうじて、世界内にあるイデアのさまざまに変容した姿を見るとき、私たちはそれらを一種の再認(思いおこし)として知る。イデアについての生得的な記憶を呼びさますには、魂にそなわる能力である理性の助けが必要だ。

プラトンの考えでは、哲学者の使命は理性を用いてイデアを発見することにある。『国家』のなかでプラトンは、支配階層は、哲学者ないしは哲学者の使命に忠実な者であるべきだと言う。その理由は、真の哲学者のみが世界の正確な本性と道徳的価値の真実とを理解できる存在だからだ。だが、「洞窟の比喩」に出てくる囚人のように、事物の影ではなく本物の事物を見た人間の多くは、自分たちに快適だと感じられる世界のほうへもどってゆくだろう。そのためかプラトンは、みずからの使命の本性をきちんとわかった後継者となるべき哲学者を見つけられなかったようだ。

乗りこえがたい伝説

プラトン自身は、その理想とする真の哲学者を具現した人物であった。彼は、プロタゴラスとソクラテスの後継者たちによって提起された倫理的な諸問題について論じたが、その過程で、真理という意味での知識そのものへつうじる道をはじめて探究した。弟子のアリストテレスは、プラトンから多大な影響を受けた——両者が、

> 私たちが学習と呼ぶ行為は、じつは再認の過程にほかならない
> **プラトン**

イデア論にかんしては真っ向から対立する立場に立ったにしてもだ。プラトンのイデア論は、中世のイスラム教とキリスト教の思想家たちの哲学へと受けつがれていった。そのひとりに、プラトンの思想と教会のそれとを結合したヒッポの聖アウグスティヌスがいる。

観察よりも理性を用いることが知の獲得にいたる唯一の道だと主張することで、プラトンは17世紀の合理主義の基礎をも築いた。その影響はこんにちでも認められる——彼が論じた主題の幅広さゆえに、20世紀イギリスの論理学者アルフレッド・ノース・ホワイトヘッドは、プラトン以降の西洋哲学は「プラトンにつけられた一連の脚注からなっている」と述べたほどだ。■

プラトン

プラトンに帰せられる著作の現存している数に比べて、その生涯についてはほとんど知られていない。紀元前427年にアテナイの高貴な一族に生まれたプラトンは、アリストクレスと名づけられたが、すぐに(「幅広い」という意味の)「プラトン」というあだ名をつけられた。おそらくは政治家になることを運命づけられていたが、じっさいにはソクラテスの弟子となった。ソクラテスが死刑を宣告されたとき、プラトンはアテナイに失望してポリスを離れたと伝えられている。あちこちを旅してまわり、南イタリアとシシリーで数年をすごしたのちに、385年ころアテナイにもどってきたらしい。そこで「アカデメイア」として知られることになる学園を創設し(英語の「アカデミー」という語は、これに由来する)、前347年に亡くなるまで学頭を務めた。

主著

紀元前399〜387年ころ
『ソクラテスの弁明』『クリトン』『ゴルギアス』『大ヒッピアス』『メノン』『プロタゴラス』(初期対話篇)

紀元前380〜360年ころ
『パイドン』『パイドロス』『国家』『饗宴』(中期対話篇)

紀元前360〜355年ころ
『パルメニデス』『ソフィスト』『テアイテトス』(後期対話篇)

真理は
私たちをとりまく世界に
こそ住まう

アリストテレス
（紀元前 384 年～前 322 年）

58　アリストテレス

その哲学的背景

部門
認識論

手法
経験主義

前史
紀元前399年　ソクラテスが、徳は知識であると主張する。
紀元前380年ころ　プラトンが、ソクラテスを主人公とした対話編のひとつ『国家』のなかで、みずからのイデア論を説く。

後史
9世紀　アリストテレスの著作が、アラビア語に翻訳される。
1690年　ジョン・ロックが、イギリス経験論学派を立ちあげる。
1735年　生物学者カール・フォン・リンネが、『自然の体系』のなかで生物の分類にかんするアリストテレスの体系をもとにした近代分類学の基礎をすえる。

偉大な哲学者プラトンについて、アカデメイアで学ぼうとアテナイに来たときのアリストテレスは弱冠17歳だった。プラトン自身はそのとき60歳で、すでに自身のイデア論を考案しおえていた。この理論にしたがうなら、正義や緑色といった地上での現象はすべて、イデアと呼ばれるそれに対応する理想の影であり、イデアこそが地上におけるその対応物に固有のアイデンティティーを付与する。

アリストテレスは学究肌で、師の教えをなんの疑いもなく学んだが、気質という点では、師とはまったく異なっていた。プラトンがひらめき型で直観型だとするなら、アリストテレスは学者気質で几帳面なタイプだった。だが、両者のあいだに敬意があったのは言うまでもなく、アリストテレスは学生だった期間と教師となってからの期間をあわせると、プラトンが亡くなるまでの20年間、アカデメイアにとどまった。驚いたことに、アリストテレスはプラトンの後継者には選ばれず、そのため彼はアテナイを離れて、イオニア地方へ旅だつが、後になってこの旅行がアリストテレスにとって実りゆたかなものであったことがわかる。

プラトンの理論を疑問視する

教育の仕事から解放されたことで、アリストテレスは野生の生きものを研究したいというみずからの情熱を満たす機会を得た。その結果、師のイデア論はまちがっているのではないかという思いが彼のなかで強くなってゆく。だが、アリストテレスの議論は、すでにそれ以前からプラトンになんらかの逆影響を与えていたのではないかと想像してみたくもなる。なにしろ、後期の対話篇で、プラトンは、みずからの初期の理論に誤りがあったと認めているのだ。むろん、確かなことはわからない。とはいえ、アリストテレスがプラトンのイデア論を論駁するのに用いた「第三の人間」の論証をどうもプラトンは知っていたらしい。この論証はおおよそ以下のように進行する。もしイデアの領域に人間の完全なイデアが存在し、これが地上の人間のモデルとなっているとしたら、このイデアは、それが空疎な虚構で終わらないためには、人間のイデアについてのイデアにもとづいていなければならないだろう——そして、このイデアもそれはそれでみずからが依拠するいっそう高次のイデアにもとづいていなければならなくなり、これが無限につづく。

イデア論にたいするアリストテレスのさらにのちの時期の論駁は、ずっと簡明で、自身の自然界の研究にいっそうダイレクトにリンクしている。彼が気づいたのは、諸事物の現実の姿はすでに日常の事物のうちに内在しているのが見てとられるのだか

私たちが世界のなかで眼にするのは、「犬」に属する**さまざまな個体**だ

私たちは世界中の犬に**共通の特徴を識別する**

感覚器官と理性を用いて、私たちは犬を犬たらしめているものを理解する

私たちは世界のなかで獲得された証拠をもとに真理を発見する

古代世界 59

参照　ソクラテス 46〜49頁 ■ プラトン 50〜55頁 ■ イブン=シーナー 76〜79頁 ■ イブン=ルシュド 82〜83頁 ■ ルネ・デカルト 116〜23頁 ■ ジョン・ロック 130〜33頁 ■ ゴットフリート・ライプニッツ 134〜37頁 ■ ジョージ・バークリー 138〜41頁 ■ デイヴィド・ヒューム 148〜53頁 ■ イマヌエル・カント 164〜71頁

プラトンとアリストテレスは、普遍的な性質の本性をどう考えるかという点で意見を異にした。プラトンの考えでは、それはイデアといういっそう高次の領域に存在するが、アリストテレスの考えでは、それはこの地上に住まう。

ら、イデアという仮説上の領域が別にあると想定する必要などないのではないかということだった。

　おそらくは、父が医者だったこともあって、科学へのアリストテレスの関心は、こんにちでは生物学と呼ばれるものに向かった。それにたいして、プラトンにとって揺るぎない背景となったのは数学であった。こうした背景のちがいが、両者のアプローチのちがいを理解する助けとなろう。数学、とりわけ幾何学は、日常の世界から隔絶した抽象概念を扱うが、生物学は私たちをとりまく日常世界に関心をはらい、ほぼ全面的に観察に依拠する。プラトンが完全な円といった観念からイデアの領域を確保しようと努めたとすれば、アリストテレスは確実で恒常的なものは自然界を吟味することで発見可能だと考えていた。

感覚にしたがう

　アリストテレスが企てたのは、プラトンの理論の転倒であった。感覚を疑うどころか、アリストテレスは自分の理論を裏づけてくれる支えとして、感覚に最大の信頼を寄せた。自然界の研究からアリストテレスが学んだのは、自分が出くわした個々の動植物のあらゆる具体例の特徴から、ある個体をほかの動植物から区別し、その個体をそのものたらしめるものがなにかについての完璧な像を組みたてることが可能なはずだという確信であった。こうした研究が、だれもプラトンが述べていたようなイデアを認識する生得的な能力をもって生まれてくるわけではないというアリストテレスの信念を裏づけることとなった。

　たとえば、子どもは犬に出会うたびに、ある動物がほかの犬と共有している特徴がなんであるかに注意を向け、その結果最後には犬を犬たらしめているなにかを認識するにいたる。いまやその子どもは、「犬性」についてのイデアを、アリストテレスの言いかたを用いるなら、犬の「形相」を理解したわけだ。このように、世界について経験をつむなかで、共有されているある特徴があるものをそのものたらしめていることが学ばれる。だから、世界を経験するただひとつの方法は感覚によるものだ。

事物の形相

　ついでアリストテレスは、プラトンにならって、変化によって特徴づけられる世界のうちになんらかの不動で永遠の基盤を見つけだす作業に取りくむ。だが、そのような錨に当たるものを、魂にとってのみ知覚可能なイデア界に探しもとめるにはおよばないとアリストテレスは考える。その証拠はここ、すなわち感覚をつうじて知覚可能な周囲世界にある。アリストテレスの考えでは、物質界の諸事物は対応するなんらかのイデアの不完全なコピーではなく、事物の形相をなすものはまさにその事物の個々の実例に内在している。たとえば、「犬性」とはすべての犬に共有されている性質につきものではなく、一匹一匹の犬すべてに内在しているなにかだ。だから、

自然の作用にもとづく
あらゆるものは、おのずから
可能なかぎりよいものだ
アリストテレス

アリストテレス

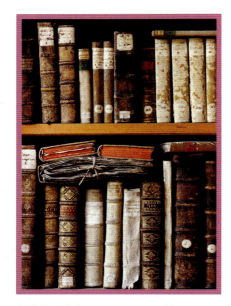

> あらゆる人間は本性的に
> 知ることを欲する
> **アリストテレス**

アリストテレスは、こんにち私たちが物理学、論理学、形而上学、詩学、倫理学、生物学といった名のもとに知っている知識と学問のさまざまな部門の多くを**分類**した。

のを私たちが知るにいたる手だてはどのようなものかと問う（これが、「エピステモロジー」ないし知識論の根本問題だ）ことによってだ。こうして、どのようにして私たちは普遍的な知識を獲得するのかについての見解の相違が、後世の哲学者たちを二つの陣営に分かつ。アプリオリな、つまり生得的な知識の存在を信じる合理主義者（こちらには、ルネ・デカルト、イマヌエル・カント、ゴットフリート・ライプニッツらがふくまれる）の陣営と、いっさいの知識は経験に由来すると主張する経験主義者（ジョン・ロックやジョージ・バークリー、デイヴィド・ヒュームらがふくまれる）の陣営だ。

生物の分類

プラトンとアリストテレスのおのおのがその理論にいたりついた過程を見てみれば、両者の気質のちがいは歴然としている。プラトンのイデア論は、スケールが大きく別世界をも視野にいれたものだが、そこには、ソクラテスと同時代人たちとのあいだで想像力を駆使して仮構された対話に託して自分自身のことを語るというプラトン固有の手法が反映されている。それに比べると、アリストテレスの理論はずっと地に足のついたもので、はるかに散文的で学術的なことばで表現されている。じっさ

個物を研究すれば、それらの普遍的で不動の本性についての洞察もまた得られるはずだ。

自然界に実在している個別の**実例**(サンプル)にあてはまることは、概念と人間の関係にもあてはまるとアリストテレスは推論を進める。「徳」や「正義」、「美」や「善」といった概念も、まったく同じやりかたで検討可能だ。アリストテレスが見てとったように、私たちの心は生まれたときには「なにも書かれていない石版」のようなもので、どんな観念も、感覚器官をつうじてしかやってこない。誕生の時点では、私たちのなかには生得観念などなく、当然、善悪の観念もない。だが、生きてゆくなかでさまざまな正義の実例に出くわすことで、それらの実例に共通の性質を認識するすべを学び、だんだんと正義とはなんであるかについての理解を深め、その理解もその都度つくりなおされてゆく。言いかえるなら、正義についての永遠で揺るぎない観念を私たちが知るのは、それが周囲の世界のなかでどんなふうにあらわれているかを観察することによってだ。

こうして、アリストテレスはプラトンから離れてゆくが、それは普遍的な性質の存在を否認することによってではなく、そうしたものの本性はなにか、そしてそうしたも

いアリストテレスは、世界の真理は、どこかわからないより高次の次元にではなく、ここ地上に見いだされるべきものだと確信していたので、同時代の植物相と動物相の見本の収集から作業を開始し、ついでその特徴に応じてそれらを分類した。

この分類のために、アリストテレスは階層的体系を考案した。それは、その種の最初のものとしてみごとに構築されていたので、こんにちでも用いられている分類学の土台となった。まず、アリストテレスは生物界を有機体と無機物とに区分した上で、関心を有機体に向ける。ついでアリストテレスは、動物と植物を区分するが、そこには普遍的性質にかんする彼の理論を支えているのと同種の思考法が認められる。私たちはなにも悩まずに動物と植物を区分できているが、こうした区別の根拠を、どのようにして知るのか。アリストテレスの考えでは、その答えは、それぞれのカテゴリーに共有されている特徴にある。あらゆる植物は、「植物」という形相を共有しており、あらゆる動物は「動物」という形相を共有している。そして、形相の本性がひとたび理解されたなら、どの水準においても、ということはあらゆる水準において、それらを再認できるようになる。

この事実は、アリストテレスがさらに自然界の下位分類を進めるにつれて、いっそうはっきりしてくる。たとえば、ある個体を魚と分類するには、魚を魚たらしめているものがなんであるのかがわかっていなければならないが、これはこれで、経験をつうじてのみ知りうることであり、生得的知識などいらない。アリストテレスが、原生的な有機体から人間にいたるまでのあらゆる生物の完全な分類体系を構築する過程で、この事実は繰りかえし裏うちされる。

目的論的説明

自然界の分類を進めるなかで、アリストテレスにわかってきたもうひとつの事実は、生きものの「形相」が肌や毛皮、羽ないし鱗といった物理的特徴につきるものではなく、その生きものの行動やふるまい

古代世界　61

かたにもかかわるということであった。アリストテレスにとってそれは、倫理的な含意をもつことでもあった。

この点を理解するには、アリストテレスが世界のあらゆるものは四原因――これによって事物の存在がくまなく説明される――によって、すべて解明されると考えていた点をおさえておく必要がある。四原因とは、第一に事物がなにからできているかを示す質料因、第二に事物のしくみないし形を示す形相因、第三に事物がどのように存在するにいたるかを示す作用因、第四に事物がなんのためにあるのかつまり目的を示す目的因だ。そして、倫理にかかわるのは最後の「目的因」であり、これによってアリストテレスにとって、倫理は科学と分離しえず、生物学の論理的延長線上に位置づけられることになる。なぜか。

アリストテレスが挙げる例は、眼にかかわる。眼の目的因、つまりその存在理由は、見ることだ。このはたらきこそが、眼の存在理由であり、目的だ。テロスというギリシア語は、自然のうちに認められる目的の研究を意味する「目的論」の語源だ。

こうしたわけで、事物を目的論的に説明することは、その事物の存在理由を知ることと等置され、事物の存在理由を知ることは、その事物のありかたが「よい」か「悪い」かを判定することでもあることになる。たとえば、「よい」眼とは見ることにかんしてすぐれた眼であるという具合だ。

こうして人間のばあいには、「よい」人生とは私たちが自分の目的を成就している人生、ないし人間を完全なものにするあらゆる特徴が活用されている人生であることになる。ある人間が「よい」人間であるのは、当人が生まれながらの諸特徴を活用しているかぎりでのことであり、幸福でありうるのは、徳の実現のためにもてる能力をすべて駆使しているばあいにのみのことだ。アリストテレスの考えでは、この徳の実現の最高度の形式が叡智だ。こうして私たちは、徳と呼びうる事物をどのようにしてそれと認識するかという問いへともどってきたわけだ。それにたいするアリストテレスの解答は、このばあいでも、それは観察によって得られるというものだ。私たちは、みずからの周囲にいる「よい人生」を送っている人びとを観察することで、「よい人生」とはどういうものかを理解する。

三段論法

分類を進めるなかでアリストテレスは、どの個体がどのカテゴリーに属するかを決定するのに必要な論理の体系的な形式

アリストテレスによる生きものの分類は、自然界の最初の詳細な検討だ。それは、あらゆる生きものに共有されている特徴についての全般的な観察にはじまって、それらをいっそう詳細なカテゴリーへと下位分割してゆくかたちで進められる。

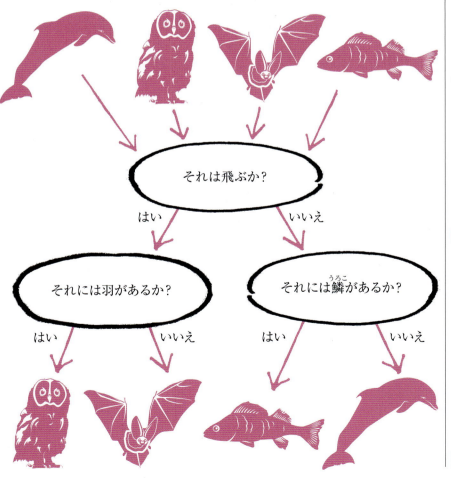

> リンネとキュビエが、
> タイプはまったく
> 異なっていたものの、
> 私にとっては二人の神であったが、
> 彼らにしても古代のアリストテレス
> に比べれば小童にすぎない
> **チャールズ・ダーウィン**

アリストテレス

「**ソクラテスは死ぬ**」は、史上もっともよく知られる三段論法における否定しえない結論に当たる。二つの小前提からひとつの結論へ進むシンプルな演繹推理にもとづくアリストテレスの三段論法は、最初の形式論理体系だった。

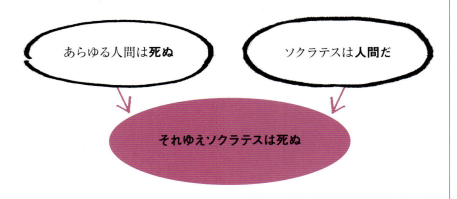

あらゆる行為は、以下の七つの原因のどれかにしたがうのでなければならない。すなわち、機会、本性、強制、習慣、考量、怒り、欲望のいずれかにだ

アリストテレス

を整備する。たとえば、あらゆる爬虫類に共通の特徴に、変温動物であるということがある。だから、ある個体が恒温動物なら、その個体は爬虫類ではありえない。同様に、あらゆる哺乳類に共通の特徴に、子どもに乳を呑ませるということがある。アリストテレスは、こうした思考法のうちにひとつのパターンを見いだした。それは、二つの前提とひとつの結論からなる三つの命題のかたちを採る。具体的にはこうだ。もしAの類がXの類であって、あるBがAであるなら、そのBはXに属する。この種の推論が「三段論法」と呼ばれているものだが、これは人類が考案した史上最初の形式論理の体系であり、19世紀にいたるまで論理学の基本モデルとなった。

だが、三段論法は、アリストテレスが自然界にかんして考案した体系的分類の副産物につきるものではない。アリストテレスは、論理形式というかたちで分析的推論を駆使することで、理性の力が感覚に依拠しない生得的な特徴である——つまりは、人間を人間たらしめるもののひとつである——ことに気づいた。私たちには、生得観念などないが、生得的な能力は所有しており、このおかげで経験から学ぶことが可能となる。そしてアリストテレスは、この事実をその階層体系に当てはめることで、理性にそなわる内的な力が人間をほかの生きものから分かち、この階層の頂点に人間を位置づけるポイントであることを見てとった。

古典ギリシアの衰退

アリストテレスの思想にはらまれていた類例のない射程と、プラトンのイデア論を転倒するその革命的なやりかたとは、アリストテレス哲学がその存命中にもちえたレベルをはるかに凌駕する影響を後世に残した。こう言ったからといって、彼の業績に誤りがなかったと主張しているわけではない。アリストテレスの地誌学と天文学は、こんにちではもはや無効だし、その倫理学には奴隷の存在を肯定し、女性を下位の人間とみなすきらいがあった。さらにはその論理学にしても、現代の標準に照らすなら不完全だ。それでも、アリストテレスの思想のうちの正しい部分は、哲学と科学いずれの分野でも革命の名に値する。

だが、アリストテレスが生きたのはひとつの時代の終焉の時期であった。彼の教え子でもあったアレクサンドロス大王の死は、アリストテレスの亡くなる少し前のできごとであったが、この死とともにギリシア史におけるヘレニズム時代の幕があがり、アテナイの影響力は眼に見えて衰えていった。ローマ帝国が地中海一帯の覇者になり、ギリシアからローマに受けつがれた哲学はストア主義であった。競合関係にあったプラトン学派とアリストテレス学派——プラトンのアカデメイアもアリストテレスのリュケイオンもアテナイで創設された——は、ともに活動は継続していたものの、名声は失われていった。

そんなふうに放置された結果、アリストテレスの著作の多くは散逸してしまった。伝えられるところでは、アリストテレスは自身の思想を解説した数百にのぼる論述と対話篇を書いたようだが、現存しているのは、主として聴講生によってとられたノートか講義ノートのかたちをとった断片でしかない。後世の人びとにとって幸運だったことには、それらが後継者たちによって保存され、それだけでもアリストテレスの思想の全体像を推しはかるのに十分なくらいの内容を秘めていたことだ。

アリストテレスの遺産

紀元7世紀におけるイスラム教の出現とともに、アリストテレスの著作はアラビア語に翻訳されてイスラム世界全体に伝播し、イブン＝シーナーやイブン＝ルシュドといった中東の学者たちにとって不可欠の著作となった。だが、十字軍遠征をきっかけとして、アリストテレスの全著作がアラビア語からラテン語に翻訳されはじめるまでは、西ヨーロッパでは、ボエティウスによ

古代世界 63

思想の歴史にたいする**アリストテレスの影響**は、「存在の大いなる連鎖」のうちに見てとることができる。これは、中世のキリスト教において、神を万物の頂点にいただく階層として全生命を描きだしたものだ。

る論理学関係の著作の（紀元6世紀の）ラテン語訳が、紀元9世紀の段階で利用できた唯一の著作であった。アリストテレスの思想が、『自然学』『ニコマコス倫理学』『オルガノン（『カテゴリー論』『命題論』『分析論前書』『分析論後書』『トピカ』『詭弁論論駁』）』といったこんにち知られるかたちでコレクションされたのも、ようやくこの時代になってであった。13世紀に、トマス・アクィナスがアリストテレスの著作にたいする禁令に立ちむかい、その思想をキリスト教哲学に統合したが、それはかつてヒッポの聖アウグスティヌスがプラトン哲学を導入したことの再現であった。だがこの結果、プラトン哲学とアリストテレス哲学の対立が再燃することになった。

論理学にかんするアリストテレスの注釈（『オルガノン』のなかで展開された）は、19世紀に記号論理学が出現するまで、論理学の標準的教科書となった。同様に、アリストテレスによる生物の分類は、中世全体をとおして西洋の思考を支配し、キリスト教における「自然の階梯（スカラ・ナトゥラーレ）」ないし「存在の大いなる連鎖」に結実した。これによって被造物全体は、神につぐ位置を占める人間によって統べられたものとして描きだされた。さらにルネサンスをつうじて、アリストテレスの経験主義的探求方法は支配的でありつづけた。

17世紀になると、ルネ・デカルトの『方法序説』を端緒とする合理主義者と経験主義者の対立が頂点に達する。デカルトおよびその後のライプニッツやカントは合理主義の道を選び、ロック、バークリーそしてヒュームは経験主義の陣営に連なった。ここでも個々の哲学者たちの相違は、思想

> 最初に感覚のなかに
> あったもの以外には、
> なにも精神のなかには存在しない
> ジョン・ロック

の核にかかわるのと同程度に気質にも由来した。つまり、大陸か島国か、あるいは詩的か学術的か、さらにはプラトン主義かアリストテレス主義かのちがいでもあったのだ。対立自体は19世紀には消えさったが、近年アリストテレスへの関心の復活や、さらにはアリストテレスの重要性を再評価しようという動きが見られる。とりわけアリストテレスの倫理学は、現代の哲学者にいまなお多大な貢献を果たしている。彼らは、「善」にかんするアリストテレスの機能的な定義に、倫理にかかわるこんにちのボキャブラリーの用いられかたを理解するためのヒントを求めようとしている。■

アリストテレス

アリストテレスは、現代のギリシアの北東に位置するハルキディキ県のスタゲイラに生まれた。父はマケドニア王の侍医を務めており、貴族階級の一員としての教育を受けた。アテナイのプラトン・アカデメイアへ送られたのは17歳のときであり、そこでおよそ20年のあいだ、最初は学生として、のちには教師としてすごした。プラトンが亡くなると、アテナイを離れてイオニア地方へ赴き、数年をかけてその地の野生生物の研究に従事した。その後、マケドニア王室の家庭教師に任ぜられ、その地で若きアレクサンドロス大王を教育するかたわら、自身の研究をつづけた。紀元前335年に、アレクサンドロスの勧めもあってアテナイへもどり、プラトンのアカデメイアに対抗する自身の学校リュケイオンを創設する。アリストテレスの大半の著作が起草され、その思想にかたちが与えられたのは、このリュケイオンにおいてであった。紀元前323年にアレクサンドロス大王が亡くなると、アテナイ全体に反マケドニアの風潮が蔓延（まんえん）したこともあって、ユービア島のカルキスに避難するが、数年後その地で亡くなる。

主著

『オルガノン（『カテゴリー論』『命題論』『分析論前書』『分析論後書』『トピカ』『詭弁論論駁』）』
『自然学』（書物の形態に編纂されたのは9世紀のことだった）

死は私たちにとってなにものでもない

エピクロス
(紀元前341年～前270年)

その哲学的背景

部門
倫理学

手法
エピクロス主義

前史
紀元前5世紀後半 ソクラテスが、知識と真理の追究が幸福な人生へいたる鍵だと主張する。

紀元前400年ころ デモクリトスとレウキッポスが、宇宙は空虚な空間のうちを動きまわる原子だけからなっていると結論する。

後史
紀元前50年ころ ローマの詩人・哲学者ルクレティウスが、エピクロスの思想を詩のスタイルで表現した『物の本性について』を執筆する。

1789年 ジェレミー・ベンサムが、「最大幸福の原理」という功利主義の思想を提唱する。

1860年 ジョン・スチュアート・ミルが、知的にして精神的な快のほうが物理的快よりも価値が高いと論じる。

エピクロスが育ったのは、古代ギリシアの哲学がすでにプラトンとアリストテレスの思想において頂点に達したのちの時代であった。哲学的思索の中心的関心は、形而上学から倫理学へと、さらには政治的な倫理から個人にかかわる倫理へと方向転換していた。だがエピクロスは、初期の哲学者たちの探求のうちに思想的に新しい立場の萌芽を見いだした。たとえば、思索の基礎となる人間的概念や価値の真理にたいするソクラテスの吟味がその具体例だ。エピクロスが発展させた哲学の中心にあったのは、精神の平和ないし平安こそが人生のゴールだという見解だ。エピクロスの論じるところでは、善悪の根は快と苦にあり、徳や正義もこの根から派生してくる。それはちょうど、「知恵をはたらかせ、尊厳を失わず、公正に生きるのでないかぎり、喜ばしい人生を送るのは不可能であり、喜びとともに生きるのでないかぎり、知恵をもって、尊厳を失うことなく、公正に生きるのは不可能である」のと同じだ。エピクロス主義は、しばしば誤って感覚的快楽の追求をこととする立場だと解釈される。エピクロスにとっては、最大の快は知と友愛によってのみ到達可能であり、節度ある生活は恐れと苦痛から解きはなたれることによってのみ可能となる。

死への恐怖

平穏な精神のもたらす平和を享受する上での障害となるもののひとつに、死への恐怖があるとエピクロスは推論する。しかも、その当時この恐怖は、もし神の復讐をこうむったなら死後にひどく罰せられることになるだろうという宗教的信念によって強められていた。だが、エピクロスが試みるのは、不死という別の選択肢をもちだしてこの恐怖に立ちむかうのではなく、死そのものの本性をあきらかにすることだ。その議論の出発点は、死んでしまえば、そ

無慈悲な死の神タナトスの**ぞっとするような図像**は、古代のギリシア人たちがみずからの罪のゆえに、いまわのきわと死後の生とにおいてこうむったであろう苦悩と苦痛をあらわすのに用いられた。

参照 デモクリトスとレウキッポス 45頁 ■ ソクラテス 46〜49頁 ■ プラトン 50〜55頁 ■ アリストテレス 56〜63頁 ■ ジェレミー・ベンサム 174頁 ■ ジョン・スチュアート・ミル 190〜93頁

古代世界　65

エピクロス

アテナイ市民であった両親のもと、エーゲ海のサモス島に生まれたエピクロスは、プラトンの弟子のひとりからはじめて哲学を学んだ。紀元前323年にアレクサンドロス大王が亡くなり、それにつづいて戦乱の時代に突入すると、エピクロスとその家族は（現在はトルコにある）コロポンに避難した。その地で、彼はさらにデモクリトスの後継者であったナウシパネスについて学んだ。

その後、レスボス島のミティリニでわずかなあいだ、ついでギリシア本土のラムプサコスで教えたのち、紀元前306年にアテナイに移りすんだ。エピクロスは、この地で「エピクロスの園」として知られることになる学派を創設する。その共同体に集まったのは、彼の友人と信奉者たちであった。そこでエピクロスは、のちにエピクロス主義として知られることになる哲学を詳細に書きとめた。

病にかかることもしばしばで、ときに激しい苦痛に襲われることもあったようだが、エピクロスは72歳まで生きた。みずからの信念に忠実に、自身の生涯最後の日は本当に幸福な一日であったと書きのこした。

主著

紀元前3世紀前半
『自然について』『主要教説』
『ヴァチカン写本』

の時点で意識（私たちの魂）も存在しなくなる以上、自分の死に気づくこと自体がありえないという事実だ。これを説明するのに、エピクロスは、原子論の哲学者デモクリトスとレウキッポスによって論じられていた、宇宙全体は原子と空虚な空間とからなるという見解を採用する。ついでエピクロスは、魂は身体とともに動的に作用するのだから、空虚な空間ではありえず、それゆえ魂は原子からなっているにちがいないと推論を進める。エピクロスの叙述にしたがうなら、魂を構成する原子は身体の周囲に配列されているが、きわめて脆いものであるため、私たちが亡くなると消失してしまい、その結果私たちはもはやなにも感覚できなくなる。このように、亡くなってしまえば、もはや精神的にも身体的にもなにも感覚できなくなるわけだから、まだ生きているときに感じる苦しみの原因を死への恐怖に求めるのは愚かなことだ。

エピクロスは、その生涯において少数だが献身的な信奉者たちを惹きつけたが、宗教にたいしては否定的なことで知られていた。エピクロスの名がそれほど知られていない理由の一端もそこにある。エピクロスの思想は数世紀ものあいだ哲学の表舞台に登場してくることがなかったが、18世紀になってジェレミー・ベンサムとジョン・スチュアート・ミルの思想のうちであらためて脚光を浴びることとなった。革命期の政治において、エピクロス主義はアメリカ合衆国の独立宣言における「生命、自由そして幸福の追求」という文言のなかにこだましている。■

最小のもので満足できるひとは、最大のものを有している

シノペのディオゲネス
(紀元前404年〜前323年ころ)

その哲学的背景

部門
倫理学

手法
キニク学派（犬儒学派）

前史
紀元前5世紀後半　ソクラテスが、理想的な人生とは真理の探究にささげられた人生だと主張する。

紀元前4世紀前半　ソクラテスの弟子であったアンティステネスが、自然との調和のうちに生きる禁欲的な生活を提唱する。

後史
紀元前301年ころ　ディオゲネスに影響されて、キティウムのゼノンがストア主義を創設する。

4世紀　ヒッポの聖アウグスティヌスが、キニク学派を信奉する者たちのときとして恥知らずなふるまいを非難したが、この人びとは禁欲的なキリスト教徒たちにとってのモデルとなった。

1882年　フリードリヒ・ニーチェが、『悦ばしき知恵』のなかでディオゲネスとその思想に言及する。

　かつてプラトンは、ディオゲネスを「狂ったソクラテス」と評した。もちろんこれは侮蔑（ぶべつ）の意味で言われたものであったが、当たらずといえども遠からずのところはあった。ソクラテスは徳と、物質的快楽の拒絶を重視したが、ディオゲネスもその情熱は共有していた。ただディオゲネスは、それを極限まで突きつめる。ディオゲネスが論じるところでは、よい人生ないし生きるに値する人生を送るには、社会から課される外的な制約からも、欲望や情動、恐れが原因となって湧いてくる内的な不快感からも、自身を解きはなっておく必要がある。ディオゲネスに言わせるなら、これは理性と自然な衝動に支配された簡素な生活を送ることに満足し、習慣を無視することをいとわず、名誉欲や快適さへの願望を断念することができるようになったときに、はじめて実現可能となる。

　ディオゲネスは、キニク学派として知られるようになる思想家グループの最初のひとりだ。この語は、ギリシア語で「犬のような」という意味のクニコスに由来する。そこには、キニク学派の人びとを、あらゆる種類の社会的慣習や礼儀を拒絶し、その代わりに国家のなかにいながらも可能なかぎり自然にそくした生きかたを実践しよ

世俗の価値を拒絶したディオゲネスは、道端で暮らすことを選んだ。彼は、習慣を鼻で笑い、廃棄されたご飯だけを食べ、服を着る必要を感じたときにはぼろぼろの服を身にまとった。

うとする輩（やから）とみなす観点が反映されている。ちょうどディオゲネスががらくた同然の住居代わりの桶だけをもった極貧の生活を送ることで実践してみせたように、そうした生きかたができればそれだけ理想的な人生に近づくことができるようになるというのが、彼らの言いぶんであった。

　こうしたわけで、ディオゲネスのことばで言われる「最高のもの」を有しているもっとも幸福な人間とは、自然界のリズムと合致した生きかたをし、文明化された社会の慣習や価値観から自由で、「最小のもので満足」しているひとのことであった。■

参照　ソクラテス46〜49頁■プラトン50〜55頁■キティウムのゼノン67頁■ヒッポの聖アウグスティヌス72〜73頁■フリードリヒ・ニーチェ214〜21頁

古代世界　67

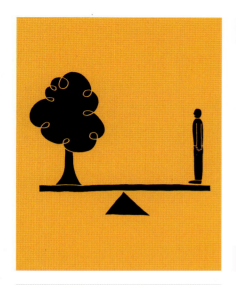

人生の目標は自然との調和のうちに生きることだ
キティウムのゼノン
（紀元前332年～前265年ころ）

その哲学的背景

部門
倫理学

手法
ストア主義

前史
紀元前380年ころ　プラトンが、倫理と都市国家についてのみずからの思想を『国家』のなかで表明する。
紀元前4世紀　シノペのディオゲネスが、極貧の暮らしを送ることで、みずからのキニク学派の原理を実証する。

後史
40～45年ころ　ローマの政治家にして哲学者小セネカが、その『書簡集』のなかでストア主義の伝統を継承する。
150～180年　ローマ皇帝マルクス・アウレリウスが、ストア哲学をもとにした12巻からなる『自省録』を著す。
1584年　フランドルの人文学者ユストゥス・リプシウスが、『不動心について』を著わして、ストア主義とキリスト教精神とを結合し、新ストア主義学派を創設する。

アリストテレスの死後、哲学思想に二つの主たる学派が出現した。ひとつは、エピクロスの快楽主義だが、神を信じない倫理を説いたその主張は、一部の人びとにしか受けいれられなかった。もうひとつは、キティウムのゼノンによって創始されたストア主義だが、こちらははるかに一般的な人気を獲得し、長く存続してゆくこととなった。

ゼノンは、シノペのディオゲネスの弟子とともにキニク学派を学び、ディオゲネスが人生にたいして示した真摯な姿勢を共有していた。形而上学的思弁には我慢がならず、宇宙は至高の立法者によって定められた自然法則に支配されていると信じるようになった。ゼノンの言うところでは、人間にはこの現実を変える力などこれっぽっちもなく、その計りしれない恩恵を享受するのが関の山だ。だから、自然に残酷さや不正が満ちていようとも、それはそれとして甘受するしかない。

自由意志

だが、ゼノンによれば、人間には理性的な魂も与えられており、そのおかげで自由意志を行使することができる。だれも「よい」人生を送るよう強制されてなどいない。自分にはどうしようもできないことを無視しておくかどうか、さらには苦と快、貧困と裕福に無関心でいるかどうかの選択は、個人次第だ。だが、しかるべき選択をしたなら、よかれ悪しかれあらゆる面で自然と調和した人生を送り、至高の立法者の統治との調和のうちに生きられるようになるとゼノンは確信していた。ストア主義は、主としてヘレニズム時代のギリシアで支持され、ローマ帝国が拡大するにつれて、ますます支持者を増やしていった。ローマ帝国内でストア主義は、個人レベルでも国家レベルでも倫理の礎として成長していったが、6世紀になるとキリスト教にその地位をとって代わられることになる。■

幸福とは、
人生がうまく運んでいる
状態のことを言う
キティウムのゼノン

参照　プラトン 50～55頁 ■ アリストテレス 56～63頁 ■ エピクロス 64～65頁 ■ シノペのディオゲネス 66頁

中世世界
250年～1500年

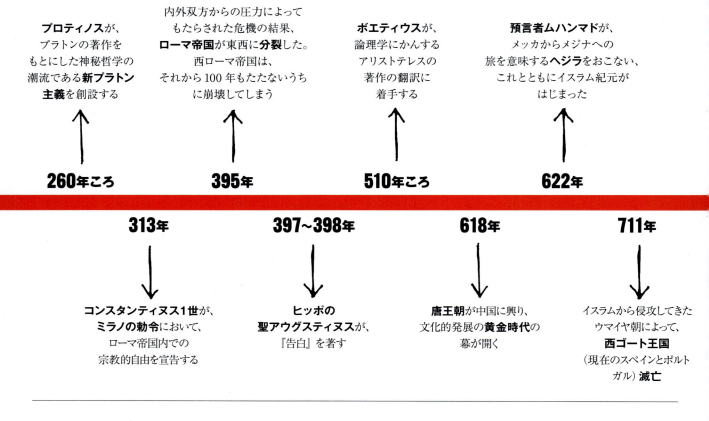

　ローマ文化においては、ストア主義を別にすれば、哲学が大きな役割を演じることはなかった。ストア主義がローマ人から賞賛されたのは、それが各人が徳にかなってふるまうこととみずからの義務を果たすことを重視する思想であったからだ。こうしたわけで、古典時代のギリシア人によって確立された哲学は、もっと広範な内容をそなえていたが、ローマ帝国下では実質上片隅に追いやられていた。哲学教育はアテナイでこそつづけられていたものの、その影響力はしだいに縮小し、紀元3世紀にプロティノスが出現するまでは、特筆に値する哲学者はあらわれなかった。プロティノスは、新プラトン主義という重要な学派を創設したことで知られる。

　その間、とりわけ紀元1世紀が経過するころから、ローマ帝国の影響力は、政治面でも文化面でも弱体化していった。キリスト教がローマ文化に同化し、5世紀にローマ帝国が没落したのちは、その後約1000年にわたって、教会が西ヨーロッパにおける支配的権威となった。哲学の本領は宗教の教えとは無関係な理性的吟味にあると考えるギリシア的理念は、キリスト教の興隆とともに居心地の悪いものとなった。宇宙の本性や徳にかなった生活の礎となるものはなにかといった問いの答えまでもが、聖書に書かれているとみなされるようになり、もはや哲学的討論によって考察されるべき主題ではなくなっていった。

　ヒッポの聖アウグスティヌスのような初期のキリスト教哲学者たちは、ギリシア哲学をキリスト教に統合しようと努めたが、中世に形成されたスコラ哲学の主たる課題もこの作業にあった。もともとスコラ哲学は、修道院の施設に起源をもち、厳格な対話的推論を重視することで知られていた。トマス・アクィナスに代表されるこの時期の学究肌の哲学者の研究は、「神は存在するのか」とか「人間には不死の魂があるか」といった問いよりも、神や不死の魂への信仰を合理的に正当化する探究のほうに関心を示した。

「暗黒時代」

　ローマ帝国が力を失い、ついには崩壊してゆくとともに、ヨーロッパは「暗黒時代(ダーク・エイジ)」に沈みこみ、ギリシアとローマから受けつがれた文化の大半が消滅していった。教会が教育の独占権を握り、かろうじて生きのこった哲学といえば、キリスト教と両立しうるものとみなされた姿でのプラトン主義と、ボエティウスの翻訳によるアリストテレスの『論理学』ぐらいのものだった。

　だが、文化は別の地域で開花していった。とりわけ中国と日本は詩作と芸術に

中世世界

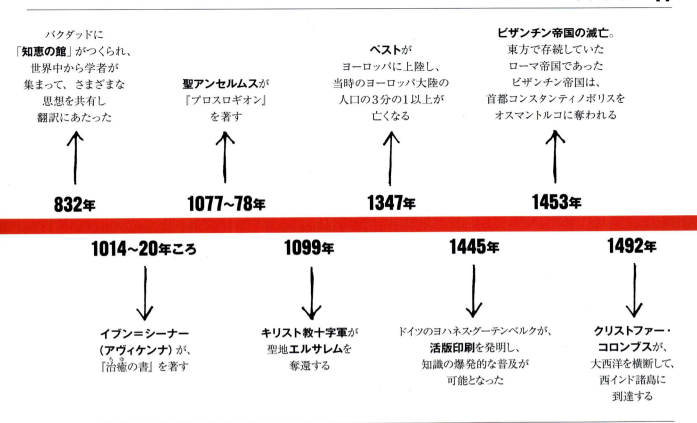

おける「黄金時代」を享受しており、伝統的な東洋哲学は宗教と無理なく共存していた。アレクサンドロス大王の帝国の一部であった地域では、ヨーロッパ以上にギリシアの遺産が尊重されていた。アラビアとペルシアの学者が、古典ギリシアの哲学者の著作の保存と翻訳に当たり、6世紀以来それらの思想をイスラム文化に組みこんでいった。

イスラムが東方のアジア圏へ勢力を拡大し、北アフリカを横断してスペインにまで浸透してゆくにつれて、その影響はヨーロッパでも無視できなくなってきた。12世紀までには、イスラム圏からの思想や発明の知らせが、北はイギリスにまで届くようになり、ヨーロッパの学者たちはイスラムを源泉としてギリシアの哲学と数学を再発見しはじめた。とりわけアリストテレスの業績が革命的なものとして到来し、中世のキリスト教教会内部での哲学的思索の復活の引き金となった。だが、プラトン哲学が神と人間の不死なる魂への信仰にたいする合理的な正当化をもたらすものであったために、比較的容易にキリスト教思想に同化可能なものであったのに比べて、アリストテレスは教会の権威筋からは疑いの眼を向けられた。とはいえ、ロジャー・ベーコンやトマス・アクィナス、ヨハネス・ドゥンス・スコトゥスやオッカムのウィリアムといったキリスト教哲学者たちは、新しいアリストテレス主義を熱狂的に迎えいれ、それがキリスト教の信仰と両立可能であることを教会関係者に説いてまわったほどであった。

新しい合理性

イスラム世界は、キリスト教の教会に新しい息吹をもたらした哲学とともに、技術的・科学的知識という富をも中世ヨーロッパにもたらした。アリストテレスの科学的手法は、ペルシアにおいて洗練された水準にまで練りあげられ、ヨーロッパに届くころには、化学・自然学・医学、そしてとりわけ天文学における進歩をもたらし、教会の権威を掘りくずす格好となった。

ギリシア思想の再導入と、15世紀後半のヨーロッパ・ルネサンスへとつながっていった新しい思想とが、さまざまな問いに答えを与えてくれるものとして、信仰よりも理性に人びとが眼を向けるようになるという風潮の変化の導火線となった。エラスムスのようなユマニスト(人文主義者)たちが宗教改革の引き金となったことからもわかるように、教会の内部にさえ対立が見られた。哲学者たちは、その関心を神や不死の魂をめぐる問いから、科学と自然界によって提起される諸問題のほうへ向けなおしていった。■

神は悪の起源ではない
ヒッポの聖アウグスティヌス
（354年～430年）

その哲学的背景

部門
倫理学

手法
キリスト教的プラトン主義

前史
紀元前400年ころ　プラトンが、『ゴルギアス』のなかで、悪はひとつの事象ではなく、なにかの欠如だと論じる。
3世紀　プロティノスが、善と悪についてのプラトンの見方を復活させる。

後史
520年ころ　ボエティウスが、その『哲学の慰め』のなかで、悪にかんするアウグスティヌスの理論を活用する。
1130年ころ　ピエール・アベラールが、本性的に悪である事物は存在しないという考えを拒絶する。
1525年　ドイツの聖職者で、宗教改革の口火を切る役割を果たしたマルティン・ルターが、『奴隷意志論』を著して、人間の意志は自由ではないと論じる。

人間は**理性的存在者**だ
↓
理性的であるためには、人間は**自由意志**をもたねばならない
↓
つまり、人間が**善と悪のあいだで選択**をなしうるのでなければならないということだ
↓
人間が、よいふるまいをすることもあれば悪いふるまいをすることもあるのは、そうしたわけだ
↓
神は悪の起源ではない

アウグスティヌスは、とりわけ悪の問題に関心を寄せた。もし神が心底善なる存在で、全能であるなら、なぜこの世界に悪があるのか。これは、アウグスティヌスのようなキリスト教徒にとっても、ユダヤ教やイスラム教の信奉者にとっても避けるわけにゆかない中心的問題だ。この世界が悪を内包しているという事実が否定されないと、ことは神の実在自体の否定につながりかねない。

アウグスティヌスは、この問題のある側面についてはいとも容易に答えを与える。神は実在するいっさいのものを創造したが、悪は創造しなかったとアウグスティヌスが信じるのは、悪が事象ではなく欠落ないし欠如だからだ。たとえば、盲人がこうむる悪は、眼が見えないということだ。泥棒における悪は、誠実さを欠くということだ。アウグスティヌスは、こうした思考法をプラトンやその後継者たちから借りてきた。

本質的自由

だが、なおもアウグスティヌスは、なぜ神が、ここまで自然的かつ道義的な悪や欠陥を放置したままで世界を創造したのかを説明する必要に迫られていた。彼の出した答えは、人間は理性的な存在者であるという考えを中心に展開される。アウグスティヌスによれば、人間のような理性的被造物を神が創造するさいには、それらに

中世世界　73

参照　プラトン 50〜55頁 ■ ボエティウス 74〜75頁 ■ デイヴィッド・ヒューム 148〜53頁 ■ プロティノス 337頁 ■ ピエール・アベラール 339頁

ヒッポの聖アウグスティヌス

アウレリウス・アウグスティヌスは、紀元354年に北アフリカの小さな田舎町タガステで、キリスト教徒の母モニカと異教徒の父のあいだに生まれた。弁論家になるための教育を受けたのち、弁論術を教えるために、故郷を皮切りとしてカルタゴ、ローマ、ミラノに赴いた。ミラノでは、権威ある地位を占めた。

アウグスティヌスは、一時期マニ教に傾倒した。マニ教とは、善と悪を宇宙を統べる二つの力とみなす教えだ。だが、ミラノの司教アンブロシウスの影響のもと、キリスト教への関心を深めてゆく。386年に、精神的な危機に陥ったのち、回心を体験した。それまでの経歴を擲って、その後はキリスト教徒としての著述に専心したが、その多くはきわめて哲学的色彩の濃いものであった。395年、北アフリカのヒッポの主教に任ぜられ、生涯その地位にありつづけた。75歳のときヒッポで亡くなったが、そのとき街はヴァンダル族によって包囲され、略奪されんとしていた。

主著

388〜95年ころ	『自由意志論』
397〜98年ころ	『告白』
413〜27年ころ	『神の国』

意志の自由を与えないわけにはゆかなかった。意志の自由をもつとは、善と悪のあいだでのそれもふくめて、選択の可能性をもつということだ。このため、神は最初の人間アダムに、善よりも悪を選んでしまう可能性を残したままにせざるをえなかった。聖書によれば、まさにこれが知恵の木の実は食べるなという神の命令をアダムが破ったときに起こったことだ。

じつのところ、アウグスティヌスの議論は、聖書を引きあいに出さなくともなりたつ。理性とは、推論の過程を経て複数の選択肢を比較し評価する能力だとみなしうるが、この推論という過程は、悪事をなす選択をくだす自由もふくめて、そもそも選択の自由がないかぎりはありえない。

アウグスティヌスは、世界を美しい事象と見るよう私たちに求めることで、第三の解決をも示唆する。それによれば、宇宙には悪があるにしても、それは悪なしでもありうるよりも、さらに大きな善の全体に貢献している――ちょうど音楽における不協和音が、いっそう愛らしいハーモニーを生みだしたり、黒い斑点が絵の美しさをきわだたせたりするように……。

自然悪の説明

アウグスティヌスの時代以降、大半のキリスト教哲学者は、アウグスティヌスの採ったアプローチのいずれかを利用して、悪の問題に取りくんでいる。他方、デイヴィッド・ヒュームのような批判者たちは、その議論の弱点を指摘して、キリスト教にたいする反論としている。たとえば、病気を健康の不在と呼んだところで、たんにことば遊びをしているとしか思われない。病気の原因がなにものかの欠落に起因するということもありえなくはないが、病人のこうむっている苦痛はまごうかたなき現実だ。さらには、地震や伝染病のような自然悪はどう説明されるというのか。

神への格別の信仰をもたないひとなら、さらに踏みこんで、世界の悪の存在は全能で慈悲深い神の不在の証明だと論じるかもしれない。だが、すでに神への信仰に満たされているひとにとっては、アウグスティヌスの論証は依然として答えでありつづけるのかもしれない。■

アダムをして
神の命令に服従するようにしむけた
その当のものが、アダムに罪を
なさしめたものでもある
ヒッポの聖アウグスティヌス

アウグスティヌスが語るところでは、**悪のない世界**は、人間のいない世界だ。理性的存在者はなにをなすかを選択することができる。アダムとイヴのばあいがそうであったように、私たちの道徳的選択には悪の可能性がつきまとう。

神は私たちの自由な思考と行為とを予見している
ボエティウス
（480年〜525年ころ）

その哲学的背景

部門
認識論

手法
キリスト教的プラトン主義

前史
紀元前350年ころ　アリストテレスが、未来のできごとの結果にかかわる任意の陳述を真とみなすことにはらまれる問題を論じる。
紀元前300年ころ　シリアの哲学者イアンブリコスが、なにが知られうるかは知る者の能力次第だと述べる。

後史
1250〜70年ころ　トマス・アクィナスが、ボエティウスに賛同して、神は時間を超えたところに存在している、つまり神は超越的で人間の理解を超えていると主張する。
1300年ころ　ヨハネス・ドゥンス・スコトゥスが、人間の自由は神自身の行為する自由にもとづいており、神が私たちの未来における自由な行為について知っているのは、神がみずからの不変――でありながら自由――な意志を知っているからだと述べる。

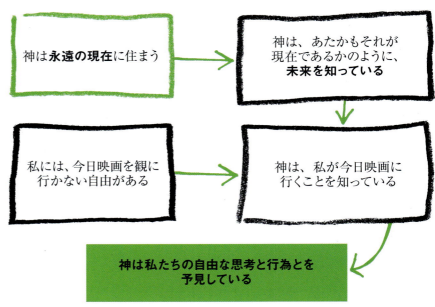

　ローマの哲学者ボエティウスは、プラトン主義の哲学を学んだキリスト教徒だ。ボエティウスは、私たちが未来にするつもりのことを神が前もって知っているとしたら、どうして私たちに自由意志がありうるのか、というアリストテレスの問題に彼なりの解決を与えた。

　このジレンマを理解する最良の方法は、具体例で考えることだ。たとえば、今日の午後、私は映画を観に行くかもしれないし、書きものに当てるかもしれない。結果的に、私は映画に行く。そうであるなら、私が今日の午後映画に行くというのがいまの時点で（すなわち、できごとが起こる以前の段階で）真実であることになる。だが、現時点でそれが真実なら、じつは私には、午後を書きものに当てるという選択肢ははじめからなかったのではないか。この問題をはじめて定式化したのはアリストテレスだが、それにたいする答えは明快とは言いがたい。アリストテレスは、「私は今日の午後映画に行くだろう」といった類い

中世世界 75

参照　アリストテレス 56〜63頁 ■ トマス・アクィナス 88〜95頁 ■ ベネディクトゥス・スピノザ 126〜29頁 ■ イマヌエル・カント 164〜71頁 ■ ヨハネス・ドゥンス・スコトゥス 339頁

の言明は真でも偽でもないし、少なくとも「私は昨日映画に行った」という言明と同程度に、そうではないと考えていたようだ。

時間を超えている神

　ボエティウスが直面したのは、同じ問題のいっそう困難なヴァージョンだ。神はすべてをご存じだとボエティウスは信じていた。神は、過去と現在のみならず、未来をも知っている。だから、もし私が今日の午後映画に行こうとしているなら、神はそれをいまの時点でご存じだ。だから、じっさいには今日の午後を書きものに当てるという選択は私にはありえない、それは神が現時点でご存じのことと矛盾する。

　ボエティウスは、この問題を解決するにあたって、同じことがらでも、知る者の本性に応じて、ちがったふうに知られうると論じる。たとえば私の犬は、太陽については、視覚と触覚を介して感覚しうる性質をもったなにかということしか知らない。だが、人間なら、太陽をふくむ事物の属するカテゴリーについて推論をはたらかせられるし、ことによるとそれがどんな物質からできているのか、地球からどのくらい隔たっているのかも知るかもしれない。

　ボエティウスは、時間も同じやりかたで考察する。時間のなかで生きるかぎり、私たちにはできごとを（すでに起こったのなら）過去として、もしくは（いま起こっているのなら）現在として、あるいは（これから起きようとしているのなら）未来としてしか知りえない。不確定の未来のできごとの結果は知りえない。神は時間の流れのなかにはいない。神は永遠の現在を生きており、私たちには過去・現在・未来のいずれかであることを、私たちが現在を知るのとまったく同様な仕方でご存じだ。そして、いまきみが座っているという私の知識が、きみの立ちどまる自由を損ねないように、私

> あらゆるものは、
> それ自体においてではなく、
> 知る者の能力に
> 応じて知られる
> ボエティウス

哲学の妃とボエティウスが、『哲学の慰め』のなかで採りあげられている自由意志、決定論、永遠の現在における神の視覚について議論している。

ちの未来の行為について、それをあたかも現在のように知る神の知識も、私たちの行為の自由を妨げはしない。

　現代の思想家には、今日の午後映画に行くかどうかを私はまだ決めていないのだから、それについて知りうることなどないのと同様に、全知である神にしても、私が映画に行くかどうかを知りはしないし、知ることもありえないと論じる者もいる。■

アニキウス・ボエティウス

　アニキウス・ボエティウスは、ローマのキリスト教徒名門の出で、ローマ帝国が分裂し東ゴート族がイタリアを支配していた時代に生まれた。7歳で孤児となり、ローマの貴族の家庭で育てられた。とびきりの教育を受けたようで、流暢にギリシア語を話し、ラテンとギリシアの文芸と哲学について広範な知識を身につけた。ボエティウスは、生涯をギリシア時代の文献、とりわけ論理学にかんするアリストテレスの著作の翻訳と注解にささげたが、東ゴート族のテオドリクス王に仕え、執政官にまでなった。だが、約5年ののち、宮廷内の陰謀の犠牲となり、誤って反逆罪で告訴され、死刑を宣告された。ボエティウスのもっとも有名な著作である『哲学の慰め』は、刑の執行を待つ獄中で執筆された。

主著

紀元510年ころ
アリストテレス『カテゴリー論』注解

紀元513〜16年ころ
アリストテレス『命題論』注解

紀元523〜25年ころ
『哲学の慰め』

魂は身体から
区別されている
イブン＝シーナー（アヴィケンナ）
（980年～1037年）

その哲学的背景

部門
形而上学

手法
アラビア的アリストテレス主義

前史
紀元前400年ころ　プラトンが、精神と身体は異なる実体だと論じる。
紀元前4世紀　アリストテレスが、精神は身体の「形相(けいそう)」だと論じる。
800～950年ころ　アリストテレスの著作が、はじめてアラビア語に翻訳される。

後史
1250～60年代　トマス・アクィナスが、精神と身体にかんするアリストテレスの説明を採用する。
1641年　ルネ・デカルトが、『省察』のなかで二元論を擁護(ようご)する。
1949年　ギルバート・ライルが、『心の概念』のなかで、二元論を「カテゴリー・ミステイク」と断ずる。

イブン＝シーナー（アヴィケンナ）は、アラビアの伝統におけるもっとも重要な哲学者であり、世界でもっとも偉大な思想家のひとりだ。イブン＝シーナーの先人に当たるアル＝キンディーとアル＝ファーラービーおよび後継者イブン＝ルシュドと同様、イブン＝シーナーは、ギリシアの叡智(えいち)と推論および証明にならう道を選択することで、自覚的にイスラムの神学者という以上に哲学者を任じた。なかでもイブン＝シーナーは、アリストテレスの後継者を自任したこともあって、その主要著作はさながらアリストテレス哲学の百科事典のようだ。

だが、そこではアリストテレスの哲学は、イブン＝シーナー自身が考えなおしたかたちで再編成されている。宇宙はつねに実在

中世世界　77

参照　プラトン 50〜55頁 ■ アリストテレス 56〜63頁 ■ トマス・アクィナス 88〜95頁 ■ ルネ・デカルト 116〜23頁 ■ アル＝キンディー 338頁 ■ アル＝ファーラービー 338頁 ■ ギルバート・ライル 343頁

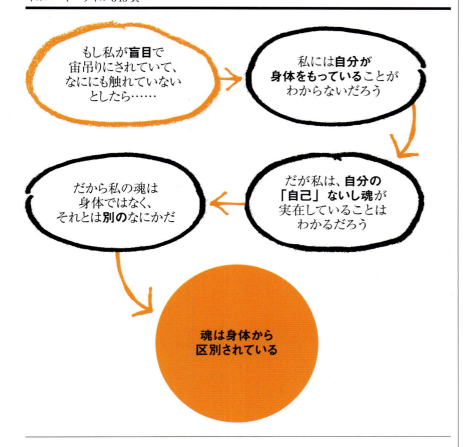

イブン＝シーナー（アヴィケンナ）

　イブン＝シーナーないし西洋の呼び名にしたがうならアヴィケンナは、980年に現在のウズベキスタンに当たるブハラ近郊の村に生まれた。執筆にさいしては、イスラム圏全体で学ばれている言語であるアラビア語を主として用いたが、彼の母語はペルシア語だった。彼は神童で、論理学と数学にかんしてばかりでなく、医学にかんしてもすぐに先生を追いこしたと伝えられる。弱冠 10 代にして、サーマーン朝の君主ヌーフ 2 世から卓越した医師として認められ、その壮大な図書館を利用する権限を認められた。

　イブン＝シーナーの生涯は、医師としてあるいは政治的助言者として多くの王に仕えることに費やされた。著述活動を開始したのは 21 歳のときで、形而上学から動物生理学、固体力学、アラビア語の文法学まで多岐にわたる主題を扱った 200 編以上のテクストを執筆した。亡くなったのは、その当時の君主アラ・アル＝ダウラとともに従軍していたおりに、持病の腹痛が悪化した結果であった（毒殺説もある）。

主著

1014〜20年ころ『治癒の書』

1015年ころ『医学典範』

1030年ころ『指示と覚知』

しているといった教説については、イブン＝シーナーは、それが事実上イスラムの正統な教義と矛盾するにしても、アリストテレスの見解を固持する。だが別の領域では、イブン＝シーナーはアリストテレスから根本的に離れる必要を感じてもいた。そのひとつの顕著な例が、精神（自己ないし魂）と身体の関係についてイブン＝シーナーが与える説明だ。

精神と身体は区別される

　アリストテレスは、人間（ほかの動物でも同じだが）の身体と精神は二つの異なる物体（ないし「実体」）ではなくひとつの統合体であり、精神が人間の身体の「形相」だと考えた。そのかぎりで精神は、思考もふくめて人間に可能なあらゆる活動を保証しうる。アリストテレスが身体が滅んだのちも、精神は存続可能だとは考えなかった理由は、このあたりにあったようだ。

　それにたいして、イブン＝シーナーは、哲学史上でもっとも有名な「二元論者」のひとりだ。彼の考えでは、身体と精神は二つのまったく異なった実体だ。こうした見方にかんしては、イブン＝シーナーの偉大な先達として、精神を身体のうちに囚われているとみなしたプラトンがいる。プラトンの考えでは、死が訪れた時点で、精神はその囚われを脱し、のちに別の身体に再生する。

　精神と身体が本性を異にすることを証明すべくイブン＝シーナーは「宙に浮く人間」として知られる思考実験を考案した。これは、『治癒の書』所収の論考「魂について」で示されている。その狙いは、反証

イブン＝シーナー

される可能性のあるいっさいの知識をはぎとって、絶対的な真理だけが残るようにすることにあった。驚くべきことにそれは、ずっとのちの17世紀の高名な二元論者デカルトの著作を先どりしている。デカルトは、自分に確実に知られうるもの以外は信じないと決断した哲学者でもあった。イブン＝シーナーもデカルトもともに、精神ないし自己が存在するのは、それが自分が存在していると知っているからであり、その点で精神は人間の身体から区別されるものだということを論証しようとした。

宙に浮く人間

思考実験「宙に浮く人間」でイブン＝シーナーが問うたのは、じっさいに感覚器官を奪われて、外界の情報を得ようとしてもそれに頼れなくなったとき、なにを知りうるのかという問題だ。イブン＝シーナーはまず、自分がいま存在しはじめたばかりだが、通常の知性はすべてそなえていると想像してみようと言う。さらに、目隠しをされていて、宙に浮いており、四肢は相互の連絡を欠き、なににも触れることができない状態にあると想像してみようと言う。つまり、あらゆる感覚器官は奪われているが、自分が実在していることは疑いえないという状態だ。だが、そのばあいに自分だと感じられるこの自己とは、なんなのか。それが自分の身体のいずれかの部分（パーツ）であることはありえない。なにしろ、そうしたものを自分が所有しているかどうかもわからないのだから……。私が実在していると請けあうこの自己には、長さも幅も高さもない。つまり、延長も物質性もない。そして、かりに手というものを想像できるにしても、それが、実在していることのわかっているこの自己の一部だとは思いもよらないだろう。

この想定の帰結として、人間の自己、つまりこの私が身体あるいは任意の物理的なものから区別可能であることが判明する。イブン＝シーナーに言わせれば、この「宙に浮く人間」という思考実験は、精神の実在を、つまり精神を身体とは異なる別のものに変化させ、精神がそうしたものであると自身に気づかせるやりかただ。

イブン＝シーナーは、さらに別のやりかたで、精神が物質的なものではありえないことを示す。大半のひとは、精神が把握しうるタイプの知的知識が物質的なものには

> 内なる対話は、
> あらゆる物質的制約を
> 超えたところでの神と魂との
> 直接の出会いだ
> **イブン＝シーナー**

もちえない類いのものだという事実を当たりまえと思っている。物理的なかたちをそなえた事物の部分が物理的なかたちをそなえた感覚器官とぴったり適合しているのを見てとるのはたやすい。私が見ている壁の像は、私の眼球の水晶体を超えて伸びひろがっており、その各部分は水晶体の部分に対応している。だが、精神は感覚器官ではなく、精神が把握するのは「人間は理性をそなえた死すべき動物だ」といった定義だ。この文章の各部分は、いちどきに丸ごと把握されなければ意味をなさない。つまり、精神はどう見ても身体とは異なっているし、身体の一部でもない。

不死の魂

以上の議論からイブン＝シーナーが引きだす結論は、身体が死んでも精神は消えさらず、それゆえ精神は不死だということだ。こうした彼の思考は、とうてい正統派のイスラム教の教えと折りあうものではなかった。なにしろ、イスラム正統派では、身体も精神もふくめて丸ごとの人間が蘇（よみがえ）り、死後の生を満喫（まんきつ）すると信じられている。だから、イブン＝シーナーは12世紀になると、イスラムの大神学者アル＝ガザー

イブン＝シーナーの医学の知識は、きわめて広範にわたっていたため、王室から手厚い庇護を受けた。その『医学典範』は、17世紀中葉までヨーロッパの医学界に絶大な影響を与えた。

中世世界

> だが、私が在るとは
> どういうことなのか。
> 思考するものであるということだ
> ルネ・デカルト

リーによって、死者の蘇りというイスラム教の中心的教義を無視する異教徒だと厳しく非難された。だが、その同じ12世紀にイブン＝シーナーの著作はラテン語に翻訳され、その二元論はキリスト教徒の哲学者および神学者たちのあいだでも知られるようになる。彼らは、イブン＝シーナーがアリストテレスのテクストを解釈するやりかたを肯定的に受けいれ、それを不死の魂という観念とたやすく両立させた。

不可疑の自己

およそ200年のちの1250年代に、トマス・アクィナスがはるかに信仰に忠実なかたちでアリストテレスを解釈して、その擁護をおこなった。その解釈では、精神と身体はいっそう密接に結びつけられ、その見解が16世紀と17世紀の神学者たちに広く受けいれられた。だが1640年に、デカルトがアリストテレスよりもプラトンのそれにはるかに近い二元論に還帰するが、その点にかんするデカルトの論証は、イブン＝シーナーにとてもよく似ていた。

デカルトは、自分がもしかしたら欺かれているのかもしれないと思われるすべてにかんして、じっさいに彼を欺こうとしてい

フィリップ・プルマンの童話『黄金の羅針盤』は、身体から分離された人間の魂についての古いギリシアの考えを、ダイモンに託して物語っている。そこではダイモンは、一匹の猫のように完全に独立した動物としてあらわされている。

る悪魔がいると想定してみる。そのときデカルトが気づくのは、自分が欺かれえないことがひとつだけあるということだ。それが、自分は存在しているということだ。この自己は、まさにイブン＝シーナーが「宙に浮く人間」で、そのほかになにも知らないばあいでも確信していた自己と同じタイプのものだ。イブン＝シーナーと同じくデカルトも、そこから「われ」ないし自己は、身体とはまったく異なるなにかであり、不死であるにちがいないと結論する。

機械のなかの幽霊

イブン＝シーナーないしデカルトの二元論にたいする手ごわい反論のひとつに、トマス・アクィナスが用いた論拠がある。トマス・アクィナスが言うには、考える自己とは身体内で諸感覚を感じる自己と同じものだ。たとえば私は、自分の足が痛いということを、船乗りが船に穴が開いているのに気づくような具合に、外部から観察して知るわけではない。痛みは、哲学についての私の考えや昼食に食べた内容と同じように、私自身のものだ。

現代の哲学者の大半は心身二元論を否定するが、その主な理由は、大脳についての科学的知見の進捗にある。イブン＝シーナーもデカルトも生理学に関心をもち、運動や感覚といった活動の科学的説明をも試みた。だが合理的思考の進展によって、彼らが生きた時代の科学的な道具だては役たたずになった。こんにちでは私たちは、思考が大脳の異なった諸領域でどのようにいとなまれているのかについて、相当正確に説明できるようになった。とはいえその結果、自己への言及なしに思考を説明できるようになるのかどうかは、まだ判然としていない。非常に影響力をもった20世紀イギリスの哲学者ギルバート・ライルは、二元論者が問題にする「自己」を戯画化して、「機械のなかの幽霊」と揶揄し、自己という「機械」を引きあいに出さなくとも、人間が世界の内部でどのように知覚し活動しているかを説明することは可能だということをあきらかにしようとした。

現代の哲学者は、少数の二元論者と、精神とはつまるところ大脳のはたらきにほかならないと主張する大多数の思想家とに二分されるが、大勢は思考とは大脳の物理的活動の結果だという見解に傾いている。それでも、大脳の物理的状態（灰白質や神経細胞など）とそこから派生する思考過程とは区別されるべきだと考える人びとも依然として少なくない。

大半の哲学者、とりわけ大陸ヨーロッパの思想家たちは、いまでもイブン＝シーナーの思考実験のある一点については同意している。彼らに言わせるなら、私たちのおのおのが世界について一人称の観点（「私」）から理解している自己と、科学理論の客観的な見解による世界の見方とは等号（イコール）ではむすばれえない。■

ただ神のことを考えるだけで、私たちは神が実在していると知ることができる
聖アンセルムス（1033年～1109年）

その哲学的背景

部門
宗教哲学

手法
プラトン・アリストテレス主義

前史
400年ころ　ヒッポの聖アウグスティヌスが、不変の真理を把握することによって神の実在を論証する。
1075年　アンセルムスが、『モノロギオン』のなかで、アウグスティヌスによる神の存在証明を発展させる。

後史
1260年代　トマス・アクィナスが、アンセルムスによる存在論的証明を退ける。
1641年　ルネ・デカルトが、『省察』のなかでアンセルムスの存在論的証明のスタイルを用いる。
1979年　アメリカの哲学者アルヴィン・プランティンガが、その真理性を確立すべく様相論理の形式を用いて、アンセルムスの存在論的証明を再定式化する。

キリスト教の思想家たちは当然のように、神の実在を信仰の事実として信じていたが、中世になると、神の実在が理性的論証によっても証明されうることを示そうと躍起になった。11世紀イタリアの神学者・哲学者アンセルムスは、アリストテレスの論理学とプラトン的思考法と彼自身の天賦の才をもとにこの研究に従事したが、彼が考案した神の存在論的証明は、おそらくあらゆる証明のなかでももっとも有名なものだ。

アンセルムスは、自分が神の実在を否定する愚か者と対話している（次頁を参照されたい）と想定する。議論は、つぎの二点を認めるところからはじまる。第一に、神は「それよりも偉大なものがなにも考えられえないようななにか」だ。第二に、その実在は非在にまさる。議論の終わりにいたって、愚か者は自分が自己矛盾に陥っていると認めるか、神が実在していると認めるかのいずれかを選ぶしかなくなる。

この論証は、ルネ・デカルト、ベネディクトゥス・スピノザを筆頭に多くの偉大な哲学者たちに受けいれられた。だが、愚か者の立場に与する哲学者たちも少なくなかった。アンセルムスの同時代人のひとりマルムティエのガウニロは、同じ論証を用いて、考えられうるどんな島よりも素晴らしい幸福の島が世界のどこかにあるという証明もできてしまうと指摘した。18世紀になると、イマヌエル・カントが、この論証は存在を事物の属性のように扱っていると反論した。それは、自分の上着について、「それは緑色で、ツイード製で、実在している」と語るようなものだ。実在しているということは緑色であるということと同じではない。実在していようといまいと、上着の色（緑色）とも材質（ツイード製）とも存在は無関係だ。

アンセルムスは、心のなかにも現実にも存在するものは、心のなかにだけ存在するものよりも偉大だと述べる誤りをおかしているとカントは主張する。だが、この点には同意しない哲学者も少なくない。現実の絵画が、画家が描きはじめる前にいだいていた心的概念よりも偉大だと考えるのは無意味なのだろうか。■

私たちは、あなた（神）がそれよりも大きいものがなにも考えられえないなにかであると信じます
聖アンセルムス

中世世界　81

参照　プラトン 50 〜 55 頁 ■ ヒッポの聖アウグスティヌス 72 〜 73 頁 ■ トマス・アクィナス 88 〜 95 頁 ■ ルネ・デカルト 116 〜 23 頁 ■ ベネディクトゥス・スピノザ 126 〜 29 頁

アンセルムス	愚か者

アンセルムス: もし神が実在しているなら、その存在は存在しうるいかなるものよりも偉大なものだ——つまり、それ以上に大きいものがなにも考えられえないようななにかだということに同意するか

愚か者: はい

アンセルムス: では、それ以上に大きいものがなにも考えられえないようななにかが、あなたの心のなかに実在していることには同意するか

愚か者: はい、私の心のなかのことであれば……だが、現実の話ではない

アンセルムス: それでは、現実にも心のなかにも実在するなにかが心のなかにだけ実在するなにかよりも大きいということは認めるか

愚か者: はい、そうだと思うが、手のなかのアイスクリームは想像のなかのアイスクリームよりはよいものだ

アンセルムス: それなら、「それより大きいものが考えられえないようななにか」が心のなかだけに実在するとしたら、それは現実にも実在しているばあいよりも大きくないことになる

愚か者: それはそうだ。現実に実在するもののほうがより大きいだろう

アンセルムス: そうなると、きみは「それよりも大きいものが実在しえないようななにか」よりも大きいなにかが実在すると言っていることになる

愚か者: それはまったくのナンセンスだ

アンセルムス: まさに。こうしてこの矛盾を打開するただひとつの道は、神(「それよりも大きいものがなにも考えらえないようななにか」)が心のなかにも現実にも実在すると認めることだ

アンセルムスの存在論的証明は、1077 〜 78 年に執筆されたが、このタイトルは、ドイツの哲学者カントが 1781 年に著したものから採られている

聖アンセルムス

カンタベリーの聖アンセルムスは、1033 年にイタリアのアオスタで生まれた。20 代で故郷を離れ、フランスのル・ベック修道院で卓越した論理学者にして文法学者、聖書注釈者であったランフランクスに就いて学ぶ。1060 年に同修道院の修道士になり、副院長を経て、1078 年には修道院長になる。その後イギリスを訪問し、自分には健康上の問題もあるし、政治上の手腕もないと明言していたにもかかわらず、1093 年にカンタベリー大司教となる。その結果、アンセルムスは、ノルマンディーのイングランド王ウィリアム 2 世およびヘンリー 1 世との抗争に巻きこまれる。アンセルムスが、王の権力にたいして教会を擁護しつづけたのが、その原因であった。この諍(いさか)いのために、アンセルムスは二度にわたってイギリス国外へ追放される憂き目にあった。その間にアンセルムスは教皇のもとを訪れ、イギリス国教会のための嘆願をおこない、自分については公職からの引退を求めた。最終的にヘンリー 1 世と和解したアンセルムスは、76 歳でカンタベリーの地で亡くなった。

主著

1075 〜 76 年『モノロギオン』
1077 〜 78 年『プロスロギオン』
1095 〜 98 年『神はなぜ人間になったのか』
1080 〜 86 年『悪魔の堕落について』

哲学と宗教は両立不可能なものではない
イブン＝ルシュド（アヴェロエス）
（1126年〜1198年）

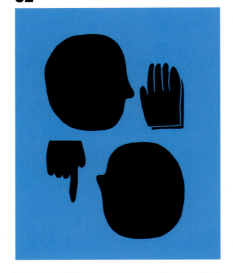

その哲学的背景

部門
宗教哲学

手法
アラビア的アリストテレス主義

前史
1090年代 アブ・ハーミド・アル＝ガザーリーが、イスラム圏のアリストテレス主義哲学者たちに攻撃をしかける。
1120年代 イブン＝バージャ（アヴェンパーケ）が、イスラム教スペインにおいてアリストテレス主義哲学を確立する。

後史
1270年 トマス・アクィナスが、キリスト教およびアリストテレス主義哲学から相矛盾する真理を受けいれているというかどで、アヴェロエス主義者たちを批判する。
1340年代 モーゼス・ベン・ヨシュア（ナルボンヌのモーゼス）が、イブン＝ルシュドの著作についての注釈書を公刊する。
1852年 フランスの哲学者エルネスト・ルナンが、イブン＝ルシュドの研究書を公刊し、これがもとになってイブン＝ルシュドは現代イスラムの政治思想に決定的な影響力をもつ存在となる。

イブン＝ルシュドは法学を専門としていた。中世におけるもっとも厳格なイスラム朝のひとつであるムワッヒド朝で、カーディー（イスラムにおける裁判官を意味する）を務めた。だが夜になると、古代の異教徒哲学者アリストテレスの著作にかんする注釈書を書いてすごした。そしてイブン＝ルシュドの熱心な読者のひとりが、ほかならぬムワッヒド朝の王アブー＝ヤアクーブ・ユースフ1世であった。

イブン＝ルシュドは、階層的社会理論を組みたてることで宗教と哲学を調停した。それによると、哲学的に思索できるのは教育を受けたエリートだけであり、そのほかの人びとはコーランを学ぶことに専心すべきだ。ただし、イブン＝ルシュドは、コーランを字義どおりに読むだけでは宇宙の仕組みの完璧な説明は得られないと考える。彼に言わせれば、コーランは真理の詩的な近似値であり、それは教育を受けていない人びとに把握できる最高のものだ。

だが、教育を受けた人びとには哲学的推論を用いる宗教的義務があるとイブン＝ルシュドは考える。推論によってコーランの意味の誤りが判明するばあいには、いつでもテクストは「解釈される」必要がある。つまり、ことばの明示的意味は無視され、アリストテレス哲学によって論証された

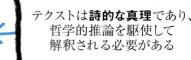

私たちはコーランが**真理**であると認める

だが、そのいくつかの部分は、**誤り**であることが明白だ

テクストは**詩的な真理**であり、哲学的推論を駆使して解釈される必要がある

哲学と宗教は両立不可能ではない

中世世界

参照　プラトン50～55頁 ■ アリストテレス56～63頁 ■ トマス・アクィナス88～95頁 ■ アル＝ガザーリー338頁 ■ イブン＝バージャ339頁 ■ モーゼス・ベン・ヨシュア340頁

> " 哲学者は、宗教の戒律を不可欠な政治技術と考えている
>
> イブン＝ルシュド "

科学的理論がそれに代わって受けいれられねばならないとイブン＝ルシュドは言う。

不死の知性

　イブン＝ルシュドは、哲学と宗教の両立可能性を維持するためなら、イスラム教の教説のいくつかを犠牲にすることさえ厭わなかった。大半のイスラム教徒は宇宙にははじまりがあると信じているが、イブン＝ルシュドはアリストテレスに和して、宇宙はつねに存在していたと主張し、コーランのなかにはこの見解と矛盾する内容はなにもないと言う。だがこれに比べると、イスラムの基本教義である死者の蘇りは、アリストテレスの世界観に組みこむのがはるかに困難だ。私たちは自分の不死を信じなければならないし、これを否定する者はだれであれ異教徒として非難されるべきだという点にはイブン＝ルシュドも同意する。イブン＝ルシュドは、アリストテレスの『霊魂論』が個々の人間が不死の魂をもつとは言明していない点を指摘して、先行者とは異なる立場に立つ。イブン＝ルシュドの解釈では、アリストテレスは、人間が不死であるのは共有された知性を介してのみの話だと主張している。人間に発見されうる、永遠に真でありつづける真理はあるだろうが、個人としての私やあなたは身体が死ねば消滅するだろうとイブン＝ルシュドは言いたがっているようだ。

後期アヴェロエス主義者たち

　イブン＝ルシュドによるアリストテレス哲学の擁護（それがエリート向けのものにすぎなかったにせよ）は、その後につづくイスラム教徒からは忌避された。だが、彼の著作はヘブライ語とラテン語に翻訳されて、13世紀と14世紀に絶大な影響力を誇った。アリストテレスとイブン＝ルシュドの考えを支持した学者たちは、アヴェロエス主義者として知られる。そのなかにはモーゼス・ベン・ヨシュア（ナルボンヌのモーゼス）といったユダヤ系の学者、ダキアのボエティウスやブラバンティアのシゲルスといったラテン語系の学者たちがいた。ラテン語系のアヴェロエス主義者が受けいれたのは、イブン＝ルシュドによって理性にしたがう真理と解釈されたかぎりでのアリストテレスであり、それがキリスト教の「真理」とはあきらかに矛盾することは彼らも認めていた。イブン＝ルシュド主義者たちは、「二重真理」説を主張する者とみなされたが、彼らの見解はむしろ、探究の文脈に応じて真理は相対的だというものだ。■

イスラム教徒のなかには、哲学を12世紀における研究の正当な主題とはみなさない者もいたが、イブン＝ルシュドは肝心なのは批判的かつ哲学的な観点で宗教に取りくむことだと論じた。

イブン＝ルシュド

　イブン＝ルシュドは、ヨーロッパではアヴェロエスとして知られるが、1126年に当時イスラム領スペインに属していたコルドバに生まれる。優れた法律家の家庭に育ち、法学と科学と哲学を学んだ。医師にして哲学者イブン＝トファイルとの友情から、イブン＝ルシュドは君主アブー＝ヤアクーブ・ユースフ1世に紹介された。アブー＝ヤアクーブ・ユースフ1世はイブン＝ルシュドをまずは首席裁判官に、のちに侍医に任命した。アブー＝ヤアクーブ・ユースフ1世はアリストテレスにたいするイブン＝ルシュドの関心をみずからも共有し、イブン＝ルシュドに、自分のような専門家でない者にも理解できるようなアリストテレスの全著作の注釈書のシリーズを執筆するよう命じた。ムワッヒド朝では思想の自由がどんどん公認されていったにもかかわらず、イスラムの正統からははずれるイブン＝ルシュドの哲学は公には認められず、その圧力の結果、1195年には彼の著作は燃やされ、当人も追放される憂き目にあった。2年後に一時的に許されてコルドバに帰還するが、翌年に亡くなった。

主著

1179～80年『決定論』
1179～80年『矛盾の矛盾』
1186年ころ『アリストテレス「霊魂論」への大注解』

神には属性などない
モーセ・マイモニデス
(1135年～1204年)

その哲学的背景

部門
宗教哲学

手法
ユダヤ教的アリストテレス主義

前史
5世紀ころ 哲学者偽ディオニュシウス・アレオパギタが、神は存在ではなく、存在以上のものであると主張する否定神学の伝統をキリスト教のなかに打ちたてる。
860年代 ヨハネス・スコトゥス・エリウゲナが、神は自身にほかならない無から宇宙を創造したと示唆する。

後史
1260年代 トマス・アクィナスが、『神学大全』のなかでマイモニデスの否定神学に改定をくわえる。
1300年代初頭 マイスター・エックハルトが、みずからの否定神学を展開する。
1840～50年代 セーレン・キルケゴールが、神を外がわから記述するいかなる形式もありえないと主張する。

マイモニデスは、(ヘブライ語で) ユダヤ教の律法と (アラビア語で) アリストテレスの思想とについて著作活動をおこなった。いずれの領域でもマイモニデスの中心的関心事は、人間を思考の対象にするのと同じやりかたで神についても思考する傾向を、神の擬人化として退けることにあった。マイモニデスの考えでは、最悪の誤りは、(ユダヤ教の聖典である「モーセ五書」にあたる) トーラーを文字どおりの真理とみなし、神を肉体をそなえた事物と思いなすことだ。そんなふうに考える者は即座にユダヤ共同体から締めだされるべきだとマイモニデスは言う。『迷える人びとへの導き』では、この考えが極限にまで推しすすめられ、「否定神学」として知られる思想がかたちづくられる。これは、以前からキリスト教神学のなかにあったもので、「神がなんではないか」という観点から神を記述しようとする試みだ。

マイモニデスが言うには、神には属性はない。私たちには、神が「善」であるとか「万能」であるなどと正しく語ることはできない。その理由は、属性が偶有的 (変わ

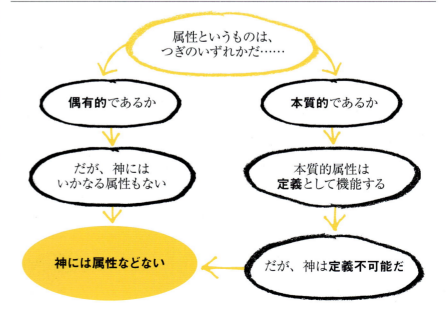

中世世界　85

参照　トマス・アクィナス 88～95頁　■　セーレン・キルケゴール 194～95頁　■　ヨハネス・スコトゥス・エリウゲナ 338頁　■　マイスター・エックハルト 339頁

りうる）か本質的かのいずれかだからだ。

たとえば、私の偶有的な属性のひとつに、座っているということが挙げられる。そのほかにも、髪は灰色がかっていて鼻は長い。だが、かりに私が立っていて赤髪で獅子鼻であっても、私は本質的には私のままだ。人間である、つまり理性をそなえた、死すべき動物であるということは、私の本質的な属性だ。それにたいして、神に偶有的な属性のないことは広く認められている。神には変化は無縁だ。さらに、神は本質的な属性をももちえない。なにしろ、そうした属性があれば、それは神の定義として機能することになるが、そもそも神は定義されえない。かくして、神はいかなる属性ももちえない。

神について語るということ

さらに、私たちは神について語れはするが、その内容は神の存在ではなく、神の行為を語るものと理解されなければならないとマイモニデスは言う。トーラーの議論の大半も、そんなふうに理解されねばならない。だから、私たちが「神は造物主だ」と語るばあい、それは神がなんである

知性で神の本質を観照すると、そんなことはできないということが判明する

マイモニデス

かにかかわる発言ではなく、神のなすことの開始を示すことばだ。「ジョンは作家だ」という文章を理解するばあい、ふつうは作家であることがジョンの職業だという意味で受けとられる。だが、マイモニデスが求めるのは、なされたことだけを考慮にいれることだ。この例で言うなら、ジョンはことばを書いている。つまり、書くことがジョンによってなされたわけであり、それはジョンについてなにを教えるわけでもない。

マイモニデスによると、神に性質を付与するように思われる陳述にしても、それが理解されうるのは二重否定として受けとられるばあいにかぎってのことだ。「神は強力だ」という陳述は、「神は無力なわけではない」という意味だ。私がなにかを思いうかべ、それがなんでないか（それは大きくない、赤くもないなど）をきみに語り、それがなにかが言いあてられるまでつづけるというゲームを想像しよう。神のばあいとのちがいは、ガイドとして私たちには否定しか与えられていないという点だ。私たちには、神がなんであるかを語ることはできない。■

ミシュネー・トーラーは、ユダヤ教の口伝の律法の完全な復元であり、マイモニデスはこれを平易なヘブライ語で書いた。そのため「老いも若きも」、ユダヤ教の習慣をすべて知り、理解することができるようになった。

モーセス・マイモニデス

モーセス・マイモニデス（イブン＝マイムーン、あるいはヘブライ語の略称ラムバムとしても知られている）は、1135年スペインのコルドバでユダヤ人の家庭に生まれた。幼少期には、さまざまな文化の影響を一身に受け、ヘブライ語とアラビア語で教育を受けた。ラビの最高判事であった父親からは、イスラム教スペインの文脈（コンテクスト）のなかでユダヤ教の律法を学んだ。1148年にベルベルのアルモハード朝が権力を握ると、一家はスペインを離れて、10年ものあいだ放浪生活を送ったのち、まずフェズ（現在のモロッコ領）に、ついでカイロに居を構えた。一家の財政上の問題から、マイモニデスは医師になる教育を受け、数年もたたずして侍医となる。ラビの裁判官としても活動したが、それで報酬を受けとるのはよくないことだとマイモニデスは考えていた。1191年にはカイロのユダヤ人共同体の指導者と認められ、亡くなったのちも、その墓所にはユダヤ人の巡礼者が絶えることはない。

主著

1168年『ミシュナー注解』

1168～78年『ミシュネー・トーラー』

1190年『迷える人びとへの導き』

嘆いてはならない。なにを なくしたとしても、それは かたちを変えてもどってくる

ジャラール・ウッディーン・ルーミー
（1207年～1273年）

その哲学的背景

部門
イスラム哲学

手法
スーフィズム

前史
610年　イスラム教が、預言者ムハンマドによって創設される。
644年　ムハンマドのいとこであったアリ・イブン・アビ・タリブが、ムハンマドの後を継ぎ、カリフとなる。
10世紀　アリによるコーランの神秘的解釈が、スーフィズムの基礎となる。

後史
1273年　ルーミーの後継者たちが、スーフィズムのモウラヴィー（「わが師」を意味するルーミーにたいする尊称）を崇拝するメヴレヴィー教団（旋舞教団）を設立する。
1925年　トルコ共和国設立以後、メヴレヴィー教団はトルコでの活動を禁止される。それは非合法なかたちで活動をつづけ、ようやく1954年になって機会に応じては上演される権利を回復した。
今日　ルーミーの業績は、世界中でさまざまな言語に翻訳されつづけている。

ある形式で存在するのを止めたものはべつに別の形で出現する。宇宙にあるすべては、人間からしても、生命の無限の流れの一部だ。この無限の連続体のうちに、過去は現在とつながっており、現在は未来とつながっている。

　スーフィズムは、コーランの神秘主義的で禁欲主義的な解釈にもとづく立場だが、7世紀にイスラム教が創設されて以来、ずっとその一部として存続してきた。だが、主流派のイスラムの学者たちにつねに受けいれられてきたわけではない。ジャラール・ウッディーン・ルーミーは、ルーミーという略称のほうがよく知られているが、正統派のイスラム教の家庭で育ち、スーフィズムとはじめて接触したのは、一家がペルシアの東端からアナトリアへ移住した13世紀中葉のことだった。愛をとおしての神との合一というスーフィーの概念がルーミーのイマジネーションをとらえ、そこから彼は神的なものと人間との関係を探究しようとする独自のスーフィズムを発展させた。

　ルーミーは、スーフィー教団の指導者となり、みずからを神と人間との媒介者と考えるようになった。イスラム教の一般的な

中世世界　87

参照　ゴータマ・シッダータ 30～33 頁　■　イブン=シーナー 76～79 頁　■　イブン=ルシュド 82
～83 頁　■　田辺元 244～45 頁　■　アルネ・ネス 282～83 頁

メヴレヴィー教団ないし旋舞教団は、サマーウの儀式の一部として舞踊を披露する。その舞踊は、人間が無知の状態から出発して愛をつうじて完成へといたりつく精神的旅程をあらわしている。

実践とは対照的に、ルーミーは、神への導きとして、コーランの合理的な分析よりも、儀礼的な祈りないし連禱（れんとう）を意味するディクルをことのほか重視し、その熱狂的な啓示で有名になった。自分が経験したヴィジョンを人びとに伝えることを使命だと考えたルーミーは、それを詩のかたちで表現した。ヴィジョンにもとづく彼の哲学の中心にあるのは、宇宙とその内なるいっさいは生命の無限の流れであり、そのなかにあって神は永遠の現前だというものだ。宇宙の一部としての人間も、この連続体の一部だ。そこでルーミーは、この連続体のなかでの私たちの位置を明確にしようとする。

ルーミーの考えでは、人間は、生・死・再生という一連の過程において過去と未来のあいだをつなぐ存在だ。この過程は循環ではなく、永遠性へと広がってゆく性質をそなえたものであり、ある歩みからもうひとつの歩みへの絶えざる前進だ。死と衰微も避けがたいものであり、生命のこの無限の流れの一部となっている。だが、ある形式において存在しなくなったものは別の形式で再生する。だからこそ、私たちは死を恐れる必要はないし、喪失を嘆くべき

でもない。だが、ある形式から別の形式への私たちの成長を確かなものとするには、精神的成長を心がけ、神と人間の関係を理解しようと努めなければならない。ルーミーの考えでは、こうした理解は理性よりも感情からもたらされる。そして感情は、音楽や歌唱や舞踏によって鼓舞される。

ルーミーの遺産

ルーミーの思想のうちにある神秘主義的要素は、スーフィズム内部でインスピレーションの源となり、イスラム教の主流派にも影響を与えた。それは多くのトルコ人を正統派キリスト教からイスラム教へと転向させる回転軸ともなった。だが、ルーミーの思想のこうした側面は、ヨーロッパではこれといった影響力をもたなかった。そのころのヨーロッパでは合理主義がもてはやされていたからだ。だが、20 世紀になると、ルーミーの思想は西洋でもよく知られるようになった。その主たる理由は、彼の愛のメッセージが 1960 年代のニュー・エイジの価値観と合致したからだ。おそらく 20 世紀におけるルーミーの最大の賞賛者は、1930 年代にパキスタン・イスラム共和国の初代総督を務めたムハンマド・アリー・ジンナーの相談相手となった詩人にして政治家ムハンマド・イクバールだ。■

> 私は鉱物として亡くなり、
> 植物になった。植物として亡くなり、
> 動物に姿を変えた。
> 動物として亡くなり、人間となった
> **ジャラール・ウッディーン・ルーミー**

ジャラール・ウッディーン・ルーミー

ジャラール・ウッディーン・ルーミーは、モウラヴィー（私たちの導き手）あるいはたんにルーミーという呼称でも知られているが、ペルシアの一地方バルーフに生まれた。この地がモンゴル帝国の遠征の脅威に晒（さら）されたとき、一家はトルコのアナトリアへ移り住んだ。その地でルーミーは、ペルシアの詩人アター・シャムス・ウッディーン・タブリーズィーと知りあう。それを機にスーフィズムにわが身をささげる決意をし、ペルシア語とアラビア語で膨大な数の詩を書きつづる。

1244 年にルーミーは、スーフィー教団のシャイフ（首長）となり、みずからの神秘主義的で情動的なコーラン解釈および宗教儀礼における音楽と舞踊の重要性を教えるようになる。ルーミーの死後、弟子たちはスーフィズムを核としたメヴレヴィー教団を創設する。この教団は回転舞踏で知られ、その踊り手はサマーウという儀式で独特の舞踊を実演するが、それはこの教団特有のディクルのひとつのかたちだ。

主著

13 世紀初期から中期
『精神的マスナヴィー』
『シャムセ・タブリーズ詩集』
『内部にあるものは内部だ』
『七説話』

宇宙はつねに実在していた わけではない

トマス・アクィナス
（1225 年ころ〜1274 年）

トマス・アクィナス

その哲学的背景

部門
形而上学

手法
キリスト教的アリストテレス主義

前史
紀元前340年ころ　アリストテレスが、宇宙は永遠だと主張する。
540年ころ　ヨアネス・フィロポヌスが、宇宙にははじまりがあるにちがいないと論じる。
1250～60年代　フランスの神学者たちが、ヨアネス・フィロポヌスの議論を採用する。

後史
1290年代　フランスの哲学者ヘントのアンリが、宇宙はつねに実在するものではありえないと論じて、アクィナスを批判する。
1781年　イマヌエル・カントが、宇宙はつねに実在していたとも、宇宙はつねに実在していなかったとも論証できると主張する。
1931年　ベルギーの司祭にして科学者ジョルジュ・ルメートルが、宇宙の紀元にかんして「ビッグ・バン」理論を提起する。

現代の人びとの考えは、依然として、宇宙にははじまりがあるという立場と宇宙はつねに存在していたという立場とに分かれている。こんにち私たちは、その答えを物理学と天文学に求める傾向にあるが、過去においてはこの問いは哲学者と神学者が扱うべき領分に属していた。その点で、中世のキリスト教哲学者のなかでももっとも著名なカトリックの司祭にして哲学者でもあったトマス・アクィナスが与えた解答には興味深いものがある。それは依然として、この問題にたいする考えかたとして納得のゆくもののように思われるし、アクィナスがみずからの信仰と哲学的推論とを、両者が一見矛盾するもののように思われるにもかかわらず、どのようにして結合していったかについて多くのことを教えてくれる。

アリストテレスの影響

アクィナスの思考にとって要となる存在は、古代ギリシアの哲学者にして、中世の哲学者たちによって集中的にその著作が研究されたアリストテレスであった。アリストテレスは、宇宙はつねに実在しており、岩のような無機物から人間や犬や馬といった生きものにいたるまで、さまざまな事物にとってのいわばつねなる住処であると確信していた。彼の論じるところでは、宇宙は変化し運動しているが、その原因は変化と運動にほかならない。だから、最初の変化なり運動なりに当たるものはありえない。宇宙は、終わることなく変化し運動しつづけているにちがいない。

アラビアの偉大な哲学者イブン＝シーナーとイブン＝ルシュドは、正統派イスラム教の教義との不和を招くのはあきらかだとわかっていたが、アリストテレスの見解を進んで受けいれた。だが、中世のユダヤ教およびキリスト教思想家たちは、そうするのに躊躇いを覚えた。彼らは、聖書にしたがえば、宇宙にははじまりがあるのだから、アリストテレスは誤っているにちがいないという立場を採った。だがこの見解は、信仰にかんして受けいれられねばならないものなのか、それとも推論によって論駁されうる性質のものなのだろうか。

6世紀のギリシア系キリスト教著述家ヨアネス・フィロポヌスは、アリストテレスが誤っているにちがいない、つまり宇宙はつねに実在しているわけではないことをあきらかにする論拠を発見したつもりでいた。ヨアネス・フィロポヌスの推論は、教会の教えを擁護するにはアリストテレスの推論に瑕を見つけだす必要があると感じていた13世紀の少なからぬ思想家によって模倣（コピー）され、発展させられた。彼らの論証の筋道は並はずれて明晰なものであっ

トマス・アクィナス

トマス・アクィナスは、1225年ころにイタリアのロッカセッカに生まれた。ナポリ大学で学んだ後、家族の希望には抗ってドミニコ会（当時、新しくできたばかりの知的水準の高い修道会）に入会した。見習いとしてパリで、ついでドイツで学び、アリストテレス主義神学者アルベルトゥス・マグヌスの指導を受ける。パリにもどると、神学の学位を取得して教授となり、その後イタリア周辺で10年のあいだ教師として活動した。例外的なことだったが、それからアクィナスはふたたびパリの教授職に任命される。1273年にある経験をするが、それは彼にとって一種の幻視でもあれば、ありうべき不意打ちでもあった。これを機にアクィナスは、これまで自分がしてきたことはすべて「無価値で」あったと述べ、それ以降ふたたび筆を執ることはなかった。亡くなったときは49歳であったが、カトリック教会から聖人として認定されたのは、1323年のことであった。

主著

1256～59年
『定期討論集・真理について』
1265～74年ころ
『神学大全』
1271年
『世界の永遠性について』

中世世界　91

参照　アリストテレス 56〜63頁 ■ イブン＝シーナー 76〜79頁 ■ イブン＝ルシュド 82〜83頁 ■ イマヌエル・カント 164〜71頁 ■ ヨアネス・フィロポヌス 338頁 ■ ピエール・アベラール 339頁 ■ ヨハネス・ドゥンス・スコトゥス 339頁 ■ オッカムのウィリアム 340頁

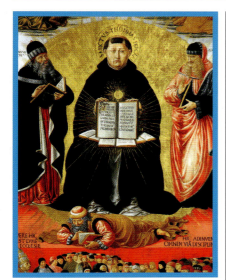

『トマス・アクィナスの勝利』において、両脇のアリストテレスとプラトンに**かしずかれるアクィナス**。この絵は、古代哲学にたいするアクィナスの理解は、その足元に横たわるイブン＝ルシュドなどおよぶべくもないことをアピールしている。

> 宇宙はつねに実在しているとアリストテレスは述べた

> 宇宙はつねに実在していたわけではないと聖書には書かれている

> 世界にははじまりがあるが、神には世界を**永遠**に実在していたように創造することもできた

た。なにしろ、そこでは無限にかんするアリストテレス自身の考えが議論の出発点に置かれ、その上で宇宙を永遠のものとみなすアリストテレスの見解にそれを対置するという手法が採られていたのだ。

人間の無限性

アリストテレスによるなら、無限とは限界をもたないもののことだ。たとえば数列は無限だが、それはおのおのの数字にたいして後につづくより高次の数が存在するからだ。同様に、宇宙は無限の時間にわたって存在しているが、その理由は、どの一日にたいしても先行する一日があるからだ。だがアリストテレスの考えでは、これは「潜在的な」無限だ。なにしろ、これらの日々は同じ時点に並存してはいない。無限数の事物がすべて同時にそこに存在しているという意味での「現実的」無限などはありえないのだ。

だが、フィロポヌスと13世紀の後継者たちは、この論証には、アリストテレス自身気づいていなかった問題が潜んでいると考える。彼らに言わせれば、アリストテレスは宇宙にはあらゆる種類の生きものが同時に実在していると思いこんでいた。もしそれが正しいなら、ソクラテスが生まれたときにはすでに無限の数の人間が存在していたことになる。しかるに、彼らに言わせれば、すべての人間がつねに実在しているなら、彼らはそのときにもすでに実在していたことになるが、ソクラテスの時代以降、もっと多くの数の人間が生まれており、そうなると、こんにちまでに生まれた人間の数は無限よりも大きいものでありうることになってしまう。だが、無限より大きい数などありえない。

さらに、彼らによれば、キリスト教の思想家たちは、人間の魂は不死だと考えている。これが正しく、かつすでに無限の数の人間が存在しているなら、無限の数の人間の魂がいますでに存在しているのでなければならないことになる。そうなると、ここにあるのは魂の潜在的な無限ではなく、現実的な無限であることになる。しかるに、アリストテレスは現実的無限はありえないと述べていた。

アリストテレス自身の原理を出発点としたこれら二つの論証でもって、フィロポヌスとその後継者たちは、宇宙はつねに実在するものではありえないことを論証しえたと確信した。つまり、アリストテレスは誤っていたのだ。宇宙は永遠ではないというこの見解は、神が世界を創造したというキリスト教の教義とぴったり適合する。

アクィナスは、こうした論証の筋道にほとんど関心を示さなかった。それに代えてアクィナスは、宇宙は永遠に実在しえたが、人間や動物といった個物ははじまりをもっていたかもしれないと指摘すること

運動がなかったときには、時間もまったくなかった
アリストテレス

トマス・アクィナス

> 神は人間のいない宇宙を創造し、その後で人間を創造することもできた
>
> **トマス・アクィナス**

で、フィロポヌスたちによって提起された難点を回避することに成功する。アクィナスは、アリストテレスの推論を擁護しはするものの、宇宙は永遠だというアリストテレスの断定を受けいれるわけではない。なにしろキリスト教の信仰は、これとはちがうことを教えているのだ。だが、アクィナスはアリストテレスの立場が非論理的だと考えるわけでもない。フィロポヌスとその後継者たちと同じく、アクィナスも宇宙にははじまりがあったことを示そうとするが、同時にアクィナスは、アリストテレスの推論に瑕(きず)などないことも示したいと欲ばるのだ。そこでアクィナスは、同時代のキリスト教徒たちが二つの異なることがらを混同していると主張する。第一に、神は宇宙を創造された。第二に、宇宙にははじまりがある。この区別によってアクィナスが証明しようとしたのは、神が宇宙を創造したということが真実であるとしても、宇宙はつねに実在したというアリストテレスの立場が真理でありうるということだ。

永遠を創造するということ

アクィナスは、聖書にあるように、宇宙にははじまりがあるのかもしれないが、これは論理的根拠にもとづいた必然的な（つまり、否定しえないという意味での）真理ではないという点を強調することで、フィロポヌスとその後継者たちから距離を置く。この人びとが論じるように、神ははじまりをもった宇宙を創造したが、それと同じくらいたやすく永遠な世界を創造することもできただろう。なにかが神によって創造されたのなら、そのものはその全存在を神に負う。だからといって、それが存在しなかった時間があったはずだということにはならない。つまり、神によって創造された永遠の宇宙を信じるのは、十分に可能なことなのだ。

アクィナスは、こうしたことが起こりうる実例を挙げている。砂に足跡を残す足があり、その足跡が永遠にそこに残るとしてみよう。足跡がつけられる以前の瞬間などあるはずもないが、私たちはやはりその足跡をもたらした原因としての足を認めるだろう。もし、それが足によるものでないなら、そもそも足跡など存在しない。

アクィナスと綜合

歴史家はしばしば、アクィナスは、キリスト教とアリストテレス哲学から任意の部分を抜きだして、それらを都合よく混ぜあわせることで両者を綜合したという言いかたをする。じっさい、大半のキリスト教徒にとってと同様、アクィナスにとっても、教会の教えはひとつの例外も曖昧(あいまい)さもなくすべて受けいれられなければならない。だがアクィナスがユニークだったのは、アリストテレス哲学が正しく理解されたなら、キリスト教の教えと矛盾するものではなくなると考えた点にある。宇宙はつねに実在したかという問いは、いわば例外だが、例外とは規則があるばあいにのみ意味をなす。この特殊ケースにかんしては、アリストテレスが誤っているとアクィナスは考える。だが、アリストテレスは原理的に、あるいは推論において誤っているわけでは

アクィナスは信仰にもとづいて創造説話を信じていたが、キリスト教信仰のいくつかの要素は合理的に論証されうると主張した。アクィナスにとって、聖書と理性はけっして矛盾することがなかった。

アリストテレスの考えでは、時間と日がつねに継起しているように、宇宙は無限だ。宇宙にはじまりがあると考えるアクィナスはこれに同意しなかったが、アリストテレス哲学を心から尊重していたため、アリストテレスが正しかったかもしれないとも論じている。

ない。古代の哲学者たちの知りえた範囲では、じっさいに宇宙は永遠に存在していた。アリストテレスには啓示の真理など知る由(よし)もなかった以上、宇宙にはじまりがなかったと知る術(すべ)はアリストテレスにはなかった。アクィナスの考えでは、古代の哲学者たちが知らず、また知る由もなかったキリスト教の中心的な教えは、ほかにもまたある。たとえば、神が三つの位格からなる三位一体をなしており、その位格のひとつである「(神の)子」が人間になったという信仰がそれだ。だが、人間の理性が正確にはたらくばあいには、それがキリスト教の教義と矛盾する結論にいたることはありえないとアクィナスは考えた。その理由は、人間の理性もキリスト教の教えも神という同じ源泉に由来しており、だから両者が相互に矛盾することはありえないというかたい信念にあった。

アクィナスは、フランスとイタリアの修道院と大学で教鞭(きょうべん)をとったが、人間の理性がキリスト教の教えと矛盾することはありえないというその見解ゆえに、しばしば学問上の同時代人たち、とりわけ同じ時期にやはりアリストテレスの著作から派生的に出現していた科学の専門家たちとの激しい対立にさらされた。アクィナスは同僚の学者たちを、――たとえば私たちは不死の魂を有しているといった――信仰にかんする特定の立場を受けいれておきながら、同時に、理性にしたがうならそうした立場が誤っていることが示されうると主張するようなものだと厳しく非難した。

私たちはどのようにして知識を獲得するのか

アクィナスはその著作のなかで、人間理性とキリスト教の教えの関係についてのこうした原則を一貫して堅持しているが、とりわけ彼の思想の二つの中心的領域において、その原理は明瞭になる。ひとつは、私たちはどのようにして知識を獲得するのかについてのアクィナスの説明であり、もうひとつは心身関係にかんするアクィナスの論じかただ。アクィナスによると、人間は、視覚・聴覚・嗅覚・触覚・味覚の五感を用いて知識を獲得する。だが、これらの感覚印象は、事物が表面的にはどんなものなのかということしか教えてくれない。たとえば、ジョンが座っているところからは、緑色と茶色の混ざった木のかたちをした物体の視覚印象が得られる。他方で、私は木の隣に立っていて、その表皮のざらつきを感じ、森のにおいをかぐこともできる。もしジョンも私も犬であったなら、木についての双方の知識は、こうした感覚印象に限定されることだろう。だが、私たちは人間なので、そのレベルを超えて、木とはなんであるのかを理性的なやりかたで、つまりそれを定義し、ほかの種類の植物や生きものからそれを区別することで、把握することができる。アクィナスはこれを「知性知」と呼ぶ。その理由は、これを得るのに用いられるのが、感覚印象を土台としてその背後に潜む現実を把握する人間知性の内的な力だからだ。人間とちがって、動物にはこの先天的な能力が欠けている。そこに、動物の知識が感覚を超えた次元にまで広がってゆかない理由がある。世界についての私たちの科学的理解はすべて、この知性知にもとづく。

知識にかんするアクィナスの理論はアリストテレスに多くを負っており、いわばアリ

神によって創造されてあるということと、それが永遠に実在するということのあいだに矛盾があるかどうかを見てみなければならない

トマス・アクィナス

ストテレスの思考を明晰にし精緻にしたものだ。アキナスにとってもキリスト教思想家にとっても、人間はありとあらゆる種類の存在者のなかでも、知的に事象を知る能力をそなえた唯一の存在だ。死後の生において身体から分離した魂・天使・神自身にもこれをおこなうことができる。このうちの後者二つは、感覚を介して知識を獲得する必要すらもたない。彼らは直接に事象がなんであるかを把握する。アキナスの理論のこうした側面は、アリストテレスとなんの接点ももたないが、アリストテレスの原理の首尾一貫した展開ではある。繰りかえしになるが、アキナスは、アリストテレスと矛盾することなく、しかもアリストテレスを超えたところで、キリスト教の信仰を維持することに成功している。

人間の魂

アリストテレスによるなら、知性は人間の生命原理であり、「魂」だ。どんな生きものにも魂があるからこそ、言うところの「生命活動」のさまざまなレベル――植物であれば「成長」と「再生産」、動物であれば運動・感覚・探索・忌避、人間であれば思考――をいとなむことができるというのが、アリストテレスの基本的な立場であった。

アリストテレスによれば、ある事物をそのものたらしめるのは「形相」だ。人間の身体の内部では、この形相は魂に当たり、この魂から一連の生命活動が与えられることで、身体は生きた物体となる。そのかぎりで魂は身体につながっており、だから人間にあっても、生命－魂は、それが身体に息吹きを吹きこんでいるかぎりでのみ生きており、身体が死ねば魂も消滅することをアリストテレスは疑わなかった。

アキナスは、生きものとその魂にかんするアリストテレスの教えにならうが、人間にあってはその形相はただひとつ、その知性だという点を強調する。13～14世紀のほかの思想家たちも、アリストテレスの見解の基本線は採りいれていたものの、アリストテレスが知性と身体のあいだに設けた結びつきのほうは分断することで、死後も人間の魂は生きのこるというキリスト教の教えに背かないでいられた。だが、アキナスは、アリストテレスの立場を崩すのを拒んだ。この結果――これはよきアリストテレス主義者であろうとする彼の決意を示すまた別の実例だが――アキナスには、人間の魂の不死性に同意する――じっさいのところ、彼は同意していたのだが――ことも、忠実なキリスト教徒でありつづけたままで哲学することも、いっそう困難になってしまった。

アキナス以降

中世以降、アキナスはカトリック教会公認の正統派の哲学者とみなされているが、アラビア語の注釈書と一緒にアラビア語からのギリシア哲学の翻訳がおこなわれていたその当時、アキナスは、アリストテレスによる哲学的推論のスタイルを、それがキリスト教の教義とうまく適合しないばあいでさえ、継承するのにもっとも熱心な哲学者のひとりであった。アキナスは、つねに教会の教えに忠実でありつづけた

因果律によって私たちは、宇宙のはじまりもふくめて、どんなできごとにもその原因を求める。神が宇宙を起動させたというのがアリストテレスの立場だったが、アキナスはこれには同意しながらも、「最初の動者」である神自身は原因をもたないにちがいないと付けくわえた。

このニュートンの振り子を揺らしたのは、ある人間であるにちがいない。だが、宇宙それ自体の存在には原因があるのだろうか。

中世世界　95

宇宙背景放射は、宇宙を開始させた「ビッグ・バン」の証拠を提示してくれるが、それでも私たちはアクィナスにならって、これが宇宙の存在を説明するただひとつの方法というわけではないと論じることができる。

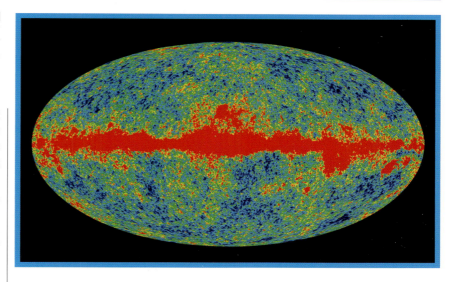

が、それでもその思想は、アクィナスが亡くなるとすぐに、すんでのところで異教的なものとして断罪されかねなかった。世俗の哲学者ヘントのアンリやフランシスコ修道会員ヨハネス・ドゥンス・スコトゥス、それにオッカムのウィリアムといったその後の数世紀の偉大な思想家や説教師たちは、アリストテレスに最良のかたちであらわれているような純哲学的な推論はしばしば誤っていると公言してはばからなかった。

スコトゥスは、アクィナスが採用したアリストテレス流の魂についての見解は不適当だと考えたし、オッカムは、知識にかんするアリストテレスの説明をほぼ完全に退けた。ヘントのアンリにいたっては、神に創造しえたのはつねに実在している宇宙だというアクィナスの見解をあからさまに非難している。ヘントのアンリが言うには、もし世界がつねに実在しているのなら、それが実在していなかった可能性は寸毫もありえないことになり、そうなれば世界を創造するかしないかの自由が神には認められないことになってしまう。アクィナスは理性の力をこの上なく信頼していたが、それはアクィナスが、自身の同時代人や後継者たちよりもさらに前の時代の最大の哲学者であったフランスの哲学者にして神学者ピエール・アベラールと多くを共有していたということだ。

首尾一貫した信仰

哲学とキリスト教の教えとの関係についてのアクィナスの一般的見解、ならびに宇宙の永遠性についてのアクィナスの特有の論じかたは、21世紀になっても重要性を失っていない。こんにちでは、神の実在や魂の不死といった宗教的立場が哲学的推論によって証明されうると考える哲学者はほとんどいない。だが、哲学にときに求められるのは、宗教の信者が信仰にかかわることがらとして特定の教説を信じているのにたいして、そうした見解の全体が不可知論者あるいは無神論者のそれに劣らず合理的ないし首尾一貫していることを哲学が論証しうるようになることだ。こうした観点は、自身の信仰は保ったままで、哲学的に首尾一貫した思想の体系を展開しようとしたアクィナスのつねなる努力を引きつぎ、展開してゆこうとするものだ。アクィナスの著作を繙くことは、キリスト教徒にとっても信者でない人びとにとっても等しく寛容の教えとなりうるのだ。

哲学の役割

こんにち、私たちは、宇宙がつねに実在していたのかどうかの答えを哲学に期待したりはしないし、アクィナスやそのほかの中世の哲学者たちとはちがって、ほとんどのひとは聖書を開くことさえしないだろう。それに代えて私たちが注目するのは物理学であり、とりわけイギリスの物理学者にして宇宙論者スティーヴン・ホーキングに代表される現代の科学者たちによって提起された「ビッグ・バン」理論だ。この理論によれば、ある時点において、宇宙は超高温にして超高密度の状態から膨張していったとされる。こんにちでは、宇宙のはじまりについての説明は科学者に求められるようになっているとはいえ、アクィナスの議論は、この主題について私たちがどう考えるかという点にかんして、依然として哲学が重要であることを教えてくれる。アクィナスが示したのは、じっさいに起こったことにかんしてばかりでなく、起こりうることと起こりえないことにかんする探究や、問うに値する知的問いとはどのようなものかといったこともふくめて、私たちのおこなう知的探究のための道具を、どのようにして哲学が提供しうるのかということであった。これは、こんにちでもなお哲学者が取りくむべき問いであり、これに答える能力をもった理論物理学者は存在しない。■

ビッグ・バン以前の
時間というものはそもそも
定義されえないという意味で、
時間はビッグ・バンとともに
はじまったと言えるかもしれない
スティーヴン・ホーキング

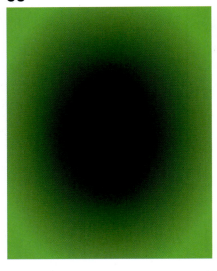

神は非他なるものだ
ニコラウス・フォン・クザーヌス
(1401年～1464年)

その哲学的背景

部門
宗教哲学

手法
キリスト教的プラトン主義

前史
紀元前380～前360年 プラトンが、「善」ないし「一者」こそは理性・知識およびあらゆる存在の究極的源泉だと書く。
5世紀ころ ギリシアの神学者にして哲学者ディオニュシウス・アレオパギタが、神を「存在のかなた」として記述する。
860年ころ ヨハネス・スコトゥス・エリウゲナが、ディオニュシウス・アレオパギタの考えを推しすすめる。

後史
1492年 ジョヴァンニ・ピコ・デラ・ミランドラの『存在と一者について』が、神にかんするルネサンス期の思考の転回点を画す。
1991年 フランスの哲学者ジャン＝リュック・マリオンが、存在ではないものとしての神という主題を探究する。

ニコラウス・フォン・クザーヌスは、神が、人間精神によって把握可能ないかなるものともどれほど似ていないかを強調した点で、神の本性を記述しようとした中世の哲学者の伝統に属する。クザーヌスは、私たちは事物を定義するのに、自身の理性を用いて知識を獲得するという考えから話をはじめる。そのようにして神を知るには、神の基本的性質を定義するよう努めなければならないとクザーヌスは推論を進める。

プラトンは、「神」ないし「一者」をそのほかのあらゆるかたちと知識の究極の源泉として記述し、一部の初期キリスト教神学者は、「存在のかなた」としての神という言いかたをした。1440年ころに書かれた著作のなかで、クザーヌスは、さらに進んで、神をあらゆるもの以前に到来する、それもなにかが実在する可能性よりも以前に到来するものだと述べる。だが理性によれば、任意の現象が実在する可能性はその現象の存在以前に到来するのでなければならない。しかるに、なんであれ、それが生ずる可能性よりも以前に存在するのは不可能だ。その結果、クザーヌスのゆきつく結論は、こうしたことをなすといわれるなにかは、「非他なるもの」として記述するよりほかないということだ。

覚知を超えて

だが、クザーヌスの推論にしたがって「事物」という語を用いると、「非他なるもの」が実体ではないかのような誤解を招きかねない。クザーヌスによるなら、それは「覚知を超えて」おり、万物に先だって、「それらがこのものの下位にあるのではなく、このものをつうじて実在するようになる」ような具合にある。こうしてクザーヌスは、「非他なるもの」はほかのどの術語よりも神の定義に近いと考える。■

私が知るものはなんであれ、神ではなく、私が知覚するものもなんであれ、神に似てはいない
ニコラウス・フォン・クザーヌス

参照 プラトン50～55頁 ■ ヨハネス・スコトゥス・エリウゲナ338頁 ■ マイスター・エックハルト339頁 ■ ジョヴァンニ・ピコ・デラ・ミランドラ340頁

中世世界 97

なにも知らないでいるのが、もっとも幸福な人生だ
デシデリウス・エラスムス
（1466年～1536年）

その哲学的背景

部門
宗教哲学

手法
人文主義

前史
354～430年　ヒッポの聖アウグスティヌスが、プラトン主義をキリスト教に統合する。
1265～74年ころ　トマス・アクィナスが、『神学大全』のなかでアリストテレス哲学とキリスト教哲学を結合する。

後史
1517年　神学者マルティン・ルターが、『95か条の論題』を著して、聖職者の職権乱用に抗議する。これが宗教改革の引き金となった。
1637年　ルネ・デカルトが、『方法序説』を著して、人間を哲学の中心に祭りあげる。
1689年　ジョン・ロックが、『寛容書簡』のなかで政府と宗教の分離を擁護する。

エラスムスが1509年に著した『痴愚神礼讃』には、ルネサンスの初期の数年間をつうじてヨーロッパを席巻しはじめ、その後の宗教改革において中心的役割を演じることになる人文主義の思想が反映されている。この著作は、カトリック教会の頽廃と教義論争をウィットたっぷりに諷刺したものだ。だが、この著作は、真摯なメッセージでもあり、愚行――これは、エラスムスの意図としては、素朴な無知を意味する――は人間につきものの不可欠な部分であって、同時に最後には私たちに最高の幸福と満足を与えてくれるものだとも主張されている。さらにエラスムスは、他方で知識は重荷になることもあり、厄介ごとだらけの人生をもたらす面倒の種でもあると言う。

信仰と愚行

宗教もまた、このような意味での愚行の一形態だ。エラスムスが言うには、本物の信仰は理性ではなく心情にもとづいてしかなりたちえない。エラスムスは、ヒッポの聖アウグスティヌスやトマス・アクィナスをはじめとする中世の神学者たちがおこなったように、古代ギリシア由来の合理主義とキリスト教哲学を混ぜあわせるやりかたを神学的知性化として退け、そうしたふるまいこそが宗教的頽廃の根本原因だと主張する。それに代わってエラスムスが推奨するのは、カトリックの教えによって命じられるような信仰ではなく、神とのあいだにパーソナルな関係を築きあげようとする個々人による、飾りのない心からの信仰だ。

エラスムスが私たちに勧めるのは、彼の眼に聖書の真の精神と映ったもの、すなわち単純さと素朴さと謙譲を受けいれることだ。エラスムスが言うには、これこそが、幸福な人生への鍵となる人間の根本特性にほかならない。■

幸福は、
自分自身であろうとする
心づもりのできているひとの
手の届くところにある
デシデリウス・エラスムス

参照　ヒッポの聖アウグスティヌス 72～73頁 ■ トマス・アクィナス 88～95頁 ■ ルネ・デカルト 116～23頁 ■ ジョン・ロック 130～33頁

ルネサンスと
理性の時代
1500年〜1750年

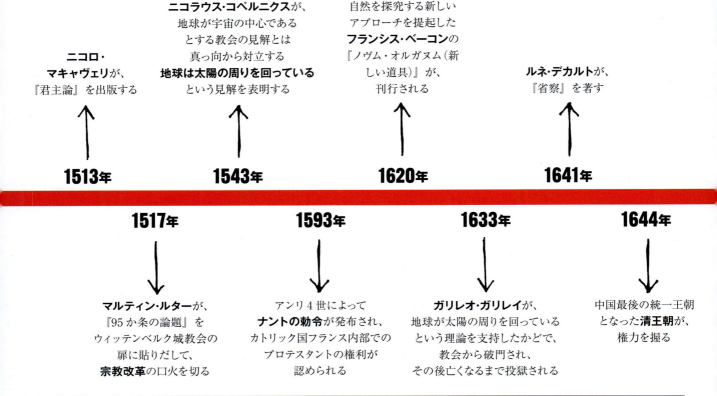

　ルネサンスとは、ヨーロッパにおける並はずれた創造性の文化的「再生」を意味するが、そのスタートは14世紀のフィレンツェであった。この運動はヨーロッパを横断するかたちで広がり、その影響は17世紀にまで持続した。こんにちではルネサンスは、中世と近代の架け橋とみなされている。その特徴は、ギリシアとラテンの古典文化全体——つまり、中世のスコラ哲学に同化吸収された哲学や数学にかんする著作にとどまらないということだ——への関心があらためて芽生えたところにあったのだが、同時にそれは、神に代えて人間を世界の中心とみなそうとする運動でもあった。

　この新しい人間主義は、当初は芸術に、ついでイタリア社会の政治・社会構造に反映されていった。フィレンツェやヴェネチアに代表される共和国は、富裕階級に有利なように中世的な封建制度を放棄したが、その結果新しい科学的発見とともに商業活動が活発になった。15世紀末には、ルネサンスという観念はヨーロッパを超えた広がりを獲得し、学びにかんする教会の独占体制を事実上覆すまでになった。エラスムスやトマス・モアといったキリスト教哲学者たちが教会内部での討論をはたらきかけて、それがルターとは異なった観点で宗教改革へとつうじていったという側面も無視できないが、その一方で、純粋に世俗的な哲学もすでに生まれつつあった。最初の正真正銘のルネサンス哲学者がフィレンツェ出身のニコロ・マキャヴェリであったのも驚くにはあたらない。マキャヴェリの哲学は、神学から政治への決定的な方向転換を画するものであった。

理性の時代

　教会の権威へのとどめの一撃は、科学からやってきた。まずニコラウス・コペルニクスが、ついでヨハネス・ケプラーが、最後にはガリレオ・ガリレイが、プトレマイオス以来の天動説にもとづく宇宙モデルの誤りをあきらかにし、彼らの論証が数世紀来流布してきたキリスト教の教えを決定的に覆した。もちろん教会はこれに反撃して、ついにはガリレオを異端のかどで投獄しさえしたが、天文学の領域で生じた進展はほどなく学問全体に波及し、宇宙の運動にかんするもっと別の説明の可能性が提供され、そこから新しいタイプの哲学のための土台も提供されるにいたった。

　新しく科学的・理性的な発見がキリスト教の教義よりも優先されるようになった点に、17世紀の思想の特徴は縮約されている。イギリスの哲学者、とりわけフランシス・ベーコンとトマス・ホッブズが、科学的推論と哲学的推論とを統合するにさいして主導的役割を演じた。それは、のちに理性の時代として知られるようになる時期

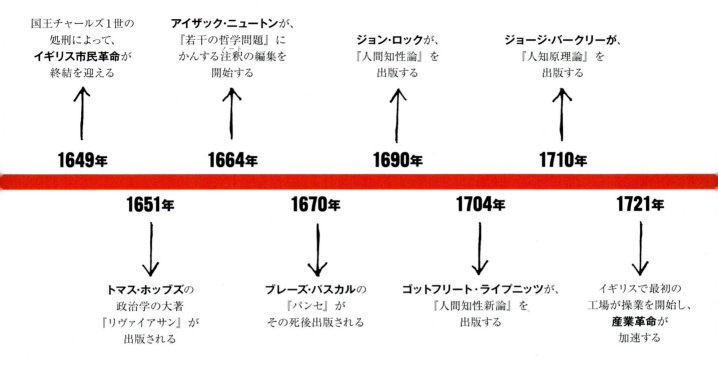

のはじまりであった。この理性の時代に、最初の偉大な「近代」哲学者たちが登場し、哲学と科学、とりわけ数学とのあいだのつながり——その起源はソクラテス以前のギリシアにまで遡る——を復興した。

合理主義の誕生

17世紀には、ヨーロッパに登場したもっとも傑出した哲学者たちの大半は、数学者も兼ねていた。フランスでは、ルネ・デカルトとブレーズ・パスカルが、ドイツにおいてはゴットフリート・ライプニッツが、数学にたいする重要な貢献を果たした。彼らの考えでは、数学の推論過程は、世界についての知識を獲得するにはどうすればよいのかにかんして、最良のモデルを提供してくれる。「私はなにを知りうるのか」という問いを探究した果てに、デカルトはつぎの18世紀にヨーロッパ大陸における中心的な信念となる合理主義の立場——知識は理性からのみ到来するという信念——に行きついた。同じ時期に、イギリスではまったく異なった哲学的伝統が確立されていた。フランシス・ベーコンによって採用された科学的推論の流儀にならって、ジョン・ロックが、世界についての私たちの知識は理性からではなく経験から与えられるという結論に到達した。経験主義として知られることになるこの見解は、17世紀と18世紀をとおしてイギリス哲学を特徴づけてゆく。

大陸合理主義とイギリス経験主義というちがい（それは、プラトン哲学とアリストテレス哲学を分かったのと同じものだ）はあるものの、人間を中心にすえる点では大差なかった。人間の理性ないし経験こそが、知識へとつうじる道だ。海峡をはさむいずれのがわの哲学者たちも、宇宙の本性について問いを投げかけること——これはアイザック・ニュートンをはじめとする科学者たちによって答えが出された——から、私たちは自分が知っているものをどのようにして知るのかを問うことへと力点を移し、いまや人間精神と自己の本性の探索が開始された。だが、哲学のこうした新しい構成要素には、道徳的・政治的な含意もふくまれていた。ルネサンスの諸思想によって教会の権威が貶められていったのと同じように、貴族政治と君主制は、のちにこの時代をさす代名詞ともなった啓蒙という新しい思想に脅かされることとなった。かつての統治者層が権力の座から追いおとされた後で、それにとって代わるのはどのような種類の社会なのだろうか。

イギリスでは、ホッブズとロックが、動乱に満ちた17世紀をつうじて民主主義的思考の土台をこしらえた。だが、現体制への問いかけが本格化するには、さらに100年が必要であった。■

目的が
手段を正当化する
ニコロ・マキャヴェリ
（1469 年～1527 年）

ニコロ・マキャヴェリ

その哲学的背景

部門
政治哲学

手法
リアリズム

前史
紀元前380年ころ プラトンが、『国家』のなかで国家は哲人王によって統治されるべきだと主張する。
紀元前1世紀 ローマの著述家キケロが、ローマ共和国は最良の政治機構だと主張する。

後史
16世紀 マキャヴェリの同僚たちが、婉曲な狡猾さを言いあらわすのに「マキャヴェリ流の」という形容詞を用いだす。
1762年 ジャン＝ジャック・ルソーが、人民はみずからの自由を守り、君主の支配に抵抗しなければならないと論じる。
1928年 イタリアの独裁者ムッソリーニが、『君主論』を「政治家の最上のバイブル」と評する。

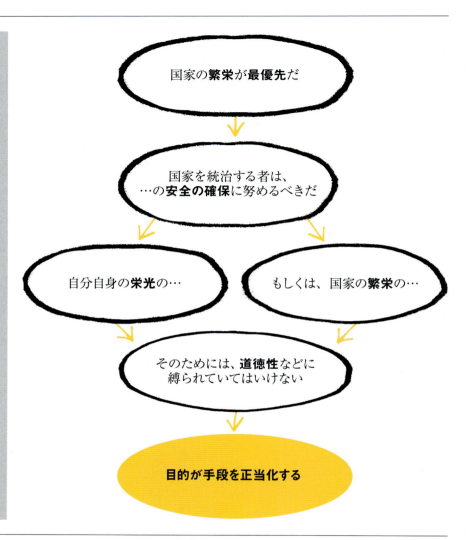

マキャヴェリの権力観を完全に理解するには、彼の政治へのかかわりの背景を理解しておく必要がある。マキャヴェリはイタリアのフィレンツェに生まれたが、当時のフィレンツェは激動期にあった。35年ものあいだ、メディチ家が市政を非公式ながらも公然と牛耳っていた。マキャヴェリの生年には、ロレンツォ・デ・メディチ（大ロレンツォ）が父の後を継いで統治者となり、フィレンツェにおける芸術活動の最盛期の口火を切った。ロレンツォは1492年に息子のピエロ（不運なピエロ）に家督を譲るが、ピエロの支配は短命に終わった。シャルル8世を戴いていたフランスが、1494年に桁はずれの武力でイタリア侵攻を開始し、フィレンツェ市民が彼に反乱を起こしたおりに、ピエロは降伏して街をあけわたすよう迫られた。同年、フィレンツェは共和制を宣言した。その後、サン・マルコ修道院のドミニコ会修道士であったジロラモ・サヴォナローラが、フィレンツェ共和国の政治顧問として影響力をもった。サヴォナローラの支配のもと、フィレンツェは大衆に開かれた時代にはいるが、ときの教皇の聖職売買を非難したかどで、サヴォナローラは捕らえられ、異端者として火あぶりにされた。この結果、マキャヴェリがフィレンツェで政治にかかわる道が開かれ、1498年には第二書記局長に任命される。

経歴と影響

1494年のシャルル8世による侵攻は、イタリア史上かつてない動乱の時代の導火線となり、その影響はローマ教皇領、ナポリ、ヴェネチア、ミラノ、フィレンツェという当時の五大勢力に等しくおよんだ。イタリア国内には、主だったところでもフランス、スペイン、神聖ローマ帝国といった外国の軍隊が介入してきて、戦闘が巻きおこった。そうした諸外国の軍隊と比べると、フィレンツェの軍事的脆弱さには歴然たるも

ルネサンスと理性の時代

参照 プラトン 50〜55頁 ■ フランシス・ベーコン 110〜11頁 ■ ジャン＝ジャック・ルソー 154〜59頁 ■ カール・マルクス 196〜203頁

のがあり、外交使命を帯びたマキャヴェリは 14 年の歳月を費やして諸都市を歴訪し、苦闘する共和国を支えようと奮闘した。

マキャヴェリは、その外交活動の途中で、教皇アレクサンデル 6 世の庶子であったチェーザレ・ボルジアの知遇を得た。教皇は、当時北イタリアでは圧倒的な権力を誇っており、フィレンツェにとっては最大級の危険な存在であった。チェーザレはフィレンツェの敵であり、共和国民としての自身の立場からすれば抵抗のあるところだったが、マキャヴェリは、チェーザレの勇気と知性、そして能力に強い感銘を覚えた。ここに、『君主論』の発想の源泉のひとつが認められる。

教皇アレクサンデル 6 世は、1503 年に亡くなる。後を継いだ教皇ユリウス 2 世は、これまた強靭で運に恵まれたが、その軍事能力と狡猾さの点でもマキャヴェリに強

い印象を残した。だが、フランスと教皇領のあいだの緊張関係が解消されない状況下で、フィレンツェはフランスと同盟を結んでいたために、教皇およびその同盟国スペインと交戦状態に陥った。結局フランスは敗北し、フィレンツェも同じ運命をたどった。1512 年、スペインの手でフィレンツェ政府は解体させられ、メディチ家がフィレンツェに返りざいたが、それはメディチ枢機卿の独裁政治のはじまりであった。マキャヴェリは職を追われ、フィレンツェにあった自身の農場へ追放される。メディチ家の統治下でも、マキャヴェリの政治的キャリアが回復される見こみもなくはなかったが、1513 年 2 月に反メディチ家の陰謀に連座したとの疑いで拷問にかけられ、罰金を科された上に獄につながれた。ひと月もたたないうちに牢獄からは解放されたものの、公職に復帰する機会はほぼゼロ

大ロレンツォ（1449〜92 年）は、1469 年の父親の死から自分の死にいたるまでの期間、フィレンツェを巧みに統治した。独裁者として君臨したにもかかわらず、彼の指導下でフィレンツェは最盛期を迎えた。

になり、新しい官職を見つけようという試みは徒労に終わった。マキャヴェリは、フィレンツェのメディチ家のトップに君臨していたジュリアーノに一書を献呈しようと企てる。だが、その完成前にジュリアーノは亡くなり、マキャヴェリは献呈先をジュリアーノの後継者ロレンツォに変える。こうして書きあげられた著作は、君主への助言を目的としていたが、それは当時としてはよくある種類（タイプ）のものであった。

君主論

マキャヴェリの著作『君主論』は、ウィットに富むと同時にシニカルで、イタリア全般、とりわけフィレンツェの状況についての卓越した理解力を示している。このなかでマキャヴェリは、統治者のめざす目標がその実現のための手段を正当化するという独創的な議論を開陳する。『君主論』の独創性は、断固としてキリスト教道徳を脇に置いたかたちで議論が進められている点にある。マキャヴェリが望んだのは、君主にたいして情に流されない実践的なアドヴァイスを与え、並はずれた運に恵まれた

君主の庇護のもとで暮らすのに
慣れた人民にとって、
自分の自由を自分で守るのが
どれほど困難なことか
ニコロ・マキャヴェリ

ニコロ・マキャヴェリ

教皇と枢機卿にかかわった彼自身の経験が教えるように、キリスト教的価値など、邪魔になるばあいには無視してかまわないと教えることであった。

マキャヴェリのアプローチは、力量（ヴィルトゥ）という概念を中核としているが、この語は現代の道徳概念としての美徳を意味しない。この概念には、それ以上に事物の効能——植物やミネラルに癒し効果があると言われるように——という徳の中世的概念につうずる部分がある。マキャヴェリは君主の力量を論じるが、このばあいの力量とは統治にかかわるパワーと機能を意味する。ヴィルトゥのラテン語としての起源は、男らしさという意味（「男性的な」という意味のvirileという語からもわかるように）とも関連しており、そこからマキャヴェリが君主自身と国家にこの語を当てはめるさいに言いたかったこととの連関がわかる。じっさい『君主論』では、しばしばヴィルトゥは「成功」の意味で用いられており、賞賛に値しならうべき状態にある国家が記述されている。

マキャヴェリの主張の核は、上に立つ者は道徳性に縛られる必要はないが、みずからの名誉と、自分が治める国家の繁栄を守るには、道徳性が示すとされることをみずから示してみせる必要があるということだ。このアプローチが、のちにリアリズムとして有名になる。だが、マキャヴェリは、どんなばあいでも目的が手段を正当化すると主張するわけではない。賢明な君主であれば避けるにちがいない手段はたしかにある。なにしろ、そうした手段はめざす目的を実現しはするが、予期しうる危険に君主を直面させもする。

避けられるべき手段の主なものは、人民に君主への嫌悪感を催させかねない類いのものだ。人民は君主を愛するかもしれないし、恐れるかもしれない。マキャヴェリに言わせれば、君主に重要なのは、愛されることよりも恐れられることだ。そのばあいでも、人民は君主を嫌うわけではない。もしそうでなければ、ただちに叛乱が起こるだろう。人民を余計者のようにあつかう誤りを犯す君主も毛嫌いされるだろう。君主に求められるのは、残忍さではなく慈悲深いという評判を勝ちとることだ。社会秩序全般を保つためなら、少数者への情け容赦のない処罰も容認される。長い眼で見れば、そのほうがより多くの人民の利益になるのだから……。

目的が手段を正当化するとマキャヴェリがみなすケースで、この規則（ルール）が適用されるのは君主にたいしてだけだ。一国家の市民にふさわしいふるまいは、君主のそれとはまったく異なる。だが、一般市民にたいしてでさえ、総じてマキャヴェリは慣習的なキリスト教道徳を推奨はしない。そんなものは、強力な国家の前では無力で維持しがたい。

君主制か共和制か

『君主論』はマキャヴェリの真意をあらわしてはいないのではないかと疑うにたる理由がある。もっとも重要な理由は、『君主論』で展開される思想ともうひとつの主著とされる『ディスコルシ（「ローマ史」論）』で表明される思想との不整合だ。『ディスコルシ（「ローマ史」論）』でマキャヴェリは、共和制が理想的な統治形態であり、

統治者が知っておく必要があるのは、どうふるまうのがもっともよいかであり、そのためには狐の性質と獅子の性質をともに身につけておく必要があるとマキャヴェリは『君主論』で述べている。

支配者は、自分を引きずりおろそうとする輩に立ちむかうために、**獅子の獰猛さ**をもたねばならない。

支配者は、罠や策略を見ぬくために、**狐の狡猾さ**をもたねばならない。

> 人間における美徳とみなされる
> あらゆるものを守ることなど、
> 君主になしうることではない
> という点が理解される必要がある
>
> **ニコロ・マキャヴェリ**

ルネサンスと理性の時代　107

妥当と思われる平等が実在しているか確立可能かであるばあいには、共和制が創設されるべきだと論じている。君主制は、国家のなかに平等が見られず、実現も難しそうなばあいにのみふさわしい。そのようなばあいに支配者がどう統治すべきかについてのマキャヴェリの卓越したアイディアが提示されているのが、『君主論』だ。君主制がときとして必要悪であるなら、それ自体も可能なかぎり統制を受けるのが望ましい。さらにマキャヴェリは、当時のフィレンツェは政治的混乱状態に陥っており、それをなんとかするには強力な支配者が不可欠だと考えていた。

読者を満足させる

マキャヴェリがメディチ家にとりいるために『君主論』を書いたという事実も、その内容に注意をはらう必要がある理由のひとつだ。だがマキャヴェリは、『ディスコルシ（「ローマ史」論）』をフィレンツェの共和国政府のメンバーに献呈してもいる。してみれば、マキャヴェリは献呈する相手が読みたがるだろうと思われる内容を書いたのだと推測することも可能だ。

だが、『君主論』には、マキャヴェリが心から信じていたと思われる内容──たとえば、傭兵をあてにするよりは市民軍のほうが必要だといった──も少なからずふくまれる。問題は、どの部分がマキャヴェリのアクチュアルな関心を示し、どの部分がそうではないかの選別だ。想定された読者自身の心情にどれくらいフィットしていたかという観点から、内容を区分けしてみたくなるかもしれないが、たいした成果が得られるとは思われない。

マキャヴェリは諷刺しようとしていたのであり、彼が真に念頭においていた読者は支配階級ではなく共和国市民であったという解釈もある。この考えは、『君主論』が専門家のことばであるラテン語ではなく、民衆のことばのイタリア語で書かれた

冷酷さは、歴史をつうじて変わることなくリーダーに求められる美徳のひとつだ。20世紀にはファシストの独裁者ベニト・ムッソリーニが、イタリアでみずからの権力を維持するために、恐怖と愛をたくみに融合した。

> 世界はどんどん
> マキャヴェリのそれに
> 近づいている
> バートランド・ラッセル

という事実から裏づけられる。たしかに、『君主論』はその当時諷刺として読まれた。それはあたかも、「もしよい君主がどうふるまうべきかがこの本に書かれているとしたら、どんな犠牲をはらってでもだれかに統治されることのないようにしなければいけない」と読者が結論するのを期待しているかのようだ。もしマキャヴェリが、「目的が手段を正当化する」という考えをも諷刺しているとしたら、このささやかでシンプルな著作は、当初思われていたよりもはるかに興味をそそることだろう。■

ニコロ・マキャヴェリ

マキャヴェリは1469年にフィレンツェに生まれた。彼の生涯の最初の28年間についてはほとんどなにもわかっていない。彼の父親の日記中の若干の未確定の言及から推察するに、最初の直接的資料は1498年にローマ駐在フィレンツェ大使にあてて書かれた書簡だ。だがマキャヴェリの書いたものからは、彼がしかるべき教育を、おそらくはフィレンツェ大学で受けたであろうことがはっきりと読みとれる。

1498年に、マキャヴェリは、フィレンツェ共和国の第二書記局長に、さらには外交使節になる。メディチ家がフィレンツェに返りざいた1512年に公職から追放されたのちは、文筆活動に専念するかたわら、政界への復帰をもくろんで執拗な努力をつづけた。最後には、メディチ家からの信頼を回復し、枢機卿ジュリオ・デ・メディチより『フィレンツェ史』の執筆を命じられる。この書は1525年に完成したが、そのときには枢機卿は教皇クレメンテ7世になっていた。マキャヴェリが亡くなったのは1527年のことだが、公的生活に復帰する望みはかなわなかった。

主著

1513年『君主論』
1517年
『ディスコルシ（「ローマ史」論）』

名声と平静さが並びたつことはありえない
ミシェル・ド・モンテーニュ
（1533年〜92年）

その哲学的背景

部門
倫理学

手法
人文主義

前史
紀元前4世紀　アリストテレスが、『ニコマコス倫理学』のなかで、徳をそなえた者となるには、社交的にふるまい、他人と密接な関係を取りむすぶことが必要だと論じる。ひとりでも平気なのは、野蛮人か神だけだ。

後史
18世紀後半　アメリカの福音主義者リチャード・セシルが、「孤独なとき、私たちは自分がどうあるべきかを知る。社会は、私たちが現にどうであるかを教えてくれる」と論じる。
19世紀後半　フリードリヒ・ニーチェが、孤独を自己吟味という課題に不可欠なものとみなす。ニーチェによれば、自己吟味だけが無定見に大衆にならってしまう誘惑から人間を解放してくれる。

平静さは、他人の意見にとらわれないことで可能となる

↓

栄誉すなわち**他人の眼に映る名声**を求めるなら、彼らの**よい意見を求める必要がある**

↓

栄誉を求めるなら、**他人の評価にとらわれないではいられない**

↓

名声と平静さが並びたつことはありえない

「**孤**独について」（『エセー』第一巻収録）で、モンテーニュは、古代以来知られている、他人とともに生きる上での知的・精神的危険と孤独の価値という主題を採りあげる。モンテーニュが強調するのは、物理的な孤独の大切さではなく、無定見に大衆の意見や行動に没入してしまう誘惑に抗う能力を陶冶（とうや）する必要性だ。モンテーニュは、同胞からの承認を求める私たちの欲望を、物質的な富や財への過度の執着になぞらえる。モンテーニュに言わせれば、どちらの欲望も私たちを卑小にするが、だからといってモンテーニュは、いずれをも断念すべきだというのではなく、それらからの自立心を養うべきだという点を強調する。それができれば、逆に私たちはどちらをも享受できるようになるし、ことによると恩恵をこうむることもあるかもしれない。肝心なのは、感情に任せてそれらの奴隷になったり、それらを失ったときにやけになったりしないことだ。

その上で、「孤独について」では、大衆からの承認を求める欲望がどれほど栄誉や名声の追求と結びついているかが問題にされる。栄誉を価値ある目標とみなしたニコロ・マキャヴェリのような思想家とは対照的に、モンテーニュは、名声を求めて絶えず葛藤（かっとう）状態にあるのが心の平安ないし平静さにとっての最大の障壁だと考えた。

参照 アリストテレス 56 〜 63 頁 ■ ニコロ・マキャヴェリ 102 〜 07 頁 ■ フリードリヒ・ニーチェ 214 〜 21 頁

ルネサンスと理性の時代 　109

ミシェル・ド・モンテーニュ

　ミシェル・エイカン・ド・モンテーニュは、ボルドー近くの裕福な家庭の城館に生まれそだつ。だが、3歳までは貧しい農家に送られ、そこで成長した。そのためモンテーニュは、ふつうの労働者が送っている生活に慣れしたしむこととなった。いっさいの教育は自宅で受け、6歳まではラテン語しか話すことが許されなかった。フランス語は、モンテーニュにとっていわば第二外国語だった。

　1557年から13年間、モンテーニュは地元の高等裁判所に勤務したが、父の死によって遺産を相続したのを機に、1571年職を辞す。

　『エセー』の第一巻は1580年に刊行されたが、その後も1592年に亡くなるまでにさらに二冊の『エセー』が書きあげられた。1580年には、ヨーロッパを精力的に旅行してまわるが、その目的のひとつは腎臓結石の治療にあった。1581年にボルドーの市長に選出されたため公職に復帰するが、1585年には職を辞した。

主著

1569年
『レーモン・スボン弁護』
1580〜81年
『旅日記』
1580年、1588年、1595年
『エセー』（全三巻）

　モンテーニュは、望ましい目標として栄誉を提示する人びとについて、そうした輩（やから）は「自分たちの手足を世間の外につきだしているだけで、当人の魂や意志は以前にもまして世間のなかにはまりこんでいる」と言いきる。

　モンテーニュは、栄誉が到達可能かどうかなどは問題にしない。彼の主張の眼目は、他人の眼に映るかぎりでの栄誉への欲望を断ちきり、承認や賞賛を価値あるものとみなす考えにとらわれるのを避けるべきだという点にある。さらに、モンテーニュは、周囲の賞賛を求めるくらいなら、私たちのどれほど私的な思考をも見とおし、その存在を前にしては愚か者でさえ自分の欠点を押しかくそうとしたくなるような真に偉大で高貴な存在が、つねに自分とともにあると考えるほうがずっとよいと言う。そうすることで私たちは、明晰（めいせき）かつ客観的にものごとを考え、ずっと思慮深く理にかなったやりかたでふるまうすべを身につけられるようになる。周囲の意見に振りまわされると自分がダメになるが、その理由は、私たちが欠陥だらけの彼らに似てしまうか、彼らを憎むのに疲れてみずからが理性を失ってしまうかのいずれかだとモンテーニュは主張する。

栄光の落とし穴

　栄光を求める態度への批判は、モンテーニュの晩年の文章にもふたたびあらわれるが、そこでの眼目は、栄光を手にいれることはたまたまの結果でしかないにもかかわらず、手にいれるとそうしたものとしてそれをあつかう慎みが失われてしまうという点に向けられている。「幾度となく私は、功績を上まわる（幸運）を享受する機会があった。それも、たいていはずいぶんと先まわりしてだ」と彼は書く。モンテーニュはまた、マキャヴェリのように、政治家や市政の長としての栄光に最上の価値を置くように推奨したところで、彼らの力と業績が注目に値することを証言したがる、一緒に賛同してくれる公衆がそばにいないかぎりは、なにも努力しないようにと勧めるだけだとも述べている。■

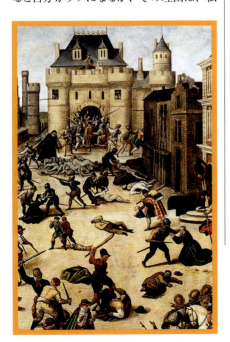

**伝染は民衆に潜む危険だ。
悪意をもった人びとにならうか、
彼らを憎むより
ほかない
ミシェル・ド・モンテーニュ**

　モンテーニュは、フランス宗教戦争（1562〜98年）のおりに、無定見な民衆の暴力がどのような結果を生むかを身をもって**体験した**。この戦争には、1572年に生じたサン・バルテルミの虐殺もふくまれている。

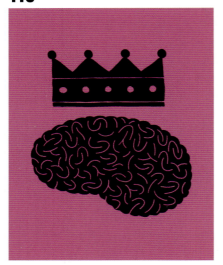

知は力だ
フランシス・ベーコン
(1561年〜1626年)

その哲学的背景

部門
科学哲学

手法
経験主義

前史
紀元前4世紀 アリストテレスが、観察と帰納の推論を科学的思考の中核にすえる。
13世紀 イギリスの学者ロバート・グロステストとロジャー・ベーコンが、アリストテレスによる科学的知識への帰納的アプローチに実験作業を追加する。

後史
1739年 デイヴィド・ヒュームの『人間本性論』が、帰納的思考の合理性に異を唱える議論を展開する。
1843年 ジョン・スチュアート・ミルの『論理学体系』が、全部があわさって諸科学を統制することになる五つの帰納的原理の大枠を提示する。
1934年 カール・ポパーが、科学的方法を定義するのは帰納ではなく反証だと述べる。

　ベーコンはしばしば、イギリス経験主義として知られる思想の伝統のトップバッターに位置づけられる。この思想は、いっさいの知はつまるところ感覚経験からくるにちがいないという見解によって特徴づけられる。ベーコンが生まれた時代は、古代世界の達成の再発見に関心が集中していたルネサンスから、知にたいするいっそう科学的なアプローチへ向かう転換期に当たっていた。当時すでに、天文学者ニコラウス・コペルニクスや解剖学者アンドレアス・ヴェサリウスといったルネサンスの科学者たちによる革新的な業績はあったが、科学革命とも呼ばれるこの新しい時代には、そのほかにも眼を瞠るほどの数の科学思想家が出現した。そのなかには、ガリレオ・ガリレイやウィリアム・ハーヴェー、ロバート・ボイルやロバート・フック、そしてアイザック・ニュートンらがふくまれる。

　教会は、中世の大半をつうじて広く科学を受けいれる姿勢を示していたが、その流れは、ルネサンスをつうじてヴァチカンの権威に対立する機運が高まったことによって待ったをかけられた。マルティン・ルターに代表される宗教改革に携わった人びとは、聖書を土台にした世界の説明にたいする科学のがわからの挑戦に教会が反撃するのを怠ってきた点に不満を漏らした。それにたいして、ルターによって提案されたキリスト教の新しいスタイルにすでにかなりの信奉者たちを奪われていたカトリッ

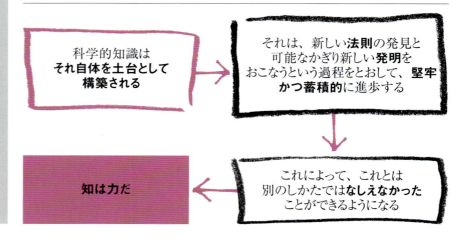

ルネサンスと理性の時代

参照 アリストテレス 56 〜 63 頁 ■ デイヴィド・ヒューム 148 〜 53 頁 ■ ジョン・スチュアート・ミル 190 〜 93 頁 ■ カール・ポパー 262 〜 65 頁 ■ ロバート・グロステスト 339 頁

宗教とちがって科学は、16 世紀以来知識への鍵とみなされるようになってゆく。この版画は、デンマークの天文学者ティコ・ブラーエ（1546 〜 1601 年）の天文台を描いたものだ。

クの教会は、それまでのスタンスを変えて、科学の努力に対立的な姿勢を採るようになった。キリスト教の新旧両面からのこうした抵抗の結果、科学の発展は阻害されることとなった。

ベーコンは、キリスト教教会の教えを受けいれるべきだと主張する。だがベーコンは、科学は宗教から分離されるべきだとも主張する。両者の分離によってこそ、知識の獲得がより迅速かつ容易になり、その知識を人びとの生活の質の向上のために活用することも可能になる。ベーコンは、科学が変換という役割をになう点を強調する。彼が漏らす不満のひとつは、科学のもっている人間生活を高める力がこれまで無視されて、もっぱら科学のもたらす学問的あるいは個人的な栄光にのみ焦点が当てられてきたことだ。

ベーコンは、科学的知識の追究にとっての心理的障害——それらは、総称して「精神の偶像（イドラ）」と呼ばれる——のリストを提示する。具体的には、まず第一に、種（ないし「類」）としての人間に共通に認められる誤った傾向を意味する「種のイドラ」、第二に、自然が本当のところどうなっているのかを観察する代わりに先入見を自然に課してしまう人間の傾向を意味する

「洞窟のイドラ」、第三に、自分たちの社会的慣習でもって経験を歪めてしまう傾向を意味する「市場のイドラ」、第四に、流布している哲学的・科学的見解がもたらす歪んだ影響を意味する「劇場のイドラ」の四つがある。ベーコンに言わせれば、科学者は、世界についての知識を得るにはこうした障害をあらかじめ克服しておく必要がある。

科学的方法

ベーコンはさらにつづけて、科学の進歩は、一般性をもった法則を明確にして、その度合いを高めてゆくことにもとづいて可能になると主張する。彼が提起する科学的方法には、このアプローチのヴァリエーションがふくまれる。一連の観察をおこなう——たとえば、鉄が熱せられて膨張する事例を観察し、ついであらゆる鉄の膨張の原因は熱だと結論する——代わりに、ベーコンが強調するのは、否定的な事例——たとえば、熱せられても膨張しない鉄の事例——を探しつづけることで、新しい理論をテストする必要性だ。

ベーコンからの影響として、科学における現場での実験への関心の高まりが指摘できる。だがベーコンは、あらゆる科学の進展を可能にする想像的な飛躍の価値を認めなかった点で、のちに批判された。■

なんといっても
最上の証明は経験だ
フランシス・ベーコン

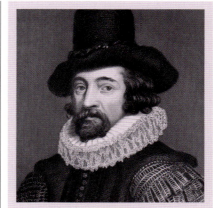

フランシス・ベーコン

フランシス・ベーコンはロンドンに生まれ、12 歳でトリニティ・カレッジに入学するまでは家庭教師に学んだ。卒業後は法律を学ぶが、途中で放棄して、フランスで外交官の地位に就く。1579 年に父が亡くなった後、生活に困り、あらためて法律の専門家の道にもどる。

1584 年に議員に選出されるが、のちに反逆を起こすエセックス伯との交友のために、1603 年のジェームズ 1 世の王位継承までは政治の仕事から遠ざかる。1618 年に大法官に任ぜられるが、2 年後には賄賂を受けとったかどで有罪となり、辞職する。

その後の人生をベーコンは、科学にかんする著作の執筆と実験に費やす。食糧貯蔵の実験の一環として、鶏に雪を詰めていたときに気管支炎にかかり、それがもとで亡くなった。

主著

1597 年
『エッセイ』
1605 年
『学問の進歩』
1620 年
『ノヴム・オルガヌム（新しい道具）』
1627 年
『ニュー・アトランティス』

人間は機械だ
トマス・ホッブズ
（1588年〜1679年）

その哲学的背景

部門
形而上学

手法
物理主義

前史
紀元前4世紀 アリストテレスが、人間の魂を肉体から分離するプラトンの理論に反対して、魂は身体の機能ないし形相(けいそう)にほかならないと主張する。
1641年 ルネ・デカルトが、『省察』を刊行して、精神と身体とはまったく異なった区別されるべき実体だと論じた。

後史
1748年 ジュリアン・オフロワ・ド・ラ・メトリーの『人間機械論』が、人間についての機械論的見解を提示する。
1949年 ギルバート・ライルが、精神と身体をそれぞれ独立の「実体」だとみなすデカルトの見解は「カテゴリー・ミステイク」だと主張する。

トマス・ホッブズといえば、なによりもその政治哲学が夙(つと)に知られているが、じっさいには広範な主題をあつかったいくつもの著作を残している。彼の見解の大半は保守的なものだが、世界のすべては物質的なものだけからなりたっていると考え、精神のようなそれ以外の自然的あるいは超自然的実体の存在する余地を認めようとしない物理主義を擁護する姿勢だけは、その例外と言える。ホッブズにしたがうなら、人間もふくめてすべての動物は血と肉からなる機械以外のなにものでもない。

ホッブズが賛同する形而上学理論は、彼が著述活動をおこなっていた17世紀中葉には一般的になりつつあった立場だ。当時、物理学の知識は急速に進歩し、長い

ルネサンスと理性の時代

参照 アリストテレス 56～63頁 ■ フランシス・ベーコン 110～11頁 ■ ルネ・デカルト 116～23頁 ■ ジュリアン・オフロワ・ド・ラ・メトリー 341頁 ■ ギルバート・ライル 343頁

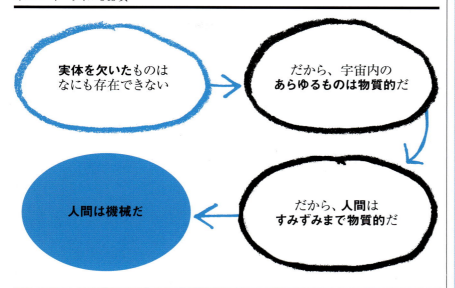

トマス・ホッブズ

　生まれてまもなく孤児となったトマス・ホッブズは、幸運にも裕福な叔父に引きとられ、素晴らしい教育を受けた。オクスフォード大学の学位を得たことで、デヴォンシャー伯の息子の家庭教師の仕事が舞いこんだ。この仕事はホッブズにヨーロッパ各地を旅してまわる機会をもたらした。その過程で、イタリアの天文学者ガリレオ・ガリレイやフランスの哲学者マラン・メルセンヌ、ピエール・ガッサンディ、ルネ・デカルトといった傑出した科学者・思想家と面識をもつこととなった。

　1640年に、イギリス市民革命を避けるためにフランスへ亡命し、11年をそこですごした。最初の著作『市民論』は1642年にパリで出版された。だが、ホッブズの名を有名にしたのは、道徳や政治、さらには社会と国家の役割にかんするその思想が提示された『リヴァイアサン』においてであった。

　熟練の翻訳家にして数学者でもあったホッブズは、91歳で亡くなるまで著述活動をつづけた。

主著

1642年
『市民論』
1651年
『リヴァイアサン』
1656年
『物体論』
1658年
『人間論』

あいだはっきりしないままに誤解されてきた多くの現象が、どんどん説明可能なものになっていった。ホッブズは、イタリアの天文家ガリレオと面識があり、ことあるごとにガリレオを「近代科学の父」と呼んで賛美した。またフランシス・ベーコンとも親密な関係にあったが、このベーコンの思考は科学の実践的・革命的変化をもたらすのに貢献した。

　ホッブズは、科学と数学の領域では、理性と信仰のあからさまな矛盾を調停しようとした中世のスコラ哲学とは正反対の立場に立つ。同時代の多くの思想家とともに、科学に達成できることに限界はなく、世界の本性にかかわるどんな問いも科学的に定式化された説明で答えられうるものとホッブズは確信していた。

ホッブズの理論

　ホッブズは、その政治学上の主著である『リヴァイアサン』のなかで、こう宣言する。宇宙すなわち存在しているあらゆる事物の全体は物質的なもの、つまり「物体」だ。さらにつづけて、これら物体のおのおのは「長さと幅と奥行き」をそなえており、「物体でないものはこの宇宙の構成部分ではない」と断言される。あらゆるものの本性は、物質的だというところから出発しながら、ホッブズは、この物理性のゆえに万物は私たちに知覚されうるのだとまでは主張しない。物体や客体のなかには、物理空間を占め物理的次元をそなえているにもかかわらず、知覚されえないものがあるとホッブズは述べ、それを「魂（スピリット）」と呼ぶ。そのうちのあるものは「動物精気（アニマル・スピリット）」と呼ばれるが（これは当時の常識にそくした見方だ）、これが多くの動物の、とりわけ人間の活動の根拠とされる。この動物精気が身体中を経めぐり、さまざまな情報を伝達

生命とは四肢(しし)の運動にほかならない
トマス・ホッブズ

114　トマス・ホッブズ

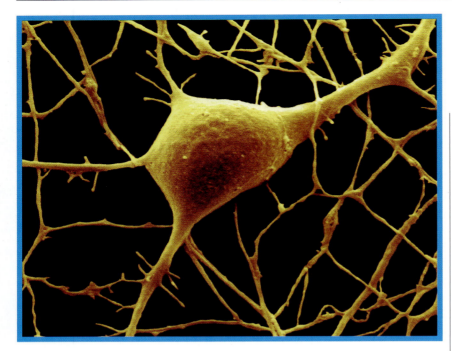

身体が機能するのに必要な情報は、「精気」によって運ばれるとホッブズは考えた。こんにちでは、神経システムのニューロンにそって伝達される電気信号がそれをおこなっていることが知られている。

するのだが、それはこんにち私たちが、神経システムの仕事と考えている内容とほとんど同じだ。

　ホッブズはときとして、自身の物質的魂という概念を、神や、宗教に基礎をもつそのほかの実体——たとえば、天使のような——にも適用しているように見える。だがホッブズは、ほかの物質的魂はいざ知らず、神自身は「無形」として記述されるべきだと述べている。それというのはホッブズの考えでは、神の属性にそなわる神聖性は人間精神にくまなく理解できるような性質のものではなく、それゆえ「無形」という用語は、神という人知を超えた実体を認識し、それとともに賛美することを可能にするただひとつの用語だ。だが、ホッブズ自身が明確に認めているように、あらゆる宗教的実体に付与されている実在と性質はそもそも信仰にかかわることがらであって、科学の関与するところではない。とりわけ、神はどんな了解をも超えたところにありつづける存在だとホッブズは考える。人間が神について知りうるのは、せいぜいのところ、神が実在していて、宇宙におけるあらゆるものの第一原因もしくは創造主

であるということだけだ。

意識とはなにか

　人間は純粋に物理的な存在であって、生物学的機械以外のなにものでもないと考えるからこそ、ホッブズは私たちの精神的本性をどう説明するかという問題に直面せざるをえない。それなのに精神がどのようにして説明されうるのかという問題に、ホッブズは説明を与えようとはしなかった。ただたんに、科学が最終的に真実としてあきらかにするであろうと彼自身が思っている内容についての、一般的でどちらかと言えば大雑把な説明を提示するだけだ。そのばあいでさえ、ホッブズの説明がカヴァーするのは、意志的運動や欲求に反感といった、いずれも機械論的観点から研究し解明することが可能と思われる現象に属する心的活動だけだ。現代オーストラリアの哲学者デイヴィド・チャーマーズが「意識のハード・プロブレム」と呼ぶものについては、ホッブズはなにも語りえていない。チャーマーズは、言語使用や情報処理といった、意識のある種の機能はそうした機能を遂行するメカニズムの

見地から比較的容易に説明可能であり、物理主義的哲学者たちは数世紀ものあいだその種のアプローチをいくつも提供してきたと指摘する。だが、チャーマーズに言わせるなら、意識の主観的・一人称的な経験のもつ特性を説明するといういっそう困難な問題（これがハーダー・プロブレムとチャーマーズが呼ぶものだ）にかんしては、彼らも手をこまねいている。物理科学と意識経験の主体とのあいだには、もともと非対称的関係が存在しているのだが、ホッブズはそのこと自体に気づいていなかったように思われる。

　みずからの信念にホッブズが与える説明は、人間もふくめて世界内のあらゆるものはくまなく物質的だという自身の確信を証明するいかなる論拠も提供しえていないと言わざるをえない。知覚されえない物質的魂の実在を支えるべく自分がもちだしている根拠が、同じように非物質的な実体への信念を支える根拠にもなりうるということに、ホッブズ自身はまったく気づいていなかったようだ。ほとんどのひとにとって、知覚されえないなにかという想定は、

心はいわば原動力にあたり、
神経は無数の紐（ひも）で、
結合部は無数の輪だ。
これらが身体全体を
動かすもとだ
トマス・ホッブズ

物質概念よりも精神概念のほうにいっそうしっくりくるものだと思われる。さらにくわえて、ホッブズの物質的魂がそのほかの型の物質と同じ特性をもちうるのはあくまでさきの話である以上、それが人間の精神的本性の解明になんらかの寄与をなしうることはとうていありそうにない。

デカルトの二元論

さらにホッブズは、デカルトが1641年に『省察』で示した精神と身体についてのまったく異なった思考とも争わなければならなかった。デカルトは、精神と身体のあいだには「真の区別」があると論じた。つまり、両者はまったく種類を異にする実体だとデカルトは考えた。そのとき、デカルトの考えにたいして表明した反論のなかで、ホッブズはこの区別そのものには触れていない。だが、15年後に自著『物体論』の一節で、あらためてこの問題を採りあげ、デカルトの議論の一部に混乱していると思われる点のあることに言及し、それを正面から批判した。そのなかでホッブズは、デカルトがいたりついた結論である、精神と身体は二つの異なった実体だという主張にたいして、デカルトが用いている「非物質的実体」という表現は、無意味で空疎な言語の見本だという観点に立って批判を投げかける。ホッブズに言わせれば、この表現は「物体なき物体」といった類いの言いまわしと同種で、どう見ても無意味なものだ。だが、こうした断定は、あきらかにあらゆる実体は物体だというホッブズ自身の見解に依拠している。だから、ホッブズが非物質的な精神は存在しえないというみずからの立場を肯定する論拠として提示しようとしているものは、じつは実体のただひとつのありかたは物質であり、非物質的なものが実在する可能性はゼロに等しいという彼自身のずさんな想定に依拠しているにすぎない。

単純な先入見

物質的魂についてのホッブズの定義が示しているように、「物質的」あるいは「身体的」という表現で彼がなにを言わんとしているのかは、結局のところ不明瞭なままだ。もしそれがたんに空間上の三次元をそなえたなにかといった程度のものを意味しているにすぎないなら、21世紀初頭の段階で私たちが「物質的」だとみなすことになるものを、ホッブズは無視するしかないだろう。たとえば、世界の本性にかんする彼の理論によっては、こんにちの亜原子レベルの物理学にもとづく科学は認められないだろう。

ホッブズは、世界内のあらゆるものは物質という観点で解明が可能だと断言するが、鍵となる自身の用語がなにを意味しているかについての真に明確な観念を欠いているために、その断言は、とうてい科学的な原理の言明とはみなしがたい。それどころか、その断言は、心的なものにたいする非科学的で非哲学的な先入見にすぎないようにさえ思われる。だが、世界の本性についてのホッブズの機械論的理論は、人間の本性と社会の秩序について、さらに

> 感覚と思考、
> そして一連の思想をのぞけば、
> 人間の精神は
> まったく動かなくなる
>
> **トマス・ホッブズ**

は自分たちの住まうこの宇宙の実質とはたらきにかんして、当時流布していた見解に正面から挑戦しようという時代の精神を体現していたという点では、おいそれとは無視できない。近代世界の土台を築いたのは、思考におけるこうした革命であった。■

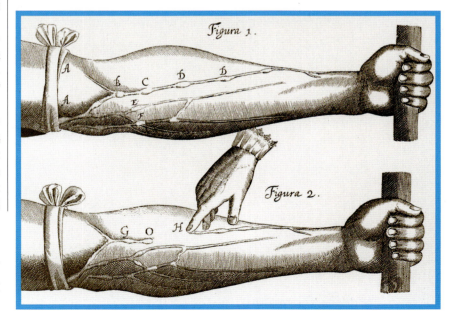

自身の機械論的な思想を**ホッブズが定式化して**いたころ、物理学者ウィリアム・ハーヴェーは、経験的な技法を用いて、人体のはたらきかたを探究していた。

われ思う、
ゆえにわれ在り

ルネ・デカルト
(1596 年〜1650 年)

ルネ・デカルト

その哲学的背景

部門
認識論

手法
合理主義

前史

紀元前4世紀 アリストテレスが、思考もふくめてなにか行為を遂行するさいには、いつでも私たちは自分がそれをおこなっていることを意識しており、そのようにして私たちは、自分たちが実在していることを自覚していると主張する。

紀元420年ころ ヒッポの聖アウグスティヌスが『神の国』のなかで、自分は実在している、なぜならもしそれがまちがっているとしたら、まさにそのこと自体が自分の実在を証明しているのだから——つまり、まちがうことができるためにも、実在していなければならない——と書いた。

後史

1781年 イマヌエル・カントが、『純粋理性批判』のなかでデカルトに反論するが、「われ思う、ゆえにわれ在り」というデカルトにおける最初の確実なものは、みずからの観念論哲学の核心にして出発点をなすものとして採用する。

ルネ・デカルトは、科学革命と呼ばれる急速な科学上の進展が見られた17世紀初頭を生きた。イギリスの科学者・哲学者フランシス・ベーコンが、詳細な観察と帰納的推論を土台とした科学的実験の新たな方法を確立し、その方法論が世界の探究の新たな枠組みを提供した。デカルトはベーコンの高揚感と楽観論は共有したが、その理由は異なる。ベーコンは、実践的応用が科学的発見の全目標にして要点だと考えたが、デカルトは、世界についての知識と理解を拡大してゆくという企てに魅了されていた。

ひとつ前のルネサンスをつうじて、人びとはますます科学にたいして、一般的には真の知識の可能性にたいして懐疑的になり、そうした見方はデカルトの時代にまで影響を及ぼした。そのため、デカルトの「純粋な探究計画」——のちにデカルトの業績は、そう呼ばれるようになる——の主たる動因は、科学から懐疑主義という困惑の種を除去することであった。『省察』は、形而上学（存在と現実の研究）と認識論（知識の本性と限界の研究）にかんするデカルトのもっとも優れた、そして厳格な著作だが、そのなかでデカルトは、どれほど懐疑的な立場からはじめようとも、むしろそうした出発点に立ってこそ知識が可能であることを証明し、科学のための堅牢な土台を提供しようとした。『省察』は、一人称——「私は……と考える」——のスタイルで書かれているが、その理由は、デカルトの意図がなんらかの言明を論証したり反証したりするための議論を展開することにではなく、自分自身が歩んだ道のりにそって読者を導いてゆくことにあったからだ。そんなふうにして読者は、省察者の視点を採用して、ちょうどデカルト自身がおこなったようにことがらを考えぬき、真理を発見するよう迫られる。こうした手法には、

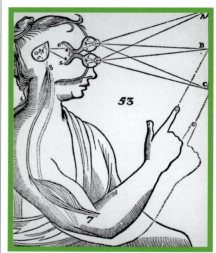

デカルトの著作『人間論』は、知識の起源についての生物学的知見を採りあげている。そのなかでデカルトは、松果腺が視覚と意識的行為との結節点ではないかと示唆している。

- 悪神であれば、あらゆるものは誤っていると私に思いこませるかもしれない
- 私が確信できるものはなにひとつない
- だが、「私は在る、私は実在する」と述べるとき、その点について私が思いちがえることはありえない
- 悪神が私にそう思わせようとしているのだとしても、それが可能なのは私が現実に実在しているかぎりでのことだ
- **われ思う、ゆえにわれ在り**

ルネサンスと理性の時代　119

参照　アリストテレス 56 〜 63 頁 ■ ヒッポの聖アウグスティヌス 72 〜 73 頁 ■ トマス・ホッブズ 112 〜 15 頁 ■ ブレーズ・パスカル 124 〜 25 頁 ■ ベネディクトゥス・スピノザ 126 〜 29 頁 ■ ジョン・ロック 130 〜 33 頁 ■ ゴットフリート・ライプニッツ 134 〜 37 頁 ■ イマヌエル・カント 164 〜 71 頁

ソクラテスを思いおこさせるところがある。ソクラテスのばあいには、哲学者は、人間についての理解を、すでにパッケージされ、もちはこびの準備のできているものとして提示するのではなく、その理解そのものを徐々に引きだすことを試みていた。

幻想の世界

デカルトは、堅固さと耐久性を知識の二つの重要な特徴とみなして、それを自分の信念にもたせるべく、「方法的懐疑」として知られる試みを遂行する。これは、省察者がその真理性に——わずかであれ、全面的にであれ——疑いの余地のあるどんな信念も、いったん脇へ置くところからはじまる。デカルトの目標は、もっとも疑わしい立場から出発しても、知識に到達できるということを示すことにある。その懐疑には「誇張法的」（おおげさ）なところがあり、それはあくまで哲学的な手法として遂行されている。デカルト自身が指摘するように、「これまでこうしたことがらを、ここまで真摯に疑った正常な人間はひとりとしていない」。

まずデカルトは、自分の信念を、厳格さを増してゆく一連の懐疑的議論に服させ、なぜ、そしてどうして私たちは任意のものの実在を確信できるのかを問う。なじみの世界がただの幻想だということはありうるだろうか。自分の感覚はあてにできない。なにしろ、だれだって一度や二度は感覚に「欺かれた」ことがあるだろう。だから、知識のための確かな足場として感覚に頼ることはできない。さらに、ことによると私たちは夢を見ていて、一見ほんものだと思われる世界もじつは夢の世界なのかもしれないとデカルトは言う。覚醒状態と睡眠状態のあいだの確実なちがいを示す証拠はないのだから、こうした想定は十分にありうるとデカルトは指摘する。だが、まさにそうだとしても、数学の公理のようなある種の真理が感覚とは無関係に知られうる可能性は残される。しかるに、こうした

「真理」でさえ、じつは疑わしい。なにしろ、全能とされる神が私たちを欺いている可能性がまさにここで浮上してくるのだ。神は善なる存在だと私たちが信じていても、推論をはたらかせるさいに私たちが誤ってしまう傾向をもつように神が私たちをつくることは可能だ。あるいは、ことによると神など存在せず、そのばあい、私たちはいつでも欺かれていることがありうるほどに不完全な存在（たまたま存在しているにすぎないのだから）であることになる。

こうして、確かだと思えることがもはやなにもないように思われるところにまで到達したときに、デカルトは、自分を助けてく

> 少なくとも人生において一度は、可能なかぎりあらゆる事物を疑ってみる必要がある
> **ルネ・デカルト**

曲がっているように見える平行線を用いた**光学的錯覚**は、私たちの感覚を無効にする効果をもつ。デカルトの考えでは、私たちは、知識の定立に向かえるようになるまでは、なにものをも真もしくは所与のものとして受けいれず、いっさいの先入観を排除する必要がある。

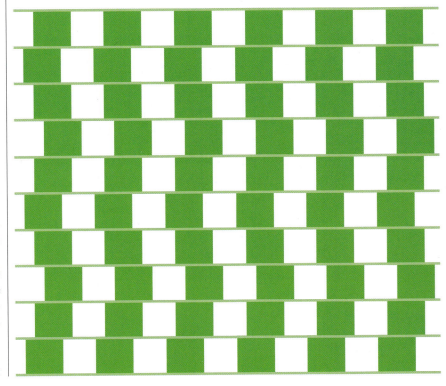

ルネ・デカルト

無限の力と狡猾(こうかつ)さをそなえた悪神がいて、そのもてる力をすべて注いで私を欺こうとしていると想定してみよう
ルネ・デカルト

悪神は、どんなことについてでも人間を欺くことができるが、私が存在しているということにかんしては、いくら試してみても、私を欺くことはできない。なにしろ、私が自分の実在を疑うよう強いられるとしたら、疑いをかけられる対象とされているというまさにそのことによって、私が実在していることが裏づけられるのだ。

れ、かつての意見に逆もどりする危険を免れさせてくれる眼の覚めるような道具を考案する。強力で悪意に満ちた悪神がいて、どんなことについても自分を欺くとデカルトは想定する。自分がある信念を考察しているさなかに、「これすらが誤っていると、この悪神は私に思いこませることができるのだろうか」と問うてみることは可能だ。そしてその答えが「イエス」なら、この信念は懐疑の余地のあるものとして除外しなければならない。

この地点でデカルトは、自分をありえない立場にまで追いこんでしまったようだ。懐疑を免れうるものがなにひとつないのなら、立脚すべき堅固な地盤すらそもそもな

いことになるだろう。デカルトは、まるで自分が、足場を見つけられないままに、普遍的な懐疑の渦に呑(の)みこまれ、孤立無援の状態に置かれているかのように描く。懐疑が徹底した結果、知識と真理に立ちかえろうとするその旅を開始すること自体が、不可能になったかのようだ。

最初の確実なもの

だが、まさにこの地点で、デカルトは、絶対に疑いえないひとつの信念に気づく。自分自身の存在への信念だ。私たちのだれもが、「私は在る、私は実在している」と考え、口にすることができる。そしてそう考えたり、述べたりしているあいだ、それについて自分が誤っていることはありえない。デカルトはこの信念をあの悪神に適用しようと試みる。デカルトが実在していると思いこませることが悪神にはなしうるとしても、あくまでそれは、じっさいにデカルトが実在しているかぎりでの話だ。疑うとい

う行為を遂行するためにでさえ、それを遂行する当人が実在していないとしたら、どうやって疑いうるというのか。

こうして、「私は在る、私は実在する」というこの公理こそが、デカルトにとって最初の確実なものを築く土台となる。初期の著作である『方法序説』では、それは「われ思う、ゆえにわれ在り」というふうに書かれている。だが、『省察』の段階では、この言いかたは廃棄される。なぜなら、「ゆえに」という包含関係を示す用語のせいで、この表現が前提と帰結の関係にあるかのように誤読される危険性が生じたからだ。デカルトが、「省察する私」としての読者に求めたのは、自分が実在するという事実を考えるやいなやそれが真実であることが自分にわかるという同時性に、自分で気づいてもらうことであった。この真理はたちどころに把握される。自分が実在していることに気づくというのは、直接的な直観であって、論証の結論部ではない。

デカルトが自分の立場をより明確に言いあらわそうとして表現を変えたにもかかわらず、初期の定式化のほうがわかりやすかったようで、それはたちまち人びとに訴えかけ、こんにちではこの最初の確実なものは、「われ思う、ゆえにわれ在り」を意味するラテン語「コギト・エルゴ・スム」から採ってこられた「コギト」として広く知られるようになっている。ヒッポの聖アウグスティヌスが、『神の国』で、「なにしろ、も

ルネサンスと理性の時代　121

> **66**
> 「私は在る、私は実在している」
> という命題は、
> 私によって言いあらわされる、
> あるいは私の精神のなかで
> 思いうかべられる
> そのたびごとに、必然的に真だ
> **ルネ・デカルト**
> **99**

し私が誤解しているのなら、私は実在している」と述べたときに、とてもよく似た議論を展開していた。というのも、この表現は「もし私が実在していなかったなら、誤解することもありえなかった」という意味だからだ。だが、アウグスティヌスがこれを自身の思考で活用することはほとんどなく、デカルトと同じ道をとおってそこに到達したのでもないことは確かだ。とはいえ、このたったひとつの信念にどんな活用の道

があるというのか。もっとも単純な論理的論証は、二つの前提とひとつの結論からなる三段論法だ。たとえば、「すべての鳥には羽がある」。「駒鳥は鳥だ」。「したがって、すべての駒鳥には羽がある」という具合だ。信念がたったひとつしかないばあいには、その出発点からはどこへも進めない。だがデカルトは、自身の最初の確実なものから、この類いの結論へとつづく道に向かおうとはしなかった。彼自身のことばで言うなら、「アルキメデスは、全地球を動かすのに、たったひとつの堅固で不動の点を求めた」。デカルトにとって、みずからの実在の確実性は、この不動の点に匹敵するものをもたらした。この確実なものによって、デカルトは懐疑の渦から救いだされ、堅固な足場がきずかれ、それによって懐疑から知識へと遡行する旅をはじめることが可能となる。ここが彼の探究の剣が峰だが、それはまだその認識論の土台ではなかった。

この「私」とはなにか

最初の確実なものの機能は、知識の堅固な土台を提供することだが、この確実な

ものそれ自体からも知識は得られるかもしれないとデカルトは気づく。その理由は、私は考えているという知識が自分の実在の知識と不可分だからだ。だから「考える」ことは、私には合理的に疑いえないなにかでもある。なぜなら、疑うことも一種の思考であり、自分が考えていることを疑うというのは、これまた思考の状態だからだ。いまやデカルトには、自分が実在し、思考しているとわかっているのだが、そこからデカルトは――ほかのすべての省察者と同様に――自分が思考しつつある思考であるということをも知るにいたる。

だが、デカルトが明確にしたのは、これが最初の確実なものから推論しうる最大限だということだ。たしかにデカルトには、自分がただひとつの思考する思考――精神――だと言いはる権利はない。なにしろ、自分がそれ以上にどんなものでありうるのかを知る手だてはない。この彼は、思考する能力をもそなえた物体かもしれないし、それとは別のなにか、まだ当人には思いもよらないなにかかもしれない。肝心なのは、省察のこの段階では、デカルトには自分が思考する思考であることしかわ

デカルトがみずからの懐疑という方法を用いることできっぱりと答えることのできたただ**ひとつの問い**とは、自分が考えているかどうかということであった。デカルトには、自分の身体もしくは外界の実在を証明することはできなかった。

私は身体を有しているのか

私は考えているのか

外界は存在しているのか

ルネ・デカルト

> だれかが
> 「われ思う、ゆえにわれ在り」と
> 口にするとき、その人間は
> 精神のシンプルな直観によって、
> それを自明なこととして認識する
> ルネ・デカルト

かっていないということだ。彼のことばで言うなら、デカルトが知っているのは、自分が「厳密な意味で、ただ」思考している思考だということだけだ。のちに、『省察』の「第六省察」になると、デカルトは精神と身体が種類を異にする実体だという議論を展開するが、現段階ではまだそこまで進んではいない。

懐疑するデカルト

この最初の確実なものは、デカルトの懐疑的アプローチをはじめから失敗とみなす多くの著述家たちの批判の的となってきた。その議論の主なもののひとつは、「私は在る、私は実在する」における「私」という用語の使いかたを問題視する。思考がはたらいていると言明する点ではデカルトが誤ることはありえないにしても、どうやってデカルトは、そこにひとりの「思考者」、すなわちそうした思考を遂行している単一の統合された意識があると知るにいたるのか。思考を超えたものの実在を断言する権利をデカルトはどこから得ているのか。他方で、思考者とは関係なくいとなまれる思考という観念には、意味があるのか。

なにものからも遊離しながら凝集性をもった思想など、たしかにイメージしがたいし、デカルト自身も、そんな状態のできごとを思いえがくのは不可能だと認める。だが、それに異議をとなえて、思考者を欠いた思想の世界がありうると考えたなら、デカルトは自分が実在しているという信念すらもちえなかっただろうし、その結果あの最初の確実なものに到達することもできなかっただろう。思想がそれだけで実在するということになれば、デカルトの求めていた堅固な地盤は与えられない。

思考者なくいとなまれる思想という観念の問題は、推論が不可能になるという点だ。推論するには、特定のやりかたで観念を結合する必要がある。たとえば、パトリックが「あらゆる人間は死すべき運命にある」という思想をいだき、パトリシアが「ソクラテスは人間だ」という思想をもったとして、このいずれもそれだけではなんの結論にもいたりつかない。だが、ポーラがこの二つの思想をいっしょにいだいたとしたら、そこから「ソクラテスは死すべき運命にある」と結論することが可能となる。たんに「あらゆる人間は死すべき運命にある」と「ソクラテスは人間だ」という思想がいとなまれているだけでは、二人のまったく無関係な人間が別個にそれらをいだいているにすぎない。推論が可能となるには、これらの思想を相互に結びつけ、正しいやりかたで連結する必要がある。ここからわかるのは、思想を思考者とは別のなにか（たとえば、時間や場所）に結びつけても課題は果たされえないということだ。そしてじっさいに推論は可能なのだから、デカルトは思想には思考者がいると結論できるのだ。

現代の哲学者のなかには、自分自身の実在というデカルトにとっての確実なものが、当の課題を果たしえているかどうかを疑う者もいる。それによれば、「私は実在する」は、その主体に言及するだけで、その主体にかんする有意味なこと、もしくは重要なことはなにも語っていない以上、無内容だ。この推論からはつづくものがなにも出てこず、したがってデカルトの企ては最初から失敗していたというわけだ。だが、こうした議論は、デカルトの主張の核心をとらえそこなっている。デカルトは、そ

ルネ・デカルト

ルネ・デカルトはフランスのトゥール近郊で生まれ、イエズス王立修道院のラ・フレーシュで教育を受けた。健康に問題があったため、午前中はベッドに寝たままでいることが許されていた。その間に瞑想の習慣を身につけたようだ。16歳をすぎてからは、数学の研鑽に専心し、それが破られたのは、ヨーロッパの三十年戦争に志願兵として赴いた4年間だけであった。この時期に、デカルトはみずからの哲学的使命を見いだし、軍隊を離れたのちは、まずパリに、ついでオランダに居を構え、このオランダでその後の生涯の大半をすごした。1649年に、クリスティナ女王によってスウェーデンに招かれ、哲学の議論をおこなった。その地でデカルトはそれまでの習慣に反して、とても早起きするよう求められた。この新たな生活習慣とスウェーデンの気候が、肺炎を発症した原因だとデカルトは思っていた。じっさい、この肺炎のせいでデカルトは1年後に亡くなった。

主著

1637年　『方法序説』
1641年　『省察』
1644年　『哲学原理』
1662年　『人間論』

ルネサンスと理性の時代

の最初の確実なものを、そこからさらなる知識が派生する前提とはみなしていない。彼が求めるすべては、自身にとって指摘しうる自己があるということにつきる。だから、「私は実在する」が省察者を指摘するだけだとしても、それだけでデカルトは懐疑の渦から逃れることができるのだ。

非現実的な思考者

デカルトは自分が思考しているという事実から自分の実在という事実へと進んでゆく論証を提示したと誤解している人びとにたいしては、最初の確実なものとはあくまで直接的な直観であって、論理的論証ではないと指摘すればよい。だが、かりにデカルトが論証を提起していたとしたばあい、なぜそれが問題になるのだろうか。

当面のところでは、「われ思う、ゆえにわれ在り」という推論と思しき形式は、大前提を欠いている。つまり、これが論証として機能するには、たとえば「なんであれ考えるものは実在している」といった別の前提が不可欠だ。あまりに自明な前提は、論証のうちで言及されないこともなくはないが、そうしたばあいには、それは伏せられた前提として知られているわけだ。だが、デカルトを批判する者のなかには、この伏せられている前提が必ずしも自明ではない点に不満を漏らす者もいる。たとえば、シェークスピアの戯曲におけるハムレット

は、多くのことを考えていたが、ハムレットが実在の人物でないのは言うまでもない。だから、なんであれ考えるものは実在しているというのは真実ではない。

ハムレットは、思考という点では、戯曲という虚構世界で思考しているが、それはつまりそうした世界のなかに実在しているということだと言いたくなるかもしれない。だが、デカルトを批判する者たちは、そこがまさに問題なのだと言いかえすだろう。ほかのだれでもなく、ハムレットと呼ばれるだれかが思考していたと知ったからといって、その人物が現実の世界に実在しているという保証にはならない。そのためには、その人物が現実の世界で思考していたということが知られていなければならない。なにかが、もしくはデカルトのようなだれかが、思考していると知ったからといって、現実世界におけるそれらの実在性が証明されることにはならない。

このジレンマの答えは、『省察』が一人称で書かれていることに求められる。ここで、「私」という一人称のデカルトによる使われかたにどのような意味がこめられていたかがわかってくる。なにしろ、ハムレットがほんとうに思考していたのかどうか、それゆえ虚構世界に実在していたのか現実の世界に実在していたのかが私には確かにはならないとしても、自分自身について私が確かなことがわからないことはありえないのだ。

近代哲学

『省察』に付された「読者への序言」のなかで、デカルトは、多くの読者が「そのおのおのの議論の本来の水準とそれらのつながりを把握するのに困難を覚えるというよりは、たんによく見かけられるように、個々の文章にかんしてあらさがしをしよう」として、自分の著作に取りくむだろうと正確に予言していた。他方で、デカルトは、「私は一般からの賛同も、またじっさい広範な読者層も期待してはいない」とも書いていた。この点にかんしては、彼はまちがったが……。デカルトは、しばしば近代哲学の父として描かれる。デカルトがめ

ざしたのは、いかなる種類の独断や権威をももちださずに、哲学に数学並みの確実性を与え、知識のための堅固で合理的な基礎を確立することであった。デカルトは精神と身体が、一方は物質的（身体）で、他方は非物質的（精神）という具合に、はっきり区別される二つの実体であり、それでいて相互作用が可能な関係にあると主張したことでも知られる。この有名な区別は、「第六省察」で説明されるが、のちにデカルト的心身二元論として知られる。

だが、デカルトのもっとも重要な遺産は、彼の思考の厳格さと、権威へのどんな依拠をもはねのける態度だ。デカルトの死後数世紀をとりしきった哲学者たちは、デカルトの考えを展開した者か、デカルトの思想の論駁を自身の主要課題とした者かのいずれかだ。そのなかには、トマス・ホッブズ、ベネディクトゥス・スピノザ、ゴットフリート・ライプニッツらがふくまれる。■

> 個別のことがらについての知識の獲得にとりかかる前に、人間理性によって到達しうる知識がどういった種類のものなのかについて探究しておかなければならない
>
> **ルネ・デカルト**

デカルトが理論化した**心身の分離**は、つぎのような問いを未解決のまま残した。たとえば、だれもが自分自身について見えるのは身体の部分だけなのだから、どうしてロボットには意識がないと私たちは証明できるのだろうか。

想像力がすべてを左右する
ブレーズ・パスカル
（1623年〜1662年）

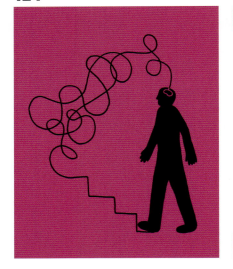

その哲学的背景

部門
心の哲学

手法
主意主義

前史
紀元前350年ころ アリストテレスが、「想像力こそが、あるイメージが与えられていると私たちが語るのを可能にする過程で」あって、「心的イメージなしでは精神はけっして思考しない」と述べる。
1641年 ルネ・デカルトが、知識を獲得するためには、哲学者はみずからの想像力を鍛えておく必要があると論じる。

後史
1740年 デイヴィッド・ヒュームが、『人間本性論』のなかで、私たちが想像する上で、絶対にありえないことなどないと論じる。
1787年 イマヌエル・カントが、私たちは想像力の助けを借りて、感覚から伝えられるばらばらの情報をまずイメージへと、ついで概念へと綜合すると論じる。

> 想像力は、人間にそなわる**強力な力**だ

↓

> それは**私たちの理性をも凌駕**しうる

↓

> だが想像力は、**真理**につうじるばあいもあれば**虚偽**につうじるばあいもある

↓

> 私たちは美や真理や幸福を眼にするが、それらは**本当に実在しているわけではない**

↓

> **想像力は私たちを迷わせる**

パスカルのもっともよく知られた著作『パンセ』は、哲学書ではない。それは、キリスト教神学を主題として構想された著作のために書きためられたノートからの断章を編集したものだ。当初のアイディアは、彼の言うところの自由主義者（リベルタン）——モンテーニュのような懐疑主義的な著述家に影響されて、ある種の自由思考を試みるようになった結果、宗教を捨てたかつてのカトリック信者——を念頭に置いて形成された。比較的長めのある断章のなかで、パスカルは想像力を話題にしている。といっても、パスカルは自分の主張にたいしてほとんど、というかまったく論拠を提示せず、ただその主題についての自身の考えを書きつづるだけだ。

パスカルの主たる論点は、想像力こそが人間の力のなかでもっとも強力で、私たちを誤らせる主要原因のひとつだということだ。パスカルが言うには、理性の忠告にもかかわらず、私たちが他人を信じてしまう最大の原因は想像力にある。たとえば、法律家や医師がほかのひとよりも信頼される傾向にあるのは、彼らの制服による。逆に、見た目がみすぼらしく奇矯な人間は、たとえその話しぶりがしゃれていても、ほとんど関心をはらってもらえない。

そんなことになるのも、想像力が、たいていは私たちを偽りへと導くくせに、ときには真理へと導きもするからだ。もし想像力がつねに偽りだとしたら、私たちは想像力

ルネサンスと理性の時代

参照　アリストテレス 56 〜 63 頁 ■ ミシェル・ド・モンテーニュ 108 〜 09 頁 ■ ルネ・デカルト 116 〜 23 頁 ■ デイヴィド・ヒューム 148 〜 53 頁 ■ イマヌエル・カント 164 〜 71 頁

の教えるところを否定するだけで、それを真理の源泉として用いられるようになる。想像力が当てにならない原因を詳細に論じた後で、パスカルは唐突にその論述を、「想像力がすべてを左右する。想像力こそが、世界のなかでもっとも偉大なものである美や正義や幸福を生みだす」という断定で終える。文脈からはずしてみるなら、パスカルが想像力を賞賛しているようにも思われるが、それ以前の内容を知っている私たちには、彼の意図がそんなところにはないとわかる。たいていのばあい、想像力が偽りへと導くのであってみれば、それが生みだす美も正義も幸福も、おそらくは誤りだ。キリスト教神学の著作というもっと広範な文脈（コンテクスト）に置くなら、さらにパスカルが人びとを宗教的信仰へと導くにあたって理性の役割を強調している点を考えあわせるなら、パスカルの意図が、自由主義者たちに彼らが選択した享楽的な生きかたがじつは彼らの思いえがいたものとは異なることを示す点にあったということが見えてくる。自由主義者たちは、自分たちが理性の教える道を選んだと思っているが、じっさいには想像力の力によってミスリードされていたのだ。

パスカルの賭け

　こうした見解は、『パンセ』のもっとも完成した断章のひとつである「パスカルの賭け」として知られる名高い議論と関連する。その賭けの目的は、自由主義者に教会へ復帰する理由を提供するところにあったようだが、それは、信仰は決断にかかわる問題だと考える「主意主義」がどのような立場なのかを示す格好の例ともなっている。パスカルは、宗教的信仰にしかるべき合理的な根拠を与えるのは不可能だとは認めるが、そうした信仰を求めようとする心情にはしかるべき合理的な根拠を与えようとする。その眼目は、神の存在を賭けるばあいに可能な得失を比較考量するところになりたつ。神が実在しないほうに賭けると、多くのもの（天国における無限の幸福）を失う危険があるばかりか、得るもの（現世における有限な自立心）も少ない。だが、その逆に賭けると、失う可能性はごくわずかなのにたいして、得るものははかりしれない。こうした根拠からして、神を信じるほうがずっと合理的だというわけだ。■

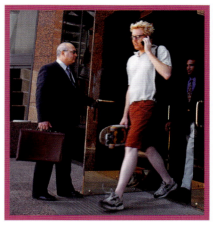

パスカルによれば、私たちはつねに想像力に欺かれて、誤った判断をくだす。その典型が、衣服をもとにその人間を判断する誤りだ。

> 人間は一茎（あし）の葦にすぎない。自然のなかでもっとも弱い。だが、それは考える葦だ
> **ブレーズ・パスカル**

ブレーズ・パスカル

　ブレーズ・パスカルは、フランスのクレルモン＝フェランに生まれる。父は行政官だったが、科学と数学に並はずれた関心をいだいていて、パスカルと二人の姉妹にみずから教育を施した。パスカルが数学にかんする最初の論文を公表したのは、弱冠 16 歳のときであった。18 歳になる前に、最初の機械式計算機を発明した。著名な数学者であったピエール・フェルマーと文通も交わしており、彼の助けもあって、確率論の基礎を考案することになる。

　パスカルは二度の宗教的回心を経験した。一度目は、ジャンセニスム（キリストの教えにたいする独特のアプローチをおこない、のちに異端だと断罪された）への接近をもたらし、二度目は本来のキリスト教への接近をもたらした。これによってパスカルは、数学や科学にかんする研究をすべて放棄して、宗教にかんする著作の執筆に没頭する。『パンセ』は、もともとその一部であった。1660 年〜 62 年に、世界初の公共交通機関（乗合馬車）を設立し、自分自身は 1650 年代からひどい病魔に冒されていたにもかかわらず、その全収益を貧しい人びとに与え、1662 年に亡くなった。

主著

1657年　『プロヴァンシアル書簡』
1670年　『パンセ』

神は自身のうちにある いっさいのものの原因だ

ベネディクトゥス・スピノザ
(1632年〜1677年)

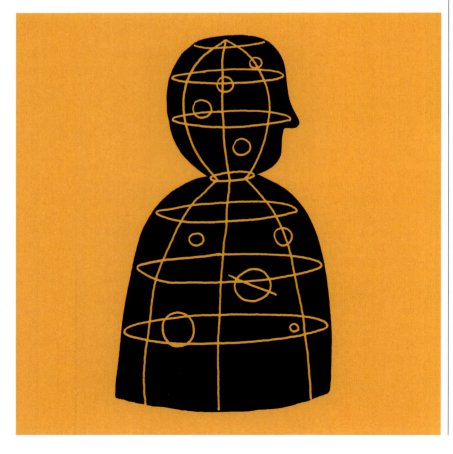

その哲学的背景

部門
形而上学

手法
実体一元論

前史
1190年ころ ユダヤ人哲学者モーセス・マイモニデスが、のちのスピノザにヒントを吹きこむ脱神学化された宗教というありかたを考案する。
16世紀 イタリアの科学者ジョルダーノ・ブルーノが、一種の汎神論を展開する。
1641年 ルネ・デカルトが、スピノザにとってのもうひとつの影響源となる『省察』を刊行する。

後史
20世紀後半 スチュアート・ハンプシャーやドナルド・デイヴィドソン、トマス・ネーゲルといった哲学者が、そろってスピノザの一元論的思考に似た心の哲学へのアプローチを展開する。

17世紀の大半の哲学者と同様、スピノザの哲学体系も「実体」という観念をその核としている。この概念の起源は、ある対象にかんして、その対象が変化したばあいでも同じでありつづけるものはなにかと問うたアリストテレスにまで遡ることができる。たとえば、石鹸は溶けて、その形状や大きさ、色や匂い、手触りまでもが変わることがあるが、それでも依然として石鹸であることに変わりはない。そこから、「では私たちは、石鹸という言いかたをするときに、なにをさしているのだろうか」という問いが惹起される。石鹸は私たちに知覚可能なあらゆるしかたで変化する可能性をもっているわけだから、その核の部分はその知覚的属性を超えたところにあるにちがいない。そ

ルネサンスと理性の時代 127

参照 アリストテレス 56〜63頁 ■ モーセス・マイモニデス 84〜85頁 ■ ルネ・デカルト 116〜23頁 ■ ドナルド・デイヴィドソン 344頁

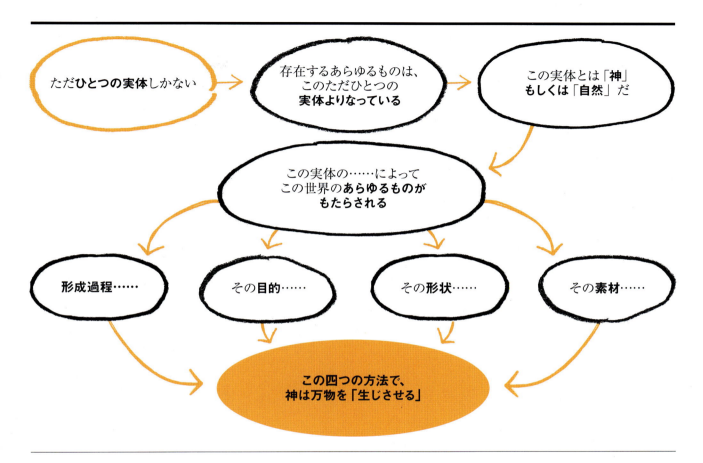

してアリストテレスにおいては、この不変でありつづけるものが、石鹸の「実体」だ。より一般的に言うなら、実体とは属性をそなえたなにものかであり、あるいは仮象を超えたところにあるなにものかだ。

スピノザも、同じような意味で「実体」という用語を用いるが、それに自明であるもの、すなわち、ほかのものとの関係において知られうるいっさいのものとちがって、その性質を知るだけで理解しうるものという定義を与える。たとえば、「カート（手押し車）」という概念は、「運動」や「輸送」などといったほかの概念との関係においてのみ理解可能となる。スピノザにおいては、そうした意味での実体はひとつしかありえない。なにしろ、もし実体が二つあったなら、もう一方との関係の理解ぬきでは、一方を理解することもできなくなるが、それは実体の定義に反する。さらに、そうした実体はひとつしかありえない以上、事実として、たったひとつの実体しかありえず、そのほかのすべてはなんらかの意味でこの実体の部分であることになる、とスピノザは言う。こうしたスピノザの立場は、つまるところあらゆる事物は、ただひとつのもののさまざまな側面でしかないと主張する「実体一元論」として知られており、これと対をなすのが、宇宙にはつまるところ二つのものがあり、その二つはほとんどの場合「精神」と「物体」として定義されると主張する「実体二元論」だ。

神すなわち自然としての実体

さらに、スピノザの考えでは、実体は私たちの経験の土台を占めるものだが、そのさまざまな属性をつうじて知られうるものでもある。実体にいくつの属性があるのかをスピノザは詳らか(つまび)にはしていないが、彼の言うところでは、人間は少なくともそのうちの二つは認識できる。延長の属性（物体性）と思考の属性（精神性）だ。こうした理由から、スピノザは「属性二元論者」としても知られており、彼の言うところでは、この二つの属性は他方によっては説明されえず、世界をくまなく説明しようとするなら、どんな説明のなかにもふくまれなければならない。実体そのものにかんしては、スピノザは、それを「神」と呼んでも「自然」と呼んでもかまわず（「神すなわち自然」）、この自明なものが人間の形態を採ったばあいには、身体と精神という属性のもとで

128　ベネディクトゥス・スピノザ

スピノザの考えでは、気分の変化からローソクの形状の変化まで、**あらゆる変化**は、心的属性と物質的属性とをともにそなえているただひとつの実体が採るさまざまな姿であった。

みずからを見ると述べる。人間もふくめて個物のレベルでは、スピノザの属性二元論は、精神と身体がどのように相互作用するのかという問いになんらかのしかたで対処することをもくろんでいる。私たちが個物ないし個人の精神として経験する事物は、じっさいにはひとつの属性のもとで把握されたかぎりでの単一の実体のヴァリエーションだ。それぞれのヴァリエーションは（延長という属性のもとで把握されるかぎりでは）物質的なものであると同時に、（思考という属性のもとで把握されるかぎりでは）精神的なものでもある。とりわけ、人間精神は、思考という属性のもとで把握された実体のヴァリエーションであって、人間の脳は、延長という属性のもとで把握された同じ実体のヴァリエーションだ。こんなふうにスピノザは、精神と身体の相互作用にかかわるいかなる問いをも排除する。つまり、両者のあいだには相互作用などなく、一対一の対応関係があるだけなのだ。

だが、スピノザの理論でゆくと、精神でもあり身体でもあるものには人間ばかりでなく、ほかのあらゆるものもふくまれるという見方が避けられなくなる。テーブルも岩も樹木も、すべてが思考と延長という属性のもとで見られたただひとつの実体のヴァリエーションだ。そうなれば、それらはすべて、物質的でもあれば精神的でもある事物だということになる。もちろん、そうしたものの精神性はきわめて単純で、とても私たちが精神と呼ぶものに見あっているとは言えないが……。スピノザ理論のこうした側面は、多くの人びとにとっては受けいれることも理解することも困難であった。

世界は神だ

スピノザは、こうした理論を『エチカ』のなかで十全に説明しているが、しばしばそ

> 精神と身体はひとつだ
> ベネディクトゥス・スピノザ

れは汎神論の一形態とみなされる。汎神論とは、神は世界であり世界は神であるという信念だ。汎神論は、しばしば一神論者（神を信じている人びと）から、名前を変えた無神論と大差ないと批判される。だがじっさいには、スピノザの理論は、世界は神だが、神は世界以上のものだとみなす万有内在神論のほうにずっと近い。なにしろ、スピノザの体系にあっては、世界は物質的・精神的素材の集合体につきるものではなく、むしろ物体の世界とは延長という属性のもとで見られた神のひとつの形式であり、精神の世界のほうは思考という属性のもとで見られた神の同じ形式なのだ。だから、ただひとつの実体ないし神は世界以上のものだが、世界それ自体は

ベネディクトゥス・スピノザ

ベネディクトゥス（もしくはバルフ・デ）・スピノザは、1632年オランダのアムステルダムで生まれた。23歳のときに、アムステルダムのポルトガル系ユダヤ人のシナゴーグから破門された。彼らは、スピノザの教えからは距離を置きたかったものと推測される。スピノザの『神学・政治論』はのちにキリスト教神学者から激しく批判され、1674年には焚書（ふんしょ）の憂き目にあっている。これは、すでにフランスの哲学者ルネ・デカルトの著作に降りかかったのと同じ運命であった。その熱狂ぶりがすさまじかったので、スピノザは自身の最高の著作である『エチカ』の出版を差しひかえざるをえなかった。それが刊行されたのは、ようやく彼の死んだのちのことであった。

スピノザは慎みぶかく、とても道徳的な人間で、自身の知的自由を守るために、引く手あまたであった高額な家庭教師の口を断った。その代わりに彼は、オランダのあちこちでつつましい生活を送った。個人的な哲学教師とレンズ磨きの職人をして生計を立て、1677年に結核で亡くなった。

主著

1670年　『神学・政治論』
1677年　『エチカ』

ルネサンスと理性の時代

> 人間精神は、
> 神の無限の知性の一部だ
> ベネディクトゥス・スピノザ

スピノザによれば、動物であると植物であると鉱物であるとを問わず、あらゆる対象は精神性をそなえている。それらの物質性も精神性もともに、世界の物質的および心的属性のすべてよりも大きな神の一部だ。スピノザにとって神とは、現実の根底に位置する「実体」だ。

宇宙にあるあらゆる対象は、岩でさえ、**身体と精神を**そなえている

身体と精神は**実体**の属性だ

実体は神であり、この神のうちであらゆるものは説明される

そっくりそのまま実体ないし神だ。

だが、スピノザの神は、キリスト教における神やユダヤ教における神とははっきり異なる。人格ではないというばかりでなく、『創世記』に記されている意味での世界の創造主であるともみなしえないのだ。スピノザの神は、創造以前に単独で実在していたわけでも、そののちに被造物を実在にもたらしたわけでもない。

原因としての神

では、神が万物の原因だと主張することで、スピノザはなにを言おうとしたのだろうか。ただひとつの実体は、「神すなわち自然」だ。そうなると、この世界を構成している実体のさまざまな変容体以上のものが神にあることになるが、そのばあい神と自然との関係はどうすれば因果的になりうるのだろうか。

まずスピノザが、彼以前のたいていの哲学者と同じく、「原因」という語をこんにちの私たちよりもずっと豊かな意味で用いていることに注意をはらう必要がある。その意味とは、アリストテレスの四原因説に起源をもつ。それらは（彫像を例にとって述べるなら）、対象の諸部分（彫像の形状ないし形式）の関係にかかわる形相因、対象がなんでできているか（青銅や大理石など）にかかわる質料因、対象を存在するものにすること（彫刻過程）にかかわる作用因、そして最後に対象が存在している目的（芸術作品を創造しているのか、金銭への欲望なのかといった）にかかわる目的因の四つだ。

アリストテレスおよびスピノザにとっては、これらが一緒になって「原因」の定義をなしており、これによって事物は完全に説明可能となる。それにたいして、こんにちでは原因といえばもっぱら「作用因」もしくは「目的因」のみに限定して理解される傾向がある。だから、神あるいは実体は自己原因だという言いかたをするばあいにスピノザが言わんとしているのは、それが自己生成的だということ以上に、むしろ自明のものだということだ。あらゆる事物の原因としての神について語るばあいにスピノザが言わんとしているのは、あらゆる事物の説明は神のうちに見いだされるということだ。

こうして、神は、スピノザが言うところの世界の「他動詞的な」原因ではない。つまり、世界の外部にあって、世界を存在させることになるなにかではない。むしろ、神は世界の「内在」因だ。その意味は、神は世界のうちにあり、世界は神のうちにある。つまり、世界の事実存在と本質存在は神のそれによって説明されるということだ。スピノザの考えでは、この事実をその全幅において見積もることは、可能なかぎり、最高度の自由と救済に到達したときにはじめて可能となる。その状態をスピノザは「至福」と呼んだ。■

ここでは、どんな人間の知識も当人の経験を超えることはありえない

ジョン・ロック
（1632年～1704年）

その哲学的背景

部門
認識論

手法
経験主義

前史
紀元前380年ころ プラトンが、『メノン』のなかで、私たちは前世での生活からの知識を記憶していると主張する。
13世紀中葉 トマス・アクィナスが、「私たちの知性のうちにあるものはなんであれ、以前には感覚のうちにあったにちがいない」という原理を提出する。

後史
17世紀後半 ゴットフリート・ライプニッツが、誕生時には精神はタブラ・ラサ（白紙の状態）のように思われるかもしれないが、生得的な土台となる知識はふくんでおり、経験をつむにつれてだんだんとその覆いがとれてゆくのだと論じる。
1966年 ノーム・チョムスキーが、『デカルト派言語学』のなかで、生成文法論を提起する。

ジョン・ロックは、彼につづく二人の哲学者ジョージ・バークリーならびにデイヴィド・ヒュームとともに、伝統的にイギリス経験主義者として知られる哲学者グループに数えいれられる。一般に経験主義者とは、あらゆる人間の知識は直接・間接を問わず、感覚の使用だけによって得られる世界経験に由来するはずだという見解を支持した人びとだとみなされている。これは、ルネ・デカルト、ベネディクトゥス・スピノザ、ゴットフリート・ライプニッツといった、少なくとも原理的には知識の獲得は理性の使用のみによって可能だという立場に立つ合理主義哲学者たちの思考と好対照をなす。だがじっさいには、これら二つのグループを分かつ境界は、一般に思われているほど明瞭では

ルネサンスと理性の時代

参照 プラトン 50～55頁 ■ トマス・アクィナス 88～95頁 ■ ルネ・デカルト 116～23頁 ■ ベネディクトゥス・スピノザ 126～29頁 ■ ゴットフリート・ライプニッツ 134～37頁 ■ ジョージ・バークリー 138～41頁 ■ デイヴィッド・ヒューム 148～53頁 ■ ノーム・チョムスキー 306～07頁

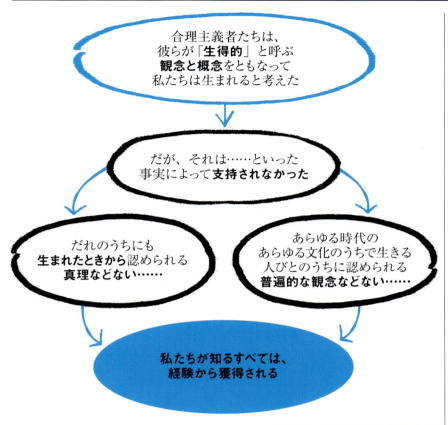

新生児を注意深く観察してみれば、赤ん坊がたくさんの観念をもってこの世に生まれてきたなどと考える理由は少しもないことがわかる

ジョン・ロック

論だ。

　人間は生得観念をもって生まれおち、その観念こそが、じっさいに経験されることがらとは無関係に、この世界の本性についての知識をもたらしうるものだという考えかたの起源は、哲学のはじまりにまで遡る。プラトンが「イデア論」において、真の知識は本質的に私たちの内部に場をもつが、死んでしまうと魂は新しい肉体のうちに再生するため、そのさいの衝撃で私たちは真の知識をいっさい忘却してしまうという考えを展開していた。だから、教育とは新しい事実の学習にかかわることがらではなく、「忘却」のはたらきにかかわることがらであって、教育者は教師ではなく、助産師なのだ。

　だが、その後の少なからぬ思想家たちがプラトンの理論に異を唱えて、あらゆる知識が生得的なものではありえず、ごくかぎられた数の概念はけっしてそうではありえないと主張した。その数少ない概念のうちには、神の概念や、等辺三角形のような幾何学構造の概念などがふくまれる。この人びとの見解によるなら、私たちはこれらの概念を、直接的な感覚経験など介さなくても、推論と論理の力のみを用いて数学的公式を考案しうるのと同じようなやりかた

ない。合理主義者たちはみな、実生活においては、世界についての私たちの知識が煎じつめれば経験に由来しており、もっとも顕著なかたちでは科学的探究に由来していることに同意する。ロックが世界の本性にかんする独自の見解にいたりついたのは、のちにアブダクション（利用できる証拠から最上の説明へと推論を進めること）として知られることになる推論過程を、感覚経験の事実に適用することによってであった。たとえばロックは、私たちに経験されるがままの世界の最上の説明が微粒子理論であることを論証しようとする。微粒子理論とは、世界のすべては極微小の粒子、つまり微粒子からなっており、これについて私たちはじかに知ることはできないが、まさにそうしたものが存在してい

ればこそ、それ以外の方法では説明が困難な、もしくは不可能な現象が理解できるようになると主張するものだ。微粒子理論は17世紀の科学的思考において一般化した考えかただが、それが物質界についてのロックの見解の土台ともなっていた。

生得観念

　こうしたわけで、人間の知識はその経験を超えることはありえないという主張を全面的にロックに帰すのは、適当ではないし、少なくとも誇張だ。だが、ロックは、『人間知性論』のなかで、どのようにして経験なくして知識の獲得が可能なのかを説明するために、合理主義者たちによって提起された理論への反駁（はんばく）をおこなっている。その的となったのが、生得観念の理

132　ジョン・ロック

で獲得することができる。たとえばルネ・デカルトは、私たちはみな、ちょうど職人が壺の粘土に商標を残すように、自分たちのなかに埋めこまれている神の観念を有しているのであり、神の実在についてのこの知識は、推論の過程をつうじてのみ私たちの意識のなかへ導入されうるものだと主張した。

ロックの異論

ロックは、人間にはなんらかの種類の生得的知識がそなわっているという考えに真っ向から反対した。それに代えてロックが採用するのが、生まれたばかりの精神はタブラ・ラサ、つまり白板ないしまっさらな紙の状態にあり、その上に経験が書きこまれてゆくのだが、それはちょうど光が当たると写真フィルムの上にイメージがかたちづくられるのと同様だという見方だ。ロックにしたがうなら、私たちは、感覚をつうじて知る情報に理性を適用するという人間にそなわる基本能力のほかには、なにひとつこの過程にもちこまない。ロックに言わせれば、幼児の精神が誕生時にまっさらではないと示唆するようなほんのわずかな経験的証拠もないし、知的障害を抱えている人びとのばあいも事情は変わらない。つまり、「そうした人びとは、少しも自分たちの精神について把握してもいなければなんの思想もいだいていない」。だから、ロックは、生得観念の実在を支持するいかなる学説も誤っているにちがいないと言いはなつ。

さらにロックは、生得観念という考えそのものを、それが首尾一貫していないという点に着目して、激しく批判する。ロックに言わせれば、いやしくもなにものかが観念であるためには、少なくともいつかだれかの精神のうちに現出したことがあったのでなければならない。だが、どんな観念もそれが本当に生得的であると言うなら、どんな形式の人間的経験にも先だっていなければならないはずだとロックは指摘する。ゴットフリート・ライプニッツが述べているように、ある観念が人間の精神のうちにとても深く埋めこまれていて、しばらくは想起するのが困難であったり不可能であったりすることがあるということ、その結果として意識にはとどかないことがありうることだという点は、ロックも認めるにやぶさかではない。だが他方で、生得観念は、それを受けいれて意識にもたらすどんな種類のメカニズムの現存にも先だって、ともかくもどこかに存在している

> 魂が知覚するのでも
> 理解するのでもなく、
> 魂に埋めこまれているような
> 真理があると主張するのは、
> 矛盾すれすれのように
> 私には思われる
> **ジョン・ロック**

ものだと思われている。

しばしば生得観念の実在を支持する者たちは、生得的なのだからその観念はあらゆる人間のうちに誕生のときから現存しており、本性上不変なものだとも論じている。そうなると、生得観念はどんな人間社会にも、また歴史上のいかなる時点においても見いだされるはずだ。たとえばプラトンは、男と女や自由人と奴隷といったちがいを否定して、潜在的にはだれもが同一の知識の土台に到達しうると主張する。同様にロックの時代にも、生得観念を私たちのなかにすえることができるのは神だけなのだから、それは普遍的であるにちがいない、なにしろ選ばれた人びとだけにしか生得観念を行きわたらせないなどという不公平を神がなされるはずはないのだから、などという理論が頻繁に唱えられた。観念の普遍性を唱えるこうした議論に反対して、ロックは自分たちの周りの世界をちょっと吟味してみるだけでも、そんなものが実在しないことはすぐにわかるという点に、私たちの注意を喚起する。世界中のだれもが必ず共有しているような概念なり観念がよしんばあったとしても、だからといって、それが生得的だと結論するのに十分なくらい堅固な論拠とはならないはずだとロックは主張する。そうした普遍性にたいしては、たとえばそれらは、私たちが周囲の世界を

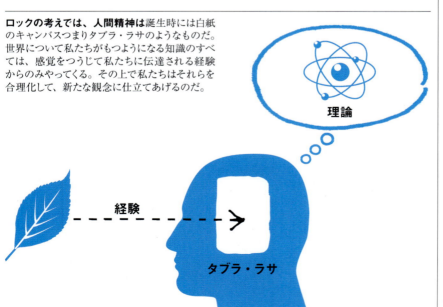

ロックの考えでは、人間精神は誕生時には白紙のキャンバスつまりタブラ・ラサのようなものだ。世界について私たちがもつようになる知識のすべては、感覚をつうじて私たちに伝達される経験からのみやってくる。その上で私たちはそれらを合理化して、新たな観念に仕立てあげるのだ。

経験　理論　タブラ・ラサ

ルネサンスと理性の時代

> " では、精神は白紙で、
> なんの色もついておらず、
> いかなる観念ももっていないと
> 想定してみよう。
> どうやって精神はそれらを
> そなえつけるようになるのだろうか "
>
> ジョン・ロック

経験するもっとも基本的な、だれにも共有されているスタイルに淵源しているのだといったふうに、いつでも別の説明をもちだすことが可能なはずではないかとロックは言う。

1704年にゴットフリート・ライプニッツが、『人間知性新論』を著してロックの経験主義的議論への論駁を試みた。ライプニッツに言わせるなら、生得観念とは、感覚経験にもとづいていない知識を私たちに獲得させてくれるひとつの明瞭な手だてであり、そうした可能性を最初から認めない点でロックは誤っている。はたして人間には、五感をつうじて知覚可能なものを超えたなにかを知る能力があるのかどうかという点をめぐる論争は、いまもなおつづいている。

言語は生得的だ

ロックは、生得観念という教義はきっぱり拒絶したかもしれないが、人間になんらかの生得的な能力があるということまでも否定したわけではない。じっさい、人間が知覚や推論といった能力をそなえていることは、人間の知識と理解のメカニズムについてのロックの説明にとって中心的な位置を占めている。20世紀後半になって、アメリカの哲学者ノーム・チョムスキーが、このアイディアをさらに発展させて、すべての人間精神のうちには生得的な思考過程といったものがそなわっていて、そのおかげで、言語の普遍的な「深層構造」が産出されうるという普遍文法理論を展開した。チョムスキーの考えでは、あらゆる人間の言語は、その表面上の構造的相違にもかかわらず、ひとつの共通の基盤から生成してきた。ロックは、人間の世界理解が空前無比のスケールにまで拡張された時代に、どうやって人間は知識を獲得するのかを問題にするというとても重要な役割を演じた。彼以前の哲学者、たとえばトマス・アクィナスに代表される中世のスコラ哲学者たちは、現実の諸相には人間精神による把握を超える側面があると結論するに

生まれたときには、**精神はまっさらなキャンバス**つまりタブラ・ラサなのだから、優れた教育、つまり合理的な思考を促進し、個人の資質を伸ばすような教育を受ければ、だれでも変われるはずだとロックは考えた。

とどまっていた。だがロックは、それを一歩前進させた。人間の心的能力を詳細に分析することで、ロックは知りうることがらの正確な限界をはっきりさせようとしたのだ。■

ジョン・ロック

ジョン・ロックは、1632年に、イギリスの地方弁護士の息子として生まれる。裕福な支援者のおかげで、まずはロンドンのウエストミンスター・スクールで、ついでオクスフォード大学で素晴らしい教育を受けた。先駆的な化学者ロバート・ボイルが採用していた経験主義的なアプローチに感銘を受け、ボイルの考えを推しすすめたばかりでなく、彼の実験の手伝いも務めた。

ロックの経験主義的思想はきわめて重要なものであったが、彼の名を知らしめたのはその政治にかんする著作であった。ロックは統治の正統性については社会契約説を、私有財産にたいしては自然権の概念を提唱した。政治犯として二度イギリスから亡命しているが、ウィリアム3世（イングランド王として）とメアリー2世が王位継承を果たしたのちの1688年に帰国した。その後はイギリスに腰を落ちつけて、著述活動と並行して、さまざまな政治上の役職を務め、1704年に亡くなった。

主著

1689年 『寛容にかんする書簡』
1690年 『人間知性論』
1690年 『統治二論』

二種類の真理がある。
理性の真理と事実の真理だ
ゴットフリート・ライプニッツ
（1646年～1716年）

その哲学的背景

部門
認識論

手法
合理主義

前史
1340年 オートルクールのニコラウスが、世界にかんしては必然的真理はなく、偶然的真理しかないと主張する。
1600年代 ルネ・デカルトが、観念は、経験から派生してくるか、理性から引きだされるか、生得的に知られる（神によって精神のうちに創造される）かの三つのルートをとおって私たちに到来すると主張する。

後史
1748年 デイヴィド・ヒュームが、必然的真理と偶然的真理の区別を問題にする。
1927年 アルフレッド・ノース・ホワイトヘッドが、宇宙全体をみずからのうちに映しだしているというライプニッツのモナドに近い概念である「アクチュアル・エンティティ」を仮定する。

初期の近代哲学は、しばしば二つの学派に区分されるものとして提示される。合理主義学派（こちらには、ルネ・デカルト、ベネディクトゥス・スピノザ、イマヌエル・カントらがふくまれる）と、経験主義学派（こちらには、ジョン・ロック、ジョージ・バークリーそしてデイヴィド・ヒュームらがふくまれる）だ。じっさいには、それぞれに異なる哲学者たちを、二つのはっきりしたグループに分けることなど簡単にできる話ではない。なにしろ、このグループのおのおのが、複雑に重なりあいながら、たがいに似ていたり似ていなかったりする側面を有しているのだ。とはいえ、二つのグループの本質的なちがいは、認識論的なものであった。つまりそれは、私たちはなにを知りうるか、自分た

ルネサンスと理性の時代

参照　ルネ・デカルト 116〜23頁　■　デイヴィド・ヒューム 148〜53頁　■　イマヌエル・カント 164〜71頁　■　オートルクールのニコラウス 340頁　■　アルフレッド・ノース・ホワイトヘッド 342頁

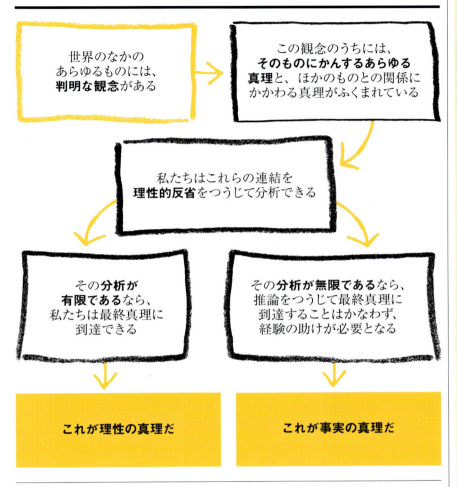

ゴットフリート・ライプニッツ

　ゴットフリート・ライプニッツは、ドイツ出身の哲学者にして数学者だ。ライプツィヒに生まれ、大学を卒業した後は、5年のあいだマインツの選帝侯のもとで公職に就く。その間は主として政治にかんする著述に専心していた。旅行つづきだったこの時期を終えると、ハノーファーでブランシュヴァイク公のもとで図書館長になり、その後の生涯をこの地で送った。ライプニッツがみずからの独創的な哲学体系を発展させるべく最大限の努力を傾注したのも、この時期のことだった。

　ライプニッツの名は、いわゆる「微積分法」の発見によって数学者として知られているが、これは、ライプニッツとニュートンの双方がその発見の功績は自分にあると主張したため、論争に発展した。こんにちでは両者が独立にこの発見にいたったことが判明しているが、ライプニッツのほうが微積分をあらわすずっと使いやすい記号表記を考案し、いまなおそれが用いられている。

主著

1673年　『哲学者の告白』
1685年　『形而上学叙説』
1695年　『新しい体系』
1710年　『弁神論』
1714年　『モナドジー』

ちが知っているということをどうやって私たちは知るのかといった点にかんするちがいであった。簡単に言うなら、経験主義者たちは知識は経験に由来すると述べ、合理主義者たちは知識は理性的反省によってのみ獲得されうると主張するのだ。
　ライプニッツは合理主義者であったが、理性の真理と事実の真理のあいだにライプニッツが設けた区分は、合理主義と経験主義との論争に興味深いひねりをくわえるものであった。ライプニッツが主著『モナドロジー』で述べるところによるなら、原理的にあらゆる知識は合理的反省によって到達可能だ。だが、私たちの合理的能

私たちが適切に知っていることはほとんどなく、いくつかについてはアプリオリに知っており、大半のことについては経験をつうじて知る
ゴットフリート・ライプニッツ

136　ゴットフリート・ライプニッツ

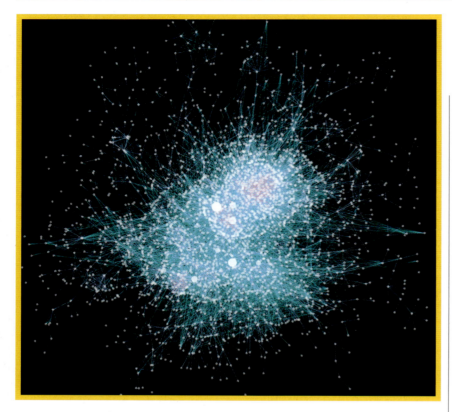

インターネットのマップには、インターネットを利用している人びとのあいだの数えきれないほどのつながりが示されている。ライプニッツのモナドロジーは、私たち全員の精神も同じように連結されているのではないかと示唆している。

力につきまとう欠点のせいで、知識を獲得する手段として経験にも依拠せざるをえない。

心のなかの宇宙

　ライプニッツがどのようにしてこの結論にいたりついたかを見るには、彼の形而上学、つまりライプニッツが宇宙はどのように構成されていると考えたのかを、わずかでも理解しておく必要がある。ライプニッツによるなら、世界のあらゆる部分、あらゆる個々の物は、ある明瞭な概念ないし「観念」をともなっており、その観念のおのおのには、それ自身が本当のところなんであるのか、さらにはほかのものとどう関連しているのかにかかわるいっさいが内包されている。宇宙のなかのありとあらゆるものが連結しあっていればこそ、あらゆる観念がほかのすべての観念と連結していることになるのだし、さらにこの連結をたどって宇宙全体の真理を発見することも、

原理的には理性的反省の力だけで可能になるとライプニッツは主張する。こうした意味での反省が、ライプニッツの「理性の真理」という考えへつうじてゆく。だが、人間精神には、そうした真理のうちのごく少数のもの（たとえば幾何学の真理のような）しか把握できない。そのため経験にも頼らざるをえず、そこから「事実の真理」が生まれる。

　こうして、たとえば雨が降っていると知ることから、地球上のどこかほかの場所では明日なにが起こるかを知ることへと推論を進めることが可能となる。ライプニッツの考えでは、その答えは、宇宙が「モナド（単子）」と呼ばれる個別的で単純な実体から構成されているという事実に潜んでいる。おのおののモナドはほかのモナドから分離されていて、それぞれが過去・現在・未来のあらゆる状態における全宇宙の完全な表象をふくんでいる。この表象がすべてのモナドのあいだで同調（シンクロナイズ）すると、あ

らゆるモナドが同じ内容をもつことになる。神が事物を創造したのはこのようにしてだとライプニッツは語る。つまり、あらゆる事物は、「前もって確立されている調和」状態にあるのだ。

　ライプニッツは、すべての人間精神がそれぞれ一個のモナドであり、したがって宇宙についての完全な表象をふくんでいると主張する。だから私たちは、原理的に言って、この世界およびそれを超えたものについて知りうるすべてを、ただ自分自身の精神を探索するだけで知ることができる。たとえば、ベテルギウス星について私がもつ観念を分析するだけで、ついには、いま現在のベテルギウス星の表面温度を決めることすらできるだろう。だがじっさいには、私がその情報に行きつくのに必要な分析が絶望的なまでに——ライプニッツの用語で言うなら、「無限に」——複雑なために、またそれを私が網羅（もうら）することができないために、ベテルギウス星の温度を私が見いだすための唯一の方法は、経験的に天文機器を用いてそれを計測することになるわけだ。

　ベテルギウス星の温度は、理性の真理なのかそれとも事実の真理なのか。その答えを見つけるには経験的な手法に訴え

おのおのの実体は全宇宙を
それ固有のしかたで表出している
ゴットフリート・ライプニッツ

かけるのが筋なのかもしれないが、私の理性的能力にとっては、理性的反省によってそれを発見できたほうがよかっただろう。だから、それがどちらの真理であるかは、私がどのようにしてその答えにいたりついたかに左右される。だが、これがライプニッツの言いたいことなのだろうか。

必然的真理

ライプニッツの厄介なところは、彼が理性の真理は「必然的」だ、つまりそれに矛盾することを考えるのは不可能だとみなす一方で、事実の真理は「偶然的」だ、つまりこちらはそれを否定しても論理矛盾は生じないと考えたところにある。数学的真理が必然的真理であるのは、その結論を否定すると、命題を構成する術語の意味との矛盾が生じるからだ。それにたいして、「スペインでは雨が降っている」という命題が偶然的なのは、それを否定しても術語レベルでの矛盾は生じないからだ。もちろん、事実としては誤っているが……。

理性の真理と事実の真理とのあいだに設けられている区別は、（知識の限界にかかわるという意味で）認識論的な区別であるばかりでなく、（世界の本性にかかわるという意味で）形而上学的区別でもあるが、ライプニッツのもちだす論拠が彼の形而上学的要請をも支持するものであるのかどうかははっきりしない。ライプニッツのモナド論は、あらゆる真理は理性の真理であり、私たちが理性的分析を最後までおこ

> 神は永遠真理をとおして
> いっさいを知っている。
> なにしろ神には経験など
> 不必要なのだ
> **ゴットフリート・ライプニッツ**

なえばそれに到達することは可能だと示唆しているように思われる。だが、理性の真理が必然的真理でもあるなら、ベテルギウス星の温度が 2400 ケルビン（絶対温度の単位）ではなく 2401 ケルビンであってはならないどんな理由があるというのか。たしかに、2 + 2 = 5 がありえないという意味でなら、それはありえなくはない。2 + 2 = 5 が不可能なのは、それがたんに論理矛盾だからだ。

同様に、ライプニッツにならって必然的真理と偶然的真理を峻別するなら、最後にはつぎのような問題に逢着する。私は、ピュタゴラスの定理をただ三角形の観念を反省するだけで発見できる。だとすると、ピュタゴラスの定理は理性の真理であることになる。だが、ベテルギウス星の温度もピュタゴラスの定理もともにたんに真理であり、その点では私の精神というモナドの大部分となんら変わらない。そうなると、なぜ一方は偶然的真理とみなされ、他方は必然的真理とみなされるのか。

さらに、だれにも無限の分析を終わらせることはできないが、神は宇宙全体を一挙に把握することができるわけだから、神にとってはあらゆる真理は必然的真理だとライプニッツは語る。そうなると、必然的真理と偶然的真理の区別は、それを知るにいたる方法の問題のように思われてくる。そしてそのばあいには、なぜ前者がいつでも必然的真理だとみなされ、それにひきかえ後者が真理であったりなかったりするのはなぜなのかがわからなくなる。

不確定な未来

ライプニッツは、全能にして全知の神が宇宙を創造したという見とおしを提出することで、いやおうもなく、意志の自由の観念を説明するという課題に直面させられる。私がなにをするつもりなのかを、神がすでに知っているとしたら、どうして私に行為を選択する自由があろうか。だが、この問題の根はもっと深い。これでゆくと、真の偶然性の余地がすっかりなくなってしまうのだ。ライプニッツの理論によって可能となるのは、私たちにその必然性が発見で

機械式計算機はライプニッツのあまたある発明のひとつだ。そこには、数学と論理学へのライプニッツの関心の深さがうかがわれる。このどちらの領域においてもライプニッツは、偉大な革命的存在であった。

きる真理と、神にのみその必然性が理解できる真理の区別だけだ。世界の未来が全知にして慈悲深い神によってしつらえられており、それゆえ神はあらゆる可能的な世界のなかでも最善の世界を創造したということを、私たちは知っている（もちろん、ライプニッツの理論を受けいれたとしての話だ）。だが、私たちが未来は偶然的だとか不確定だと語るのは、有限な人間存在である以上、私たちには未来の内容を予見することがかなわないからだ。

ライプニッツの遺産

ライプニッツの理論には難点がありはするものの、その着想はデイヴィド・ヒュームやイマヌエル・カントをはじめとして膨大な数の哲学者の仕事に指針を与える役割を果たした。カントは、理性の真理と事実の真理というライプニッツの区別に手をくわえて、「分析的」言明と「綜合的」言明の区別を提起した。こちらの区別は、それ以降のヨーロッパ哲学にとっていまなお中心的なもののひとつだ。

それに比べると、モナド論のほうは、あまりはかばかしくなく、その形而上学的な行きすぎが批判の的となってきた。だが 20 世紀になって、このアイディアは、空間と時間を伝統的なニュートン物理学におけるように絶対的なものとみなすのではなく、両者を相関的なシステムとみなすライプニッツの記述に関心をそそられた科学者たちによって再評価されつつある。■

存在するとは
知覚されてあることだ
ジョージ・バークリー
（1685年～1753年）

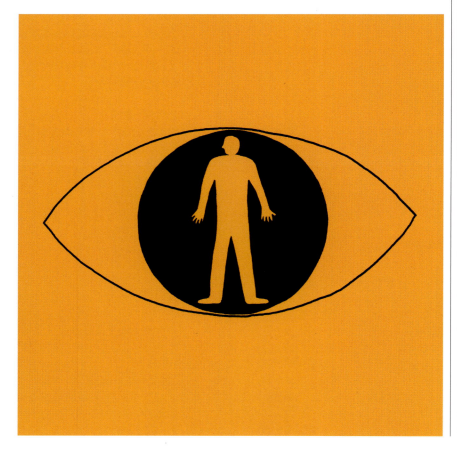

その哲学的背景

部門
形而上学

手法
観念論

前史
紀元前380年ころ プラトンが、『国家』のなかで、私たちの経験する世界はほんものの現実の不完全な影だとみなすイデア論を提出する。

後史
1781年 イマヌエル・カントが、バークリーの理論を展開して、私たちの経験している世界は仮象にすぎないとみなす「超越論的観念論」にまで発展させる。
1807年 ゲオルク・ヘーゲルが、カントの観念論に代えて、絶対的現実は精神だと主張する「絶対的観念論」を提起する。
1982年 イギリスの哲学者ジョン・フォスターが、その著書『観念論の言い分』のなかで、バークリーの観念論の変奏に賛同する。

ジョージ・バークリーは、先行するジョン・ロックと同様、経験を知識の初次的源泉とみなす経験主義者だ。この見解自体の起源は、アリストテレスにまで遡れるが、原理的には、あらゆる知識は理性的推論だけで獲得可能だと考える合理主義者の見解と対照的な関係にある。バークリーはロックと同じ前提を共有したが、ロックとはまったく異なる結論へ到達した。バークリーによれば、ロックの経験主義は穏健で、感覚から独立した世界の実在の可能性を許容しており、精神と身体というはっきり異なる二つの実体から人間がなるとみなす点で、ルネ・デカルトに追随していた。

ルネサンスと理性の時代　139

参照　プラトン 50～55頁 ■ アリストテレス 56～63頁 ■ ルネ・デカルト 116～23頁 ■ ジョン・ロック 130～33頁 ■ イマヌエル・カント 164～71頁 ■ ゲオルク・ヘーゲル 178～85頁

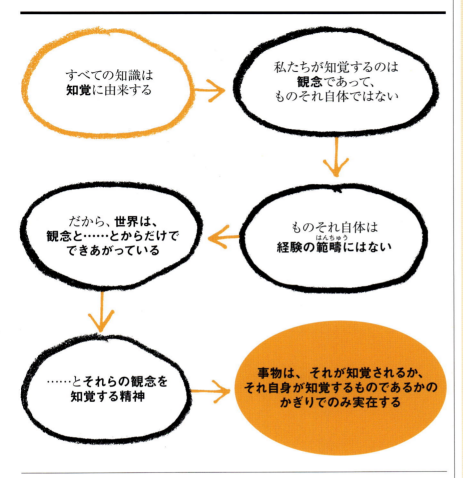

ジョージ・バークリー

　ジョージ・バークリーは、アイルランドのキルケニー近郊のダイザート城で生まれ、成長する。まずキルケニー大学で、ついでダブリンのトリニティ・カレッジで教育を受ける。1707 年にはトリニティの特別会員に選ばれ、イギリス国教会の司祭に任命される。1714 年までに、自分の主たる哲学上の著作をすべて書きあげて、アイルランドを離れてヨーロッパ中を旅してまわる。もっとも長く滞在したのはロンドンだった。

　アイルランドにもどると、ロンドンデリーの首席司祭に任ぜられる。だが、彼の一番の関心事は、バミューダに神学校を設立する企てに移っていった。1728 年に妻アンネ・フォスターとともにロード島のニューポートへ渡り、3 年間を費やして神学校のための資金調達に奔走する。1731 年、資金が集まりそうもないことがあきらかになったのを機に、ロンドンへもどった。3 年後にバークリーは、ダブリンのクロインの主教になり、残りの生涯をその地ですごした。

主著

1710 年　『人知原理論』
1713 年　『ハイラスとフィロナスの三つの対話』

　それにたいして、バークリーの経験主義はずっと過激で、その立場は「非物質論的観念論」と呼ばれる。つまりバークリーは、宇宙にはただ一種類の実在しかないと考える点では一元論者だが、このただひとつの実体が物質ではなく精神ないし思想であると考える点で観念論者なのだ。

　バークリーの立場はしばしば、ラテン語の言いまわしをとって「エッセ・エスト・ペルキピ（存在するとは知覚されてあることだ）」と要約される。だが、それならむしろ、「エッセ・エスト・アウト・ペルキペリ・アウト・ペルキピ（存在するとは知覚することであるか、もしくは知覚されてあることだ）」と言いあらわすほうがよい。なぜな

哲学者が
物理的実体と呼ぶものは
存在しない
ジョージ・バークリー

ジョージ・バークリー

> 外的な物体があるとしても、
> 私たちがいつかそれについて
> 知るようになることはありえない
> **ジョージ・バークリー**

> 観念が似ることがありうるのは
> 観念だけだ。
> 色やかたちは色やかたち以外の
> なにものでもありえない
> **ジョージ・バークリー**

ら、バークリーによると、世界は知覚する精神とその精神がいだく観念だけからなっているからだ。こう言ったからといって、バークリーは外界の実在を否定するわけでも、それが私たちの知覚するものとはどこか異なっていると主張しようとしているわけでもない。むしろバークリーが言っているのは、あらゆる知識は経験に由来するにちがいないが、私たちにかかわりうるものは自分たちの知覚だけだということだ。それらの知覚がそのまま「観念」（あるいは心的表象）なのであってみれば、観念と観念を知覚する者以外のなにかが実在していると考える根拠はどこにもない。

因果関係と意志の働き

バークリーの標的は、ロックと科学者ロバート・ボイルによって練りあげられたデカルトの世界観であった。その見解によると、物質界は膨大な数の微小物質つまり「微粒子」からなり、それらの性質と相互作用に応じて私たちの理解する世界はつくられている。バークリーに言わせると、さらに問題なのは、この見解が、感覚との相互作用をつうじて、私たちが世界についていだく知覚的観念が生じるという立場をも維持している点だ。バークリーは、この見方にたいして主に二点で反論する。第一に、因果性についての私たちの理解（あるできごとが別のできごとの原因となる）は、自分自身の意志のはたらきの経験（私

たちが、意志的行為をつうじてなにかを生じさせるやりかた）を土台としている。バークリーが指摘するのは、たんに自分の意志的行為の経験を世界に投影するのが誤っているというだけのことではない。そんなことであれば私たちは、世界の観念をもつよう私たちをしむけるのは世界だと語るときにいつでもおこなっている。バークリーが言わんとしているのは、じっさいには「物理的原因」にあたるものなどないということだ。なぜなら、私たちの観念の原因となりうる、その観念の世界を超越した物質界などないからだ。世界のうちに認められるただひとつの因果のかたちは、意志の行使という種類の原因性以外にはない。

バークリーの第二の異議は、観念は、精神的実体である以上、物理的実体に似ることはありえないというものだ。なにしろこの二つのタイプは、性質をまったく異にする。絵画や写真が物理的対象と似たものになりうるのは、それ自体が物理的対象だからであって、ある観念がある物理的対象に似ていると考えるのは、観念を物質それ自体ととりちがえることだ。だから、観念が似る可能性をもつのはほかの観念だけだ。そして、私たちが唯一もちうる世界の経験は観念をつうじて得られるものである以上、私たちが「物質」という観念を理解していると主張するのは、まったくの誤りだ。私たちが現に理解しているのは、心的なものだ。世界はただ思想だけからな

り、それ自体は知覚するはたらきでないものは、私たちの知覚のはたらきとしてしか存在しない。

知覚の因果性

だが、知覚するものでないものは、知覚されるかぎりでしか実在しないとしたら、私が部屋を出ると、机もコンピュータも本も存在するのをやめてしまうように思われる。これにたいするバークリーの解答は、知覚されることのない状態にあるものなどひとつもないというものだ。なにしろ、私が部屋にいないときでも、その部屋は依然として神によって知覚されている。つまりバークリーの理論は、神の実在に依拠しているばかりでなく、絶えず世界のうちに参加している神という、特定の種類の神の実在に依拠しているのだ。

バークリーの考えでは、世界への神の参加は、この程度のことではない。すでに見たように、物理的原因はなく、「意志のはたらき」ないし意志の行為しか存在しないというのが彼の主張だが、その帰結として、私たちが世界についていだく観念を生みだせるのは、意志の力だけであることになる。だが私は、世界についての自分の経験を支配しているわけではなく、なにを経験するかを選択することもできない。世界は、私が好もうと好むまいと、あるがままの姿で私に現前している。だから、世界に

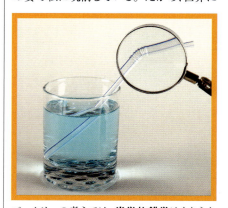

バークリーの考えでは、**光学的錯覚**はありえない。なにしろ、対象はつねにそのあるがままの姿で現出するのだ。たとえば、水中に半分沈められたストローは、じっさいに曲がっており、拡大された対象はじっさいより大きくなっている。

ついての私の観念の原因となる意志のはたらきは、私のものではない。それらは神の意志だ。バークリーによれば、こうして神は私たちを知覚する者として創造しただけでなく、私たちのあらゆる知覚の原因であり、絶えざる起動者でもある。ここからは幾多の問題が生じる。もっとも差しせまった問題としては、私たちがときおり事物を不正確に知覚するのはなぜかというものだ。なぜ神が私たちを欺こうとするのか。

バークリーは、じっさいのところ私たちの知覚は誤ってはおらず、私たちが道を踏みはずすのは自分が知覚しているものにたいして下す判断においてのことだと主張することで、この問いに答えようとする。たとえば、もし半分水につかっているオールが私には曲がっているように見えるなら、それはじっさいに曲がっているのだ。それは曲がっているように見えるだけだと考えるときに、私は道を踏みはずす。

だが、私が水に手をいれ、オールに触れるとどうなるだろうか。疑いもなくオールはまっすぐに感じられる。そしてオールが同時にまっすぐでも曲がってもいることはありえない以上、じつは、私が見ているオールと私が触れているオールという二つのオールがあることになる。だが、バークリーにとってこれ以上に問題があるのは、同じオールを見ている二人の別の人間がじつは二本の異なったオールを見ているにち

> 天国の聖歌隊も地上にある
> 調度品もすべて――一言で
> 言うなら、世界の枠組みを
> 構成しているあらゆる物体――は、
> 精神を欠けば
> いかなる実体をももたない
> ジョージ・バークリー

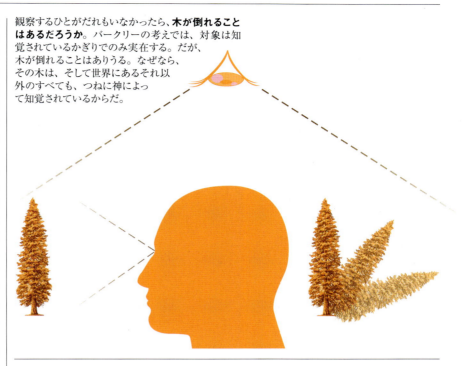

観察するひとがだれもいなかったら、**木が倒れることはあるだろうか**。バークリーの考えでは、対象は知覚されているかぎりでのみ実在する。だが、木が倒れることはありうる。なぜなら、その木は、そして世界にあるそれ以外のすべても、つねに神によって知覚されているからだ。

がいないという事実だ。なにしろ、両名の知覚が収斂している「そこには」、一本の「ほんものの」オールなどないのだ。

懐疑主義の問題

こうして、バークリーの体系にとって逃れがたい問題は、私たちがけっして同じものを知覚することはないという事実にある。各人は自分の世界に閉ざされていて、他人の世界から遮断されている。神がオールの観念をもっているという事実をもちだしても、ここでは役に立たない。なにしろ、それは第三の観念であり、つまりは三本目のオールとなるだけだ。神は、私の観念ときみの観念の原因となった。だが、私たちがただひとつの精神をたがいに、そして神とも共有しているにしても、異なった三つの観念があることに変わりはなく、つまりは三本の異なったオールがあるだけだ。ここから私たちは、懐疑主義へと誘われる。それはつまり、私がその存在を確信しうるただひとつのもの、ないし本当に実在しているただひとつのものは、自分自身だけになりかねないという問題だ。

懐疑主義にたいするひとつの可能な解決は、おおよそ以下のようなものだ。私は、自分の手を挙げることで、世界内での変化の原因となりうるし、同様の変化を他人の身体の上にも認めることができる。そこから私は、これらの身体も、そのなかにある「意識」によって同じように変化させられているのであろうことに気づくわけだ。だが、バークリーにとって問題は、挙げられている「ほんものの」手といったものは存在せず――人間になしうる最大限のことは、自分自身の手が挙がるという観念の原因となることだ――、あるのは、ほかのだれでもなく自分にかんしてのそうした観念だけだというところにある。言いかえるなら、ほかのひとの手が挙がることについての観念をもつには、神の助けを借りないわけにはゆかないのだ。こうしてバークリーは、経験的な確実性でもって私たちを救ってくれるどころか、世界についての、さらには他人の精神の実在についての自分の知識については、けっして私たちを欺かないはずの神への信頼をあてにするほかない状態へと私たちを置きざりにする。■

革命の時代
1750年～1900年

ドニ・ディドロの
『百科全書』の
第1巻が
刊行される

ジャン＝ジャック・ルソーの
画期的な政治学の著作
『社会契約論』が刊行される

アメリカの
独立宣言が
公布される

イマヌエル・カントが
『純粋理性批判』を
刊行する

↑
1751年

↑
1762年

↑
1776年

↑
1781年

1759年

1763年

1780年

1789年

↓
ヴォルテールが、「いっさいはすべて
の可能的世界のうちの最上の世界
において最上のもののためにある」
というライプニッツの観念を戯画化し
た小説『カンディード』を刊行する

↓
パリ条約の結果、
イギリスが北アメリカに
おける最大の
植民地権力を握る

↓
ジェレミー・ベンサムが、
1789年に刊行された
『道徳と立法の原理序論』
のなかで、**功利主義**の
理論を発展させる

↓
パリでバスティーユ
監獄が襲われ、
フランス革命の
火蓋が切って
おとされる

ルネサンスをつうじてヨーロッパは、それまでの教会の指導下に統合されていた状態から、個々に独立した国民国家の集合体へと変貌していった。権力の強大化とあいまって諸国家が相互に分離してゆくのと並行して、国ごとに異なる文化が形成されていった。それがもっとも顕著になったのは芸術と文学の領域であったが、17世紀をつうじて成立した哲学の文体のうちにも、同じ事態が認められる。

理性の時代をつうじて、大陸側の合理主義とイギリスの哲学者たちの経験主義とのあいだには歴然たるちがいが生まれたが、啓蒙の時代が進展してゆく18世紀においても、依然として哲学の中心はフランスとイギリスであった。その一方で、交易に軸足を置いた新たな国家が、空前の繁栄を誇る都市部の中産階級の発展を可能にしたことで、旧来の価値や封建体制

は衰退していった。イギリスやフランス、スペインにポルトガル、オランダといった当時もっとも富んでいた国々は、世界中に侵出し、植民地を増やしていった。

フランスとイギリス

哲学は、これも国家の方向性にそうかたちで、徐々に社会的・政治的問題に焦点を当てるようになってゆく。革命の嵐がすでにとおりすぎたイギリスでは、デイヴィッド・ヒュームの著作において経験主義が頂点に達し、その一方で新しく登場した功利主義が政治哲学を席巻していた。この立場は、1730年代にはじまった産業革命とともに進展し、同じ時期に、ジョン・スチュアート・ミルに代表される思想家たちがジェレミー・ベンサムの功利主義を改良して、自由民主主義と近代的な市民権の大枠の確立を側面から支援した。だが、フランスの状況はこれほど安定し

たものではなかった。ルネ・デカルトの合理主義から、つづく世代の哲学者たちへの道が開けたのだが、彼らはラディカルな政治哲学者として新しい科学的思考法を普及させるのに貢献した。そのなかには、諷刺作家ヴォルテールや『百科全書』をたちあげたドニ・ディドロらがふくまれるが、もっとも革命的だったのはジャン＝ジャック・ルソーであった。自由・平等・博愛の原理にもとづいて治められる社会というルソーの未来像（ヴィジョン）は、1789年のフランス革命のスローガンとなり、後につづくラディカルな思想家たちを鼓舞するものとなった。文明とは、ルソーに言わせれば、本能的には善良きわまりない人間に有害な影響をもたらすものにほかならない。ルソーのこうした考えかたは、つづく時代に生じたロマン主義の基本傾向を規定するものともなった。ロマン主義の時代になると、ヨーロッパの文学も絵画も音

革命の時代 145

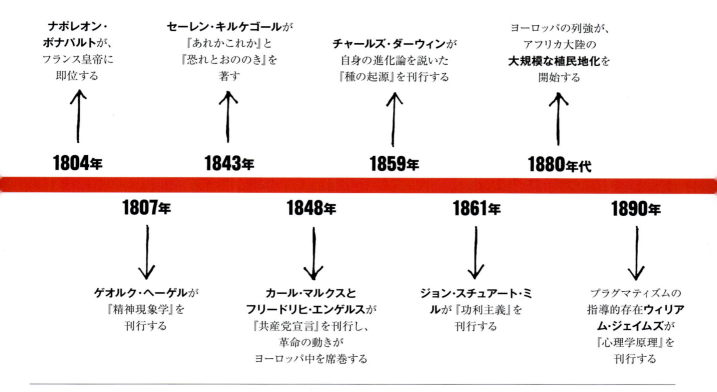

楽も、自然についての理想化された見解に魅了され、啓蒙思想の洗練された都会的優雅さと極端な対照を示すことになる。おそらく、両者の主たるちがいは、ロマン主義者たちが理性よりも感情と直観を高く評価したところにあった。この運動はヨーロッパ全土を巻きこんで、19世紀の終わりまでつづいてゆく。

ドイツ観念論

ドイツ哲学は19世紀の思想を支配する役割を果たしたが、それは主としてイマヌエル・カントの業績に負うところが大きい。カントの観念論哲学は、自分の自己を超えて存在している事物については、私たちはなにも知りえないと主張して、その後の哲学思想の流れを決定的に変える役割を果たした。カントは、ヒュームおよびルソーよりもひとまわりほど若かったが、ひとつ下の世代に属している。カントの主要な哲学上の著作はヒュームもルソーも亡くなった後に書かれたが、宇宙と宇宙についての私たちの知識にかんするカントの新しい説明は、合理主義と経験主義という二つのアプローチを、ロマン主義にもドイツ文化にも似つかわしいかたちで統合するのに成功した。

カントの後継者には通常フィヒテ、シェリング、ヘーゲルがふくまれるが、こんにちでは彼らは一括してドイツ観念論の哲学者として知られる。そのほかに、カント哲学を独特な視点で解釈し、そこに東洋哲学から借りてきた観念を合体させたショーペンハウアーも、カントの後継者のひとりだ。

ヘーゲルの厳格な観念論の後継者のひとりに、素晴らしい天分を発揮してドイツ哲学の手法とフランスの革命的政治思想とイギリスの経済理論とをまとめあげたカール・マルクスがいる。マルクスは、フリードリヒ・エンゲルスと『共産党宣言』を書きあげた後で、いまなお時代を超越した影響力をもつ哲学書のひとつと評価される『資本論』の執筆に着手する。マルクスの死後数十年のあいだに、マルクスによって提起された原理をもとにした革命的国家が世界のいたるところに樹立された。

その間に、イギリスの植民地支配を覆し、啓蒙の諸価値にのっとった共和国を確立したアメリカからは、ヨーロッパに根をもちながらもまったく新しい装いのもとに誕生したアメリカン・カルチャーが発信されだした。当初ロマン主義的なところのあったこの文化は、19世紀の終わりには、アメリカ固有の哲学の流れであるプラグマティズムを生みだした。これは、真理の本性を考えなおすことから生じた立場だが、アメリカの民主主義的ルーツを保持しつつ、新しい世紀の文化にもうまく適合するものであった。■

懐疑は喜ばしい状態ではないが、確実性も不条理だ
ヴォルテール（1694年～1778年）

その哲学的背景

部門
認識論

手法
懐疑主義

前史
紀元前350年 アリストテレスが子どもの精神を「まっさらの状態」として特徴づけ、これがのちにタブラ・ラサとして知られるようになる。
1690年代 ジョン・ロックが、子どもにとってであれ大人にとってであれ、外界についての信頼するにたる知識を得ることを可能にしてくれるのは、感覚経験だと論じる。

後史
1859年 ジョン・スチュアート・ミルが、『自由論』のなかで人間精神の不可謬性を想定する議論への反論を展開する。
1900年代 ハンス＝ゲオルク・ガダマーとポストモダニストたちが、経験的な（感覚与件にもとづいた）情報をつうじて獲得されたものもふくめて、あらゆる形式の知識にたいして懐疑的推論を適用する。

ヴォルテールは、啓蒙の時代に生きたフランスの知識人だ。この時代は、世界への、そしてそのなかで人びとがどのように生きているのかについての、強烈な問いかけによって特徴づけられる。ヨーロッパの哲学者も著述家もこぞって、教会や国家といった既成の権威に関心を向け、それらの妥当性や観念について問いかけるかたわら、新たな展望をも探求していた。17世紀までのヨーロッパの人間は、概してどのような事物が、なぜ、どんなふうに実在しているのかについての教会による説明を鵜呑みにしていた。

だが、科学者と哲学者の双方が、真理を確立するための従来とは異なったアプローチを提示しはじめた。1690年には、哲学者ジョン・ロックが、生得的な（生まれたときから知られているような）観念などひとつもなく、あらゆる観念はもっぱら経験から生じると論じた。ロックの議論は、科学者アイザック・ニュートンによって、さらなる重みを与えられた。ニュートンのおこなった実験によって、世界の真理を発見する新たなやりかたが提供された。それまで受けいれられてきた伝統にたいするこうした反逆を背景として、ヴォルテールは、確

> 歴史上のいかなる事実も理論も、なんらかの時点で**改定**を受けている

> 私たちは、**すでに頭のなかでできあがっている**観念や概念をもって生まれてくるわけではない

↓

> どんな観念も理論も、**疑問視される余地を**残している

↓

> **懐疑は喜ばしい状態ではないが、確実性も不条理だ**

革命の時代 147

参照 アリストテレス 56 ～ 63 頁 ■ ジョン・ロック 130 ～ 33 頁 ■ デイヴィド・ヒューム 148 ～ 53 頁 ■ ジョン・スチュアート・ミル 190 ～ 93 頁 ■ ハンス＝ゲオルク・ガダマー 260 ～ 61 頁 ■ カール・ポパー 262 ～ 65 頁

啓蒙の時代を生きたヴォルテールには、経験的証拠となにものにも妨げられない好奇心にもとづく**科学実験**が、よりよい世界へ向かう道へつうじるものだと思われた。

実性は不条理だと言いはなった。

ヴォルテールは確実性の観念を二とおりのやりかたで論駁している。ひとつは、数学と論理学の若干の必然的真理から出発して、歴史上ほとんどすべての事実も理論も、なんらかの時点において改定をこうむっているという事実を指摘することによってだ。だから、「事実」と思われるものにしても、じっさいには作業仮説以上のものではない。二つめは、ロックにならって、生得観念の類いは存在しないと認めた上で、さらに、生まれたときから真理であることが知られていると思われる観念にしても、あくまで文化相対的なものであって、国が変われば変わるものだと指摘することによってだ。

革命的懐疑

ヴォルテールは、絶対的真理がないなどとは主張していない。ただ、そうしたものに到達する手だてがないと考えるのだ。こうした理由から、ヴォルテールは、懐疑こそが唯一の論理的出発点だと考える。そ

うなると、どこまで行っても同意が得られないのも当然のこととなる。ヴォルテールが言うには、同意を打ちたてるには、科学のような体系を発展させることが肝要だ。

ヴォルテールは、確実性は懐疑よりは喜ばしいものだとは認めた上で、君主や教会によって権威づけられた言明をそのまま受けいれることが、そうしたものに抗って自分の頭で考えることに比べて、どれほど簡単な道であるかを指摘する。だが、ヴォルテールの考えでは、一度はあらゆる「事実」を疑い、すべての権威に抗ってみるのは絶対に必要なことだ。ヴォルテールは、政府には制限が課せられるべきだが、発言は検閲を受けてはならず、科学と教育こそが物心両面での進歩を可能にするものだと固く信じていた。この二つは、啓蒙のみならず、ヴォルテールが亡くなってから11年後に生じたフランス革命にとっても基本的理念となった。■

ヴォルテール

ヴォルテールとは、フランスの作家にして哲学者であったフランソワ＝マリー・アルエの偽名だ。ヴォルテールはパリの中産階級の家庭に、三人兄弟の末っ子として生まれた。大学では法律を学んだが、著述活動のほうを好み、1715 年にはすでに素晴らしい文学的才能で有名だった。その諷刺に富んだ作品は、しばしばヴォルテールを騒動に巻きこんだ。権威を愚弄したかどで投獄されたことも一度や二度ではなかったし、フランスから亡命したこともあった。そのさいにヴォルテールはイギリスに渡り、かの地で、イギリスの哲学と科学から決定的な影響を受けた。フランスに帰国すると、投機によって財産をつくり、そ

のおかげで著述活動に専念できるようになった。長くつづくスキャンダラスな情事に耽ることもしばしばで、ヨーロッパ中を広く旅してまわった。晩年にヴォルテールは、法律改正と宗教的寛容を訴えて、国内外で精力的に活動した。

主著

1733年 『哲学書簡』
1734年 『形而上学入門』
1759年 『カンディード』
1764年 『哲学辞典』

習慣は人間生活の偉大なガイドだ

デイヴィド・ヒューム
（1711 年～1776 年）

150 デイヴィド・ヒューム

その哲学的背景

部門
認識論

手法
経験主義

前史
1637年　ルネ・デカルトが、『方法序説』で合理主義を主張する。
1690年　ジョン・ロックが、『人間知性論』で経験主義を擁護する議論を展開する。

後史
1781年　イマヌエル・カントが、ヒュームに示唆をえて、『純粋理性批判』を執筆する。
1844年　アルトゥール・ショーペンハウアーが、『意志と表象としての世界』においてヒュームへの恩義を認める。
1934年　カール・ポパーが、観察と帰納に対置される関係にある反証可能性を、科学的手法の基礎として提起する。

デイヴィド・ヒュームが生まれた当時、ヨーロッパ哲学は知識の本性をめぐる議論一色に染まっていた。じっさい、ルネ・デカルトが『方法序説』のなかで近代哲学のための舞台をしつらえ、知識は理性的反省のみで到達できると主張する大陸側の合理主義の運動のお膳だてを整えた。イギリスでは、ジョン・ロックがこの運動に対抗して、知識は経験からのみ得られるという経験主義の議論を提起した。ロックを承けて、ジョージ・バークリーは、世界は知覚されるかぎりでのみ存在すると主張する、独自の経験主義を練りあげた。だが、イギリス経験論者の三番手をになったヒュームこそが、『人間本性論』で独自の議論を展開して、合理主義に最大の打撃を与えた。

ヒュームのフォーク

ヒュームは、知識の問題にたいして、驚くほど明快なことばで懐疑の眼を向け、私たちは「生得観念」(合理主義の核となる思想) をもって生まれてくるという考えかたに断固として反対する議論を展開した。ヒュームの議論は、まず私たちの心のなかに生じるものを2種の現象に区分し、ついでそれらがたがいにどう関係するのかを問うというかたちで展開される。その二つの現象とは、「印象」——ヒュームが「感覚・情念・感情」と呼ぶ直接的な知覚——と「観念」——つまり思考・反省・想像といった、私たちの印象のコピーだ——、ただし、もとの印象と比較すると、鮮明度はある程度落ちる。そして、この区分をさらに分析してゆく過程で、ヒュームは私たちを混乱させるような結論を引きだす。それは、論理学と科学ばかりでなく、世界の本性について私たちがもっとも大事にしている信念をすら疑問に付すものだ。

ヒュームにとって、問題は、私たちが印象によっては正当化されえない観念をいだくことがあまりに頻繁に生じるという点にある。そこからヒュームは、それが生じる程度がどれくらいであるのかをはっきり

> 事実にかんする私たちの
> 推論のうちには、想像できる
> 範囲でありとあらゆる程度の
> 確信が認められる。
> だから、賢者はみずからの
> 信念に対応するしかるべき
> 証拠を求める
> **デイヴィド・ヒューム**

デイヴィド・ヒューム

1711年にスコットランドのエディンバラで生まれたヒュームは、早熟の子どもで、12歳でエディンバラ大学に入学した。1729年前後に、「真理が確立されるための媒体」となるものを見つけだすことに心血を注ぐあまり神経衰弱に陥り、フランスのアンジュー地方のラ・フレーシュに移った。この地で『人間本性論』を書きあげて、事実上みずからの哲学的見解のすべてを詳細に説きおえ、その後エディンバラにもどった。

1763年、パリの大使に任命され、その地で哲学者ジャン=ジャック・ルソーの知遇を得て、哲学者としてより広く知られるようになった。晩年を費やして、のちに論議を醸すこととなる『自然宗教にかんする対話』を執筆したが、本人の言うところの「ありあまるほどの警告」のせいで、出版されたのは1776年にヒュームがエディンバラで亡くなった後のことであった。

主著

1739年
『人間本性論』
1748年
『人間知性研究』
1779年
『自然宗教にかんする対話』

革命の時代 **151**

参照　プラトン 50〜55頁 ■ アリストテレス 56〜63頁 ■ ルネ・デカルト 116〜23頁 ■ ジョン・ロック 130〜33頁 ■ ジョージ・バークリー 138〜41頁 ■ イマヌエル・カント 164〜71頁 ■ ルートヴィヒ・ウィトゲンシュタイン 246〜51頁 ■ カール・ポパー 262〜65頁

させようとする。ヒュームの言わんとしていることを理解するには、言明には「論証的」言明と「蓋然的（がいぜんてき）」言明の2種類しかないというその見解と、日常経験で私たちにはなぜかこの二つのタイプの知識を混同する嫌（きら）いがあるという主張とを理解する必要がある。

　論証的言明とは、その真偽が自明な言明のことだ。2＋2＝4という言明が、その具体例だ。この言明を否定すると、論理矛盾が避けられなくなる——言いかえるなら、2＋2は4と等しくないと主張するのは、「2」や「4」（あるいは「＋」や「＝」）といった用語の意味がわかっていないと認めることだ。論理学や数学、さらには帰納的推論で用いられる論証的言明では、真偽がアプリオリに、つまり「経験に先だって」知られる。これにたいして、蓋然的言明の真偽は自明ではない。その理由は、蓋然的言明が、経験的な事実の事象内容にかかわるからだ。たとえば、「ジムは2階にいる」といった、世界についてのどんな言明も蓋然的だが、それは、その言明の真偽を確定するには経験による裏づけが不可欠だからだ。言いかえるなら、この言明の真偽は、それに対応する経験——このばあいでは、2階にあがってジムがいる

数学と論理学は、ヒュームが言うところの「論証的」真理を生むが、これは、否定すると矛盾をきたすような真理のことだ。論証的真理は、ヒューム哲学において唯一確実なものだ。

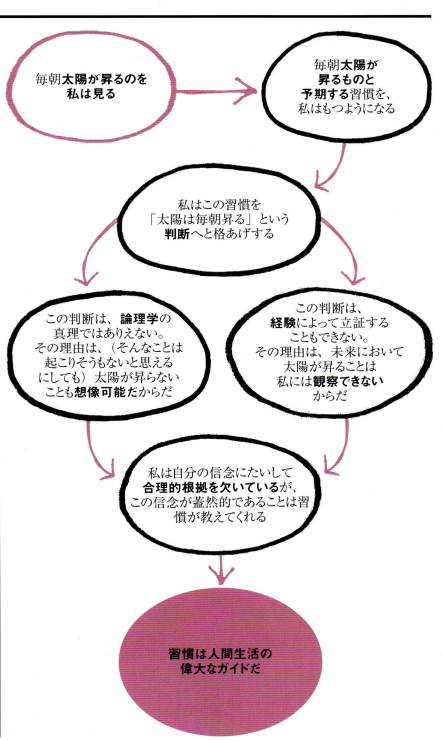

毎朝**太陽が昇る**のを私は見る

↓

毎朝**太陽が昇るもの**と**予期する習慣**を、私はもつようになる

↓

私はこの習慣を「太陽は毎朝昇る」という**判断**へと格あげする

↓

この判断は、**論理学**の真理ではありえない。その理由は、（そんなことは起こりそうもないと思えるにしても）太陽が昇らないことも**想像可能**だからだ

この判断は、**経験**によって立証することもできない。その理由は、未来において太陽が昇ることは私には**観察できない**からだ

↓

私は自分の信念にたいして**合理的根拠を欠いている**が、この信念が蓋然的であることは習慣が教えてくれる

↓

習慣は人間生活の偉大なガイドだ

デイヴィド・ヒューム

かどうかを確かめるといった——をとおしてのみ知られうる。

この区別を踏まえると、どんな言明にも、それが蓋然的か論証的かが問われうることになる。ある言明がこのいずれでもないなら、そのばあいにはその言明の真偽は知りえない以上、ヒュームの考えでは、それは無意味な言明だ。このように、すべての言明をこの2種類に分けることは、二者択一の選択を迫るという意味の be on the horns of a dilemma という英語の成句になぞらえて、「ヒュームのフォーク（フォークには［二股に分岐したもの］という意味がある）」と言われる。

帰納的推論

これまでのところ、ヒュームの推論には格別驚かされるところはない。だが、ヒュームがこの手法を帰納的推論——私たちにそなわる、過去の明証事からことがらを推論する能力——に適用すると、事態は一変する。私たちは、不変のパターンを観察すると、そのパターンは未来永劫つづくと推論するが、そのさい暗黙のうちに、自然が斉一的なありかたをしつづけると決めてかかっている。たとえば、太陽が毎朝昇るのを見て、明日も太陽は昇るだろうと推論する。だが、自然が斉一的なパターンにしたがうだろうという私たちの主張は、本当に正当化できるものだろうか。太陽が明日昇らないと主張してみても、そこには論理的矛盾はふくまれない以上、太陽が明日昇るという主張は、論証的言明ではないし、未来に太陽が昇るかどうかは私たちには経験できない以上、この主張は蓋然的言明でもない。

ヒュームのフォークを因果律の明証性に適用したときにも、同様の問題が生じる。「出来事 A が出来事 B をひきおこす」という言明は、一見、真実であることが証明できそうだが、これまたヒュームのフォークの吟味には堪えられない。A が B をひきおこすことを否定しても、2 + 2 = 4 を否定するばあいとは異なって、論理的矛盾は生じない。つまり、この言明は論証的ではありえない。さらに、すべての出来事 A のあとに B が生じるということも私たちには観察できない以上、これを経験的に証明することも不可能だ。したがって、この主張は蓋然的でもない。私たちのかぎられた経験のなかでは、B は変わることなく A のつぎに来るという事実があったとしても、それは、A の後にはつねに B が来るだろう、あるいは A が B をひきおこすだろうという因果律の明証性を確信するにたる合理的根拠とはならない。

原因と結果を推論することにいかなる合理的根拠もないとしたら、私たちがそうした結合をおこなうのを正当化するものはなにか。それは「人間本性」のなせるわざだというのが、ヒュームの説明だ。ここで人間本性とは、規則的な繰りかえしのうちに斉一性を読みとり、ヒュームが言うところの出来事の「恒常的連接」のうちに因果結合を読みとる心的習癖を意味する。たしかに、この種の帰納的推論が、科学

明日太陽が昇るだろう、あるいは蛇口からは果物ではなく水が流れてくるだろうといった**私たちの信念の根拠**は、ヒュームに言わせれば、論理的ではない。それは、たんにそう条件づけられた結果にすぎない。だが、これがあるからこそ私たちは明日の世界は今日と変わらないだろうと思う。

自然は、絶対的で制御不可能な必然性によって、呼吸したり感じたりするのと同じように判断するように私たちを定めた
デイヴィド・ヒューム

科学は、世界についてのずっと詳細な情報を私たちに提供する。だが、ヒュームに言わせれば、科学は理論を扱っているだけで、「自然法則」をあきらかにすることはけっしてできない。

の基礎となり、自分たちの推論が自然の「法則」だと解釈する気を起こさせる当のものだ。だが、私たちがどう考えようとも、こうした習癖は合理的議論によって正当化できるものではない。

こうした主張をつうじて、ヒュームの立場は合理主義に反対するもっとも強力な理論的支柱となった。なにしろ、ヒュームに言わせれば、知識を求める私たちの要求の核心にあるのは、理性以上に信念なのだ（ヒュームは、信念を「現在の印象に関係する、あるいは関連づけられた生きいきとした観念」と定義する）。

私たちのガイドとしての習慣

ヒュームはさらに、帰納的推論は蓋然的ではないが、だからといってなんの役にも立たないわけではないと認める。結局のところ私たちは、以前の観察と経験に照らしてなにかが生じるだろうと予想するというなかば習慣的な要求を、理にかなったことと思っている。このように、帰納的推論にたいする合理的正当化が見あたらないばあいには、習慣がしかるべきガイドとなる。

だが、習慣というこの「心的習癖」には注意する必要があるとヒュームは言う。二つの出来事のあいだに原因と結果を推論する前に、そうした出来事の継起にこれまで別のパターンがなかったということと、これらの出来事のあいだには必然的結合が認められるということの2点に確証がもてなければならない。ある物体から手を放すと、そのものが地面に落ちることは理性的に予想されうる。なぜなら、手を放せばものが地面に落ちるのはこれまでつねに起きてきたことであり、ものを手放すこととものが落下することとのあいだには明白な結びつきが認められるからだ。だが、数秒の間隔を置いてセットされた二つの時計はあいついで鳴るだろうが、この二つの時計のあいだには明

白な結びつきは認められない以上、一方の時計が鳴ることが他方の時計が鳴ることの原因だと推論することは認められない。

「推論の問題」のヒュームによる取りあつかいが、合理主義の主張の土台を掘りくずすとともに、日常生活における信念と習慣の役割を高めるものであることは、いまではよく知られている。ヒュームの言うように、私たちの信念によって引きだされた結論は、「論証的な結論と同じくらいに精神にとって満足のゆくものなのだ」。

革命的な考え

『人間本性論』において鮮やかに論じられた革新的な考えは、イギリス経験論の頂点であったにもかかわらず、1739年に出版された当時は、事実上無視された。ヒュームは本国では、哲学者ではなく、『英国史』の著者でとおっていた。だが、ドイツでは、ヒュームの認識論の重要性ははるかに衝撃的に受けとめられた。イマヌエル・カントは、ヒュームを読むことで「独断のまどろみ」から目覚めさせられたことを認めていたし、のみならず

ヒュームは、19世紀ドイツの哲学者にも、有意味な言説のみが立証可能だと考えた20世紀の論理実証主義者にも甚大な影響をもたらした。推論の問題にかんするヒュームの説明は、この2世紀のあいだ覆されなかったが、それがあらためて前景化したのはカール・ポパーの著作においてであった。ポパーは、理論は反証可能であるばあいにのみ科学的とみなしうるという自説を裏づける議論として、ヒュームの説明を借用した。■

推論が論理的に
正当化されえないと指摘した点に
かんしては、ヒュームは
完全に正しかった
カール・ポパー

人間は生まれつき自由だが、いたるところで鎖につながれている

ジャン＝ジャック・ルソー
（1712 年～1778 年）

ジャン=ジャック・ルソー

その哲学的背景

部門
政治哲学

手法
社会契約論

前史
1651年　トマス・ホッブズが、『リヴァイアサン』のなかで、社会契約論の思想を提出する。
1689年　ジョン・ロックが、『統治二論』で「生命・健康・自由・所有」を擁護すべく、人間には自然権があると主張する。

後史
1791年　トマス・ペインの『人間の権利』が、政府の唯一の目的は、個人の権利の安全を保障することだと論じる。
1848年　カール・マルクスとフリードリヒ・エンゲルスが、『共産党宣言』を刊行する。
1971年　ジョン・ロールズが、『正義論』のなかで「公正としての正義」という観念を展開する。

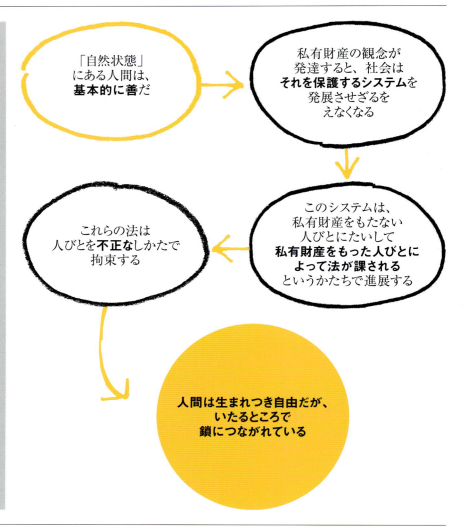

　ルソーは、啓蒙の世紀として知られる18世紀中葉から後半の時代の申し子であり、当時の大陸側のヨーロッパ哲学を体現した存在であった。若いころは、音楽家としても作曲家としても名声を得ようとがんばったが、1740年に、新たな『百科全書』の編集に携わった哲学者ドニ・ディドロとジャン・ダランベールに出会ったことから、哲学に関心をもつようになった。この時代のフランスの政治的雰囲気は、落ちつきのないものだった。フランスとイギリスの啓蒙思想家たちは、教会と貴族政治双方の権威を掘りくずすかたちで、体制への問いかけを開始し、社会改革を支持した。たとえば、ヴォルテールはことあるごとに既成権力の高圧的な検閲にたいする不快感を表明していた。ルソーの主たる関心領域が政治哲学に移っていったのも、こうした文脈においてみれば驚くにはあたらない。ルソーの思考は、フランスの同時代人ばかりでなく、イギリスの哲学者の業績からも影響を受けていた。とりわけ、トマス・ホッブズによって提起され、ジョン・ロックによって改良された社会契約論からの影響が指摘できる。この二人と同様、ルソーも、仮定上の「自然状態」における人間性の理念を、文明社会における人びとの現実の生活と比較する。だが、ルソーは、この自然状態とそれが社会によって損なわれる過程については、二人とははっきり異なった見解に立った。それは「反−啓蒙主義的」思考の一形式とみなしうるほどだ。そのかぎりで、ルソーの思考には次世代の一大潮流となるロマン主義の萌芽がはらまれていた。

学問と芸術は堕落を招きよせる

　ホッブズは、自然状態における生活を、「孤独で、貧しく、悪意に満ち、粗

革命の時代 **157**

参照 トマス・ホッブズ 112〜15頁 ▪ ジョン・ロック 130〜33頁 ▪ エドマンド・バーク 172〜73頁 ▪ ジョン・スチュアート・ミル 190〜93頁 ▪ カール・マルクス 196〜203頁 ▪ ジョン・ロールズ 294〜95頁

ジャン＝ジャック・ルソー

ジャン＝ジャック・ルソーは、ジュネーヴでカルヴァン主義派の家庭に生まれる。生後数日で母親を亡くし、父親はその数年後の決闘のため、家からいなくなった。その結果、ルソーは叔父に引きとられる。

16歳のときフランスに移り、カトリックに改宗する。作曲家として一旗あげようと公務員になり、2年間ヴェニスで働くが、帰国後、哲学の著述を開始する。とかく論争をひきおこす見解のせいで、ルソーの著作はスイスでもフランスでも発禁になり、何度も逮捕状が発行された。デイヴィド・ヒュームの招待を受けいれて短期間ではあったがイギリスで生活することになったが、喧嘩別れをして、偽名を使ってフランスに舞いもどった。後年、パリへもどることを許され、それからは66歳で亡くなるまでパリで暮らした。

主著

1750年
『学問芸術論』

1755年
『人間不平等起源論』

1755年
『政治社会論』

1762年
『社会契約論』

野で、乏しい」ものと考えた。その見方でゆくと、人間は本能的に利己的かつ自己中心的で、文明は必然的にこうした衝動に制限をくわえる役割を果たすものとなる。だが、ルソーが人間本性に向けるまなざしはずっと優しく、むしろ文明社会のほうが恩恵をもたらす力を欠いたはるかに非情なものに見えてくる。

社会は人間に有害な影響をもたらすかもしれないという考えが最初にルソーに芽生えたのは、ディヨンのアカデミーによって募集された懸賞論文で提起された「学問と芸術の進歩は道徳的行為をよりよくするのに貢献したか」という問いに答えるための論文を書いていた折りのことであった。その当時の思想家に、またとりわけルソーのような音楽家に求められていた答えは、熱狂的な肯定であった。だが、じっさいにはルソーは、逆の答えを用意した。彼に1等賞をもたらした『学問芸術論』は、学問と芸術は道徳を堕落させ腐敗させるという見解を打ちだして、論争を呼んだ。ルソーの論じるところでは、芸術と学問は、精神と生活を改良するどころか、人間の美徳と幸福を減少させる。

法の不公平

1等賞に輝き、拍手喝采を浴びた論文において既成の思考と絶縁したルソーは、2作目となる『人間不平等起源論』で、自分の見解をさらにつぎの段階へと推しすすめた。この主題は、時代の雰囲気とも合致していたが、そこには、ヴォルテールのような著述家が求めていた社会改革への要望も反映していた。だがルソーは、またもや、その分析でもって保守的思考と格闘することとなった。ルソーにとって、ホッブズによって

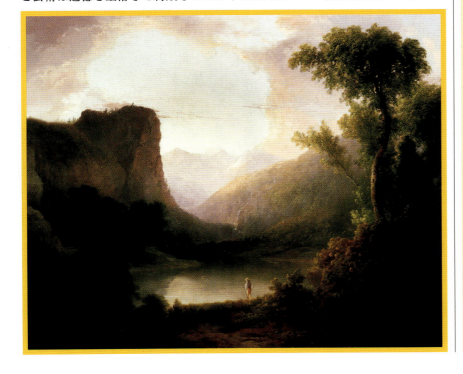

18世紀末から19世紀初頭にかけて一世を風靡した、芸術と文学における**ロマン主義運動**は、自然状態を麗しく無垢で美徳に満ちた状態とみなすルソーの見解を反映していた。

ジャン＝ジャック・ルソー

描きだされた利己的で野蛮で不正に満ちた自然状態は、「自然人」の描写であるどころか、「文明人」を描いたものだ。じっさい、ルソーは、こうした野蛮な状態を招いたのは文明社会にほかならないと主張する。ルソーに言わせるなら、人間の自然状態は無垢（むく）で幸福で、なにものにも縛られていない。人間は生まれつき自由なのだ。

社会が堕落を招きよせる

ルソーが叙述するような自然状態は、さながら牧歌的な田園詩であって、そこでは自然状態の人間は基本的に幸福に（イギリス人は誤ってルソーの自然人という観念を「高貴な野蛮」と解しているが、これはフランス語のソヴァージュの誤訳に由来する。この語はもともとたんに「自然の」という意味であって、「粗野な」という意味はない）生きている。人びとは、生来の美徳を授けられており、さらに重要なことには、共感と同情の念を付与されている。だが、ひとたびこの無垢な状態が壊されて、理性の力が人類と自然とを分離しはじめると、人びとはみずからの自然的美徳から離脱しはじめる。こうして、自然状態の上に文明社会が押しつけられることで、美徳から悪徳への、つまりは牧歌的な幸福から貧困への動きが惹きおこされる。

ルソーの眼には、自然状態からの堕落と市民社会の確立は、喜ばしくはないが避けがたいものと映っていた。なにしろ、それは、人間にそなわっている理性を用いる能力からの帰結なのだ。ルソーの考えでは、この過程は、人間がある区画の土地を自分専用に囲いこむことで所有の観念をもちこんだときにスタートした。そんなふうにして人間集団が区分されたかたちで生活しはじめると、社会が形成され、さらに法体系によって維持されるようになる。だがルソーは、社会とは総じて、共感も、人間の自然的美徳とのつながりも失わせるものであり、その結果、私たちは法という本来公正というよりは利己的な性格のくびきから逃れがたくなると主張する。法の目的は私有財産の保護にあるため、それは豊かな者から貧しい者へ課されるものとなる。こうして、ルソーに言わせれば、自然状態から文明状態への移行は、美徳から悪徳への移行をひきおこすばかりでなく、無垢で自由な状態から不正と隷従の状態への移行をもひきおこす。人間が本来徳に溢れているにしても、それは社会によって堕落させられ、人間は生まれつき自由であるのに、社会によって課される法が人間に「鎖につながれた」生活を余儀なくさせるのだ。

社会契約論

ルソーの2冊目の著作『人間不平等起源論』は、最初の著作以上に人びとを憤慨させたが、名声を、さらには支持者をももたらした。自然状態を野蛮ではなく望ましい状態として記述したルソーの描写は、文学において胎動しつつ

アダムとイヴは、ルソーが社会に先行すると考えた完全な「自然」人をあらわしている。ルソーに言わせれば、私たちも、アダムとイヴ同様、知識によって堕落させられ、どんどん利己的で不幸な存在になっていった。

平穏は、地下牢のなかにもある。
しかし、だからといって、
地下牢を暮らしやすい場所にするだけで十分だろうか
ジャン＝ジャック・ルソー

あったロマン主義運動にとって肝心要（かんじんかなめ）の結節点となった。「自然へ帰れ」というルソーのスローガンと現代社会を不平等と不正に満ちたものとみなす悲観的な分析には、とりわけ1750年代のフランスにおける社会不安の増大と呼応するところがあった。とはいえルソーは、問題を提起するだけで満足したわけではなく、解決策をも示そうとした。それが提示されたのが、おそらくルソーのもっとも有名で影響力をもった著作『社会契約論』だ。

ルソーは開巻劈頭（へきとう）で、挑発的な宣言をおこなう。いわく、「人間は生まれつき自由だが、いたるところで鎖につながれている」。これは根底的な変革への訴えとみなされ、27年後のフランス革命でスローガンとして採択された。ついでルソーは、貴族政治にも君主制にも教会にも支配されるのではなく、統治の業務に市民全員が参加しみずから運営する市民社会という、従来のものに代わるヴィジョンを提出する。民主主義の古典的な共和制的理念に範を採りつつ、ルソーが構想するのは、ひとつの統合体として機能し、一般意志にしたがって法を定める市民集合体だ。法は万人から求められるかたちで生じ、万人に適用される。そこではだれもが平等とみなされる。ロックによって構想された社会契約論は、個人の権利と財産

革命の時代

> 一般意志は万人に由来し、万人に適用されるものであるべきだ
> **ジャン＝ジャック・ルソー**

を守ることを第一としていたが、それとは対照的にルソーが推奨するのは、法を制定する権力を一般意志によって統べられるひとつの全体としての人民に委ねることで、万人の恩恵が保証されるようになることだ。立法過程に参加する自由こそが、不平等と不正の撤廃を可能にし、社会への帰属意識を高揚させるとルソーは考えた。そこから、新生フランス共和制のモットーとなった「自由・平等・博愛」へとつうじてゆくのは、必然的な流れであった。

教育の害悪

同じ年に書かれたもう 1 冊の著作『エミール』のなかでルソーは、自身の主題を拡張して、自然状態からの堕落と現代社会にみられる害悪の蔓延の原因は教育にあると主張した。別の著作や論文でルソーは、保守的な宗教と無神論の双方がたがいに正反対の影響をもたらしている点に議論を集中した。ルソーの全著作の中心には、理性が人間の無垢な状態を、ついで自由と幸福を脅かすという観念がある。ルソーが推奨するのは、知性を教育する代わりに、

ルソーが亡くなって 11 年後に勃発した**フランス革命**は、発言権も権力ももたない貧しき者たちを少数の富める者たちが支配するのは不正だというルソーの主張に鼓舞されたところがある。

感情を陶冶することであり、そのためには、宗教的信仰は頭ではなく心によって導かれるべきだというのだ。

政治的影響

ルソーの著作の大半は、フランスではすぐさま発禁処分にあい、それがルソーに悪評をもたらしもすれば、広範な追随者をもたらしもした。1778 年にルソーが亡くなったころには、フランスやそのほかの地域では革命の機運が切迫しており、市民集合体の一般意志こそが立法過程を支配すべきだというその社会契約論の考えは、現存の体制を破棄してそれに代わりうるかもしれない社会体制への展望を革命支持者たちに提供した。だが、ルソーの哲学は同時代の思考とは折りあいが悪かったし、自然状態が文明よりも優先されるべきだといくらルソーが力説しても、ヴォルテールやヒュームといった同時期の改革主義者たちからは受けいれられなかった。ルソーの政治的影響力がまざまざと感じられるようになったのは、彼の死後ほどなく生じたフランス革命の時期においてであり、哲学、それも政治哲学にたいするルソーの影響が著しいものとなったのは 19 世紀になってのことだ。ゲオルク・ヘーゲルは、ルソーの社会契約思想を自身の哲学体系に統合した。さらに後になると、もっと重要なものであったが、カール・マルクスが不平等と不正にかんするルソーの業績にとりわけ強く影響を受けた。マルクスは、フランス革命の指導者のひとりで、恐怖政治のあいだルソーの哲学を自分の目標のために好きに利用したロベスピエールとは異なり、資本主義社会とそれを別のものにとりかえるための革命的手だてについてのルソーの分析を十分に理解し、発展させた。マルクスの『共産党宣言』は、ルソーへの賛意を示す、プロレタリアート（労働者）は「自分たちをつなぐ鎖のほかになにも失うものはない」という励ましのことばで締めくくられている。■

人間は取引する動物だ
アダム・スミス
（1723年～1790年）

その哲学的背景

部門
政治哲学

手法
古典経済学

前史
紀元前350年ころ アリストテレスが、国内生産（「家政（エコノミー）」）の重要性を強調し、貨幣の役割を解きあかす。
1700年代初頭 デンマーク出身のイギリスの思想家バーナード・マンデヴィルが、利己的な行為が社会的に望ましい帰結を間接的にもたらすことがありうると論じる。

後史
1850年代 イギリスの著述家ジョン・ラスキンが、スミスの見解は唯物論に傾きすぎており、それゆえ反キリスト教的だと論じる。
1940年代以降 哲学者たちは、人間の行動を説明するモデルとして、契約という観念を社会科学全般にわたって適用する。

スコットランドの著述家アダム・スミスは、しばしば歴史上もっとも重要な経済学者とみなされる。スミスは、交換と利己心という概念を探究したが、それらの概念と、同意や利害にはさまざまなタイプ——たとえば「共通利害」など——がありうるという考えとは、いまなお哲学者たちに訴えかけるものをもっている。スミスの著作が重要なもうひとつの理由に、友人であったデイヴィド・ヒュームが政治経済にかかわる著書のなかで展開した「商業社会」観念にたいして、いっそう一般的で抽象的な形式を提示している点が挙げられる。

スイス出身の同時代人ジャン＝ジャック・ルソーと同じく、スミスも人間を動かす動因には親切心と利己心とがあると想

革命の時代 **161**

参照　デイヴィッド・ヒューム 148～53頁■ジャン=ジャック・ルソー 154～59頁■エドマンド・バーク 172～73頁■カール・マルクス 196～203頁■ノーム・チョムスキー 306～07頁

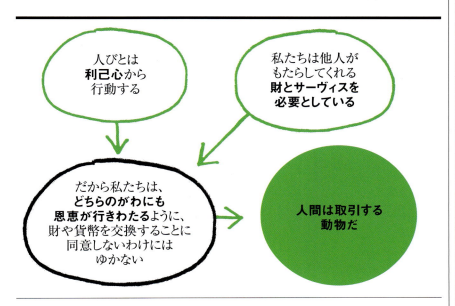

アダム・スミス

「近代経済学の父」は、1723年にスコットランドのファイフ州カーコーディーに生まれた。学問にかんしては神童であったスミスは、まずエディンバラ大学の、ついでグラスゴー大学の講師となり、1750年に教授となる。1760年代には、スコットランドの貴族の若者ヘンリー・スコットの私的家庭教師というわりのよい仕事に就き、一緒にフランスとスイスを旅行した。

すでにスミスは、デイヴィッド・ヒュームやそのほかのスコットランドの啓蒙思想家たちと面識をもっていたが、この期間にヨーロッパの啓蒙思想の指導的立場の人物たちとも知遇を得る機会をもった。スコットランドへもどると、スミスは10年という歳月を費やして、『国富論』を執筆し、その後関税委員として公職に復帰した。この職に就いたことで、スミスはイギリス政府にさまざまな経済政策を助言できるようになった。1787年にグラスゴー大学に復帰し、生涯の残り3年間を学長としてすごす。

主著

1759年
『道徳感情論』
1776年
『国富論』
1795年
『哲学論文集』

定したが、ルソーと異なるのは、利己心のほうが強力で、人間の行動を導く上でいっそう重要だと想定した点だ。スミスの考えでは、それは社会を観察してみれば裏づけられる。そのかぎりではスミスの手法は、一般的に言うなら、経験に立脚している。取引の心理学を扱ったもっともよく知られた議論のひとつで、スミスは、人びとを取引に向かわせる最大のきっかけとなるふるまいは、ある集団にとってほかの集団を駆りたてる、「きみが自分の欲しいものを手にいれる最善の道は、私が欲しているものを私に提供することだ」ということばだ。言いかえるなら、「私たちがたがいに訴えかけあうのは、相手の人間性にではなく相手の自己愛にたいしてなのだ」。

スミスはさらに、有用な対象の交換こそが人間に特徴的なふるまいだと主張する。スミスが注意を促すように、犬同士が骨を交換するところが観察されたためしはない。なにかを手にいれたいと望むなら、それを実現する唯一の方法は、こちらの必要な物を提供してもらえるよう相手の好意を得ることだ。人間はこの種の「おもねるような卑屈な配慮」にも左右

されるが、自分が必要としているときにいつでもそれを当てにできるわけではない。なにしろ、生きてゆくには、多くの人びとの共同と援助が必要だ。たとえば、宿屋に一晩快適に泊まるには、食事の調理やサーヴィス、部屋の用意などをしてくれる多くの人間の手を借りる必要があるが、そうした業務のどれひとつとして、善意だけにもとづいていとなまれているわけではない。こうした理由から、「人間は取引する動物」なのだが、取引は双方のがわの利己心への相応の訴えかけによってとりきめられる。

分業

スミスに言わせるなら、市場経済の出現を説明するには、あらゆる人間もしくはあらゆる家族が、経済的に自給自足できているべきだという、かつては普遍的であった要請に代えて、私たちにそなわる交換する能力にスポットが当てられなければならない。取引のおかげで、あれもこれもと多くの財を生産する必要がなくなり、最終的にはただひとつの財を生産するだけで、もしくはただひとつのサーヴィスを提供するだけですむようになり、

162 アダム・スミス

なんであれ私たちの望むあらゆるものとそれを交換することができるようになった。この過程に一大変化を巻きおこしたのが、貨幣の発明だ。これによって、個々のものを交換する必要がなくなった。スミスの見解にしたがうなら、これ以降、他人の慈悲にすがるしかなくなったのは、働けない人間だけだ。それ以外のすべての人びとは、市場に出かけていって、自分の労働の所産を、あるいは労働をつうじて得られた貨幣を他人の労働の所産と交換できるようになった。

あらゆるものを自分でまかなう必要からこのように解放されたことで、特殊技能を身につけた人びと（たとえば、パン屋や大工）が出現するようになり、スミスが労働者のあいだでの分業と呼ぶものが生まれた。これは、専門化を表現するためにスミスが用いた言いまわしで、この結果個人は1種類の労働に従事するばかりでなく、複数の人間によって共有されている仕事のなかのただひとつの職務だけを遂

スミスの見解では、公平な社会を確立するための**鍵は市場**だ。財の売買によってもたらされる自由でもって、個々人は「自然的自由」をもった生活を楽しめるようになる。

> 労働の生産力という点での最大の改良は、分業にもとづくさまざまな結果にあらわれている
> **アダム・スミス**

> 文明社会は、多くの人間たちの共同と補助の必要につねにさらされている
> **アダム・スミス**

行するようになる。スミスは、その主著『国富論』の冒頭で、とるにたらない金属ピンの製造が工場システムを採用したことでどれほど急速に改良されたかを示して、専門化の重要性を例証している。ひとりきりで働いているひとには、一日に20本の完璧なピンをつくることは困難に感じられようが、それぞれに異なった課題——針金を引きのばすことからはじまって、それを真っすぐにすること・切断すること・尖らせること・研ぐこととさて、そ

れをピンの頭に接合することまで——を課せられた10人のグループは、スミスの時代での話だが、一日に48,000本のピンをつくることができた。

スミスは、産業革命の時代に生じた労働の生産効率における著しい改良——たとえば、労働者にずっとよい道具を供給し、ときには人間の代わりに機械を用いるなど——に大いに感銘を受けた。こうしたシステムにはなんでも屋は不要だ。哲学者でさえも、自分たちの扱うさまざまな

主題——たとえば、論理学・倫理学・認識論・形而上学といった具合に——ごとに枝分かれしたかたちで専門化していった。

自由市場

分業によって生産性は増大し、だれもがなんらかの種類の労働に適した存在になれる（なにしろ、技術修行から解放されるのだ）わけだから、きちんとした秩序をもった社会では普遍的な富の蓄積が可能になるとスミスは論じた。じっさいスミスに言わせれば、完全な自由が保障されていれば、市場は完全な平等——そこでは、だれもが、正義の法にかなっているかぎりで、自分なりのやりかたで好きなように自分の利害を追求できる——を実現しうる国家を可能にする。そしてスミスは、平等ということで、機会の平等ばかりでなく、条件の平等ということをも視野にいれている。言いかえるなら、スミスの目標は、競争によって分割されているのではなく、相互的な利己心を土台とした交換によってひとつにまとめあげられているような社会を生みだすことにあった。

だから、スミスの主張のポイントは、人びとが自由であるべきなのは、それが望まれているからだという点にではなく、全体としてみたばあい、個々人が自身の利害を追求することから社会は恩恵をこうむるからだという点にある。なにしろ、それ固有の需要と供給の法則をそなえた市場の「見えない手」が、利用可能な財の総量を調整し、どんな政府にもなしえないくらいに効果的な金額をしかるべく設定するのだ。簡単に言うなら、利己心の追求は、公平な社会とは両立しがたいものであるどころか、それを保障する唯一の方法だとスミスは考える。

そうした社会においては、政府は、防衛や法的正義、そして教育を提供するといった若干の役割を演じるだけですむ。それに応じて、税金や義務は縮小されるだろう。そして交換は、それがまさに国境の内部で開花するのと同じように、国境を超えても盛んになり、国際的な貿易へとつうじてゆく。これはちょうどスミスの時代に世界中に広まりつつあった現象であった。

その一方でスミスは、自由市場という概念に問題があることにも気づいていた。とりわけそれは、労働時間にたいする賃金の共同契約の増加にかかわるものだ。さらにスミスは、分業が莫大な経済的恩恵をもたらしはするものの、反復作業は労働者にとって退屈をもよおさせるばかりでなく、その人間性を破壊することにすらなりかねないということも理解していた。そうした理由からスミスは、政府は生産ラインが用いられる程度に限度を設けるべきだとの提案をした。だが、『国富論』が最初に出版されたとき、自由で規制を設けない貿易を説くその学説が画期的とみなされた理由は、それが既成の商業と農業における特権と独占にたいして攻撃をくわえたからというばかりでなく、国家の富はその金保有量にではなく労働力に左右されるという議論を展開したからでもあった。これは、当時のあらゆるヨーロッパの経済学的思考に抗う独創的な見解であった。

画期的だというスミスにたいする評価は、1789年のフランス革命ののちに生じた社会の本性にかんしていつ終わるともしれなかった議論の過程でも支持された。中期ヴィクトリア朝の歴史家H.T.バックルをして、『国富論』は「おそらくこれまでに書かれたもっとも偉大な著作だ」と言わしめたほどだ。

スミスの遺産

「一般的利害」と「消費者の関心」が同じであり、自由市場は万人に恩恵をもたらすと考えた点で、スミスは誤っていたという批判がある。ほんとうのところは、スミスが貧困の犠牲者たちにたいして同情を感じていたにしても、自身の社会モデルの枠内では生産者と消費者のあいだの利害のバランスをとる、あるいはそのモデルのなかに、主として女性によってになまれる——だが、これがあるから社会の実効性がうまく保たれるのだが——

生産ラインとは、信じられないほどの富を生みだすシステムだ。だがスミスは、これが無制限に用いられると労働者を非人間的にしてしまうという悪影響をもたらしかねない点について警告している。

家庭内労働を統合することに十分には成功しなかったということだ。

こうした理由から、さらには19世紀における社会主義の台頭にともなって、スミスの名声は失墜していった。だが、20世紀後半に巻きおこった自由市場経済にたいする関心の復活によって、スミスの考えかたもふたたび陽の目を見ることとなった。私たちがじっさい、スミスのもっとも先を見とおした主張であった、市場はたんなる場所以上のものだという見解を十分に評価できるようになったのは、ようやく最近になってのことだ。市場とはひとつの概念であって、そのかぎりで街角のような特定の場所だけでなく、どこにでも実在しうるものだ。これは、電信技術の進化にともなってようやく可能となる「潜在的」市場と言いうるものを予見させる考えだ。こんにちの金融市場とオンライン・トレーディングは、スミスの見とおしの素晴らしさを証言してあまりある。■

二つの世界がある。
私たちの身体と外界だ

イマヌエル・カント
(1724 年～1804 年)

イマヌエル・カント

その哲学的背景

部門
形而上学

手法
超越論的観念論

前史
1641年　ルネ・デカルトが、『省察』を刊行して、自分自身の意識についての知識を出発点として、あらゆる知識を疑う。
1739年　デイヴィド・ヒュームが、『人間本性論』を刊行して、人間精神が現実を知覚する方法に限界のあることを示唆する。

後史
19世紀　ドイツ観念論運動が、カント哲学への応答というかたちで展開する。
1900年代　エドムント・フッサールが、意識についてのカントの理解を土台として、経験の対象を研究する立場としての現象学を展開する。

イマヌエル・カントの考えでは、2000年以上にわたる哲学の思索のなかで、私たちにとって外的な外部世界が本当に存在するという証明となる議論をだれも提出しえていないということにまさる「スキャンダル」はない。カントがとりわけ念頭においていたのは、ルネ・デカルトとジョージ・バークリーの議論であった。この二人は、外界の実在にかんする懐疑を考えぬいた。

デカルトは『省察』の冒頭で、外界が存在するという知識もふくめて、私たちは考える存在としての自分自身の実在以外のあらゆる知識を疑ってみる必要があると論じた。ついでデカルトは、神の実在を証明し、さらには外界の実在をも証明する議論を提出することで、こうした懐疑主義的な見解を無効ならしめた。だが、（カントもふくめて）多くの哲学者が、デカルトによる神の証明をその推論にかんして妥当なものとはみなさなかった。

他方でバークリーは、知識は可能だが、それは私たちの意識が知覚する経験に由来すると主張した。ただし私たちには、それらの経験がなんであれ、それが私たち自身の精神の外部にあるものの実在の経験だと信じるにたる裏づけが欠けている。

時間と意識

カントが論証しようとするのは、外的な物質世界が存在し、その実在は疑いえないということだ。その論証は以下のように進行する。なにかが実在するためには、そのものは時間のうちに限定可能なものでなければならない。つまり、それがいつどのくらいのあいだ実在しているのかを私たちが言えるのでなければならない。だが、その対象が私自身の意識になったばあいはどうなるだろうか。

意識は感覚と思考の絶えざる流れとともにつねに変化しているように思われるにもかかわらず、私たちは、自身の意識のなかで目下のところ起こっていることがらを指ししめすのに「いま」という語を使う。だが、「いま」は限定された時点でも日づけでもない。私が「いま」と言うそのたびごとに、意識のありようは異なっている。

ここには、つぎのような問題が潜んでいる。私自身の意識の「いつ」を特定することは、どのようにして可能となるのか。私たちには時間そのものを直接に体験することはできない。むしろ私たちにできるのは、動いたり、変化したり、同じでありつづけたりするものをとおして時間を経験することだけだ。つねにゆっくり回転している時計の針を思いうかべてみよう。動いている針自体は、それが示す時刻を決定するのには無益だ。そのためには、別のなにかが、たとえば時計の表面の数字のようなそれ自体は不動

カントによれば、私たちが時間を経験するのは、時計の針のように世界内にある動きや変化する事物をつうじてのみだ。だから、私たちはいつでも時間を間接的にしか経験できない。

のなにかが必要だ。たえず変化している自分の「いま」を計測するのに私が所有している手だては、私の外部の空間中にある物質的対象（私自身の身体もふくめて）のうちに見いだされる。私は実在していると語るには、時間内のある限定された時点が不可欠であり、ついで、これはこれで、時間がそのなかに位置づけられる外界が現実に存在していることを条件とする。だから、外界の実在について私が感じる確実性の度合いは、デカルトが絶対に確実なものとみなした意識の実在について私が感じる確実性の度合いと同じなのだ。

科学の問題

カントは、科学がどのように外界を理解しているかという点をも考察の対象とした。カントは、この2世紀のあいだに自然科学がなしとげた眼を瞠るほどの進歩を賞賛し、それを主題という点でみたばあいの古代からこの時代までの相対的停滞と比較する。ほかの哲学者たちと同様、カントも、まさに科学的探究において突如としてなにが生じたのかという疑問をいだいた。その時代の多くの思想家たちによって提起されたのは、経験主義が登場したという解答であった。ジョン・ロックやデイヴィド・ヒュームといった経験主義者が、外界についての経

革命の時代 **167**

参照 ルネ・デカルト116〜23頁 ■ ジョン・ロック130〜33頁 ■ ジョージ・バークリー138〜41頁 ■ デイヴィド・ヒューム148〜53頁 ■ ヨハン・ゴットリープ・フィヒテ176頁 ■ ゲオルク・ヘーゲル178〜85頁 ■ アルトゥール・ショーペンハウアー186〜88頁 ■ フリードリヒ・シェリング341頁

験をつうじて私たちに到来するものを別にすれば、そもそも知識など存在しないと論じた。この立場は、知識にとっては精神にそなわる推論し概念を処理する能力のほうが、経験以上に重要だと考えたデカルトやライプニッツといった合理主義哲学者の見解と真っ向から対立した。

経験主義者たちに言わせれば、科学者たちが以前とはちがって、自分の世界観察のほうにずっと考慮をはらうようになり、理性だけに依拠した不当な想定を次第に減らしていったことによって、近年の科学の成功は可能になった。カントは、そうした主張にそれなりの真実があることは認めながらも、それが解答のすべてではないし、16世紀以前の科学には詳細かつ入念な経験的観察がなかったかのような言いかたをするのは短絡的な誤りだと主張する。

カントに言わせれば、本当の問題点は、経験的観察を妥当なものたらしめる新しい科学的方法が生じたところにある。この方法には二つのことが含意されている。第一に、それによれば、力や運動といった概念は数学によってのみ完全に記述されうると言われる。第二に、それは自然にたいして特定の問いかけを発し、それにたいする解答を観察することでその世界概念を検証する。たとえば、

哲学が存在するのは、
まさにその限界を
知ることにおいてだ
イマヌエル・カント

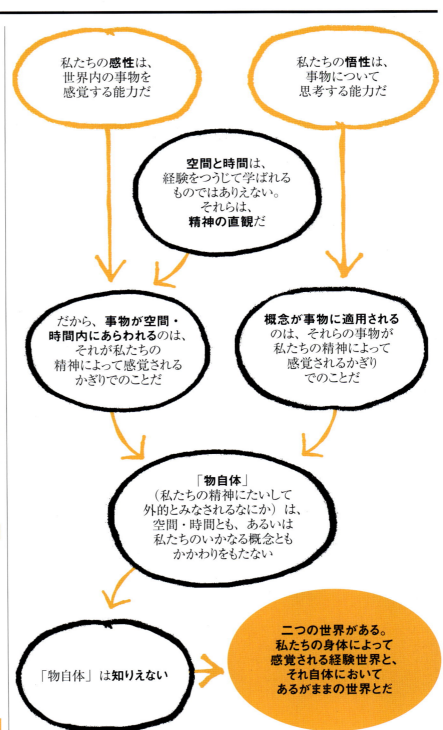

168 イマヌエル・カント

> 内容を欠いた思考は盲目だ。
> 概念を欠いた直観は空虚だ……。
> 両者の結合からのみ、
> 認識は生じうる
> **イマヌエル・カント**

実験的自然学者ガリレオ・ガリレイは、重量の異なった二つのものは、それにもかかわらず大気中を同じ速度で落下してゆくという仮説を検証しようとした。ガリレオがこれを確かめるために考案した実験は、観察結果にたいする唯一可能な説明が仮説の真偽を決定するように巧みにしくまれたものであった。

カントは、科学的方法の本性と重要性を確認する。カントの考えでは、この方法は自然学ならびにそのほかの主題を「科学という安全な道」の上にすえた。だが、カントの探求はそこで終わるわけではない。カントがつぎに問題にしたのは、「私たちの世界経験は、なぜ科学的方法があてはまるようになっているのか」ということであった。言いかえるなら、どうして私たちの世界経験はいつでも本性的に数学的なのか、そしてなぜ人間理性にはいつだって自然に問いかけを発することが可能なのかということだ。

直観と概念

カントは、そのもっとも有名な著作『純粋理性批判』のなかで、私たちの世界経験が二つの要素からなっていると論じている。第一は、カントが「感性」と呼ぶもので、これは時空間内にある特定の事物——たとえば、いまあなたが読んでいるこの本のような——について直接教えてくれる能力だ。こうした直接的な知をカ

ントは「直観」と呼ぶ。第二は、カントが「悟性」と呼ぶもので、これは概念を所有し用いる能力だ。カントの考えでは、概念は事物についての間接的な知だ。たとえば、「本」一般の概念のような、ある種の事物の例がこれにあたる。概念がなければ、私たちにはいま自分の直観しているのが本であるということからしてわからない。直観がなければ、私たちにはそもそも本といったものがあるということすらわからない。

この二つの要素には、それぞれ二つの面がある。感性のうちには、時空間内の特定の事物（本のような）についての私の直観と、時空間そのものについての私の直観（時空間が一般にどのようなものであるかについての私の知）がある。悟性のうちには、特定の種類の事物（＝本）

についての概念と「事物」それ自体（＝実体）についての私の概念がある。本についての私の直観と本についての概念は経験的なものだ。なにしろ、世界のうちでそうしたものに出くわしたことがないとしたら、どうして私が本についてなにかを知りうるというのか。だが、時空間についての私の直観と実体の概念のほうはアプリオリだ。つまり、それらはどんな経験よりも前に、あるいはそうしたものからは独立に知られている。

真の経験主義者であれば、カントに抗（あらが）って、あらゆる知は経験に由来すると、言いかえるなら、アプリオリなものなどないと主張するだろう。空間がなんであるかは、空間内にある事物を観察することで、実体がなんであるかは、根底にある事物それ自体は変わらないのに、事物の諸特

カントは知識を二つに分ける。ひとつは世界の直接的な感覚によって得られる直観、もうひとつは間接的に悟性に由来する概念だ。私たちの知識は感性と悟性双方にもとづくが、それらのあるものは経験的な明証性に由来し、あるものはアプリオリに知られる。

ポイント

→ 経験的知識

→ アプリオリな知識

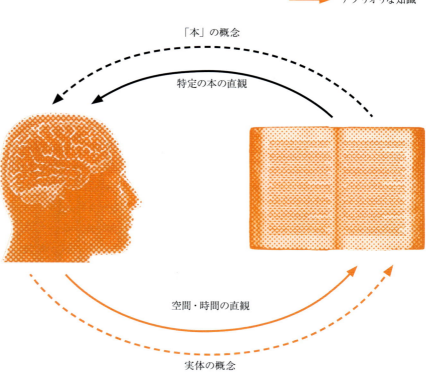

革命の時代　169

カントによれば、絶えず変化している木々についての**私たちの理解**は、「実体」という概念のアプリオリな把握を前提としている。この種の概念が私たちの経験の前提条件をなしている。

徴が変わるのを観察することで、それぞれ学ばれるのだとも言うだろう。たとえば、木の葉は緑色から茶色に変わり、最後には木から落ちてしまうが、木は変わることなく同じ木のままだ。

空間と実体

これにたいして、カントの議論は、空間がひとつのアプリオリな直観であることを示している。自分の外部にある事物について知るためには、そもそもそれらが自分の外部にあるということを知っている必要がある。だが、この伝でゆくと、事物について知るのと同じようにしては、空間自体のことはわからないという理屈になる。「自分の外部に」ということがなにを意味しているのかをすでに知っていることなしに、どうやってなにかを自分の外部に位置づけられるというのか。こうして、空間についてのなんらかの知識が、これまで経験的に空間について知りえたことよりも前にあったものと想定しないわけにはゆかなくなる。つまり私たちには、空間がアプリオリにわかっているのでなければならない理屈となる。

この議論からは法外な帰結がでてくる。空間それ自体はアプリオリなわけだから、それが世界内の事物に帰属することはない。だが、空間内の事物にかんする私たちの経験は、私たちの感性にかか

わることがらだ。物自体――感性から独立に、したがって私たちの精神にたいして外的なかたちで考察されるかぎりでの事物をさすカントの用語――は、空間とはなんのかかわりももたないことだろう。カントは、同種の議論を用いて、時間についても同じことを証明している。

ついでカントは、実体のようなアプリオリな概念の実在の証明にとりかかる。カントはまず私たちに、二つのタイプの変化を区別するよう求める。変異と変化だ。変異は、事物にそなわる属性にかかわる。たとえば、木の葉は緑色であったり茶色であったりする。これにたいして、変化は、木がなんであるかにかかわる。同じ木がその葉を緑色から茶色に変化させる。こうして、この区別を立てるときにはすでに実体の概念が前提されている。（実体としての）木は変化するが、（実体の属性としての）葉は変異するのだ。もしこの区別に同意しないなら、私たちは、実体概念の妥当性にも同意できないことになる。そのばあいには私たちはつぎのように言わねばならなくなる。すなわち、ある時点で変容が生じた、すなわちそれまでなかったある「見慣れた」もの（茶色の葉の茂った木）が突如として存在するようになった、あるいはある「見慣れた」もの（緑色の葉の茂っていた木）が突如として存在しなくなった、と。つまり、それまで存在しなかった茶色の葉の茂った木が存在するようになったそのときに、緑色の葉の茂っていた木が一挙に無化されたのだ、と。

カントは、こんな事態がありえないことをあきらかにしようとする。そのための鍵となるのが、時間の限定だ。時間は直接に経験されえない（時間は事物ではない）。むしろ私たちは、カントがすでに示したように、変化したり変化しなかったりする事物をつうじて、時間を経験する。もし私たちが緑色の葉の茂った木をつうじて時間を経験し、さらに茶色の葉の茂った木をつうじても時間を経験していながら、この両者のあいだになんの連関もないとしたら、私たちは二つの分離された

ままの現実の時間を別個に経験しているだけだろう。だが、そんなことはありえない以上、カントは、私たちが世界についてのなんらかの経験を獲得しうるようになるよりも前に、実体概念が絶対的に本質的なものであることを証明しえたと思った。そして、なんであれ私たちが経験的になにかを知るのは、この経験をつうじてのことである以上、実体の概念は経験的ではありえない。つまり、それはアプリオリだというわけだ。

知識の限界

精神のなんらかの状態ないし活動は、私たちが経験する事物よりも先だっていて、その上さらに根本的でもあると主張する哲学上の立場は観念論と呼ばれるが、カントは自身の立場を「超越論的観念論」と呼ぶ。カントが強調するのは、空間・時間とある種の概念は、経験とは無関係にそれ自体で考察された世界（それをカントは叡智界と呼ぶ）の特徴というよりは、私たちが経験する世界（それをカントは現象界と呼ぶ）の特徴だという点だ。

アプリオリな知識にかんするカントの主張には、肯定的な帰結と否定的な帰結とがある。肯定的な帰結は、空間・時間、それにある種の概念がアプリオリな性質のものであるからこそ、私たちの世界経験が可能となり、そればかりか信頼できるという点だ。空間と時間によって、私た

私たちが空間について
語ることができるのは、
人間的観点からのみのことだ
イマヌエル・カント

ちの世界経験は本性的に数学的なものとなる。つまり私たちは、みずからの経験を既知の価値と比較することができるのだ。実体のようなアプリオリな概念があるから、「それは実体か」とか「それはどのような属性を示し、どのような法則にしたがっているのか」といった問いを自然にたいして差しむけることが可能となる。言いかえるなら、カントの超越論的観念論によって、私たちの経験が科学にとって役だつものとみなされうるのだ。

否定的な面にかんして言うなら、あるタイプの思考は科学を自称し、科学に似てさえいるが、まったくまちがっていることがあきらかになる。その理由は、それらの思考が空間・時間にかんする直観を、あるいは実体といった概念を物自体に適用してしまっている点にある。カントに言わせるなら、それらは経験にたいしては妥当するにちがいないが、物自体にかんしては妥当性をもたない。それでいてこのタイプの思考は、なまじ科学と似ているために、私たちにとってたえざる誘惑であ

> 人間理性は、
> 退けることができないが、
> 答えることもできない
> 問いによって混乱させられる
> **イマヌエル・カント**

> 理性は、それ自身の計画（プラン）にもとづいて生みだすものについてしか洞察をもたない
> **イマヌエル・カント**

り、多くの人間がそれと気づくことなく陥ってしまう陥穽（かんせい）だ。たとえば私たちは、神が世界の原因であると主張したくなるかもしれないが、原因と結果というのも実体と同じように、また別のアプリオリな概念であって、カントに言わせれば、その妥当性はすっかり経験世界に限定されており、物自体には妥当しない。だから、神（ふつうそう思われているように、経験世界から独立な存在とみなされるかぎりでの）の実在は、知られうることがらではない。こうして、カント哲学の否定的な帰結は、知識の限界にたいしてとくに厳格な制約を設ける点に認められる。

超越論的観念論は、自分自身と外的世界との区別を理解する法外なまでに過激な道を私たちに提示する。私にとって外的なものは、たんに空間内にいる私にとって外的であるばかりでなく、空間それ自体にとって（ということは、時間にとってもということであり、さらには私の世界経験を可能ならしめるあらゆるアプリオリな概念にとってもということだ）外的なものと解釈される。こうして、二つの世界があることになる。私の思考と感情を内にふくみ、自分の身体や本といった物質の経験をも内にふくむ経験の「世界」と、厳密には経験されず、だからいかなる意味でも知られえず、私たちがたえず欺かれないように努める必要のある物自体の「世界」だ。

私たちの身体は、これらすべてにおいてある奇妙な役割を果たしている。物質

フラマリオンの木版画は、空間と時間の外部を見ている人間を描いている。カントの考えでは、私たちにとって外的なものは空間と時間にとっても外的であり、けっして物自体としては知られえない。

革命の時代　171

合理主義
合理主義者たちは、経験よりも理性を用いることで、世界内の対象について知ることができるようになると考える

経験主義
経験主義者たちは、知識は私たちの理性以上に、世界内の対象についての私たちの経験に由来すると考える

超越論的観念論
カントの超越論的観念論は、世界を理解するには理性も経験もともに不可欠だと主張する

イマヌエル・カント

イマヌエル・カントは、1724年にあまり裕福とはいえない職人の家庭に生まれ、全生涯をケーニヒスベルクの、その後プロイセン領となったバルト海に面した国際的な港町ですごした。カントは、生まれ故郷を離れたことは一度もなかったが、生前から国際的に知られた哲学者となった。

カントはケーニヒスベルク大学で、哲学・自然学・数学を学び、その後の27年間を同大学で教えた。1792年に、その非凡な見解ゆえに、当時の君主フリードリヒ・ウィルヘルム2世によって教職に就くことを禁じられ、教職に復帰したのは、王が死んで5年たってのことであった。カントはその生涯をつうじて著作を発表したが、なににもまして、50代と60代に生みだされた前人未到の一連の著作によって知られている。カントは明朗で社交的な人間だったが、生涯独身をつらぬき、80歳で亡くなった。

主著

1781年
『純粋理性批判』

1785年
『人倫の形而上学の基礎づけ（道徳形而上学原論）』

1788年
『実践理性批判』

1790年
『判断力批判』

としての私の身体は、外界の一部だが、そのくせ私の身体は私の一部であり、（肌や神経や眼や耳などを駆使して）自分以外の事物とであうための媒体だ。ここから私たちに、身体と外界の区別を理解するひとつのやりかたが提出される。感覚の媒体としての私の身体はそのほかの外的な物質とは異なっているのだ。

消えさることのない影響

カントの著作『純粋理性批判』が、近代哲学の歴史においてもっとも重要な1冊であることに異論の余地はない。現代の多くの哲学者たちが、しばしば哲学の全主題を、カント以前に生じたすべてとカント以降に生じたすべてとに分けているほどだ。

カント以前には、ジョン・ロックのような経験主義者が、カントの用語で言えば感性を強調し、デカルトのような合理主義者は悟性のほうを強調する嫌いがあった。カントの論じるところでは、私たちの世界経験にはつねにこの二つがともにふくまれており、しばしばそこからカントが合理主義と経験主義を結合したと言われることにもなった。

カント以降のドイツ哲学は、とりわけ目覚ましいほどの進歩を見せた。ヨハン・フィヒテやフリードリヒ・シェリング、ゲオルク・ヘーゲルといった観念論者はみな新しい方向でカントの思索を採りあげ、ロマン主義からマルクス主義にいたるまで19世紀の思想全体に影響をもたらした。形而上学的思索にたいするカントの洗練された批判も、正当化可能な言明はすべて科学的もしくは論理的に検証可能でなければならないと主張する実証主義にとって重要なものとなった。

カントがアプリオリを私たちの世界直観のなかに位置づけたということは、エドムント・フッサールやマルティン・ハイデガーといった20世紀の現象学者たちにとって重要な意味をもった。彼らは、経験の対象を、私たちがそれらについてだくかもしれないいかなる想定からも無関係なかたちで吟味しようとした。こんにちの現代哲学にとっても、カントの業績は、とりわけ形而上学と認識論という部門において、重要な参照点でありつづけている。■

社会とはじつのところ契約だ
エドマンド・バーク
（1729年～1797年）

その哲学的背景

部門
政治哲学

手法
保守主義

前史
紀元前350年ころ　アリストテレスが、社会とは一個の有機体のようなもので、人間は本性的に政治的動物だと論じる。
5世紀　ヒッポの聖アウグスティヌスが、統治とは「原罪」にたいする懲罰のひとつのかたちだと論じる。
17世紀　トマス・ホッブズとジョン・ロックが、「社会契約」という考えかたを展開する。

後史
19世紀　フランスの哲学者ジョゼフ・ド・メーストルが、フランス革命以降のバークの反民主主義的遺産を指摘する。
20世紀　イギリスの哲学者マイケル・オークショットが、いっそう自由な形式における保守主義を展開する。

「**悪**いのは自分じゃなくて、社会だ」と叫ぶ、不満分子は山ほどいる。だが、そこでの「社会」ということばの意味は、完全に明瞭というわけではないし、ときとともにその意味は変化する。アイルランドの哲学者にして政治家であったエドマンド・バークが著述活動をおこなった18世紀のあいだに、ヨーロッパではどんどん商業が発達し、社会とは（商事会社のように）そのメンバー間の相互の同意によってなりたつものだという観念が、あたりまえのようになっていった。だが、こうした観点には、大切なのは物質だけであるかのような見方もふくまれている。しかるに、人間とは科学や芸術、美徳をつうじて自分たちの暮らしを豊かにする生きものでもあり、社会は、それがじっさいには契約ないし協力関係だとして

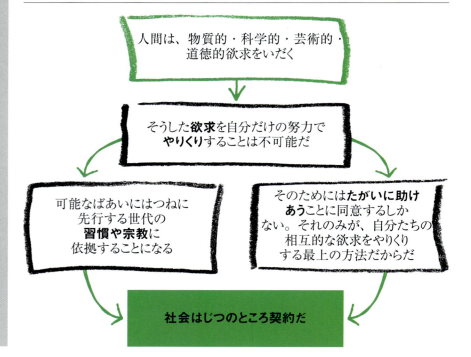

革命の時代 173

参照　ジョン・ロック130～33頁　デイヴィド・ヒューム148～53頁　ジャン＝ジャック・ルソー154～59頁　アダム・スミス160～63頁　ジョン・ロールズ294～95頁

も、経済、あるいはバークの表現を用いるなら「粗野な動物的ありかた」のみにかかわるものではない。その点に注意を喚起することで、バークは不均衡を是正しようする。社会は、協同財（習慣や規範や価値にかんする私たちの同意）を具現化するが、バークの考えでは、「社会」はいま生きる人びとの総体以上のものだ。つまり社会には、私たちの祖先や子孫もふくまれる。そればかりか、どんな政治体制も「永遠の社会の偉大な太古の契約」の一部であり、そのかぎりで社会の究極的な保証人は神そのものだ。

バークの見解の中核には、原罪の教え（私たちは罪ある者として生まれたという考え）がある。だからバークは、自分たちのふるまいの責任を社会に押しつける人間にはほとんど共感を示さない。同様にバークは、ジョン・ロックによって提起された、私たちは教育によって完全な存在になりうるという考え——私たちはいわば無垢な状態で生まれおち、必要なのはただ適切な影響を与えられることだけだと言わんばかりの考え——も退ける。バークによれば、私たちは道徳的にふるまわねばならず、そのためには伝統の支えが不可欠だが、その理由は、個人の判断が誤りうるという点にある。この議論の背景には、「習慣は人間的生活の偉大なガイドだ」と主張したデイヴィド・ヒュームの考えがある。

伝統と変革

バークの考えでは、社会とは過去に深く根を下ろした有機的構造体だ。だからバークは、社会の政治組織も時代を超えて発展してゆくはずだと考えた。そのためバークは、こうした自然な過程を切断してしまう全面的なあるいは突然の政治上の変化という考えに反対する。そうした理由からバークは、1789年のフランス革命にも反対意見を表明したが、それは、危険な状態が長期化し国王の拘束にまでいたる可能性や、恐怖政治が1年以上もつづく事態が予想されたからであった。バークが機会あるごとにジャン＝ジャック・ルソーを批判せずにはいられなかった理由もそこにある。ルソーは、『社会契約論』のなかで、市民と国家の契約は人民の意志に応じていつでも破棄されうると論じた。バークがたえず批判したもうひとりの相手は、フランス革命を賞賛し現在という観念を軽視した、イギリスの自然哲学者ジョゼフ・プリーストリーであった。

バークは、近代の商業社会に疑いの眼を向けたが、私有財産を擁護することには熱心であったし、自由市場については楽観的であった。そのため、バークはしばしば「近代保守主義の父」と称揚される。このばあい保守主義とは、経済的自由と伝統のいずれにも価値を認める哲学を意味する。こんにちでは、社会主義者でさえバークに和して、私有財産は基幹的な社会制度だと論じるが、その価値という点では、バークとは評価を異にすることだろう。同様に、経済に精通している哲学者であれば、ある世代が後続の世代にたいして義務を負うというバークの見解には賛同するだろうが、「それに耐えうる社会」を創造するという新しい議題を付加することだろう。■

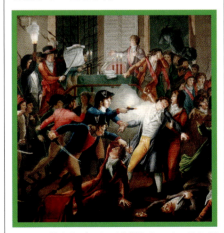

フランス革命を**バークが非難した**のは、それが過去を丸ごと拒絶したからだ。バークの考えでは、変化は漸進的に進行すべきものだ。この見解は、のちに現代保守主義の中心的思想となった。

エドマンド・バーク

イギリスのアイルランド系政治家であったエドマンド・バークは、ダブリンで生まれ、教育を受けた。若いころから、政治に親しむには哲学が有用だと確信し、1750年代には美学や社会の起源をあつかった注目に値する論文を著していた。1766年から1794年までイギリスの下院議員を務め、当時の二つの貴族政党のうちでは自由主義的色彩の強かったホイッグ党の重要人物となった。

バークは、アメリカの独立運動には同情的だった。この運動は革命の引き金となったが、バークに言わせれば、その革命は完全に正当化されうるものだった。後年バークは、インドの総督ウォーレン・ヘイスティングズの弾劾裁判にかかわりあうことになった。バークは残りの生涯をかけて、植民地における背任行為を痛烈に批判しつづけ、大英帝国の良心との評判を得た。

主著

1756年
『自然社会の擁護』
1770年
『現代の不満と原因』
1790年
『フランス革命の省察』

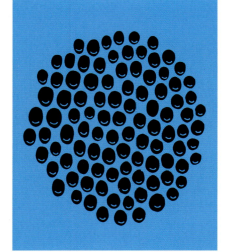

最大多数の最大幸福
ジェレミー・ベンサム
(1748年～1832年)

その哲学的背景

部門
倫理学

手法
功利主義

前史
紀元前4世紀後半 エピクロスが、人生の主要目標は幸福の追求にあるべきだと論じる。
17世紀初頭 トマス・ホッブズが、犯罪にたいする厳格な罰則をそなえた強力な法体制が恒常的で幸福をもたらす社会を可能にすると論じる。
18世紀中葉 デイヴィド・ヒュームが、私たちの道徳的判断を統べているのは感情だと主張する。

後史
19世紀中葉 ジョン・スチュアート・ミルが、万人への教育を推奨し、それが全般的な幸福の向上につながると論じる。
19世紀後半 ヘンリー・シジウィックが、ある行為がどの程度道徳的であるかは、それがもたらす快楽の程度にじかに一致すると主張する。

法改革者にして哲学者であったジェレミー・ベンサムは、人間の活動はすべて苦痛の除去と快楽の追求というたった二つの動因（モチベーション）によって動かされていると確信していた。『道徳と立法の原理序論』(1789年) のなかでは、あらゆる社会的・政治的決定は、人民の最大多数にとっての最大幸福の実現という目標のもとになされねばならないと論じられている。ベンサムの考えでは、そうした決定の道徳的価値は、それが幸福ないし快楽を生みだすという点においてもつ有用性ないし実効性にじかに関連する。こうした「功利性」にもとづくアプローチによって動かされる社会では、個々人のあいだの利害の対立の解決は法律にゆだねられるが、そのさいの法律の原理が最大限に可能な合意だけを目的として制定されているということは十分に考えられる。もしだれもが幸福になりうるなら、そのほうがよいのは言うまでもないが、どうしても選択しなければならないばあいには、少数よりは多数の人間のためになるように選択するのが望ましいだろう。

ベンサムに言わせれば、自身の提案したシステムの主たる利点のひとつは、その単純さにある。彼の考えを採用すれば、不正や不満に行きつくことも多い、複雑な政治システムがもたらす混乱や誤解を避けることが可能となる。

快楽計算

それに比べていっそうの論議を呼んだのは、ベンサムが提案した「快楽計算」だ。これは、個々人が経験する幸福の度合いは数学的に表現しうるというアイディアだ。ベンサムの主張によるなら、この厳密な方法を用いれば、最高度の快楽を可能にするための計算をすることも可能となり、これによって倫理的ないさかいを解決するための客観的な土俵（プラットフォーム）ができあがる。

ベンサムはさらに、快楽の源泉はいずれも同等の価値をもつ以上、たとえば美味しい食事や親密な友情からもたらされる幸福は、哲学的論争に参加するとか詩を朗読するとかといった、それなりの努力や教育を必要とする活動から生まれる幸福とまったく同等だと主張する。ベンサムの言わんとするところは、社会階級や能力を別にすれば、完全な幸福にはだれでも到達しうるのだから、人間は根本的には同等だということだ。■

参照 エピクロス 64～65頁 ■ トマス・ホッブズ 112～15頁 ■ デイヴィド・ヒューム 148～53頁 ■ ジョン・スチュアート・ミル 190～93頁 ■ ヘンリー・シジウィック 342頁

革命の時代 **175**

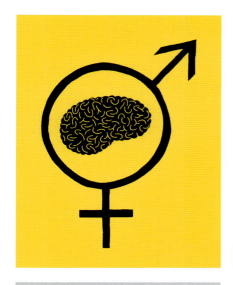

精神にはジェンダーはない
メアリ・ウルストンクラフト
（1759年～1797年）

その哲学的背景

部門
政治哲学

手法
フェミニズム

前史
紀元前4世紀 プラトンが、女性も男性と同等の教育を受けるべきだと助言する。

4世紀 卓越した数学者にして哲学者でもあった女性ヒュパティアが、エジプトのアレクサンドリアで教育に携わる。

1790年 イギリスの歴史家キャサリン・マコーリーが、その著作『教育書簡』のなかで、女性の外見上の弱さはきちんとした教育を受けていないことに起因すると主張する。

後史
1869年 ジョン・スチュアート・ミルの『女性の解放』が、両性は同等だと論じる。

20世紀後半 フェミニズム運動の高まりが、西洋社会における両性のあいだの社会的・政治的不平等の大半を覆しはじめる。

有史以来そのほとんどの期間、女性は男性に従属する存在とみなされてきた。だが、18世紀をつうじて、そうした構図が正当なものであるのかどうかが問題視されだした。この構図に異議を唱えた、きわだって目だった声のひとつが、イギリスの急進的（ラディカル）改革論者メアリ・ウルストンクラフトであった。

彼女以前の多くの思想家たちは、両性のあいだの肉体的ちがいをもちだして、女性と男性のあいだの社会的不平等を正当化しようとしていた。だが、たとえば知識はほとんどすべて経験と教育をつうじて獲得されるといったジョン・ロックの見解に代表される、17世紀に形成されていった新しい理念に照らしてみるなら、そうした推論の妥当性が問題視されてしかるべきであることは言うまでもない。

均等な教育

ウルストンクラフトによれば、もし男性と女性とに同等の教育が与えられれば、どちらも同じように優れた品格をそなえ、人生にたいして合理的なアプローチを採るようになるだろう。なにしろ、いずれも基本的には同じ大脳と精神をそなえているのだ。ウルストンクラフトの著書『女性の権利の弁護』は1792年に公刊されたが、そのなかには、女子は男子とは異なる教育を受けるべきであり、それによって女子は男子にたいする敬意を学ぶのだと主張したジャン＝ジャック・ルソーの『エミール』（1762年）への反論がふくまれている。

女性は男性と同等の市民として、つまり同等の法的・社会的・政治的権利をもった者として扱われるべきだというウルストンクラフトの要求は、18世紀後半においては嘲笑された。だがそれは、19～20世紀になって勃興する女性参政権とフェミニズムの運動の種を蒔くものであった。■

女性に男性と同じ権利を
共有させてみよう。そうすれば、
女性たちは男性たちの美徳に
匹敵する存在となるだろう
メアリ・ウルストンクラフト

参照 プラトン 50～55頁 ■ ジョン・スチュアート・ミル 190～93頁 ■ シモーヌ・ド・ボーヴォワール 276～77頁 ■ リュス・イリガライ 324頁 ■ エレーヌ・シクスー 326頁 ■ アレクサンドリアのヒュパティア 337頁

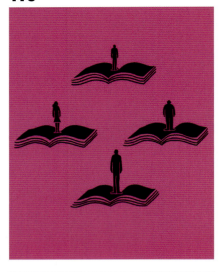

どの手の哲学を選ぶかで、どの手の人間かがわかる
ヨハン・ゴットリープ・フィヒテ
（1762年〜1814年）

その哲学的背景

部門
認識論

手法
観念論

前史
1641年 ルネ・デカルトが、「私が存在している」ことを疑うのは不可能であることを発見する。つまり自己は、私たちが当てにできるただひとつのものなのだ。

18世紀 イマヌエル・カントが、観念論の哲学、つまり情報を綜合する「われ」に相当する超越論的自我の哲学を展開する。これが、フィヒテの観念論と自我概念の土台をなす。

後史
20世紀 フィヒテのナショナリズム的発想が、ドイツにおいてマルティン・ハイデガーおよびナチス政権と結託する。

1950年代 アイザイア・バーリンが、自我の真の自由についてのフィヒテの見解を、現代の権威主義への責任を負うものとみなす。

　ヨハン・ゴットリープ・フィヒテは、18世紀のドイツの哲学者であり、イマヌエル・カントの弟子であった。フィヒテが問題にしたのは、私たちは、因果的に決定されているように思われるこの世界に生きながら、どのようにして自由意志をそなえた倫理的存在者でありうるのかということであった。因果的に決定されているとは、この世界では、いっさいは、自然法則の必然性にしたがって、先行するできごとおよび諸条件からの影響を免れえないという意味だ。

　私たちの自己を超えた、私たちからは独立な「外部」としての世界があるという観念は通常独断論と呼ばれる。これは啓蒙の時代にまで遡る観念だが、フィヒテは、これでゆくと道徳的な価値や選択のための余地が残されなくなると考えた。フィヒテが問題にするのは、私たちの外部にあるなにかによっていっさいが規定されているとしたら、どうすればひとは自由意志をもちうるかということであった。

　フィヒテは、カントの観念論に似た独自の観念論を主張するが、それによれば、現実と思われるいっさいを創造するのは、私たち自身の精神だ。この観念論的世界にあっては、自己は因果的影響の外部に位置する能動的な実体であり、自由に、そしてなにものにも依存せずに、自発的に思考も選択もなしうる。

　フィヒテは、観念論と独断論をまったく異なった出発点とみなしていた。両者はけっしてひとつの哲学体系のうちに「混入」されえない。いずれが正しいかを哲学的に証明する方途はないし、どちらを用いても他方を論駁することはできない。こうした理由から、私たちにできるのはいずれかを自分の信じる哲学として選択することだけであり、その選択には客観的で合理的な理由はなく、もっぱら「当人がどの手の人間であるか」による。■

自我について考えてみよう、
そしてその行為のうちに
なにが含意されているかを
観察してみよう
ヨハン・ゴットリープ・フィヒテ

参照 ルネ・デカルト 116〜23頁 ■ ベネディクトゥス・スピノザ 126〜29頁 ■ イマヌエル・カント 164〜71頁 ■ マルティン・ハイデガー 252〜55頁 ■ アイザイア・バーリン 280〜81頁

革命の時代 **177**

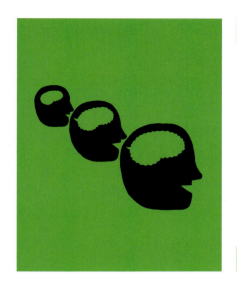

哲学について哲学する以上に、哲学することのできる主題などない
フリードリヒ・シュレーゲル
（1772年〜1829年）

その哲学的背景

部門
メタ哲学

手法
反省

前史
紀元前450年ころ プロタゴラスが、「人間が万物の尺度である」のだから、第一原理ないし絶対の真理は存在しないと主張する。
1641年 ルネ・デカルトが、「われ思う、ゆえにわれあり」と宣言することで、実在にかんする信念が確立されるための土台となる第一原理を発見したと主張した。

後史
1830年 ゲオルク・ヘーゲルが、「哲学全体はもろもろの循環の循環のようなものだ」と語る。
1920年代 マルティン・ハイデガーが、哲学とは自己自身の実存にたいする私たちの関係だと論じる。
1967年 ジャック・デリダが、哲学的分析は言語およびテクストの水準でのみ実行されうると主張する。

ドイツの歴史家であり詩人でもあったフリードリヒ・シュレーゲルは、近代哲学にアフォリズム（簡潔で曖昧な表現方法）を導入したことで知られる。1798年、シュレーゲルは、哲学について哲学されること（メタ哲学）がほとんどなくなっていることに気がついた。シュレーゲルに言わせれば、肝心なのは、単線的な論証方法を最良の手法とみなす西洋哲学の機能と前提に疑問を付すことであり、それがメタ哲学のいとなみだ。

シュレーゲルは、アリストテレスやルネ・デカルトのアプローチには、両者とも出発点となる堅固な「第一原理」があると想定する点で誤っているという理由で同意しない。さらにシュレーゲルの考えでは、論証の結論を完璧にする過程は無限につづけられうる以上、最終解答に到達することも不可能だ。シュレーゲルは、その手法を叙述するさいに、哲学はつねに「中間から出発する」のでなければならず、「……それはひとつの全体であって、それを認識する道のりは直線ではなく円環だ」と主張した。

哲学をひとつの全体とみなすという、シュレーゲルの全体論的な観点は、芸術と人生についてのロマン主義的理論という、いっそう広範な文脈の内部におさまるものだ。それは個々人の情動を理性的思考よりも高く評価する点で、それ以前の啓蒙思想とはきわだった対比をなす。初期の哲学思想にたいするシュレーゲルの非難が必ずしも当を得たものではなかったにせよ、同時代人であったゲオルク・ヘーゲルは反省性にかんするシュレーゲルの論点に着目した。反省性とは、哲学そのものを主題として、それに哲学的反省を適用するということを意味する近代的な名称だ。■

哲学とは思考の芸術であり、シュレーゲルの指摘によれば、哲学の手法は哲学にみつけられる解答の種類に影響する。西洋哲学と東洋哲学とでは、まったく異なったアプローチが用いられる。

参照 プロタゴラス 42〜43頁 ■ アリストテレス 56〜63頁 ■ ルネ・デカルト 116〜23頁 ■ ゲオルク・ヘーゲル 178〜85頁 ■ マルティン・ハイデガー 252〜55頁 ■ ジャック・デリダ 312〜17頁

あらゆる現実は
歴史的な過程だ

ゲオルク・ヘーゲル
(1770 年～1831 年)

ゲオルク・ヘーゲル

その哲学的背景

部門
形而上学

手法
観念論

前史
紀元前6世紀 ヘラクレイトスが、ヘーゲルの弁証法において重要な要素（ファクター）となる、あらゆる事物はその対立物へ移行するという立場を主張する。
1781年 イマヌエル・カントが、『純粋理性批判』を公刊して、人間の知識の限界を示す。
1790年代 ヨハン・ゴットリープ・フィヒテとフリードリヒ・シェリングの著作が、ドイツ観念論学派の土台をなす。

後史
1846年 カール・マルクスとエンゲルスが、『ドイツ・イデオロギー』を公刊して、ヘーゲルの弁証法的手法を活用する。
1943年 ジャン＝ポール・サルトルが、ヘーゲルの弁証法概念を土台として実存主義の著作『存在と無』を執筆する。

ヘーゲルは、19世紀前半をつうじて、もっともよく知られたドイツ哲学者のひとりだ。ヘーゲルの中心思想は、意識から政治制度にいたるまであらゆる現象は、ただひとつの精神（これは「心」でもあれば「観念」でもある）の諸相だというものだ。精神は、時間を超えて、これらの現象をみずからの諸相として認識し、それらをあらためて統合する。この再統合の過程をヘーゲルは「弁証法」と呼ぶのだが、それは私たち（その一人ひとりが精神の諸相だ）が「歴史」として理解するものでもある。この点でヘーゲルは、あらゆる事物がただひとつのものの諸相だと考えるという意味では、一元論者であり、現実とは究極的には物質的なものではないなにか（目下のばあいでは精神）だと考えるかぎりでは、観念論者だ。こうしたヘーゲルの発想は、それまでの哲学の光景を根底から一変させた。その含意を十全に把握するには、ヘーゲル思想の背景にまで遡ってみる必要がある。

歴史と意識

人間がきわめて歴史的な、つまり過去からさまざまなものを相続し、それらに手をくわえた上で、それを未来の世代へと渡してゆく存在であることを否定する哲学者はまずいないだろう。たとえば、言

アメリカ革命によってひきおこされたような類いの変化は、ヘーゲルによれば、精神の発展のより低次の段階からより高次の段階への進展として説明される。

語は、私たちが学ぶものであり、かつ私たちに使われるなかで変化してゆくものだが、同じことは科学にもあてはまる。科学者は、理論という土台から出発して、ついでそれを裏づける、もしくは否定する作業へと向かう。さらに、同じことは、家族や国家・銀行・教会といった社会制度にもあてはまる。そうしたものの大半は、かつての実践や制度のかたちをどんどん変化させてゆく。つまり人間は、その生

ゲオルク・ヘーゲル

ゲオルク・ヘーゲルは、1770年にドイツのシュトゥットガルトで生まれ、テュービンゲン大学で宗教学を学ぶ。その地で、詩人フリードリヒ・ヘルダーリンおよび哲学者フリードリヒ・シェリングと知遇を得る。卒業後数年間は家庭教師を務め、その後遺産を相続したことで、イエナ大学でシェリングの同僚となることができた。

ナポレオンの軍隊が街を占領したときに、イエナを離れざるをえなくなったが、それはちょうど主著となる『精神現象学』をなんとか書きあげようともがいていたときのことであった。この著作によってヘーゲルは、ドイツ哲学における主流的地位を占める存在となった。資金の必要から、新聞の編集者や高校の校長を務めた時期もあったが、その後まずハイデルベルク大学の哲学教授のポストを、ついで高名なベルリン大学の哲学教授のポストを得た。41歳で、マリー・フォン・トゥーハーと結婚し、3人の子供をもうけた。1831年に、コレラに罹り、亡くなる。

主著

1807年『精神現象学』
1812〜16年『論理学』
1817年『エンチュクロペディー』

革命の時代

参照 ヘラクレイトス 40 頁 ■ ヨハン・ゴットリープ・フィヒテ 176 頁 ■ アルトゥール・ショーペンハウアー 186 〜 88 頁 ■ カール・マルクス 196 〜 203 頁 ■ ジャン=ポール・サルトル 268 〜 71 頁 ■ フリードリヒ・シェリング 341 頁

活をありあわせのものからはじめるのではなく、つねに既成のなんらかの文脈のうちではじめる。もちろん、その文脈は変化してゆくものであり、ばあいによっては一世代のうちに根本的に変わってしまうこともある。だが、なかにはすぐには歴史的なものであるとはわからない、あるいは変化をこうむることがあるとは思われないものもある。

その一例が意識だ。私たちは、自分がそれと意識しているものが変わってゆくことがあるのを確かに知っている。だが、当の意識自体は、それがどんな種類のものとして覚醒し、気づかれるにせよ、あるいはどのような思考や意志決定をなしうるにせよ、だれにとってもつねに同じでありつづけるとしか私たちには思われない。同様に、思想の諸構造も歴史的ではない、つまり思考と呼ばれる類いの活動やその土台をなす心的能力（記憶や知覚や理解力など）は歴史をとおしていつでもだれにたいしても同じだと主張するのも、もっともだと思われる。これが、観念論における偉大な先行者イマヌエル・カントの考えであった。ヘーゲルを理解するには、こうしたカントの業績をヘーゲルがどう考えたかを知っておく必要がある。

カントのカテゴリー

カントの考えでは、思考が作用するさいの基本方法と意識の基本構造は、アプリオリな、つまり経験に先だって（ということは、経験から派生したものではないということだ）存在している。つまり、それらは、私たちがなにを思考しているか、あるいはなにを意識しているかということからは独立しているばかりでなく、いかなる歴史的影響や発展からも独立だ。

カントは、そうした思考の構造を「カテゴリー」と呼び、そのなかに「原因」「実体」「実在」「現実」といった概念を数えいれた。たとえば、私たちは経験をつうじて外界の知識を得ることがあるが、経験のうちにあるものはなにひとつとして、じっさいに外界にたとえば原因や結果といったものがふくまれるかどうかを私たちに教えてはくれない。カントの考えでは、外界の基本構造にかんする知識は、アプリオリな知識だ。そうしたことが可能な理由は、私たちがみな生まれつきカテゴリーをそなえており、それが経験のための枠組みを与えてくれるということだ。そうした枠組みのひとつに、外界が実在しているという想定がある。だが、さらにカントに言わせるなら、このアプリオリな枠組みの存在が教えるのは、私たちに

> 哲学の課題がなんであり、その目的がなんであるかを理解するのは理性だ
> **ゲオルク・ヘーゲル**

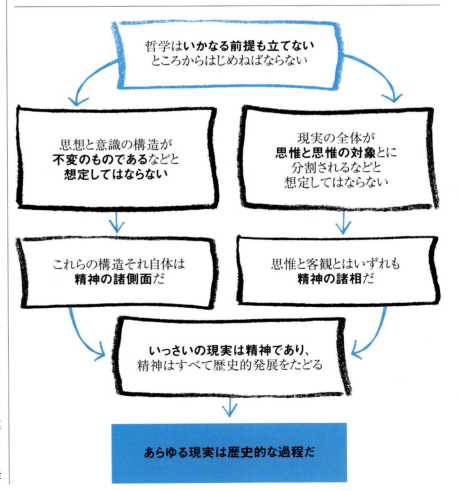

哲学はいかなる前提も立てないところからはじめねばならない

→ 思想と意識の構造が**不変のものである**などと想定してはならない

→ 現実の全体が**思惟と思惟の対象**とに分割されるなどと想定してはならない

→ これらの構造それ自体は**精神の諸側面**だ

→ 思惟と客観とはいずれも**精神の諸相**だ

→ **いっさいの現実は精神であり、精神はすべて歴史的発展をたどる**

→ **あらゆる現実は歴史的な過程だ**

ゲオルク・ヘーゲル

ヘーゲルの弁証法は、対立しあうものがどのようにして解決をみいだすかを示している。たとえば、圧制状態は、自由への欲求をひきおこすが、ひとたび自由が達成されると、圧制という要素が自由と結びつけられ、「法律」という綜合が生みだされるようになるまでは、アナーキーな状態しかなくなってしまう。

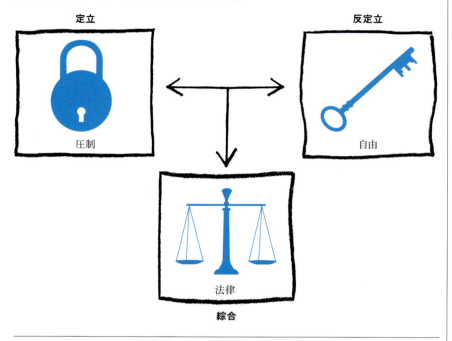

あらわれる世界のありさまが人間精神の本性に依存しており、ほんとうにあるがままの世界、言いかえるなら「それ自体」における世界ではないということだ。この「それ自体におけるがままの世界」のことを、カントは叡知界とも呼び、これは知りえないと主張した。カントによるなら、私たちが知りうるいっさいは、カテゴリーという枠組みをつうじて私たちにあらわれるがままの世界であって、これをカントは、「現象」界とも日常経験の世界とも呼ぶ。

ヘーゲルのカント批判

ヘーゲルの考えでは、カントは哲学における素朴さを剔抉するという点では目覚ましい成果を挙げたが、「それ自体における世界」についてのカントの説明とカテゴリーには依然として無批判な前提が残存している。ヘーゲルによると、カントはその分析全体をつうじて少なくとも二つの点で誤っていた。なによりもまず、ヘーゲルに言わせれば、カントの「それ自体における世界」という観念は、なんの意味ももたない空疎な抽象物でしかない。ヘーゲルの考えでは、実在するものはなんであれ、なんらかのかたちで意識にあらわれる。たとえば、感覚されたなにものかとして、あるいは思考されたなにものかとして。カントの第二の誤りは、カテゴリーの本性と起源についてカントがあまりに多くの前提をもちこんだ点にある。

ヘーゲルの課題は、どんな種類であれいかなる前提ももちださずに、これらのカテゴリーを理解することにあった。ヘーゲルがカントのうちに認めた最悪の想定は、カテゴリー相互の関係にかかわる。カントは、カテゴリーはいずれもオリジナルであり、はっきり区別される、つまりたがいに完全に分離可能だと考えた。だが、ヘーゲルの考えでは、カテゴリー相互は「弁証法的な」関係にある。つまり、そこにはつねに変化をこうむる可能性が残されている。カテゴリーは経験の不変の枠組みだというのがカントの考えだとすると、経験の枠組みそれ自体が変化をこうむる可能性をもつというのがヘーゲルの考えだった。それはちょうど私たちが経験する世界そのものが変化してゆくのと同様だ。つまり、私たちが意識するものばかりでなく、意識それ自体も、発展途上にある。その過程が「弁証法」なのだが、ヘーゲルの哲学思想において、この概念にはきわめて独特な意味がこめられている。

ヘーゲルの弁証法

弁証法の観念は、ヘーゲルが事象の発展にかんするみずからの内在的な（内面的な）説明と呼ぶものの中核に位置する。ヘーゲルによると、この説明によって四つのことがらが保証される。第一に、これによってはいかなる想定ももちだされない。第二に、可能なかぎりもっとも広範におよぶ観念が用いられるので、裏づけのないことはなにも主張しなくてすむようになる。第三に、これによって、ある一般的観念からそれにかかわる特殊な観念がどのようにして可能となるのかが示される。第四に、こうした過程はもっぱらもとの観念それ自体の「なかから」生じる。以上四つの要請に、ヘーゲルの論理の核心がどのようなものなのかが物語られている。その核心とは、あらゆる観念ないし「定立」は、それ自身の内部に矛盾ないし「反定立」をふくんでおり、この矛盾は「綜合」と呼ばれるいっそう豊かな内容をもった新しい観念が、もともとの観念それ自体から出現してくることによってしか解消されないというものだ。この内在的な過程のひとつの帰結として、綜合がわかるようになったときには、以前の定立の段階では矛盾と映ったものが外見上の矛盾でしかなかった、つまりもとの観念にたいする私たちの理解のうちにあったなんらかの制約によってひきおこされたものにすぎなかったことがおの

革命の時代

> 哲学の個々の部分は、それ自体が哲学的全体であり、循環する円環をなしており、それ自体において完全だ
>
> ゲオルク・ヘーゲル

ずと気づかれるようになる。

こうした論理的展開の具体例が、ヘーゲルの『論理学』冒頭に認められる。そこでヘーゲルは、もっとも一般的で包括的な「純粋存在」という概念を導入するが、これはなんであれ語られうるあらゆるものに当てはまる。ついでヘーゲルは、この概念のうちに矛盾がふくまれることを、つまりこの概念が十全に理解されるためには、その対立概念である「無」ないし「非存在」を必要とするということを指摘する。その上でヘーゲルは、この矛盾がじつはより高次のただひとつの概念の二つの側面のあいだでの矛盾であって、この概念のうちで解消されるにいたることを示す。「存在」と「非存在」の例で言うなら、両者を解消にもたらす概念とは「生成」だ。なにかが「生成する」と語るとき、私たちが言わんとしているのは、非存在の状態から存在の状態へのそのものの運動であり、そこからわかるのは、私たちの出発点となった「存在」という概念は、じっさいには少しも単一の概念ではなく、「生成」という三層からなる概念の一面にすぎなかったということだ。ここで肝要な点は、「生成」という概念は、一見そう思われるのとはちがって、「外部」から、「存在」と「非存在」のあいだの矛盾を解消すべくもちこまれたのではないという点だ。それどころか、ヘーゲルの分析からわかるのは、「生成」こそがつねに「存在」と「非存在」の意味をなしていたのであり、私たちがなさねばならなかったのはこの二つの概念を分析してその根底に潜むこうした論理を見いだすことだったのだ。

定立（＝存在）と反定立（＝非存在）との綜合（＝生成）におけるこうした解決こそが、まさに弁証法的過程のはじまりであり、この過程はより高次のレベルでそっくり反復されてゆく。つまり、なんであれ新しい綜合があらわになると、それをさらに分析することで、それ特有の矛盾が判明し、今度はこの矛盾がさらに豊かな「高次の」観念によって乗りこえられてゆく。ヘーゲルの考えでは、いっさいの観念は、このようにして相互に連結しており、そうした連結があらわになってゆく過程がそのまま、ヘーゲルが「弁証法的方法」と呼ぶものにほかならない。

こうして、思想の構造が弁証法的であると述べることで、ヘーゲルが言わんとしているのは、それらの構造は、カントが主張したのとはちがって、判明なものでも還元不可能なものでもなく、この自己矛盾を解消してゆく運動を媒介として、より広範でもっとも内容のない観念から出現してくるということだ。»

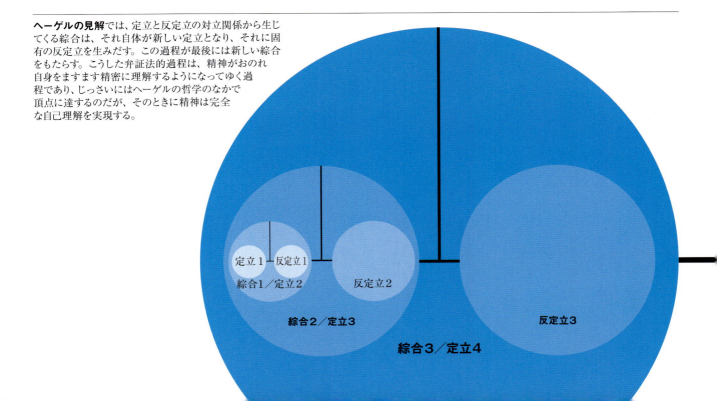

ヘーゲルの見解では、定立と反定立の対立関係から生じてくる綜合は、それ自体が新しい定立となり、それに固有の反定立を生みだす。この過程が最後には新しい綜合をもたらす。こうした弁証法的過程は、精神がおのれ自身をますます精密に理解するようになってゆく過程であり、じっさいにはヘーゲルの哲学のなかで頂点に達するのだが、そのときに精神は完全な自己理解を実現する。

184 ゲオルク・ヘーゲル

弁証法と世界

これまでにヘーゲル弁証法についておこなってきた検討のなかには、「出現」や「発展」「運動」といった用語が用いられている。これらの用語には、一方で、この哲学の方法にかかわる重要なことがらが反映している。それはつまり、この方法がなんの前提もなしにもっとも議論の余地の少ない地点から出発し、弁証法的展開過程をとおしていっそう豊かで真理に近い諸概念にみずからを開示しうるようになるということだ。だが他方で、ヘーゲルがはっきりと論じているように、こうした発展はたんに論理学にとっての興味深い事実であるばかりでなく、歴史のうちで現にはたらいているとみなされるかぎりでの現実の発展でもある。たとえば、古代ギリシアから来た人間と現代世界で暮らしている人間とでは、あきらかに考えるべきことがらは異なるだろうが、ヘーゲルに言わせれば、そればかりでなく両者がものを考えるスタイルもまったく異なっているだろうし、当然意識のありかたという点でも種を異にする、つまり両者は、思想と意識の歴史的発展における異なった段階をそれぞれに示すだろう。

ヘーゲルの最初の主著である『精神現象学』には、意識のこうした形式における弁証法的発展の説明が提示されている。その出発点は、個々の人間がもつ意識のさまざまな型であり、そこから話は、意識の集合的なありかたにまで高まってゆく。その説明の過程でヘーゲルは、意識のそれらの型が特定の歴史的時代ないしできごと——もっとも有名なものを例としてあげるならアメリカ独立とフランス革命——というかたちで外在化されるにいたるのを示すというスタイルを採用した。

じっさいヘーゲルは、歴史のある特定の時点で、精神のつぎの革命的な変化が、個人的意識であるかぎりは精神の歴史のうちで自分の果たす役割などまったく気づいていない個人(たとえばナポレオン・ボナパルト)のかたちを採ってあらわ

> 世界史全体のそれぞれの段階は、世界精神の理念における必然的な契機だ
> ゲオルク・ヘーゲル

れることがありうるとさえ主張する。そして、そうした個々人が織りなす進展は、つねに(人間という形式を借りた)精神の諸側面が抑圧状態の回帰から解放されるということ——それ自体が以前の圧制の克服の結果にほかならない圧制の克服——によって特徴づけられる。

意識の本性は時間をつうじて変化する、それも歴史のうちで眼に見えるようになるパターンと合致するかたちで変化するというこの独創的な考えは、人間にかかわるいっさいは必ず歴史的にしかるべき場所をもつということを意味する。そればかりか、意識のこうした歴史的発展は、けっして偶然に生じたものではありえない。その発展は、弁証法的な過程である以上、なんらかの意味で特定の方向感覚と終着点とをふくむにちがいないからだ。ヘーゲルはこの終着点を「絶対精神」と呼ぶが、それによって言わんとしているのは、もはやけっして個々人に帰属するのではなく、ひとつの全体としての現実そのものに帰属しているような意識のさらなる段階がありうるということだ。

知は、その発展のこの段階にいたって、なるべくして完全になる。というのも、ヘー

ヘーゲルによれば、**ナポレオン・ボナパルト**は、時代精神(その時代の精神)を完全に具象化した存在であり、その行為をつうじて、歴史の発展をつぎの段階へと推しすすめることをなしえた。

革命の時代

> 絶対者については、それが本質的に成果である、つまりその終極にいたってはじめてそれが本当のところそれであるものとなるのだと言っておかねばならない
> ゲオルク・ヘーゲル

ゲルによるなら、精神は弁証法的な綜合をとおして、知る者と知られるものの双方をふくみこむからだ。その上、精神はこの知をほかでもない完全なものとなったおのれ自身の本質として把握する。つまり、これまでつねに精神それ自体の一部をなしていながらも、知られないままになっていた「他者性」のあらゆる形式が、ここにいたってくまなく同化されるのだ。言いかえるなら、精神は、こうしてたんに現実をふくみこむにいたったばかりでなく、おのれ自身がつねに現実のこうした内化にいたる運動以外のなにものでもなかったことに気づく。『精神現象学』でヘーゲル自身書いたように、「歴史とは意識的な自己媒介の過程であり、時間のうちにすっかり移された精神にほかならない」。

精神と自然

だがそうなると、私たちが住まう世界のほうはどうなるのか。なにしろこの世界は、人間の歴史とはきっぱりと区別されたそれ固有の道のりを歩んでいるように見える。しかるに、ヘーゲルによると、ふつう私たちが「自然」とか「世界」とかと呼んでいるものは、精神でもある。「自然はいくつもの段階からなるひとつの体系であって、どの段階も先行する段階から必然的に生じると同時に、先行する段階の直近的真理となっている」。さらにつづけてヘーゲルが言うには、自然の諸段階は「たんなる生」（生ける全体としての自然）から出発して、「精神としての実在」（いまからふりかえってみるなら、つねに精神であったことが判明する自然の全体）へと進展してゆく。

自然のこの段階に達すると、それまでとは異なった弁証法が、つまり意識それ自体の弁証法がスタートするのだが、ここで意識とは、絶対精神がその自己実現へ向かう過程で採るひとつの形式だ。その進展を、ヘーゲルはこう説明する。最初、意識はみずからをほかの人びとに立ちまじった一個人とみなし、物質とも自然界とも区別される空間を占める存在としてスタートする。さらに段階が進むと、意識はもはや個人のそれではなく、社会集団や政治集団の意識となる。そんなふうに意識の弁証法は進展していって、絶対精神の段階に到達するまでみずからを洗練しつづけてゆく。

精神と心

ヘーゲルが著作を執筆していた時代には、世界には物質界に実在する事物と事物についての思惟という2種類の実体があると考える見解が、哲学では主流だった。このばあい、後者の思惟は、事物の似姿ないし像のようなものとみなされていた。ヘーゲルの論じるところでは、こうした区別はどのような形態を採るにせよすべて誤っており、二つの事物はいずれも絶対的に異なっている（事物と思惟）くせに、どこか似てもいる（なにしろ思惟は事物の像なのだから）という滑稽な筋書きに私たち自身を巻きこんでしまう。

ヘーゲルに言わせれば、これはじっさいには、思惟の対象が思惟それ自体とは異なっているように見えるということにすぎない。ヘーゲルの考えでは、これら二つの外見上の「世界」の差異と分離という幻想が幻想でしかないのがあらわになるのは、思惟と自然の双方が精神の諸側面であることがあきらかにされるときだ。つまりこの幻想は、絶対精神のうちで、私たちが精神というおのれ自身を知ると同時にみずからを反映し、かつさらに、思惟でもあればその思惟の対象でもあるただひとつの実体しか存在しないということをみてとるときに乗りこえられる。

「精神の全体」ないし「絶対精神」がヘーゲル弁証法の最終地点だ。だが、先行する諸段階は、そのままに放置されるわけではなく、全体としての精神からふりかえるなら、これまで十分に分析されずに終わっていた諸側面であったことがあきらかにされる。じっさい、私たちが個人について考えることは、現実を構成する要素の分断されたかけらではなく、精神の展開過程──つまり精神が「どのようにしてみずからを時間のうちにすっかり移すか」──を示す一側面だ。こうして、ヘーゲルの書いているように、「真理とは全体だ」。だが、全体とはその発展をつうじてみずからを完成してゆく本質にほかならない。現実とは精神、すなわち思惟であると同時に思惟によって知られるものでもあり、歴史的発展という過程をたどる。■

ドイツの歴史は、ヘーゲルの考えでは、プロイセンにおいてその終着点に到達した。だが、ゲルマニアの姿で擬人化された像があることからもわかるように、統一ドイツを求める強い感情は依然として残っていた。

だれもが自分の視野の限界を世界の限界だと思っている

アルトゥール・ショーペンハウアー
（1788年～1860年）

その哲学的背景

部門
形而上学

手法
観念論

前史
1690年 ジョン・ロックが、『人間知性論』を公刊して、私たちの知識のいっさいがどのように経験に由来しているかを解明する。
1781年 イマヌエル・カントの『純粋理性批判』が、「物自体」の概念を導入する。ショーペンハウアーはこの概念をその思索の出発点にすえる。

後史
19世紀後半 フリードリヒ・ニーチェが、「力への意志」の概念を推しすすめて、人間の動因（モチベーション）を説明する。
20世紀初頭 オーストリアの精神分析学者ジグムント・フロイトが、私たちの基礎をなしている人間的衝動の奥底を探究する。

アルトゥール・ショーペンハウアーは、19世紀初頭のドイツ哲学の主流には属していなかった。彼が一番影響を受けた存在とみずから認めるのはカントだ。だが、ショーペンハウアーは同時代の観念論者たちを退ける。その理由は、彼らが世界は究極的には非物質的ななにかから構成されていると考えたからだ。ショーペンハウアーが一番に嫌悪した観念論者は、乾ききった文体で能天気な哲学を展開したゲオルク・ヘーゲルであった。

ショーペンハウアーは、カント哲学から出発して、世界についてのオリジナルな見解を展開し、それを明晰かつ文学的なことばで表現した。ショーペンハウアーは、世界は五官をつうじて知覚されるもの（現

参照 ジョン・ロック 130〜33頁 ▪ イマヌエル・カント 164〜71頁 ▪ ゲオルク・ヘーゲル 178〜85頁 ▪ フリードリヒ・ニーチェ 214〜21頁 ▪ エンペドクレス 336頁

革命の時代

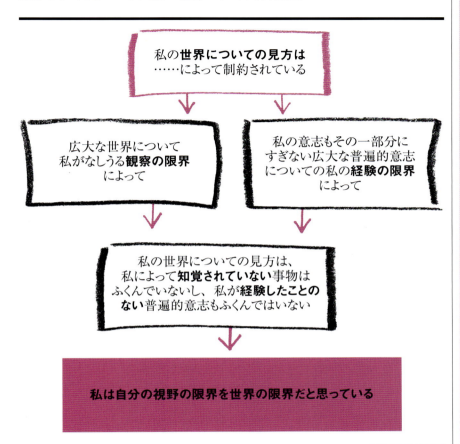

アルトゥール・ショーペンハウアー

　ダンツィヒ（現在のグダニスク）の裕福で国際的（コスモポリタン）な家庭に生まれたショーペンハウアーは、父親同様商人になることを期待されていた。1793年に一家がハンブルクに落ち着くまで、フランスとイギリスを旅してまわった。1805年に、父親が――おそらくは自殺で――亡くなった後、これで働くのはやめて大学に行くことができると思った。大学では哲学と心理学を専攻した。ショーペンハウアーが回想しているところでは、母親との関係はギクシャクしていたが、それは彼女がつねにショーペンハウアーの業績をけなしたからであった。

　大学生活を終えると、ショーペンハウアーはベルリン大学の教壇に立ち、女たらしにして女嫌いという評判を得た。いくつもの恋をし、結婚は避けてまわったが、女性に暴行をはたらいたかどで一度有罪になっている。1831年にフランクフルトに移り住み、アートマン（ヒンドゥー教および仏教で「心」を意味する）もしくはバッツ（いたずらな子鬼を意味するドイツ語）という名のプードル犬を相次いで飼いながら、死ぬまでそこですごす。

主著

1818年および1844年
『意志と表象としての世界』
1851年
『余禄と補遺』

象界）と「物それ自体」（叡智界）とに区分されるというカントの見解を受けいれるが、彼があきらかにしたかったのは現象界と叡智界の本性であった。

カント解釈

　カントによると、私たちは自分の知覚に応じて世界を構成する。それが現象界だが、その結果として私たちには「それ自体」における叡智的な世界を経験することは不可能になる。こうして私たちは、知覚が一そろいの制限をもった感覚器官からの情報で組みたてられているかぎりで、制約をともなった世界しかとらえていない。ショーペンハウアーはそこに、「だれもが自分の視野の限界を世界の限界だと思っている」と付けくわえる。知が私たちの経験に制約されているという観念は、まったく新しい考えではない。古代の哲学者エンペドクレスが、「ひとは自分の経験しかあてにしない」と述べていたし、17世紀にはジョン・ロックが、「だれの知識も当人の経験を超えたところまではおよばない」と主張していた。だが、ショーペンハウアーがこの制約に与える理由は、まったく新しいものであった。それは、カントによる現象界と叡智界の区別の独特の解釈にもとづいている。カントとショーペンハウアーとの根本的なちがいは、後者にとって現象界と叡智界は二つの異なった実体でも世界でもなく、異なったふうに経験されている同じ世界だという点だ。それは、意志と表象という二つの側面をもったひとつの世界だ。これをもっと

も明白に示すのが、身体だ。私たちは身体を、一方で客体として知覚し（表象）、他方で内がわから経験する（意志）。

だから、自分の腕を上げるといった意志の行為とその結果としての腕が上がるという運動とは、叡智界と現象界という二つの世界に属するのではなく、異なったしかたで経験された同じ出来事だ。一方は内がわから経験され、他方は外がわから観察される。外部にある事物を眺めるさい、私たちが見るのはあくまでその客観的表象であって、その内的現実すなわち意志ではない。全体としての世界は、依然として同時に外的にも内的にも実在している同じものだ。

普遍的意志

ショーペンハウアーは、「意志」という用語を、明確な行きさきを欠いているくせに、現象界のうちにあらわれるいっさいに責任を負う純粋なエネルギーの表現として用いる。ショーペンハウアーは、空間と時間は現象界に属する、つまりあくまで心のなかの概念で、その外部にある事物ではないと考える点では、カントに倣っていた。だから、世界の意志は時間的経過をたどらないし、因果法則や空間法則にもしたがわない。つまり、意志は無時間的で分割不可能なもので、だからこそ私

たちの個体的意志もそれと同じであるにちがいないとショーペンハウアーは考える。この帰結として、宇宙の意志と個人の意志はひとつのものであり、現象界とはこの広大で時間も動因も欠いた意志によって動かされているものだということになる。

東洋の影響

議論がここまで進むと、ショーペンハウアーの悲観主義も明瞭になってくる。ヘーゲルのような同時代人が意志を積極的な力とみなしたのとは対照的に、ショーペンハウアーは人間を心も目標も欠いた普遍的な意志に翻弄される存在とみなした。ショーペンハウアーによれば、意志は私たちのもっとも基本的な欲求の背後に潜み、そのため私たちは激しい欲望を緩和しようとするさいに、絶えざる欲求不満や失望を覚えざるをえない。この世界は善でも悪でもなく、たんに無意味だ。そのなかで幸福を求めてもがく人間は、うまくゆけば満足をえられるが、最悪のばあいには苦痛と苦しみにさいなまれる。

このどうしようもない状況からのただひとつの脱出口は、満足したいという意志そのものを抹消すること、ないしせめてそうした意志自体を手放すことだ。それに代えてショーペンハウアーは、救いは美的観照とりわけ音楽のうちにあると主張する。なにしろ、音楽は現象界を表象しようとしない唯一の芸術なのだ。ここで、ショーペンハウアーの哲学のうちに、涅槃という仏教概念（欲望ないし苦しみから解放された超越的状態）の反映が認められる。じっさいショーペンハウアーは、東洋の思想家と宗教を詳細に研究した。

ただひとつの普遍的意志という着想から、ショーペンハウアーは道徳哲学を展開するが、その内容は、彼の人間嫌いで悲観的な性格を考えあわせると、ある種の驚きをもたらすことだろう。ショーペンハウアーが気づいたのは、もし自分が宇宙から分離されているというのが幻想にすぎない——なにしろ、私たちの個人的意志はすべてひとつのものなのだ——こ

> 私たちの知と学問の
> すべてが依拠している土台は、
> 説明しえないものだ
> アルトゥール・ショーペンハウアー

とを認識しえたなら、私たちはだれにたいしても、またそのほかのあらゆるものにたいしても、同情を覚えるようになるだろうし、その宇宙規模の共感から道徳的な善も生まれてくることだろうということだ。ここでふたたび、ショーペンハウアーの思考は東洋哲学の理想を反映していることがあきらかになる。

永続的な遺産

ショーペンハウアーは、生前はほかのドイツの哲学者たちからはほとんど無視された。その上彼の思想は、ヘーゲル流の哲学の前にかすんでしまっていたが、文筆家や芸術家には影響をおよぼした。19世紀の終わりになると、ショーペンハウアーが意志に認めた優越性が、あらためて哲学の主題となった。とりわけフリードリヒ・ニーチェは、ショーペンハウアーからの影響をはっきりと認めているし、アンリ・ベルクソンやアメリカのプラグマティストたちも意志と世界についてのショーペンハウアーの分析に負うところが少なくない。だが、おそらくショーペンハウアーの最大の影響は、心理学の領域に認められる。人間の基本的衝動とその欲求不満についてのショーペンハウアーの見解は、ジグムント・フロイトとカール・ユングの精神分析学に影響を与えた。■

ショーペンハウアーが研究したヒンドゥー教の『バガヴァッド・ギーター』のなかでは、御者であるクリシュナがアルジュナに、人間はおのれの渇望から解放されないかぎりは自身の欲望の奴隷のままだと説いている。

革命の時代 189

神学は人間学だ
ルートヴィヒ・アンドレアス・フォイエルバッハ
（1804年～1872年）

その哲学的背景

部門
宗教哲学

手法
無神論

前史
紀元前600年ころ タレスが、宇宙はその存在を神に負っているという見解を否定して、最初の西洋哲学者となる。
紀元前500年ころ 順世派として知られる無神論哲学のインドにおける学派が設立される。
紀元前400年ころ 古代ギリシアのメロスの哲学者ディアゴラスが、無神論を擁護する議論を推しすすめた。

後史
19世紀中葉 カール・マルクスが、政治革命にかんするみずからの著作のなかで、フォイエルバッハの推論を活用する。
19世紀後半 精神分析学者ジグムント・フロイトが、宗教は人間の願望の投影されたものだと論じる。

19世紀のドイツの哲学者ルートヴィヒ・フォイエルバッハは、カール・マルクスとフリードリヒ・エンゲルスといった革命的な思想家に影響を与えた著作『キリスト教の本質』（1841年）で、よく知られている。この著作のなかにはゲオルク・ヘーゲルの哲学的思索の多くが組みこまれているが、ヘーゲルが絶対精神を、自然を導いてゆく力とみなしたのにたいして、フォイエルバッハは存在を説明するのに経験を超えたところに眼を向ける必要をまったく認めなかった。フォイエルバッハの考えでは、人間は絶対精神の外在化された姿などではなく、その逆だ。つまり、私たちは、みずからの憧れと欲望をもとに、偉大な精神や神といった観念を捏造したのだ。

想像上の神

フォイエルバッハが示唆するのは、人類における最上のものである愛や共感や親切心といったものを求めてやまない心情によって、私たちはそうした性質のいっさいを可能なかぎり最高度のレベルで組みこんだ存在を想像するにいたったということであり、それが「神」と呼ばれるようになったのだ。だから、神学（神の研究）とは人間学（人間の研究）にほかならない。私たちは、神聖な存在が実在するとみずからを欺いたばかりか、自分自身がなんであるかを忘却し、見かぎったのだ。つまり私たちは、これらの徳がじつは神のうちにではなく人間のうちにこそ実在するという事実から眼を背けた。だから私たちが注意を向けるべきなのは、天上界の公正さではなく人間の正義だ。私たちが関心を示すに値するのは、現世に生きる、この地上での人間なのだ。■

聖書のユダヤ人たちは、確かなものと救いを求めるなかで、偽りの神である黄金の牛を捏造し崇拝した。フォイエルバッハに言わせれば、あらゆる神もこれと同じようなしかたで創造されたものだ。

参照 ミレトスのタレス 22～23頁■ゲオルク・ヘーゲル 178～85頁■カール・マルクス 196～203頁

自分自身の身体と精神にたいしてはだれもが支配者だ

ジョン・スチュアート・ミル
（1806年〜1873年）

その哲学的背景

部門
政治哲学

手法
功利主義

前史
1651年 トマス・ホッブズが、『リヴァイアサン』のなかで、人間は「粗野」であり、社会契約によってコントロールされる必要があると述べる。
1689年 ジョン・ロックの著作『統治二論』が、経験論の文脈において社会契約論を考察する。
1789年 ジェレミー・ベンサムが、「最大幸福の原理」を推奨する。

後史
1930年代 ミルに影響を受けた経済学者ジョン・メイナード・ケインズが、自由主義経済理論を展開する。
1971年 ジョン・ロールズが、法律とは万人が同意するべきものであるべきだという考えにもとづいて、『正義論』を公刊する。

　ジョン・スチュアート・ミルは、知的に卓越した家系に生まれ、早い時期から、18世紀の啓蒙思想の時代をつうじて形成されたイギリスの哲学的伝統に親しんでいた。ジョン・ロックとデイヴィド・ヒュームはすでにその哲学を確立していたが、その新しい経験主義はヨーロッパ大陸がわの哲学者たちの合理主義とは際だった対比をなしていた。だが、18世紀後半をつうじて、ヨーロッパからもたらされたロマン主義的観念が、イギリスの道徳哲学と政治哲学にも影響をもちはじめた。この影響のもっとも顕著な産物が功利主義であった。これは、ヨーロッパとアメリカの双方で18世紀に生じた革命の輪郭をかたちづくった政治哲学にたいする、まさにイギリス流

革命の時代 191

参照　トマス・ホッブズ 112～15頁 ■ ジョン・ロック 130～33頁 ■ ジェレミー・ベンサム 174頁 ■ バートランド・ラッセル 236～39頁 ■ カール・ポパー 262～65頁 ■ ジョン・ロールズ 294～95頁

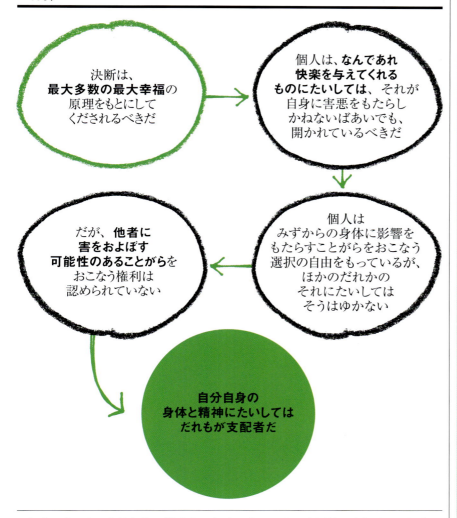

ジョン・スチュアート・ミル

　ジョン・スチュアート・ミルは、1806年にロンドンで生まれた。彼の父親はスコットランドの哲学者にして歴史家であったジェームズ・ミルだった。彼は、ジェレミー・ベンサムと協力して、「哲学的急進派」運動をたちあげた。ジョンは家庭で父親から教育を受けた。その要求の多い教育プログラムは、まだ3歳にすぎなかったジョンにギリシア語を教えるところからはじまっていた。

　何年にもわたって厳しい勉強を課されたためか、ミルは21歳のときに神経衰弱に罹った。そのため大学を離れて、東インド会社で職に就いた。1858年に職を辞すまで、そこにとどまり、その間に執筆に打ちこむだけの生活と時間を得た。この時期にミルは、女性の権利を主張していたハリエット・テイラーと出会い、20年にわたる親交を経た後、ついに結婚した。1865年から1868年までは国会議員として働き、みずからの道徳哲学と政治哲学の実現に努めた。

主著

1843年『論理学体系』
1848年『経済学原理』
1859年『自由論』
1861年『功利主義』
1869年『女性の解放』
1874年『自然について』

の解釈であった。功利主義の提唱者であるジェレミー・ベンサムはミル一家の友人であり、ジョンの家庭での教育に影響をもたらした。

ヴィクトリア朝の自由主義

　哲学者としてミルは、いまだ価値を失っていない知的遺産を19世紀の新しいロマン主義と綜合するという課題をみずからに課す。ミルの手法は、ヒュームのそれ（いっさいの知識は感覚経験に由来し、確実なものはなにひとつないと論じた）ほどには懐疑的ではなく、ベンサム（あらゆるものはその有用性にもとづいて判定されるという点を強調した）ほどには独断的ではなかったが、両者の経験主義と功利主義がミルの思考に有益な情報を与えたのは確かだ。ミルの道徳哲学と政治哲学は、革命ではなく改良を目標としているという点で、先行者たちのそれほどには過激ではなく、イギリスのヴィクトリア朝の自由主義の土台を形成した。

　最初の哲学書である6巻からなる包括的な『論理学体系』を完成させた後、ミルはその関心を道徳哲学、とりわけベンサムの功利主義理論にふりむけた。以前

からミルは、ベンサムの「最大多数の最大幸福」という原理のエレガントなまでの簡潔さに感銘を受けており、その有用性を心から信じていた。ミルは、功利主義がナザレのイエスの「黄金律」である「自分がしてもらいたいと思うことを他人になせ、そして隣人を自分自身のように愛せ」と同じように適用されうるという点について独自の解釈をおこなっている。ミルに言わせれば、これこそが「功利主義的道徳性の理想的完全性」をかたちづくる。

自由のための法制度

ミルはベンサムの最大幸福の原理を支持するが、実践的には欠陥があると感じていた。ベンサムはこの理念を抽象的な「快楽計算」(幸福を計量化するための算出方法)にしたがうものとみなしていたようだが、ミルが求めたのは、それが現実世界においてどうすれば実行されうるかを明確にすることであった。つまりミルは、道徳的決断をなすにさいしてそれを活用すること以上に、この原理がもつ社会的および政治的含意のほうに関心を寄せていたのだ。「最大多数の最大幸福」を推進するための法制度は、どうすれば個人にたいしてじっさいに効果を発揮しうるのか。一種の多数派原理を遂行することでこれをなしとげようとする法律は、じっさいには幸福を実現するという名目のもとに一部の人びとを締めだしているのではないか。

ミルの考えでは、こうした問いへの解決は、教育と世論の双方に向けて、両者が一緒にはたらくことで、個人の幸福と社会の善とのあいだに「分離不可能な協同」を確立するようにしむけることにある。その結果として、人びとは、自分たち自身の善や幸福のためばかりでなく、万人のそれへ向けてふるまうよう動機づけられることになる。こうしてミルの結論は、社会があらゆる個人に幸福を追求する自由を

> 満足した愚か者でいるよりは、不満足なソクラテスでいるほうがましだ
> ジョン・スチュアート・ミル

もたらすものとなるべきだという主張にゆきつく。さらに、この権利は政府によって保護されるべきであり、法制度は個人が自分の目標を追求する自由を保障すべく制定されるべきだとミルは言う。だが、ミルの見るところ、こうした自由が抑制されざるをえなくなる状況がひとつある。それは、ある人間の行為が他人の幸福を侵害する恐れのあるばあいだ。これは、「危害の原理」として知られている。ミルがこの原理を強調するのは、そうしたばあいには、ある人間「自身の善が、身体的なものであれ精神的なものであれ、十分な保証を受けていない」からだ。

幸福の数値化

ついでミルは、幸福をはかる最上の方法はどのようなものかという点に注意を向ける。ベンサムは、その快楽計算において快楽の持続と強度を重視したが、ミルはさらに快楽の質を考慮にいれることも大切だと考えた。そうすることでミルは、欲望や性的快感のたんなる満足と知的文化的研究をつうじて得られる幸福とのあいだの差異を考慮にいれている。ミルは、みずからの「幸福の方程式」のな

「自分がしてもらいたいと思うことを他人になせ」というミルの黄金律をじっさいにやってみせたのは、聖書の訓話のなかで敵を助ける**よきサマリヤ人**だ。ミルは、これを社会全体の幸福に寄与するものだと信じた。

かでは、いっそう基礎にある肉体的な快楽よりも比較的高次の知的な快楽のほうを重要視している。

ついでミルは、みずからの経験主義的背景に沿うかのように、幸福の本質に明確な定義を与えようとする。各人が達成しようと努めるものはなんだろうかとミルは問う。幸福の原因はなんだろうか。なにかが望ましいものとなることを可能にする上で唯一はっきりしていることは、人びとがじっさいにそれを望んでいるということだとミルは結論する。これはかなり不十分な説明であるように思われる。だが、ミルはさらに進めて、動因をもたない欲望（自分たちに快楽を与えてくれることを私たちが求めることがら）と自覚的な行為（義務感や慈善の感情から外れて、ときには自分たちの直接的な傾向に抗っておこなうが、最終的には私たちに快楽をもたらしてくれることになるようなことがら）のあいだに区別を設けようとする。前者のばあいには、私たちは自分たちの幸福の一部をなすものとしてそのものを求めるが、後者のばあいには、自分たちの幸福への手だてとしてそれを求めるのであり、それは、その行為が賞賛に値する結果にたどりついたときにのみ感じとられるものだ。

実践的功利主義

ミルはたんなる講壇哲学者ではなく、自分の考えが実行にもたらされる必要があると考えていた。だから、それが政府や法制度の観点からはどのようなことを意味しうるかをつねに考慮にいれていた。ミルの考えでは、個人が自身の幸福を追求する自由にたいする制限はなんであれ圧制であり、それには多数派による（民主的選挙をとおしての）集団的な圧制のばあいと、ひとりの暴君による単独統治のばあいとがある。そこからミルは、個人にたいする社会からの権力に制約をくわえ、個人の自由な表現の権利を守るための実践的な尺度の必要性を示唆する。

国会議員を務めていたころ、ミルは多くの改革案を提案した。それらはずっと後になってようやく採択されるにいたっ

女性の選挙権のための**ナショナル・ソサエティ**は1868年にイギリスで設立された。ミルが1867年の改革法案議会で改革案のために論じて、女性の法律上の参政権を勝ちとろうと努めた1年後のことであった。

たが、ミルの演説はその功利主義哲学にたいする幅広い公衆の注目を惹きつけた。哲学者にして政治家でもある人間として、ミルは、自由な演説を保証し、人間の基本的権利を促進させ、奴隷制を撤廃させることをめざして熱心に論じた。そうしたことすべては、彼自身の功利主義の明白な実践的応用であった。妻のハリエット・テイラー違いない＝ミルの強い影響もあって、ミルは、みずからの政治改革案の一環として女性の参政権を認める必要を説いた、イギリスで最初の国会議員となった。ミルの自由主義哲学は経済学にもおよび、自分の父親の経済理論には抗うかたちになったが、政府の介入は最小限に抑えられるべきだとする自由市場経済を推奨した。

ソフトな改革

ミルが自身の功利主義哲学の中心に置くのは、社会ではなく個人だ。重要なのは、個人がなにものからも干渉されることなく、好きなように考え行動する──その行為が当人に有害な結果をもたらす恐れがあるばあいもふくめて──自由をもっていることだ。ミルがその著書『自由論』で述べるように、あらゆる個人が「自分自身の身体と精神にたいする主権者」だ。ミルの考えは、ヨーロッパとアメリカ

において革命にまで行きついたラディカルな発想を和らげて、それらを権威による干渉からの自由という観念と結合することで、ヴィクトリア朝の自由主義を具現化したものとみなすことが可能だ。ミルの考えでは、これこそが正しい統治のための土台であり、ヴィクトリア朝の重要な理想であった、社会を発展させるための手だてであった。ミルに言わせれば、個人が幸福になれるように生きるのを可能にする社会では、各人がその潜在能力を発揮できるようになる。これがついで社会に恩恵をもたらす。なにしろ、個人的才能の開花は全員の善に貢献するものとなるにちがいないからだ。

生前からミルは、偉大な哲学者と目されていたが、こんにちでは多くの人びとからヴィクトリア朝の自由主義の設計者とみなされている。功利主義にヒントを得たミルの哲学は、20世紀においても相変わらず社会的・政治的・哲学的・経済学的思考に影響をおよぼしている。現代の経済学は自由市場にたいしてミルがおこなった功利主義の適用をさまざまに解釈することからかたちづくられてきた。その代表例が、イギリスの経済学者ジョン・メイナード・ケインズによるものだ。倫理学の領域では、バートランド・ラッセルやカール・ポパー、ウィリアム・ジェイムズ、さらにはジョン・ロールズといった哲学者たちがみなその出発点をミルに求めた。■

信念をもったひとりの人間は、
自分の利害にしか
関心を示さない99人の人間と
同等の社会的力をもつ
ジョン・スチュアート・ミル

不安は自由の眩暈(めまい)だ
セーレン・キルケゴール
(1813年〜1855年)

その哲学的背景

部門
形而上学

手法
実存主義

前史
1788年　イマヌエル・カントが、『実践理性批判』のなかで、道徳哲学における自由の重要性を強調する。
1807〜22年　ゲオルク・ヘーゲルが、人間の意識と世界とのあいだの連関を確立することで、歴史的意識ないし世界精神の存在を示唆する。

後史
1927年　マルティン・ハイデガーが、『存在と時間』のなかで、不安の概念と実存的罪の概念を探求する。
1938年　ジャン=ポール・サルトルが、『嘔吐』を刊行して、実存主義哲学の土台をすえる。
1946年　ルートヴィヒ・ウィトゲンシュタインが、『反哲学的断章――文化と価値』のなかで、キルケゴールの著作への恩義を表明する。

　セーレン・キルケゴールの哲学は、19世紀中葉にヨーロッパ大陸で圧倒的な影響力を誇ったドイツ観念論の思考、とりわけゲオルク・ヘーゲルのそれにたいする反動として展開された。キルケゴールが望んだのは、主観的なアプローチを肯定することで、人類を不可避の歴史的発展の一部とみなす完璧な哲学体系というヘーゲルの理念を論駁することであった。キルケゴールは、偉大な哲学体系の一部ではなく、自己決定する力をもった個人としての「人間であるとはなにを意味するか」を検討しようとした。

　キルケゴールの考えでは、私たちの生活は行為によって決定されるが、行為自体は、選択によって決定される。だから、選択がどのようにおこなわれるかが、日々の生活にとって決定的に重要だ。ヘーゲルと

革命の時代 195

参照　イマヌエル・カント164〜71頁　■　ゲオルク・ヘーゲル178〜85頁　■　フリードリヒ・ニーチェ214〜21頁　■　マルティン・ハイデガー252〜55頁　■　ジャン=ポール・サルトル268〜71頁　■　シモーヌ・ド・ボーヴォワール276〜77頁　■　アルベール・カミュ284〜85頁

同じくキルケゴールは、道徳的決断を快楽を求める（自己満足的な）選択と倫理的選択のあいだでの選択とみなした。だがこの選択は、当人の生きる時代の歴史的・環境的条件に決定されるとヘーゲルが考えたのにたいして、キルケゴールの考えでは、道徳的選択とはあくまで絶対的に自由で主体的なものだ。私たちの判断を決定するのは意志のみだとキルケゴールは言う。だが、選択のまったくの自由は、幸福の根拠であるどころか、不安ないし恐れの感情を惹起する。

キルケゴールは、『不安の概念』のなかでこうした感情を解明する。一例として、キルケゴールは、絶壁か高いビルの上に立っている男の例を挙げる。この男が縁の向こうに眼をやったなら、2種類の異なった恐怖を感じるだろう。ひとつは、落下への恐れ、もうひとつは、縁の向こうへ身を投げだしてしまいたいという衝動によってもたらされる恐れだ。二つめの恐れないし不安は、飛びおりるか否かの選択が絶対的に自分の自由だと気づいたことから生じる。そしてこの恐れが、当人の感じる眩暈と同じくらいに足元をふらつかせる。キルケゴールに言わせれば、私たちは道徳的選択をおこなうばあいにはいつでも、どれほど恐ろしい決断をなすことも自分には自由なのだと気づいて、同じような不安を経験する。この不安をキルケゴールは「自由の眩暈」として記述し、さらに話を進めて、これは絶望をひきおこすものだが、どんな選択がありうるかについてのいっそうの自覚を喚起することで、私たちを揺さぶって深く考えず反応するのを防ぐ効果をももつと説く。このようにして、私たちの自覚と個人的責任への感受性とは増してゆく。

実存主義の父

キルケゴールの考えは、同時代の人びとからは完全に無視されたが、後続の世代へは甚大な影響を与えた。キルケゴールは、選択が重要であるばかりでなく根本において自由であること、そして私たちがつねに意味と目的を探求してやまない存在であることを重視したが、その姿勢が実存主義の大枠（フレームワーク）を与えることとなった。この哲学は、フリードリヒ・ニーチェとマルティン・ハイデガーによって発展させられ、その後ジャン=ポール・サルトルによって十全な定義を与えられた。それは、自分自身の誕生という出来事を別にすれば、あらゆる行為が選択となってしまう、この神なき世界で、私たちが有意味に生きられる方途を探究する哲学だ。こうした後続の思想家たちとは異なって、キルケゴールは神への信仰をけっして放棄しなかった。だがキルケゴールは、自己意識の実現と絶対自由のもたらす「眩暈」ないし恐れを公然と認めた最初の人物だ。■

ハムレットが直面させられたのは、自分の伯父を殺すか、殺された父親の復讐を断念するかという恐るべき二者択一であった。シェイクスピアの演劇は、選択にはらまれる真の自由というものの不安をみごとに描いている。

セーレン・キルケゴール

セーレン・キルケゴールは、1813年にコペンハーゲンで生まれる。この時代はデンマークの文化的黄金時代として知られている。裕福な貿易商だったキルケゴールの父親は、敬虔さと憂鬱気質を兼ねそなえていたが、それは息子にも受けつがれ、後年キルケゴールの哲学に多大な影響をもたらす。コペンハーゲン大学で神学を学ぶが、哲学の講義にも出席していた。かなりの遺産を相続することになったキルケゴールは、それを機に生涯を哲学にささげる決断をする。1837年にレギーネ・オルセンと出会い、恋に落ちる。3年後には婚約したが、翌年に、自分は憂鬱気質のせいで結婚生活に耐えられなくなるだろうと述べて、一方的に婚約を破棄した。神への信仰は生涯失わなかったが、デンマークの国教会にたいしては、偽善だという批判を繰りかえし投げかけた。1855年に、路上で意識を失い、その1カ月後に亡くなった。

主著

1843年　『恐れとおののき』
1843年　『あれかこれか』
1844年　『不安の概念』
1847年　『愛の業』

これまで存在していた
あらゆる社会の歴史は、
階級闘争の歴史だ

カール・マルクス
(1818 年～1883 年)

カール・マルクス

その哲学的背景

部門
政治哲学

手法
共産主義

前史
1513年ころ ニコロ・マキャヴェリが、『リウィウス論』のなかで、古代ローマとルネサンス期イタリアにおける階級闘争を問題にする。

1789年 フランス革命が、革命にかんする19世紀の哲学的議論にとっての枠組みのほとんどすべてを提供する。

1800年代 ゲオルク・ヘーゲルが、知的対立をつうじての歴史的変化という理論を展開する。

後史
1880年代 フリードリヒ・エンゲルスが、マルクスの理論を展開して、史的唯物論を哲学的に完成しようと努める。

1930年代 マルクス主義が、ソ連ならびに多くの共産主義国家の公認の哲学となる。

人間社会の錯綜した歴史はただひとつの定式に還元しうるものだろうか。19世紀のもっとも偉大な思想家のひとりであったカール・マルクスは、それが可能だと信じた。マルクスは、そのもっとも著名な著作である『共産党宣言』第1章の書きだしに、あらゆる歴史的変化は支配（＝上流）階級と被支配（＝下流）階級のあいだでの現在進行形の対立の帰結として生じるものであり、この対立の根は経済にあると書きつけた。

マルクスは、さまざまな世代をつうじて、社会の本性についてのほかに例を見ない重要な洞察に自分がいたりついたと思った。マルクス以前には、歴史にたいするアプローチは、個人的英雄や指導者の役割を強調するか、理念の演じる役割を強調するかであったが、マルクスは古代における主人と奴隷にはじまって、中世の貴族と農奴、近代の雇用主と使用人のあいだでの対立をも視野にいれた、集団的な対立の長期的な継続に焦点を定めた。マルクスが強調したのは、革命的な変化をひきおこすのは、こうした階級間での対立だということであった。

共産党宣言

マルクスは『共産党宣言』を、ドイツの哲学者フリードリヒ・エンゲルスと共同で執筆したが、二人が出会ったのは1840年代前半のことであった。エンゲルスが提供したのは、経済的支援、アイディア、卓越した文章力だが、マルクスは両名の協同での出版の背後に控えている真の天才として認められていた。

1840年代初頭から中葉にかけての草稿のなかで、マルクスとエンゲルスは、これまでの哲学者たちが世界を解釈することだけに汲々としてきたのにたいして、自分たちの活動の肝心要の点は世界を変えることにあるという点を強調する。1840年代と1850年代をつうじて、マルクスは、自分の考えをさまざまな短い論説のかたちで改良していったが、そのなかに、40頁ほどのパンフレットとして書かれた『共産党宣言』がふくまれていた。

『共産党宣言』は、共産主義の価値と政治的理念を説明しようとするものだ。これは、少数の急進的なドイツ社会主義者たちからなる比較的新しいグループによって推しすすめられた新しい信念の体系だ。『共産党宣言』が求めているのは、社会が、ブルジョワジー（資本を所有している階級）とプロレタリアート（労働者階級）という直接的な対立状態にある二つの階級に単純化されることだ。

「ブルジョワジー」という語は、市民を意味するフランス語「ブルジェ」に由来する。このばあい市民とは、一般大衆を超えて独自の地位を築き、自分自身のビジ

知的論争は、マルクスが著述に携わっていたころのドイツでは、広くおこなわれていた。とはいえマルクス自身は、哲学の課題は観念を議論することではなく、じっさいに変革をもたらすことだと考えていた。

ネスを取りしきっている、私有財産を所有した商人をさす。マルクスは、19世紀中葉までに生じた、アメリカ大陸の発見とつづく植民地化、インドと中国の市場の開放、交換可能となった商品の増加といったできごとが、どのようにして商業と産業の急速な発展をもたらしたかを記述している。もはや職人は、新しい市場の日ましに増大する需要に見あうだけの財を生産できなくなり、製造システムにとってかわられてしまった。『共産党宣言』に述べられているように、「市場は成長をつづけ、さらなる上昇を求める」のだ。

ブルジョワジーの価値

マルクスに言わせれば、こうした交易のいっさいを取りしきるブルジョワジーは、「剥きだしの利害、つまりそっけない『現金払い』以外の」いかなる絆も人びとのあいだに残さなかった。以前には人びとはあるがままの姿で価値をもっていたが、ブルジョワジーによって「人格的な価値は交換価値に解消されてしまった」。道徳的、宗教的、さらには感情的な価値さ

革命の時代 199

参照　ニコロ・マキャヴェリ 102 〜 07 頁 ■ ジャン=ジャック・ルソー 154 〜 59 頁 ■ アダム・スミス 160 〜 63 頁 ■ ゲオルク・ヘーゲル 178 〜 85 頁 ■ ルートヴィヒ・アンドレアス・フォイエルバッハ 189 頁 ■ フリードリヒ・ニーチェ 214 〜 21 頁

えもが見すてられてしまい、科学者や法律家から僧侶や詩人にいたるまで、あらゆる人間が給与労働者に変えられてしまった。宗教的・政治的「幻想」の代わりに、ブルジョワジーは「剥きだしにして恥知らず、直接的で粗野な搾取を置いた」とマルクスは書いている。以前は人びとの自由を保護していた憲章は打ちすてられ、それに代わってひとつの「意識されない自由である自由交易」が前面に出てきた。

マルクスの考えでは、ただひとつの解決策は、経済的生産の手段（土地や原材料、道具や工場といった）が万人の共通財となり、その結果社会の全成員が自分の能力に応じて働き、自分の必要に応じて消費できるようになることだ。これのみが、富める者が貧しい者を使いすてにする生きかたをするのを食いとめるただひとつの方法だ。

弁証法的変化

変化の過程にかんするマルクスの推論の背後にある哲学は、主として彼の先行者であったゲオルク・ヘーゲルに由来するものであった。ヘーゲルは、現実をさまざまなできごとの状態としてではなく、連続的な変化の過程として描きだした。ヘーゲルに言わせれば、変化をひきおこすのは、できごとにかんするいっさいの

> 各人はその能力に応じて、
> 各人にはその必要に応じて
> **カール・マルクス**

カール・マルクス

観念ないし状態（「定立」と呼ばれる）がそのうちに内的葛藤（「反定立」と呼ばれる）をふくんでいて、これがときとして変化を生ぜしめる作用を発揮し、その結果としてできごとにかんする新しい観念ないし状態（「綜合」と呼ばれる）が導かれるという事実だ。この過程の全体が弁証法と呼ばれる。

ヘーゲルは、私たちに経験できるのは、けっして世界内にある事物のあるがままの姿ではなく、もっぱら私たちにあらわれるかぎりでの事物のありかただと考えた。ヘーゲルに言わせれば、実在は第一義的には心ないし精神からなっており、だから弁証法の無限の過程を経過してゆく歴史の旅程とは、本質的に精神が絶対的な調和の状態をめざして進んでゆく過程だ。だが、まさにこの点で、マルクスはヘーゲルと袂を分かつ。マルクスが強調するのは、この過程は精神的発展の旅程などではなく、現実の歴史的変化の過程だという点だ。つまりマルクスによれば、この過程の終着点にあるはずのいっさいの対立から解放された最終的状態とは、ヘーゲルが予言したような精神的恍惚ではなく、だれもがよりよき全体にとっての善に向けて相和した状態で労働にいそしむ完璧な社会だ。

階級の形成

かつては人類は、みずからが必要とするいっさいのもの——衣服や食料、住居といった——を全面的に自分の手でつくっていたが、社会が形成されるようになると、人びとはますますたがいに依存しあうようになった。この結果、スコットランドの経済学者にして哲学者であったアダム・スミスによって描写されたような「契約関係」、すなわち財や労働力の相互交換関係が結ばれるようになった。マルクスはスミスに和して、こうした交換関係が人びとをその労働という点で専門化する方向へ導いたと論じるが、こうした新たな専門化（ないし「職業」）がひとびとを固定するようにもなった点を指摘するのを忘れない。あるひとの専門職ないし「仕事」がなんであれ、農業であれ親譲りの地主であれ、それによって当人がどこに住んでいるのか、なにを食べているのか、なにを着ているのかといったことがわかってしまうのであり、さらには社会のなかでだれと利害をともにしているか、だれと対立関係にあるかといったことまでわかってしまう。ときが経つにつれて、ここから対立関係のうちに固定された、はっきりと区別される社会的・経済的階級が形成されていった。

> 各世代の支配的理念は、つねにその支配階級の理念だ
> **カール・マルクス**

マルクスに言わせるなら、これまでの人類の歴史には四つの主要段階が区別されるが、それをマルクスは所有権の四つの異なったありかたにもとづくものとみなした。共通財を土台とした原始の部族体系、古代の共同体的・国家的所有体系（奴隷制と私有財産はこの段階ではじまった）、封建的もしくは身分制の所有体系、そして近代の資本主義的生産体系の四つだ。これらの段階のおのおのが、異なった経済体系のかたちもしくは「生産様式」をあらわしており、それらのあいだでの移行は歴史的には戦争や革命、ある統治階級が別の階級にとってかわられるといった急進的な政治事件によって特徴づけられる。『共産党宣言』は、任意の社会や任意の地域における所有のシステムを理解すれば、その内部での社会関係を理解する鍵が入手できるという考えを一般化した。

文化制度の誕生

どの社会であれ、その経済的土台を分析すれば、その所有のシステムが変わるにつれて、政治・法律・芸術・宗教・哲

富裕なブルジョワジーは、18世紀後半から19世紀にかけて、豪華な生活を満喫していた。だが、その会社や地所で働く労働者たちは極度の貧困に耐えていた。

革命の時代

> 人民の偽りの幸福である
> 宗教の撤廃こそが、
> 真の幸福にとって必要なことだ
> カール・マルクス

学といったその「上部構造」も別のものになるということが理解できるようになるともマルクスは考えた。これら上部構造にあたるものは、支配階級の関心に奉仕し、その価値と利害とを助長し、政治的現実から注意をそらさせるために発展した。だが、こうした支配階級でさえも、じっさいには、できごとなり制度なりを決定しているわけではない。かつてヘーゲルは、いかなる時代も時代精神の支配下にあると語ったが、それにはマルクスも同意していた。だが、ヘーゲルが時代精神を時代をつうじて進展してゆく絶対精神によって決定されるとみなしたのにたいして、マルクスはそれを任意の時代の社会的・経済的諸関係によって決定されるものとみなす。こうした関係が、個人および社会の観念ないし「意識」を定義する。マルクスの見解では、人民はみずからの時代を特定の型へ流しこむことで、その時代に刻印をきざむわけではなく、時代のほうが人民を規定する。

マルクスが、精神の旅程から社会的・経済的生産様式の旅程へとヘーゲルの哲学に修正をくわえたのには、もうひとり

産業革命は、専門技術の賃労働への固定化をもたらした。その後人民は、似たような社会的・経済的地位にある同胞からなる集団ないし階級を形成するようになった。

のドイツ哲学者ルートヴィヒ・アンドレアス・フォイエルバッハからの影響もあった。フォイエルバッハは、伝統的宗教は、どうやっても理性的推論によっては裏づけられない以上、知的観点から見るなら誤っており、これこそがあらゆる貧困の一因となっていると考えた。フォイエルバッハが主張したのは、もっとも偉大な徳をごちゃまぜにすることで自分たちの姿にあわせて神を創造したのはほかならぬ人民であり、その上人民はその神々にすがって宗教を発明した、つまり現実の世界よりも自分たちの「夢想」のほうを優先させたということだ。こうして人民は、みずからが創造したものであることを忘れてしまった神に自己をなぞらえようとしてうまくゆかないために、かえって自分自身から疎外されることとなった。

マルクスは、宗教にすがる傾向が人民にあるのは、自己が軽視されることも疎外されることもない場所を人びとが求めてやまないからだという点には同意するが、その原因は独裁的な存在と化した神にあるのではなく、人民の日々の現実的な生活のうちに潜む物質的要因にあると主張する。マルクスにとって、解答は宗教の終焉のうちにではなく、全面的な社会的・政治的変革のうちにあった。

マルクス主義的ユートピア

ブルジョワジー階級とプロレタリア階級の出現に導かれる人類の歴史の概括的な説明にくわえて、『共産党宣言』では、政治・社会・経済にかんするさまざまな要求も展開されている。それによれば、資本主義システムはたんに搾取するばかりでなく、もともと金銭的に不安定な側面をも有しているため、深刻な商業的危機の再発や労働者の貧困の拡大、ただひとつの真に革命的な階級であるプロレタリアートの出現にゆきつかざるをえない。この革命的階級は、歴史上はじめて、人類の大多数を代表する存在となるだろう。

こうした展開は、生産過程がどんどんと複雑になってゆくことに支えられているとみなされる。マルクスは、技術が改良されるにつれて、雇用されることもないままに生産手段から疎外されてゆく人びとの数がどんどん増えるだろうと予言した。この結果、社会はどんどん貧困化してゆく大多数の人びとと、生産手段を所有し管理する少数の人びとという二極に分裂してゆく。弁証法の論理にしたがうなら、この対立は階級のない新しい社会を創設する暴力的な革命に帰結するはずだ。それは、いっさいの対立から解放されたユートピア的な社会となり、そこに

カール・マルクス

『共産党宣言』が公刊された直後から、**社会主義者たちに鼓舞された革命**がヨーロッパ中を席巻した。そのなかには、1848年にパリで勃発した二月革命もふくまれる。

革命への道

マルクスの独創性は、新しい観念の創造よりも、以前からある観念を結びつけるその手ぎわのうちにこそ認められる。マルクスの体系においては、ドイツの観念論哲学者たち、とりわけゲオルク・ヘーゲルとルートヴィヒ・フォイエルバッハ、ジャン＝ジャック・ルソーのようなフランスの政治理論、イギリスの政治経済学者とりわけアダム・スミスといった人びとの洞察が巧みに活用されている。社会主義は、19世紀前半には広く認められた政治理論となった。さらにマルクスは、ここから所有や階級、搾取や商業的危機といったできごとについてのいくつもの洞察をひきだした。

階級対立は、たしかにマルクスが『共産党宣言』を起草していたころの空気を反映していた。この宣言は、1848年と49年に口火を切ることとなった大陸がわでの多くのヨーロッパ諸国における君主制に抗う一連の革命よりも、前に書かれ

おいて弁証法の過程は終焉を迎えることだろう。こうした完璧な社会には政府は不要で、革命の指導者たちによって運営される行政組織がありさえすればよいとマルクスは考えた。それが共産「党」だ（このときマルクスがイメージしていたのは、なんらかの特定の組織というよりは理想を信奉する人びとの集まりだ）。この新しいタイプの国家（それをマルクスは「プロレタリア独裁」と呼んだ）のなかでは、人民は真の平等と富の社会的所有を享受するだろう。完璧な社会へ向けてのこうした生産様式の最終的変化のすぐ後で、以前に理解されていたような姿での政治権力は終焉を迎えるだろうともマルクスは予言した。その理由は、もはや政治的不一致ないし犯罪行為が生じるべき理由が見当たらなくなるからだ。

政治権力

ヨーロッパにおけるブルジョワジーとプロレタリア階級とのあいだでの激烈な階級闘争の行きつく先は、大多数の人民が財産を失ってしまい、賃金を得るために自分たちの労働力を売りはらわざるをえなくなったときになってはじめて明瞭になるとマルクスは予言した。少数の富裕者と貧困層とが並存している状態は、ますます露骨になり、それだけ共産主義が人びとの関心を惹くものになってゆくとマルクスは考えた。

だが、共産主義に対立する人びとがみずからの特権を容易に捨てさるなどということをマルクスが期待していたわけではない。歴史上のどの時代においても、支配階級は自分たちの経済的優位を強化する手段として、政治と法律をともに手中に収めることの利点を我がものとしてきた。マルクスに言わせれば、じつのところ現代社会は「ブルジョワジーの事務をつかさどる委員会」であり、たとえば投票権を拡大しようとする争いのような、締めだされた集団による自分たちの利害を考慮にいれさせるための闘争は、より根本的な経済的葛藤の短期的なあらわれでしかない。マルクスの眼には、政治的利害や党派は支配階級——あたかも自分たちが全般的な利害を考えてふるま

っているかのようにあらわれるが、そのじつ権力を獲得し維持するためにそうせざるをえないだけの存在——の経済的利害に利する媒体としか映らなかった。

亡霊がヨーロッパに
とり憑（つ）いている——
共産主義という亡霊が
カール・マルクス

革命の時代　203

た。それに先だつ数十年において、少なからぬ数の人びとが、職を求めて地方から都会へと移住するようになった。その段階ですでにイギリスで生じていた産業革命の波は、まだ大陸がわヨーロッパでは生じていなかった。貧しい人びとが現状にたいしていだいていた不満感の高まりは、さまざまな自由主義的かつ国家主義的政治家たちに利用され、革命の波紋はヨーロッパを横断するかたちで広がっていったのだが、最終的にはこれらの暴動は敗北に終わり、恒常的な変化をもたらすところまではいたらなかった。

だが『共産党宣言』は、20世紀をとおして象徴的な地位を獲得し、ロシアと中国、さらに多くの国における革命の導火線となった。マルクスの考えは、理論としてはすばらしいものであったが、実践においては誤っていることが証明された。スターリン時代のロシアや毛沢東の時代の中国、ポルポトのカンボジアにおける抑圧の進行は、マルクスの政治的・歴史的理論への信頼をはなはだしく損なう結果となった。

マルクス主義批判

これらの本来は農耕型の社会で、共産主義がこんなにも野蛮なしかたで実現されるとは、マルクスには思いもよらなかったことだが、それはそれとしてマルクスの考えは、いまなおさまざまな批判にさらされている。第一に、マルクスはつねに革命が不可避であると論じていた。それは弁証法の核心部分ではあるが、人間の創造性がつねに多様な選択肢をつくりだす力をもっていることを考えあわせるなら、事態を単純化しすぎている。つまり弁証法は、漸進的な改良による改善の可能性というものを認めることができないのだ。

第二に、マルクスにはよい性質をすべてプロレタリアートに帰す傾向があり、共産主義社会だけが新しい人間のありかたを可能にすると言わんばかりだ。だがマルクスは、この完璧なプロレタリア独裁がどの点でそれ以前の粗野な独裁形態と異なるのかも、それがどのようにして権力の堕落へ向かう作用を阻止しうるのかをも説明しなかった。

第三に、マルクスは、革命の成功した後でも自由への新たな渇望が生じてくるかもしれないという可能性をほとんど検討しなかった。つまり、貧困こそが危機をもたらすたったひとつの原因だと思いこんでいたのだ。さらにマルクスの批判者たちは、マルクスが国家主義の脅威を十分には理解していなかったし、政治において個人のリーダーシップが果たす役割について適切な評価を与えることもできなかったと切ってすてる。じっさい、20世紀の共産主義運動は、共産主義が権力を握ったほぼすべての国において、とてつもなく強力な個人崇拝を生みだすにいたった。

消えることのない影響

マルクスの理論がひきおこした批判や危機はあまたあるが、マルクスの着想はいまなお相当な影響をおよぼしている。商業資本主義への強力な批判者としての、また経済と社会の理論家としてのマルクスは、こんにちの政治と経済にかんして依然として重要な存在と目されている。20世紀のロシア出身のイギリスの哲学者アイザイア・バーリンの「『共産党宣言』は天才の作品だ」ということばには多くの人が同意することだろう。■

20世紀の**マルクス主義国家**は、みずからをユートピアだと吹聴した。そこでは、新たに解放され、幸福を勝ちとった市民たちを称える絵画や彫刻が急増した。

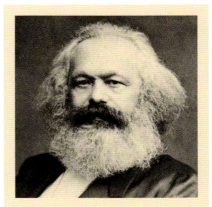

カール・マルクス

19世紀のもっとも革命的な思想家は、ドイツのトリーアに生まれる。キリスト教に改宗したユダヤ人の弁護士の息子であったマルクスは、ボン大学で法律を学び、後に妻となるイエニー・フォン・ヴェストファーレンと出会う。ついでベルリン大学で学び、その後ジャーナリストとなる。その文章のなかで民主主義を称揚したことで、プロイセンの宮廷から検閲を受けることとなり、フランスとベルギーへの亡命を余儀なくされた。この時期に、ドイツ人の同胞フリードリヒ・エンゲルスと協同で独自の共産主義理論を展開する。

1848年から49年の革命の時期にドイツへ帰国するが、革命が収束した後はロンドンへ亡命し、その後の生涯をすごす。マルクスと妻の暮らしは大変困窮を極め、マルクスが無国籍のまま64歳で亡くなったとき、葬儀に列席したのはわずか11名だった。

主著

1846年
『ドイツ・イデオロギー』

1847年
『哲学の貧困』

1848年
『共産党宣言』

1867年
『資本論』第1巻

そもそも市民は、自分の良心を立法者に委ねなければならないのか
ヘンリー・デイヴィド・ソロー
（1817年～1862年）

その哲学的背景

部門
政治哲学

手法
非協調主義

前史
紀元前340年ころ アリストテレスが、個人よりも国家のほうが重要だと主張する。

1651年 トマス・ホッブズが、強力な政府を欠いた国家は無政府状態へ逆もどりすると主張する。

1762年 ジャン＝ジャック・ルソーが、『社会契約論』のなかで、人民の意志による政府を提唱する。

後史
1907年 マハトマ・ガンジーが、みずからのインドにおける無抵抗主義運動に影響を与えた人物としてソローに言及する。

1964年 マーティン・ルーサー・キングが、市民的抵抗と非協力をとおしての人種差別撤廃をめざした運動によってノーベル平和賞を受賞する。

ジャン＝ジャック・ルソーが、自然は本質的に慈悲深いと主張してからほぼ1世紀のちに、アメリカの哲学者ヘンリー・ソローがそれをさらに推しすすめて、「あらゆるよきものは野生的で自由」であり、人間の法は人びとの自由を保護するよりは抑圧すると論じた。ソローの見るところ、政党とは一面的なもので、その政策はしばしば私たちの道徳的信念と対立する。そこからソローは、不正な法から身を守るのは個人の義務だと考え、そうした法律に受け身になれば、それらの法が正当化されかねないと論じた。「どんな愚か者でも規則をつくれるし、それを心にとめておくことはできる」とソローは英文法について述べているが、この原則は彼の政治哲学全体に通底していた。

1849年のエッセー「市民的不服従」で、ソローは非協力的で非暴力的な抵抗をつうじての自覚的異議申したてという市民の権利を提案する。それをソローは、メキシコにおける戦争を支援し奴隷制を存続させてきた人頭税の支払いを拒否するというかたちで実践した。ソローの考えは、同時代人カール・マルクスのそれとも、さらには当時のヨーロッパにみなぎっていた革命の精神――それは暴力行為を招いた――とも、際だった対比をなしていた。だが、ソローの考えは、のちに多くの抵抗運動の指導者たち――そのなかには、マハトマ・ガンジーとマーティン・ルーサー・キングがふくまれる――に採用されることとなった。■

マハトマ・ガンジーのインドにおける英国法にたいする市民的不服従の運動には、1930年の塩の行進もふくまれていた。これは塩の生産を統制する不正な法にたいする抗議活動として企てられたものであった。

参照 ジャン＝ジャック・ルソー 154～59頁 ■ アダム・スミス 160～63頁 ■ エドマンド・バーク 172～73頁 ■ カール・マルクス 196～203頁 ■ アイザイア・バーリン 280～81頁 ■ ジョン・ロールズ 294～95頁

革命の時代 205

事物がどのような効果をもつかを考えよ
チャールズ・サンダーズ・パース
（1839年〜1914年）

その哲学的背景

部門
認識論

手法
プラグマティズム

前史
17世紀　ジョン・ロックが、私たちの観念の起源を感覚印象に求めることで合理主義に対抗する。
18世紀　イマヌエル・カントが、私たちの経験を超えたところにあるものについて思弁をめぐらすのは無意味だと論じる。

後史
1890年代　ウィリアム・ジェイムズとジョン・デューイが、プラグマティズムの哲学をたちあげる。
1920年代　ウィーンの論理実証主義者たちが、言明の意味とはそれが検証される方法にほかならないという検証理論を定式化する。
1980年代　リチャード・ローティによって修正されたプラグマティズムが、そもそも真理という観念そのものがなしでもすませられうるものだと主張する。

チャールズ・サンダーズ・パースは、科学者であり論理学者であり科学哲学者であったが、プラグマティズムとして知られる哲学運動のパイオニアでもあった。日常世界の背後に「本物の」世界があるといった形而上学的観念を心底から疑っていたパースは、かつて自分の読者に、「ダイヤモンドは本当は柔らかいのだが、触られるときだけ硬くなるのだ」という理論のどこがまちがっているのかを考えてみるよう求めたことがある。

パースによると、この考えかたには「誤ったところはない」が、その理由は確かめる手段がないからだ。だが、ある概念（たとえば「ダイヤモンド」や「硬い」といった）の意味は、その概念がかかわる当の対象ないしその性質と、その対象が私たちの感覚器官にたいしてもつ効果から出てくるとパースは主張する。だから、じっさいに経験する以前に、ダイヤモンドは「触れられるまでは柔らかい」と考えようが、「いつでも硬い」と考えようが、それ自体はどうでもよいことであり、つまりは無意味だ。いずれのばあいでも、ダイヤモンドがもたらす感触は同じであり、同じように使用されうる。だが、最初の理論でなにかをなしとげるのは困難であり、その分だけ私たちには無価値だ。概念の意味はその対象がもたらす感覚的効果だとみなすこの考えが、プラグマティズムの公理で、じっさいこれがプラグマティズムの土台をなす原理、すなわち「真理」とは私たちにとってもっともよく作用する現実の説明だという信念となった。

パースがなしとげた重要なことがらのひとつに、科学や哲学や神学における論争の多くが無意味であるのをあきらかにしようという企てがある。パースに言わせれば、それらは多くのばあい現実ではなくことばについて論じているだけだ。その理由は、そこではそれが感覚にどんな結果をもたらすかが特定されえないということだ。■

科学にとって
不可欠なものなどないし、
そうなりうるものもない
チャールズ・サンダーズ・パース

参照　ジョン・ロック130〜33頁　■　イマヌエル・カント164〜71頁　■　ウィリアム・ジェイムズ206〜09頁　■　ジョン・デューイ228〜31頁　■　リチャード・ローティ318〜23頁

自分のなすことが
ちがいをもたらすかの
ようにふるまえ
ウィリアム・ジェイムズ
(1842年〜1910年)

その哲学的背景

部門
認識論

手法
プラグマティズム

前史
1843年　ジョン・スチュアート・ミルの『論理学体系』が、私たちはどのようにしてなにかを真とみなすにいたるのかを研究する。
1870年代　チャールズ・サンダーズ・パースが、『私たちの観念をいかにして明晰にするか』のなかで、みずからの新しいプラグマティズムの哲学を叙述する。

後史
1907年　アンリ・ベルクソンの『創造的進化』が、現実を状態ではなく流れとして記述する。
1921年　バートランド・ラッセルが、『心の分析』のなかで、純粋経験としての現実を探求する。
1925年　ジョン・デューイが、『経験と自然』のなかで、「道具主義」として知られることになる独自のプラグマティズムを展開する。

19世紀をつうじて、アメリカ合衆国は独立国家としての自覚を強めていったが、その過程で、ヘンリー・デイヴィド・ソローやラルフ・ウォルドー・エマソンといったニュー・イングランド出身の哲学者たちが、ヨーロッパ発祥のロマン主義的観念にアメリカ的観点を混ぜこんでいった。だが、真にオリジナルなものをもたらしたのは、つづく世代の哲学者たちであり、彼らはみな独立宣言からほぼ1世紀のちの時代を生きた。

その世代の筆頭と言ってよいチャールズ・サンダーズ・パースは、みずからプラグマティズムと呼んだ知の理論を提起した。だが、パースの業績は当時はほとんど関心を集めなかった。パースの考えを擁護し、さらに発展させたのは、ラルフ・エマソンの

革命の時代 207

参照 ジョン・スチュアート・ミル 190〜93頁 ■ チャールズ・サンダーズ・パース 205頁 ■ アンリ・ベルクソン 226〜27頁 ■ ジョン・デューイ 228〜31頁 ■ バートランド・ラッセル 236〜39頁 ■ ルートヴィヒ・ウィトゲンシュタイン 246〜51頁 ■ リチャード・ローティ 318〜23頁

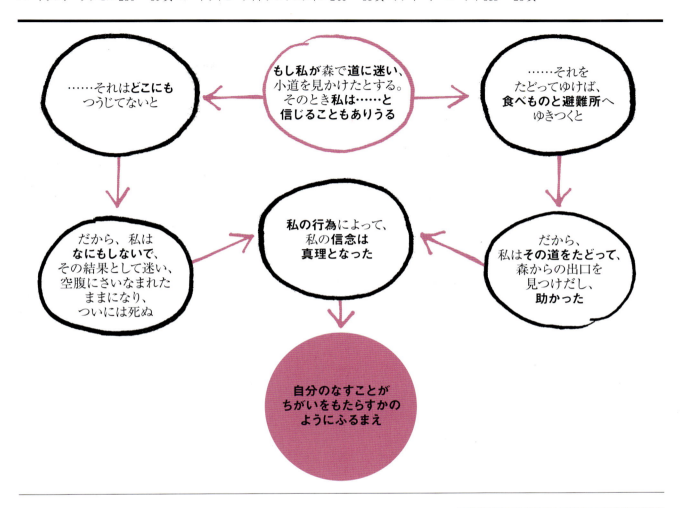

真理と有用性

　パースのプラグマティズムの中心にあったのは、私たちは観察によって知識を獲得するのではなく、行為から知識を獲得するのであり、あてにできる知識は、それが有用である、つまり適切に事物について教えるかぎりでのみのものだという理論であった。もはやそうした機能を果たせなくなったとき、あるいはもっとよい説明がでてきて不要になったときには、私たちはそれらを取りかえる。たとえば、歴史を遡ってみれば、世界についての観念が、地球は平らであるという思考から地球が丸いと知るようになるまで、あるいは地球が宇宙の中心だという想定から地球など広大な宇宙のなかの一惑星にすぎないと知るようになるまで、どれほど変わってきたかは一目瞭然だ。以前の想定は、真理ではなかったわけだが、その時代には十分に説明として機能していた。その間、宇宙そのものは変わっていない。ここから、探求の道具としての知識が事実に応じて変化することがわかる。パースはこんなふうに知識の本性を検討したが、ジェイムズは、この推論を真理の観念に適用した。ジェイムズの考え

事物を分類するやりかたはすべて、なんらかの実践的意図にそくしてその事物を取りあつかうやりかたにほかならない
ウィリアム・ジェイムズ

名づけ子であり、パースの生涯にわたる友人であったウィリアム・ジェイムズだった。

ウィリアム・ジェイムズ

地球が平面だという考えは、事実としては地球は球体であるにもかかわらず、数千年にもわたって「真理」とみなされつづけた。ジェイムズが主張するのは、ある観念の有用性がその観念の真理性を決定するということだった。

では、ある観念が真理であるかどうかはそれがどのくらい有用であるか、つまりその観念に求められていることをどのくらい果たせているかにかかっている。もしある観念が、科学法則のような既知の事実と矛盾せず、私たちの意図に十分なくらい正確に事象について予言する手だてを提供するなら、その観念を真とみなさない理由はどこにもない。これはパースが、知識を事実とは無関係な有用な道具とみなしたのと同じ流儀だ。真理のこうした解釈は、真理を事実から分かつばかりでなく、ジェイムズをして、「ある観念の真理は、それに内在する不動の属性ではない。真理は観念に生じるものだ。それは真理になってゆくのであり、さまざまなできごとによって真理にされる。じっさい、真理が真理であるということは、ひとつのできごとであり過程だ」とまで言わせるにいたった。どんな観念も、それが機能しているあいだは、私たちの行為をつうじてのみその真理性が認められるのであり、このように観念を実践に移す過程で、それは真となる。

ある観念への信念は、それを踏まえてふるまおうと選択するさいの重要なファクターであり、そのかぎりで信念とはある観念を真理たらしめる過程の一部だともジェイムズは述べる。たとえば困難な決断を迫られたとき、どの観念を私が信じているかによってどういう行為がなされるかが決まる。だからジェイムズは、「真なる信念」とはそれを信じる者には有用であることがはっきりしている信念だと定義する。そのばあいでもジェイムズは、信念と事実とを峻別する。事実は「真理ではない。事実はあるだけだ。事実のただなかではじまり終わりを迎える信念のもつ作用が真理なのだ」。

信じる権利

新しい信念を確立しようと試みるそのたびごとに、利用可能な証拠がすべてそろっていて、熟慮して決断するだけの時間があったほうが望ましいのはもちろんだ。だが、たいていはそんな余裕はない。既知の事実を十分に検討する時間がなかったり、十分な証拠がなかったりといった状態で、決断を迫られることがほとんどだ。

ウィリアム・ジェイムズ

ニューヨーク市に生まれたウィリアム・ジェイムズは、豊かで知的にも恵まれた家庭で育った。父親は癖のあることで知られた神学者であり、弟のヘンリーは著名な作家となった。子どものころに数年間をヨーロッパですごしたが、そこでジェイムズは絵画への愛情を深めた。だが、19歳のときに画家の道を断念して、科学の研究をはじめる。ハーヴァード・メディカルスクールでの学業は健康状態の悪化と抑鬱症状により中断された。それまで実践されていた医学によっては、この病は治らなかったが、最後にはジェイムズは卒業し、1872年にハーヴァード大学で心理学の教職を得た。ジェイムズのなかで心理学および哲学にたいする関心が募ってゆき、それらの領域において評判をとる著作をつぎつぎに出版した。1880年には、ハーヴァード大学で哲学の助教授に任ぜられる。1907年に引退するまでジェイムズはそのポストに就いて教育活動に取りくんだ。

主著

1890年 『心理学原理』
1896年 『信じる意志』
1902年 『宗教的経験の諸相』
1907年 『プラグマティズム』

ジェイムズに言わせれば、こうしたばあい私たちには「信じる権利」がある。

そのことをジェイムズは、森で迷ってひもじい思いをしている男の例で説明する。この男の前に小道が開けたとする。当然その道は彼にとって、森からの出口とひとの住むところへつうじるものとして重要性をもつ。なにしろ、そう信じないことには、その道を歩いてゆく気にはならないだろうし、相変わらず道に迷って空腹にさいなまれたままだろう。だが、信じてみれば、救われることになるかもしれない。この道が救出につうじると考えて行動することで、それが正しかったことがあきらかになる。こんなふうに、私たちの行動と決断によって、ある考えにたいする私たちの信念は真となる。だからジェイムズは、「自分のなすことがちがいをもたらすかのようにふるまえ」と主張する。これにジェイムズは、すばらしく簡潔で洒落た「そうすればそうなる」という添えがきを付けくわえる。

だが、ジェイムズの考えに取りくむさいには、用心が必要だ。ジェイムズの主張を皮相的に解釈すると、どれほど奇妙なもので

宗教的信仰は、たとえば巡礼地での病の快癒のように、信じる者の生活に劇的な変化をもたらすことがある。そうしたことは、じっさいに神が実在するかいなかとはかかわりなく生じる。

あれ、どんな信念にかんしても、それにもとづいた行動がなされれば真になりうるかのような印象が生まれかねない。もちろん、ジェイムズはそんなことは言っていない。ある観念が、正当化可能な信念だとみなする前に満たしておくべき条件はいくつかある。利用可能な証拠が、その証明能力という点で正当に評価されていなければならないし、当の観念も批判に堪えるくらいに十分でなければならない。信念にもとづいて行動する過程で、その信念は、私たちの理解を増す、もしくは結果を予測する点での有用性に照らして、絶えず裏打ちされる必要がある。さらに、そのばあいでも、信念がそれにもとづいた行動によって真理となったと私たちが安んじて言えるようになるのは、後からふりかえってのことだ。

過程としての現実

ジェイムズは、哲学者でもあれば心理学者でもあった。だからジェイムズは自分の考えの含意を知の理論という見地からばかりでなく、人間心理という観点からも考察している。人間にとってある種の信念、とりわけ宗教的信仰をもつことは心理的に不可欠だ。神への信仰は、事実としては正当化しえないが、信じることでいっそう充実した生活を送ることが可能となり、死の恐れを克服することができるようになるなら、信者にとっては有用だ。より充実した人生や恐れることなく死と向きあうといったことは、真理となりうる。そうしたことは、特定の信仰の、その信仰にもとづいた決断や行為の結果として生じる。

真理についてのこうしたプラグマティックな観念にしたがって、またそれと密接に結びついたかたちで、ジェイムズはみずから「根本的経験論」と呼ぶ、ある種の形而上学を提唱する。このアプローチは、真理が過程であるというのと同様な意味で、現実をダイナミックでアクティヴな過程とみなす。ジェイムズは、変化してやまない世界は非現実だと考える合理主義者に反対する点では彼以前の伝統的経験論者と同じだが、さらに進んで、真理が絶えず生じるべく定められたものであるのとまった

プラグマティズムの方法は、原理のほうから観察し、帰結に向けて観察するということを意味する
ウィリアム・ジェイムズ

く同じように、「プラグマティズムにとって[現実とは]依然として途上にある」と主張する。ジェイムズの考えでは、この「現実の流れ」には、経験的分析を受けいれる余地がない。なぜなら、それは絶えざる流れのなかにあると同時に、それを観察しようとする行為自体が当の分析の真理性に影響を与えてしまうからだ。精神をかたちづくるのも物質をかたちづくるのも、この根本的経験論だが、この立場では、現実の究極的素材は純粋経験だとされる。

途切れることのない影響

パースによって提唱され、ジェイムズによって詳説されたプラグマティズムは、20世紀の哲学思想においてアメリカが重要な中心的存在であることを否定しえないものとした。真理についてのジェイムズのプラグマティックな解釈は、ジョン・デューイの哲学に影響を与え、アメリカに「新プラグマティズム」学派を生みだした。その代表的な哲学者にリチャード・ローティがいる。ヨーロッパでは、バートランド・ラッセルとルートヴィヒ・ウィトゲンシュタインが、ジェイムズの形而上学に影響を受けた。心理学におけるジェイムズの業績も同じくらいに影響力をもち、その哲学と暗に結びつけられることもしばしばだ。とりわけ「意識の流れ」というジェイムズの概念は、のちにヴァージニア・ウルフやジェイムズ・ジョイスといった作家に影響を与えた。■

現代世界
1900年～1950年

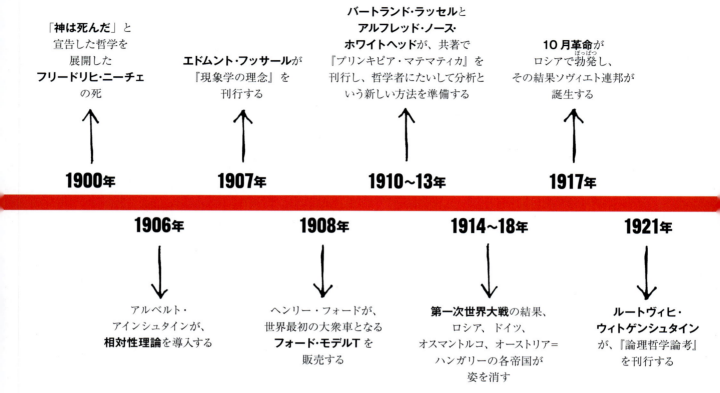

19世紀の終わりころに、哲学はふたたび転回点を迎えた。科学が、とりわけチャールズ・ダーウィンの進化論（『種の起源』1859年）が、神による世界創造および人類が被造物の頂点に位置するという世界観を疑わしいものにしたのだ。宗教は「人類の阿片だ」というマルクスの宣告とともに、道徳哲学と政治哲学は全面的に人間中心的なものとなった。アルトゥール・ショーペンハウアーの足跡を追いかけるなかで、フリードリヒ・ニーチェは、西洋哲学はそのルーツにあたるギリシア哲学の伝統とアブラハムに由来する宗教の伝統ともども、こうした現代的な世界観を説明する能力をもはや失っていると考えるようになった。ニーチェは、人生に意味を見いだすための根本的に新しいアプローチを提起したが、そこでは旧来の価値と伝統とを捨てさる作業が不可欠とされた。その作業を遂行するなかで、ニーチェは、20世紀の大半の哲学にとってのアジェンダ、つまりなにを問題とし、またそれにどのように取りくめばよいのかについての見とおしを用意した。

分析哲学という新しい伝統

なにが実在しているのかといった哲学の伝統的な関心事にたいしては、20世紀初頭に科学によって、かなりの程度まで解答が与えられてしまった。アルベルト・アインシュタインの理論が、宇宙の本性についてのはるかに詳細な説明を提供し、ジグムント・フロイトの精神分析理論が、精神のはたらきについての根本的に新しい洞察を人びとに与えた。

その結果、哲学が専門の大学教師の領分となってからは、哲学者たちはその関心を道徳哲学や政治哲学の問いから、論理や言語の分析といったずっと抽象度の高い仕事に向けかえた。のちに分析哲学として知られる、論理分析のこうした動きの先陣を切ったのが、哲学の議論の進めかたを数学とつなげたゴットロープ・フレーゲであった。彼の考えは、イギリスの哲学者にして数学者であったバートランド・ラッセルによって熱狂的に受けとめられた。

ラッセルは、アルフレッド・ノース・ホワイトヘッドとの共著である『プリンキピア・マテマティカ』において、フレーゲによって大枠が与えられた論理学の原理を数学全体の分析へと応用した。ついで、哲学的思考に革命をもたらすこととなった運動において、同じ原理を言語にも応用した。この言語分析のやりかたは、その後20世紀のイギリス哲学の主要テーマになってゆく。

ラッセルの弟子のひとりであったルートヴィヒ・ウィトゲンシュタインは、論理と言語にかんするラッセルの業績をさらに推しすすめたが、知覚や倫理や美学といったさまざまな領域にも重要な貢献を果たし、

現代世界

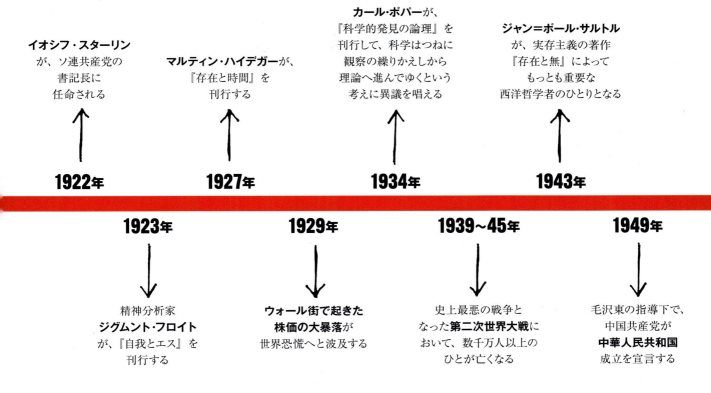

20世紀を代表する哲学者のひとりとなった。さらにもうひとり、ウィトゲンシュタインよりはやや年下だったウィーン出身の哲学者カール・ポパーは、アインシュタインから示唆を受けて、科学的思考と哲学のあいだのつながりを強固なものにした。

その間にドイツでは、哲学は神なき世界に生きる個人の経験を土台とするものだというニーチェの実存主義的思想がひきおこした挑戦に応じようとする哲学者たちがあらわれた。エドムント・フッサールの現象学（経験の学）がその土台をつくり、それを推しすすめたのがマルティン・ハイデガーだが、ハイデガーはデンマークの哲学者セーレン・キルケゴールからも大きな影響を受けていた。1920年代から30年代にかけて刊行されたハイデガーの著作は、実存主義の発展にとって中軸的な役割を果たしたし、20世紀後半の文化にとってとても重要なものとなった。だが、第二次世界大戦中のナチズムへの関与のせいで20世紀中葉には彼の著作は不当にもほとんど顧みられなかった。

戦争と革命

哲学は、20世紀を席巻した政治的激動からも、それ以外の文化活動からも影響をこうむったが、のみならず、現代世界の輪郭をかたどったさまざまなイデオロギーに影響を与えもした。1920年代にソヴィエト連邦を生みだすことになった革命は、19世紀に誕生した政治哲学であるマルクス主義にその根をもっていた。この理論は、個別のどの宗教よりも広範に普及し、アジア各地に存在していた伝統的な哲学にとって代わって、1982年ころまでは中国共産党の政策を支配する役割を果たした。1930年代のヨーロッパにおける自由民主主義はファシズムによって脅かされ、多くの思想家たちが危険を避けるために、大陸からイギリスあるいはアメリカへと移住せざるをえなくなった。全体主義の統治下でこうむったこうした抑圧にたいする反動からか、哲学者たちは、左派あるいは自由主義的な哲学へとその関心の対象を変えていった。第二次世界大戦およびつづく冷戦によって、20世紀後半の哲学は道徳哲学一色に染めあげられることとなった。

フランスでは、小説家でもあったジャン＝ポール・サルトル、シモーヌ・ド・ボーヴォワール、アルベール・カミュらによって、実存主義が一種のファッションと化して一世を風靡した。この風潮によって、哲学にたいするフランス的なスタイルは、本質的に文芸の一部というありかたに傾くようになってしまった。だが、このフランス的観点は、20世紀の最後の数十年に西洋哲学が選択するにいたった方向性にとって決定的なものともなった。■

人間とは、乗りこえられるべきなにかだ

フリードリヒ・ニーチェ
（1844 年～1900 年）

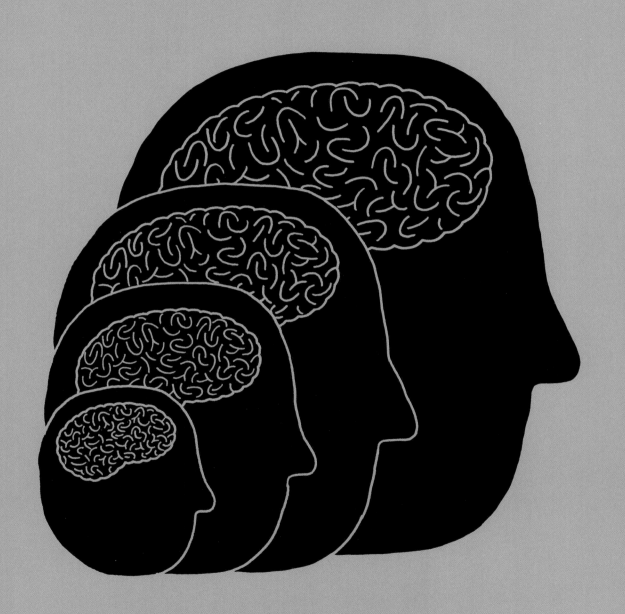

216 フリードリヒ・ニーチェ

その哲学的背景

部門
倫理学

手法
実存主義

前史
紀元前380年 プラトンが、その対話篇『国家』のなかで、現実と仮象との区別を追求する。

紀元1世紀ころ 『新約聖書』「マタイによる福音書」中の山上の垂訓が、現世から来たるべき世界というもっと偉大な現実へと態度変更することを勧める。

1781年 イマヌエル・カントの『純粋理性批判』が、私たちにはそれ自体における世界のありかたは知りえないと論じる。

後史
1930年代 ニーチェの著作が、ナチズムの神話を構築するのに利用される。

1966年 ミシェル・フーコーの『言葉と物』が、人間の超克を論じる。

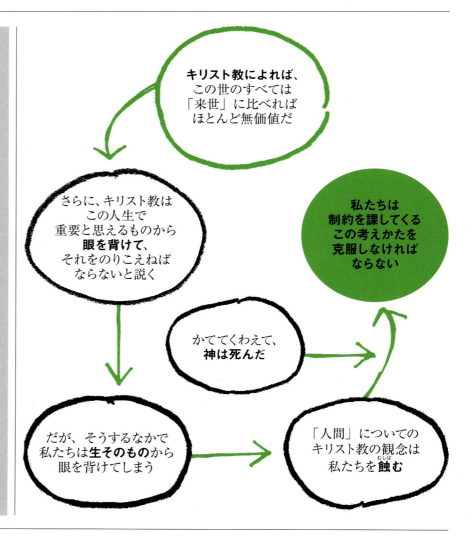

人間は乗りこえられるべきなにかだというニーチェの思想がはじめて表明されたのは、彼の著書のうちでももっとも名高い『ツァラトゥストラはかく語りき』においてだ。この書は、1883年から84年にかけて、3部構成で執筆され、1885年に第4部が書きくわえられた。ニーチェは、この著作を西洋思想の歴史への持続的な攻撃の端緒として構想した。ニーチェは、とりわけ三つの相互に結びついた観念を攻撃の的とした。第一に、私たちが人間あるいは人間の本性についていだいている観念、第二に、私たちが神についていだいている観念、第三に、私たちが道徳ないし倫理についていだいている観念だ。別の著作では、「ハンマーで」哲学するという言いかたがされているが、本書でニーチェは、これら三つの観念にかんして西洋の哲学的伝統の上で大切にされてきた見解の多くを粉砕することに専心している。ニーチェがそれを驚くほどに性急で熱狂的な文体でおこなっているため、出版当時この書は、哲学というよりは預言に近いものと受けとめられた。この書はあっというまに書きあげられたようで、第1部などはほんの数日しか要していない。つまりこの著作は、ふつう人びとが哲学書に期待するような静謐で分析的な調子を欠いていたわけだが、それでも背後には、一貫した驚くほど挑発的なヴィジョンがあった。

ツァラトゥストラは下山する

ニーチェの預言者の名前ツァラトゥストラは、古代ペルシアの預言者ゾロアスターの別称だ。本書は、30歳のツァラトゥストラが山中で暮らしだすところからはじまる。10年のあいだツァラトゥストラは孤独な生活を満喫するが、ある夜明け、これまで蓄積してきた叡智にもはや自分があきあきしていることに気づく。そこで、下山して市場へ赴き、自分以外の人びととこの

現代世界　217

参照　プラトン 50～55 頁 ■ イマヌエル・カント 164～71 頁 ■ セーレン・キルケゴール 194～95 頁 ■ アルベール・カミュ 284～85 頁 ■ ミシェル・フーコー 304～05 頁 ■ ジャック・デリダ 312～17 頁

叡智を分かちあおうと決意する。

途中、丘のふもとでツァラトゥストラはひとりの年老いた隠遁者と出会う。二人は、10 年前にツァラトゥストラが最初に山を登ろうとしたときにも出会っていた。隠遁者は、この 10 年のあいだにツァラトゥストラが変わったことに気づく。隠遁者が言うには、以前のツァラトゥストラは灰を運んでいたが、いま降りてくるときには炎を運んでいる。

さらに隠遁者は、ツァラトゥストラに問う。なぜトラブルになるのを厭わず、その知恵を人びとと共有しようとするのか、と。隠遁者はツァラトゥストラに山にとどまるように助言し、だれもおまえのメッセージを理解することはないだろうと警告する。それにたいして、ツァラトゥストラがたずねる。隠遁者は森のなかでなにをしているのか、と。隠遁者が言うには、自分は歌い、泣き、笑い、つぶやき、神に祈る。これを聞くと、ツァラトゥストラはみずからを笑い、隠遁者に祈りをささげた上で、あらためて下山をつづける。ツァラトゥストラは心中ひそかにつぶやく。「いったい、こんなことがあるだろうか。この年老いた隠遁者が、神が死んだことについてまだなにも聞いていないとは」。

超人を見よ

神の死という概念は、ニーチェの思想のうちでももっとも有名なものであろうが、あきらかにそれは、人間は乗りこえられるべきなにかだという考えおよび道徳性にかんするニーチェ特有の理解と密接に連関している。両者の連関は、ツァラトゥストラの物語が進むにつれてあきらかになる。

町に着いたツァラトゥストラが眼にしたのは、綱渡りを披露しようとしている軽業師の周りに群がる群衆の群れであった。ツァラトゥストラもその群れにまざる。軽業師が綱を渡りはじめようとする前に、ツァラトゥストラは立ちあがり、「見よ、私がきみたちに超人について教えよう」と言う。つづけてツァラトゥストラは、自分が民衆に伝えたいと願っている肝心要のことを語ろうとする。「人間は乗りこえられるべきなにかだ……」。さらにつづけて、ツァラトゥストラは長い演説をぶつが、話が終わったときには民衆はただ笑うばかりで、この預言者もまた新手の見世物か綱渡りの軽業師のための前座くらいにしか思っていない。

ニーチェは、本書をこんなふつうではないスタイルではじめることで、自分の哲学が受ける反応にたいする不安、つまり自分

預言者ゾロアスター（紀元前 628 年ころ～前 551 年）はツァラトゥストラとしても知られているが、善と悪の闘争をベースに置いた宗教を創設した。ニーチェのツァラトゥストラは、みずからを「善悪の彼岸」に位置づけている。

フリードリヒ・ニーチェ

ニーチェは、1844 年にプロイセンで、信仰心の篤い家庭に生まれた。彼の父も叔父も祖父も全員ルター派の牧師であった。ニーチェの父と弟は、ニーチェがまだ若かったころに亡くなっており、そのため彼は母と祖母、二人の伯母に育てられた。24 歳のとき、バーゼル大学の教授となり、そこで作曲家リヒャルト・ワーグナーと出会う。ワーグナーの影響は、ワーグナーの反ユダヤ主義のためにニーチェが二人の交友を断ちきらざるをえなくなるときまで、ニーチェを強烈に呪縛した。1870 年にジフテリアと赤痢にかかり、これ以降生涯病気をかかえこんでゆく。1879 年には大学での職を辞するよりほかなくなり、つづく 10 年間をヨーロッパ旅行にあてる。1889 年に、街頭で鞭打たれていた馬を助けようとしたときに発症する。その後さまざまな精神疾患を患い、それが治ることはなかった。1900 年に亡くなったときは 56 歳であった。

主著

1872 年『悲劇の誕生』
1883～85 年『ツァラトゥストラはかく語りき』
1886 年『善悪の彼岸』
1888 年『偶像の黄昏』

フリードリヒ・ニーチェ

がじつはなにも言うべき内容をもたない哲学的な香具師(やし)のようにみなされるのではないかという不安を打ちあけているかのようだ。もし私たちが、ツァラトゥストラの周りに集まった群衆と同じ誤りを犯すことなく、ニーチェを理解しようと思うなら、ニーチェの中核をなしている信念を探索する必要がある。

旧来の価値の転倒

ニーチェの考えでは、人類や道徳性、神といったある種の概念はもはや手のつけようもないほど混乱している。ツァラトゥストラが「神は死んだ」と言うとき、ツァラトゥストラは単純に宗教を攻撃しているわけではなく、ずっと大胆な行為におよんでいる。ここで「神」とは、これまで哲学者たちが語り、宗教家が祈ってきた対象としての神ばかりでなく、これまで私たちがいだいてきたより高次の価値の総体を意味する。神の死は神聖な存在の死ばかりではなく、私たちが相続してきたいっそう高次の価値全般の死でもあった。

ニーチェ哲学の中心的な企てのひとつに、「あらゆる価値の再評価」、つまり倫理だとか人生の意味や目的だとかを考えるさいに、私たちの習慣となってきたやりかたをすべて問題視しようという試みがある。そのなかで、自分は快活な哲学を、つまり私たちがこれまで善と悪について考えてきたいっさいを転倒するが、それによって人生を肯定する哲学を提示しようとしているのだと、ことあるごとにニーチェは主張する。ニーチェに言わせるなら、私たちが「よい」と考えることがらの大半は、じっさいには人生に限界を設け、生きることから眼を背けるやりくちにすぎない。

公の場で自分をばかにするのは、「よい」ことではないと感じられるかもしれない。だから、ストリートでなにも考えずに踊りあかしたいという衝動にかられても、我慢するものだ。肉体的な欲望は罪だと思うからこそ、そうした衝動にかられたときには自分を罰する。精神をすりへらす仕事をしつづけるのは、そうしたいからではなく、それが義務だと感じているからだろう。ニーチェが求めるのは、人生を不毛にするだけのそんな哲学を捨てて、自分をまったくちがったふうに見るようになることだ。

人生を冒瀆する

ツァラトゥストラは、超人の到来を予告すると、ただちに宗教批判に移る。ツァラトゥストラが言うには、過去において最大の冒瀆は、神にたいする冒瀆であったが、いまや最大の冒瀆は人生そのものにたいする冒瀆だ。これは、ツァラトゥストラが山の斜面でみずから犯してしまったと感じている誤りだ。世間から身を背け、不在の神に祈りをささげていたとき、ツァラトゥストラは人生にたいする罪を犯していた。

この神の死ないし高次の価値への信仰の喪失の背後にある歴史は、『偶像の黄昏(たそがれ)』に収められた「いかにして『真の世界』が最後には寓話となったか」で語られる。このエッセイは、「ひとつの誤謬の歴史」という副題をもつが、驚くべき力業で、わずか2頁に西洋哲学の歴史を凝縮している。ニーチェによれば、物語はギリシアの哲学者プラトンとともにはじまる。

真の世界

プラトンは、世界を、感覚をとおして私たちに現出する「仮象」の世界と、知性をつうじて把握されうる「真の」世界とに分割した。プラトンの考えでは、感覚をつうじて知覚される世界が「真の」世界ではないのは、それが変化を免れえず、没落を

> 人間は動物と超人のあいだに張りわたされた1本のロープ、深淵の上に張られたロープだ
> **フリードリヒ・ニーチェ**

動物の水準と超人の水準の**あいだに実存している**人間的生は、ニーチェに言わせるなら、「危険に満ちた旅のようなものであり、危険な追想、危険でいっぱいの震えと停止」だ。

運命づけられているからだ。そこからプラトンは、知性の助けによって到達しうる不変で永続的な「真の」世界が別にありうるという可能性を示唆する。プラトンは、数学を研究するなかでこうした発想のヒントを得たらしい。たとえば、三角形のかたちもしくはイデアは永遠であり、知性によって把握されうる。三角形が三つの辺をもった二次元の図形であり、内角の総和が180度であることはだれでも知っているし、さらにだれが三角形のことを考えようと考えまいと、またこの世界にどれほどの三角形が実在していようとも、そうした性質が永遠であることもだれもが知っている。他方で、世界に実在する三角形のもの（たとえばサンドウィッチやピラミッド、黒板に書かれた三角形のかたちなど）が三角形のかたちをしているのは、それらが三角形のこうしたイデアないしかたちを反映しているかぎりでのことだ。

プラトンはこんなふうに数学に示唆されて、永続的で不変なイデア的形相（けいそう）の世界に到達可能なのは知性であり、感覚は仮象の世界にしか到達できないと考えるようになった。だから、たとえば、善とはなにかを知ろうと思うなら、善のイデアを知性できちんと理解する必要がある。この世界にあるさまざまな善の具体例は、どれもこのイデアとしての善の反映にすぎない。こうしたプラトンの発想は、世界をどう理解するかという点で広大な射程をもった帰結をもたらす考えであった。ニーチェによるなら、その理由は、世界のこうした分割法が知性による「真の世界」を、価値にかかわるいっさいの占める場所たらしめたところにある。他方で、これによって「仮象の世界」のほうは、相対的に言っても、取るにたらないものになってしまった。

キリスト教的価値

ニーチェは、世界を二つの次元に分けるこうした傾向がたどる先を追跡して、同じ発想がキリスト教の思想のうちにあらわれていることに気づく。プラトンのイデアが位置する「真の世界」の場所に、キリスト教は、有徳のひとに約束されている天国と

いくつかの宗教と哲学は、どこか別のところにずっと重要度の高い「真の世界」が実在すると主張する。ニーチェはそれを、いまこの世界で十全に生きることから私たちを遠ざけてしまう神話とみなす。

プラトンの考えでは、この世のすべては、美であっても、別の世界のイデアの「影」にすぎない

キリスト教は、現世における生を、もっと重要な「死後の生」にとっての先駆的存在にすぎないとみなす

いう未来の世界をすえる。ニーチェの考えでは、キリスト教は、私たちがいま生きているこの世界を天国に比べるなら若干「真」の度合いの落ちるものとみなしている。「二つの世界」観のこのヴァージョンにおいては、死後のことではあれ、そして私たちがこの世においてキリスト教の戒律にしたがうという条件つきのことではあるが、「真の世界」は到達可能だ。プラトンのばあいと同様、現在の世界は、価値を切りさげられるが、ひとつだけ異なるのは、キリスト教においてはこの世界が彼岸の世界への踏み石として機能するという点だ。キリスト教は来たるべき生の約束をかたに、現在の生を否定するよう私たちに迫っているとニーチェは非難する。

世界を「真の」世界と「仮象の」世界とに分割するイデア論のプラトン版もキリスト教版もともに、私たちが自分自身をどう考えるかというその思考法に深甚（しんじん）な影響を与えている。世界において価値をもついっさいが現世で手の届くところを「超えている」という示唆は、根本的に生を否定する考えかたへとつうじてゆく。プラトンとキリスト教からのこうした遺産の帰結として、私たちは自分たちの生きる世界を嫌悪し見くだすべき世界、そこから身を引きはなして超越する必要のある、まちがっても楽しんではならない世界とみなすようになった。だが、そうするなかで、私たちは神話ないし発明によって、どこかにあると想定された想像上の「真の世界」に引きずられて、生そのものから身を引きはなすようになってしまった。ニーチェは、あらゆる

220　フリードリヒ・ニーチェ

超人とは、精神と身体における強靭な強さと独立心をもった存在だ。ニーチェはそれを実在上のだれになぞらえることも拒否したが、モデルとしてナポレオン、シェイクスピア、ソクラテスといった人びとの名を挙げている。

哲学のもっとも長きにわたる誤り

　ひとたび「真の世界」という観念が不要になれば、「真の世界」と「仮象の世界」とのあいだに長らく堅持されてきた区別も崩壊しはじめるのは、当然のなりゆきだ。「いかにして『真の世界』が最後には寓話となったか」で、ニーチェはその点をこう説明する。「私たちは真の世界を撤廃してしまった。残るのはどのような世界なのか。それはもしかしたら、仮象の世界ではないのだろうか。……だが、それはちがう。真の世界とともに仮象の世界も撤廃されてしまったのだ」。いまやニーチェは、哲学の「もっとも長きにわたる誤り」、すなわち「仮象」と「現実」の区分と二つの世界という観念への酩酊という二重の誤りの終焉の開始を眼にしている。この誤りの終焉こそが、人類の絶頂であり全人間の最高点だとニーチェは書く。『ツァラトゥストラはかく語りき』の6年のちに書かれた文章「いかにして『真の世界』が最後には寓話となったか」の末尾に、ニーチェが「ツァラトゥストラのはじまり」と書きつけたのも、まさにこの「人類の頂点」の地点においてであった。

　ここにニーチェを理解する上での鍵がある。ただひとつの世界しかないという事実を理解したとたん、私たちはいっさいの価値をこの世界を超えたところに押しやってしまったことの誤りに突如として気づかされる。その結果私たちは、これまで価値があると思ってきたすべてを、そしてそれが人間であることにとってどういう意味をもつのかを再考せざるをえなくなる。そして、私たちがこうした哲学的幻想を切りぬけたとき、「人間」という旧来の価値も乗りこえられる。超人とは、人生を根本から肯定しながら存在する方法についてのニーチェなりの見とおしだ。それは彼岸においてではなく、この世界において

宗教の僧侶を「死の伝道師」と呼ぶが、その理由は彼らの教えがこの世から眼を転じ、生から死へと眼を向けかえることを私たちに勧めるからだ。それにしても、なぜニーチェは神が死んだということをこうも強調するのだろうか。これに答えるには、18世紀のドイツの哲学者イマヌエル・カントの仕事に眼を向ける必要がある。カントの考えは、ニーチェの仕事の背後に潜む哲学を理解する上で決定的なものだ。

手の届かないところにある世界

　カントの関心を惹いたのは、知の限界という問題であった。『純粋理性批判』のなかでカントは、「それ自体」における世界は私たちには知りえないと論じた。プラトンとはちがって、カントによるなら、知性をどれだけ駆使してもそれ自体としての世界は知りえないし、キリスト教の見解にあ

るように、死後においてでさえ、それを知る可能性も到達する可能性も私たちには約束されていない。それは存在するかもしれない（と私たちは想定する）が、永遠に私たちの手の届くところにはない。カントがこうした結論にいたる過程で用いる推論は複雑だが、ニーチェの観点からするならポイントは、この世においてであれ来世においてであれ、真の世界なるものが賢者や有徳者にさえ絶対に到達不可能であるとされるなら、それは「不毛で不要となった観念」にほかならないということだ。その結果、それはもはや廃止されるべき観念となる。もし神が死んでいるのなら、おそらくニーチェはその亡骸をたまたま発見した人物だということになろう。ただし、その凶器にべたべたとつけられている指紋の主はカントであることになるだろう。

意味をになう者となりうる存在であり、「大地の意味」にほかならない。

みずからを創造するということ

ニーチェの著作は、生前は広範の読者を獲得するにはいたらず、そのため『ツァラトゥストラはかく語りき』の最終部を出版するためにみずから費用を調達しなければならなかった。だが、1900年の死から30年ほどたって、ヒトラーがニーチェの著作を読んだ結果、超人というその思想はナチズムの決まり文句のひとつと化した。超人にかんするニーチェの思想、そしてとりわけヨーロッパ中を牛耳っていたユダヤ–キリスト教道徳を根絶せよというニーチェの挑発が、ヒトラーにとっては彼自身の正当性を保証してくれるものと思えたのだろう。だが、おそらくニーチェが異郷のヨーロッパのずっと素朴で人生にたいして肯定的な諸価値への還帰を求めていたのにたいして、ヒトラーは、野放図な暴力と、とてつもない規模での侵犯行為にたいする弁明としてニーチェの著作を受けとっていた。ニーチェ自身は今回のできごとにぞっとするような恐怖を感じたことだろうという点で、専門家の見解は一致している。並はずれた国家主義と愛国心が奨励され、植民地拡大の進められた時代に著述活動をおこなっていたニーチェは、むしろそうした傾向にたいして疑問を投げかけた数少ない思想家のひとりであった。『ツァラトゥストラはかく語りき』のある箇所で、ニーチェは、自分が国家主義を疎外ないし失策の一形態とみなしているということをはっきりさせている。ツァラトゥストラに言わせれば、「国家が終わるところではじめて、余計者ではない人間がはじまる」。

人間の可能性にたいするニーチェのどこまでも開かれた考えかたは、第二次世界大戦につづく時代を生きた多くの哲学者たちにとってかけがえのないものとなった。宗教にたいする、また自己評価の重要性にかんするその考えは、とりわけフランスの哲学者ジャン＝ポール・サルトルに代表される実存主義者たちの著作のうちに、はっきりと反響している。ニーチェの超人に倣いつつ、サルトルは、私たちのおのおのがみずから自分の実存の意味を決定するのでなければならないと言う。西洋の哲学の伝統にたいするニーチェの呪詛にも似た批判は、哲学のみならず、ヨーロッパと世界の文化に最大のインパクトをもたらした。そればかりか、20世紀に活躍した数えきれないほどの芸術家や作家たちにいまなお影響をおよぼしつづけている。■

> ニーチェによって達せられた
> 内省の深さにまで
> 到達した人間は
> ひとりとしていない
> **ジグムント・フロイト**

ニーチェの著作は、反ユダヤ主義者だった妹エリーザベトの手で編集され検閲された。彼女は、ニーチェが発病したあとで、ニーチェの書いたものを好きなように扱った。ニーチェの著作がナチスによって狡猾に誤読された原因はそこにあった。

自分を信頼している人びとが、来て見て勝つ
アハド＝ハアム
（1856年～1927年）

その哲学的背景

部門
倫理学

手法
文化的シオニズム

前史
紀元前5世紀 ソクラテスが、自分自身の愚かさを信頼することとそうと認めることとを結びあわせる。

1511年 デシデリウス・エラスムスが、愚かなふるまいを賞賛するべく書かれた諷刺作品『痴愚神礼讚』を著す。

1711年 イギリスの詩人アレクサンダー・ポープが、「天使が恐るおそる歩くところを愚か者はずかずかと歩いてゆく」と書く。

1843年 セーレン・キルケゴールが、その『恐れとおののき』のなかで、「不条理なものの強靭さの上」に信仰を置くことについて書く。

後史
1961年 ミシェル・フーコーが、狂気の歴史についての哲学的研究である『狂気の歴史』を著す。

　アハド＝ハアムとは、ウクライナ出生のユダヤ人哲学者アシェル・ツヴィ・ギンズベルクのペンネームだ。彼は、ユダヤ人の精神的再生を主張したシオニスト思想家のリーダー的存在だ。1890年の諧謔（かいぎゃく）的エッセイのなかで、ハアムは「私たちは叡智を崇拝するが、自分への信頼のほうがさらに重要だ」と主張した。

　ハアムが言うには、危険な状況には困難がつきものだから、賢者とは、自制して自分の行為のメリットとデメリットを比較考量することのできる人間でなければならない。その間に（賢者が同意しないばあいにははるかに）自分を信頼している人間は、さらにおのれを鍛錬（たんれん）する、それもときには一日中そうする。ハアムが暗に示唆する——そして、彼の著作を読むばあい私たちは、それがつねに真摯さと諷刺精神とに裏打ちされた示唆であることを忘れてはならない——のは、個人的な愚かさがときによい結果をもたらすにしても、それはつねに自己への信頼があるかぎりでのことだという思想だ。

叡智と信頼

　このエッセイでハアムは、愚かさの潜在的なメリットを賞賛しているように受けとられかねないが、これはのちに留保されることになる見解だ。おそらくそれは、読者が、本質的には諷刺のかたちを採った鍛錬（エクササイズ）を、この上なくまじめに書かれたもののように思いかねなかったことに帰因する。自己への信頼は、それにともなう困難さが十全に理解され評価されるばあいにのみ、正当なものであるということを、のちに彼自身が明確にしている。

　ハアムは、「後によさが判明する愚行は、それでも愚行だ」という古いイディッシュの諺を好んで引用した。ときに私たちは愚かにふるまうが、そのさいみずからの課題の困難さを十分に理解していない。それで成功したとしたら、それは運がよかっただけだ。だからといって、私たちがまず愚かであることが、責めらるべきわけではないとハアムは言う。

　もし私たちが行為に成果がともなうことを望むなら、ときに愚行とみなされるかもしれない類いの自己への信頼を深め活用するのが、正しい結果になることもある。同時に、私たちはつねに叡智でこの自己への信頼を鍛えておかなければならない。さもなければどんな行為も、真に効果を発揮するにはいたらない。■

参照　ソクラテス46～49頁■セーレン・キルケゴール194～95頁■ミシェル・フーコー304～05頁■リュス・イリガライ324頁

現代世界 223

言語は、諸観念を表現するもろもろの記号からなるひとつの体系だ
フェルディナン・ド・ソシュール
（1857年～1913年）

その哲学的背景

部門
言語哲学

手法
記号論

前史
紀元前400年ころ　プラトンが、ものと名前の関係を探究する。

紀元前250年ころ　ストア主義の哲学者たちが、言語記号についての初期の理論を発展させる。

1632年　ポルトガルの哲学者ジョン・ポインソットが、『記号論集』を書く。

後史
1950年代　ソシュールによる言語構造の分析が、ノーム・チョムスキーの一般生成文法理論に影響を与える。これは、任意の言語に可能な単語の結合方式を統べている言語規則の探究をめざした。

1960年代　ロラン・バルトが、記号と記号論の文学的含意を探究する。

ソシュールは19世紀のスイスの哲学者で、言語は「記号」の体系からなり、記号が言語の基本単位として機能すると考えた。ソシュールの研究は、のちに記号論として知られる新しい理論の土台となった。記号についてのこの新しい理論は、ロシアのロマーン・ヤコブソンたちによって20世紀をつうじて発展させられる。ソシュールは記号論的アプローチを、一言で、「あらゆるメッセージは記号からできている」とまとめた。

ソシュールによれば、記号は二つの要素からなる。ひとつは「シニフィアン（意味するもの）」で、これは「聴覚映像」に相当する。「シニフィアン」は現実の音声ではなく、ある音を聴いたさいに心に浮かぶ心的「イメージ」だ。もうひとつは「シニフィエ」、つまり「概念」だ。ここでソシュールは、言語とはことばとものの関係にかかわると主張してきた伝統に決然と背を向ける。ソシュールによれば、「シニフィアン」「シニフィエ」という記号の二側面はいずれも、心的なものだ（たとえば、「犬」という概念は「イヌ」という音の聴覚映像だ）。ソシュールが主張するのは、いかなるメッセージ——たとえば「ウチの愛犬はフレッドという名前だ」といった——も、複数の記号からなるひとつの体系だということだ。つまり、どんなメッセージも、聴覚映像と概念との関係の体系なのだ。だが、シニフィエとシニフィアンとの関係が恣意的であることもソシュールは指摘する。だからこそ、「イヌ」という音声自体には、「犬性」に類した要素は少しもないのだし、「イヌ」という語がフランス語では「シャン」となり、日本語では「いぬ」となる理由もそこにある。

言語にかんするソシュールの業績は、現代言語学の礎となり、多くの哲学および文学の理論に影響をもたらした。■

個人の生活においても社会の生活においても、言語以上の重要性をもった構成要素は存在しない
フェルディナン・ド・ソシュール

参照　プラトン50～55頁■チャールズ・サンダーズ・パース205頁■ルートヴィヒ・ウィトゲンシュタイン246～51頁■ロラン・バルト290～91頁■ジュリア・クリステヴァ328頁

経験それ自体は学問ではない
エドムント・フサール
(1859年～1938年)

その哲学的背景

部門
存在論

手法
現象学

前史
紀元前5世紀ころ ソクラテスが、哲学的な問いに確実性をもって答えるべく、論証を用いる。
17世紀 ルネ・デカルトが、みずからの哲学的方法の出発点として懐疑を用いる。
1874年 フッサールの師にあたるフランツ・ブレンターノが、哲学には新しい科学的方法が必要だと主張する。

後史
1920年代以降 フッサールの弟子であったマルティン・ハイデガーが、師の現象学という方法を発展させて、実存主義の誕生への扉をひらく。
1930年代以降 フッサールの現象学がフランスにももたらされ、エマニュエル・レヴィナスやモーリス・メルロ=ポンティといった思想家に影響をもたらす。

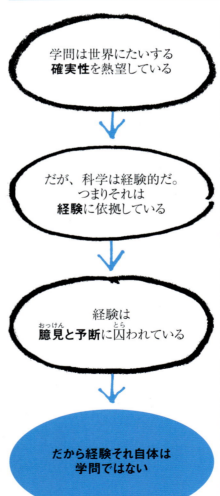

古代ギリシアのソクラテス以来、少なからぬ哲学者が確実性という夢想に心を奪われてきたが、フッサールもそのひとりであった。ソクラテスにとって、それはつぎのような問題であった。すなわち、私たちは、自分で確かめることのできる事物にかかわる問い（たとえば「この瓶には、いくつオリーヴがはいっているか」）についてなら、容易に合意に達しうるが、問題が「正義とはなにか」「美とはなにか」といった哲学的な問いになると、合意への明確な道は見あたらない。そのばあい、正義とはなにかについて確かなことがわからないとしたら、そもそも正義についてなにごとかを語りうるのだろうか。

確実性の問題

フッサールはその経歴を、最初数学者としてスタートした。彼が夢想したのは、「正義とはなにか」といった類いの問いが、「瓶にはいくつオリーヴがはいっているか」といった算術の問いを解くばあいと同程度の確実性をもって解かれるようになることであった。つまり、数学や化学、物理学から倫理学や政治学にいたるまでの人間の知識と行動の全分野を包括するあらゆる学問を完全に保証された土台の上にすえることをフッサールは望んだのだ。科学理論は経験に立脚している。だがフッサールの考えでは、経験を

現代世界 225

参照　ルネ・デカルト116～23頁　■　マルティン・ハイデガー252～55頁　■　エマニュエル・レヴィナス273頁　■　モーリス・メルロ＝ポンティ274～75頁　■　フランツ・ブレンターノ342頁

エドムント・フッサール

フッサールは、1859年に当時オーストリア帝国領であったモラヴィアに生まれた。フッサールの学問的キャリアは数学と天文学の研究からはじまったが、数学の博士号をとったのち、専攻を哲学に変える決断をくだした。

1887年に、マルヴィン・シュタインシュナイダーと結婚し、のちに3人の子どもに恵まれた。同年にはハレ大学の私講師になり、1901年までその職にあった。その後ゲッティンゲン大学の院外教授に就任し、1916年に晴れてフライブルク大学の哲学科正教授に任命される。そこでの教え子のなかにマルティン・ハイデガーがいた。1933年には、出自がユダヤ人であったために大学職を剝奪されたが、その決定にはかつて師弟関係にあったハイデガーが一枚嚙んでいた。フッサールはその後も著述活動をつづけ、1938年に亡くなった。

主著

1901年
『論理学研究』

1907年
『現象学の理念』

1911年
『厳密学としての哲学』

1913年
『イデーン』第1巻

いくら集めても、科学にはならない。なにしろ、科学者であれば周知のように、経験には有象無象の臆見や予断や思いちがいがつまっている。フッサールの望んだのは、これらすべての不確実な要素を追放して、絶対的に確実な基礎を科学に与えることであった。

そのためにフッサールは、17世紀の哲学者ルネ・デカルトの哲学を利用した。フッサールと同じく、デカルトが望んだのも、哲学をいっさいの思いこみや予断や懐疑から解放することであった。デカルトの書いているところでは、私たちにはほとんどあらゆることがらが疑いうるが、そのばあいでも自分が疑っているということは疑いえない。

現象学

フッサールの試みにはデカルトのそれと似たところがあるが、デカルトとは異なるところもある。フッサールによれば、もし（自分たちの周りに外的世界があるという臆見もふくめて）すでにいだいているあらゆる臆見をいったん脇に置いて、経験にたいして科学的態度だけを採るなら、当然私たちは、あらゆる臆見から解

数学は、その結論にいたるのに、臆見で満ちあふれている経験には**依存していない**。フッサールが望んだのは、数学と同じ土台の上にいっさいの学問（およびいっさいの知識）を構築することであった。

私たちは、人間および
人間的共同体にかんする
合理的学問をまったく欠いている
エドムント・フッサール

放されたまっさらな状態で哲学をはじめることができる。フッサールが現象学と呼ぶのは、この状態を実現するアプローチだ。それは、経験という現象の哲学的探求を意味する。私たちに必要なのは、経験を科学的な態度で考察し、自分たちのいだいている臆見の逐一を脇に置く（フッサールの言いかたを借りるなら、「判断停止」をおこなう）ことだ。そして十分な注意と配慮をはらって観察するなら、哲学の端緒以来私たちにつきまとう哲学的な問いをしかるべく扱うことを可能にする確実な知識の土台を築くことも可能となろう。

だが、フッサールの方法に倣おうとしたさまざまな哲学者たちが、じっさいには異なった結論にいたり、その方法がどのようなものなのか、それをどう用いればよいのかといった点にかんしては、いまだに見解の一致が見られない有様だ。生涯の最後にいたって、フッサール自身が、厳密学の夢は潰えたと書きのこしていた。だが、フッサールの現象学が、経験にたいする科学的アプローチを哲学者たちに提供することに失敗し、哲学の息の長い諸問題を解決することにも失敗したとしても、それが20世紀の思想にもっとも豊饒な哲学的伝統のひとつをもたらしたことはまちがいない。■

直観はまさに生の方向にそって進む
アンリ・ベルクソン
(1859年〜1941年)

その哲学的背景

部門
認識論

手法
生気論

前史
13世紀 ヨハネス・ドゥンス・スコトゥスが、直観的思想と抽象的思想を区別し、前者のほうが優位にあると主張する。
1781年 イマヌエル・カントが『純粋理性批判』を刊行し、絶対知は不可能だと主張する。

後史
1890年代 ウィリアム・ジェイムズが、日常経験の哲学を探究し、プラグマティズムを普及させる。
1927年 アルフレッド・ノース・ホワイトヘッドが、『過程と実在』を著し、自然界の存在は事物ないし固定的な恒常性という見地からではなく、過程と変化の見地から理解されるべきだと主張する。

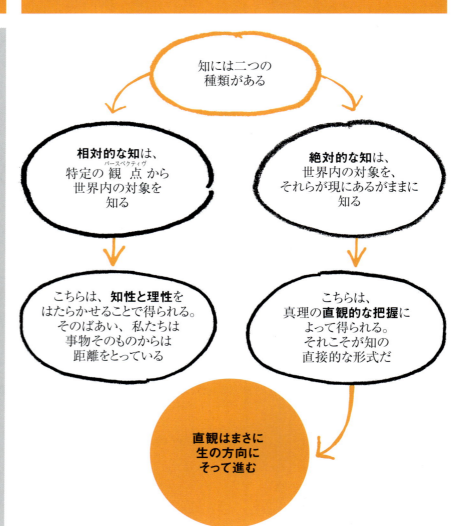

現代世界

参照 イマヌエル・カント 164〜71頁 ■ ウィリアム・ジェイムズ 206〜09頁 ■ ヨハネス・ドゥンス・スコトゥス 339頁 ■ アルフレッド・ノース・ホワイトヘッド 342頁 ■ ジル・ドゥルーズ 345頁

アンリ・ベルクソンの1907年の著作『創造的進化』は、みずからのヴァイタリズムつまり生の理論を追求したものだ。そのなかでベルクソンは、本当になにかを知ることは——それも、たんにそのものについてではなく、現にあるがままのそれを知るという意味で——可能なのかをはっきりさせようとした。

1781年に『純粋理性批判』を刊行した哲学者イマヌエル・カント以来、多くの哲学者たちが事物をあるがままの姿で知ることは不可能だと主張してきた。いま自分が有している種類の精神のもとで事物がどのようにあるかは知りえても、そうした精神の枠を踏みこえて、世界の現にある「物自体」としてのありかたについての絶対的な視点にいたることはかなわないからだ。

知の二つの形態

だが、ベルクソンはカントにすんなり同意するわけではない。ベルクソンが言うには、知には2種類ある。ひとつは相対的な知で、これは私たちがそのつど身を置く特定の観点から知られる知にあたる。もうひとつは絶対的な知で、こちらは事物を現にあるがままに知る知だ。ベルクソンの考えでは、このそれぞれは、それを獲得する方法も異なる。前者は分析ないし知性によって獲得され、後者は直観によって獲得される。カントの誤りは、私たちが有している直観という能力の重要性を知らなかった点にあったとベルクソンは考える。この能力があればこそ、対象の特異性を直接的に把握することが可能となる。私たちの直観は、ベルクソンが言うところのエラン・ヴィタールすなわち経験の流れを空間ではなく時間の観点から解釈する生の力(ヴァイタリズム)に結びついている。

はじめて訪れる街のことを知りたいとする。街のあらゆる部分のあらゆる観点からの写真を撮ることで、街についての記録を集積して、それらの映像をあらためて組みあわせれば、街全体についてのイメージを得ることは可能だろう。だがそのとき街はある距離を置いて把握されているわけで、生きた街として把握されていない。他方で、ただ通りから通りへとぶらついて、そのつど正しく注意をはたらかせるなら、街そのものについての知——現にあるがままの街の直接的な知を得ることができるだろう。ベルクソンの考えでは、この直接的な知こそが、街の本質についての知だ。だが、どうすれば直観を実践することができるのだろう。本質的に言うなら、そのために必要なのは、次々と広がってゆく時間感覚につきしたがいながら世界を見ることだ。街を経巡るとき、私たちは自分自身の内的な時間感覚に依拠しており、歩いてゆくにつれて展開されてゆく街の多様な時間の流れについての内的な感覚をも得ている。これらの時間が重なるとき、私たちは生そのものと直接的なつながりをもてるとベルクソンは考える。■

街や人物、あるいは物体の**本質をつかまえる**ということは、分析ではなく直観によって獲得される直接的な知をつうじてのみ可能だ。ベルクソンに言わせるなら、私たちは直観という能力の価値を過小評価している。

アンリ・ベルクソン

アンリ・ベルクソンは、当時もっとも影響力をもったフランスの哲学者のひとりだ。1859年にフランスで、イギリス人の母とポーランド人の父とのあいだに生まれた。若いころの彼の知的関心は、得意科目であった数学に向けられていた。だが、ベルクソンは哲学を職業として選択し、最初は高校で教えていた。1896年に『物質と記憶』が刊行されたのを機に、コレージュ・ド・フランス教授に選出され、大学で教えるようになった。

政治家としても素晴らしい成功を収め、1920年の国際連盟設立にさいしてはフランス政府の代表として活躍した。彼の著作は世界中で翻訳され、ウィリアム・ジェイムズをはじめとして数多くの哲学者および心理学者に影響を与えた。1927年にはノーベル文学賞を受賞し、1941年に81歳で亡くなった。

主著

1896年 『物質と記憶』
1903年 『形而上学入門』
1907年 『創造的進化』
1932年 『道徳と宗教の二源泉』

私たちは困難に
直面したときにだけ
思考する
ジョン・デューイ
（1859年～1952年）

その哲学的背景

部門
認識論

手法
プラグマティズム

前史
1859年　チャールズ・ダーウィンの『種の起源』が、新しい自然主義的な展望のうちに人間を置きいれる。
1878年　チャールズ・サンダーズ・パースの論文「私たちの観念をいかにして明晰にするか」が、プラグマティズム運動の基礎を築く。
1907年　ウィリアム・ジェイムズが『プラグマティズム』を刊行して、哲学用語としての「プラグマティズム」を一般的なものとする。

後史
1970年以降　ユルゲン・ハーバーマスが、プラグマティズムの原理を社会理論に適用する。
1979年　リチャード・ローティが、『哲学と自然の鏡』のなかで、プラグマティズムと分析哲学を結びつける。

　ジョン・デューイは、こんにちプラグマティズムとして知られている哲学上の学派に属している。これは19世紀後半にアメリカで誕生したものだが、一般的にその創始者と目されているのが、1878年に「私たちの観念をいかにして明晰にするか」というタイトルの草分け的論文を書いた哲学者チャールズ・サンダーズ・パースだ。

　プラグマティズムは、哲学ないし「思考」の目的を、世界の真の像を私たちに提供することにではなく、世界のなかでいっそう効率的に私たちがふるまえるよう手助けをするところに置くという立場から出発する。もしプラグマティズムの観点を採

現代世界

参照　ヘラクレイトス 40 頁 ▪ チャールズ・サンダーズ・パース 205 頁 ▪ ウィリアム・ジェイムズ 206 〜 09 頁 ▪ ユルゲン・ハーバーマス 310 〜 11 頁 ▪ リチャード・ローティ 318 〜 23 頁

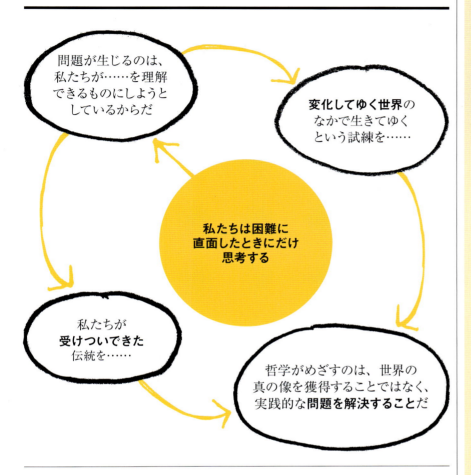

ジョン・デューイ

ジョン・デューイは、1859 年に、アメリカのヴァーモント州バーリントンで生まれた。ヴァーモント大学などで学び、高校教師として 3 年間勤務したのち、さらに心理学と哲学を学ぶために大学へもどった。その後の人生をいくつもの一流大学で教えてすごし、その間に、教育から民主主義、心理学、芸術にいたるまで、きわめて広範囲にわたるテーマについて文章を著した。

学者としての業績にくわえて、自分なりの教育制度の実践としてシカゴ大学付属実験学校をつくり、そこで学習にかんするみずからの教育哲学を実践した。この組織はいまなお活動している。デューイの関心の広さと、メッセンジャーとしての卓越した能力ゆえに、その影響は、実験学校内部にとどまらず、アメリカ社会の一般生活にまでおよんだ。その後も哲学や時事問題についての執筆をつづけ、1952 年に 92 歳で亡くなる。

主著

1910 年　『思考の方法』
1925 年　『経験と自然』
1929 年　『確実性の探究』
1934 年　『経験としての芸術』

用するなら、私たちは「これが事物のあるがままのありかたすなわち真理なのか」と問うべきではなく、「この観点を採用することで得られる実践的な効果はどのようなものなのか」を問題とすべきであることになる。

デューイにとって哲学的問題とは、人びとの生活から遊離した抽象的な問題であってはならない。デューイに言わせれば、哲学的問題が生じるのは、人間がみずからの世界を意味あるものとし、そのなかでどうふるまうのがベストなのかを決定しようともがいている生きものだからだ。哲学は、私たち人間の日常的な願いや希望から、日々を生きてゆくなかで生じる問題からはじまる。これが正しいとするなら、哲学はこうした問題にたいする実践的な応答を見いだそうとする方法でもあるべきだというのがデューイの考えだ。デューイに言わせれば、哲学するとは遠まきに世界を眺める「傍観者（スペクテーター）」にかかわるものではなく、能動的に人生の問題にかかわってゆく活動にほかならない。

生きものが進化するということ

デューイは、1859 年に『種の起源』を刊行した博物学者チャールズ・ダーウィンの進化思想に深く影響を受けた。ダーウィンは、人間を自然界の一員である生きものとして記述した。ほかの動物たちと

同じように、人間も変わりゆく環境への応接のなかで進化してきた。デューイの考えでは、ダーウィン思想の重要な示唆のひとつは、人間を神によって創造された固定的な本質をもった存在とみるのではなく、あくまで自然的な存在とみなすことを私たちに求めた点にある。私たちは、なにか別の、非物質的な世界に属している魂などではなく、自分たちも逃れがたくその一部であるこの世界のなかで、なんとか生きのころうと最善をつくしている、進化途上にある有機体にほかならない。

あらゆるものは変化する

デューイは、自然は全体としてみるなら、絶えざる変化の状態にあるひとつのシステムだという考えをもダーウィンから借りうけている。この考えをそれ自体としてみるなら、そこには古代ギリシアの哲学者ヘラクレイトスの哲学がこだましている。哲学的問題とはどのような問題であり、どのようにして生じるのかを考えはじめたとき、デューイはこうした考察を出発点として採用した。

デューイは、「カントと哲学の方法」と題された論文（1884年）のなかで、私たちは問題に直面したときにだけ思考すると論じた。彼が言うには、私たちはみずからが絶えざる変化と流動性を免れえない存在でありながら、同じように変転する世界に応答している有機体だ。存在するとは危険であり、賭けであって、世界は根本的に恒常性を欠いている。私たちは生きのこり成長してゆくために環境に依存しているが、私たちが身を置いている環境の大半はそれ自体つねに変化している。そればかりでなく、この環境の変化は予見もできない。たとえば、何年ものあいだ小麦は豊作だったが、その後は不作だ。船乗りは好天のもとで船出をするだろうが、突如としてどこからともなく嵐が吹きあれることもある。何年も健康に暮らしてきたが、予期していなかったときにかぎって病に襲われたりする。

こうした不確実さを前にして、私たちが採りうる戦略には2種類あるとデューイは言う。ひとつは、神のようなより高次の存在なり宇宙に隠された力に助けを求めるというもので、もうひとつは、世界そのもののしくみを理解して環境を制御するすべを獲得しようとするものだ。

神々をなだめる

第一の戦略の眼目は、神秘的な儀礼や祭儀、供犠といった手だてを用いて世界に介入しようという試みにある。デューイの考えでは、世界の不確実性へのこうしたアプローチが、宗教と倫理の土台をなしている。

デューイの語る物語においては、私たちの先祖は、神と精霊を崇拝することで「幸運を施す力」を味方に引きいれようとした。この筋書きは、嵐という災難にあいながらも、それが静まるようにと神や聖者に祈りをささげ、そうすることで生きのびた船乗りの話などに典型的な、世界をめぐる物語や神話や伝承において演じられてきた。デューイの考えでは、それと同様に倫理は、自然の隠された力をコントロールするために祖先がおこなった試みから生じてきた。だが私たちは、供犠をおこなうときには、神々と契約を交わし、神々が災いを遠ざけてくれるなら、相応にきちんとふるまうことを約束する。

絶えず変化するこの世界の不確実性に対処しようとするもうひとつの選択肢は、世界をコントロールするさまざまな技法を発展させ、そうすることで世界自体を

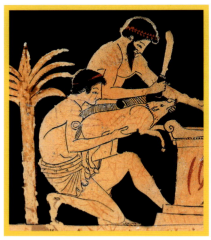

私たちはもはや、神々に助けを求めるために供犠をおこなうのではない。 いまや多くの人びとは、ちゃんとしますと無言のまま約束しはするが、それは、そうすることで、なんらかの高次の存在から助けてもらえると思いこんでいるからだ。

ずっと住みやすいものにしようとするものだ。たとえば、天気を予測する技術を習得したり、悪天候から身を守るために家をつくるすべを身につけるといった具合にだ。世界の隠された力を味方につけようとするのに比べると、この戦略には、自分たちをとりまく環境がどんなふうに作用するかを解明する手だてを見つけだし、自分たちにプラスになるようになんとかしてそれを変えてゆこうとする積極的な努力がふくまれている。

デューイの指摘するところでは、肝要なのは、環境を完全にコントロールし、あらゆる不確実性を消しさるところまで環境を変えてゆく力は、そもそも自分たちにはないと気づくことだ。私たちには、自分たちが身を置いている世界の、危険で不確実な性質に若干の手をくわえることくらいしかできない。それほどに生きることには危険がつきまとうものだ。

光をもたらす哲学

デューイの記すところでは、人間の歴史の大半をつうじて、生活の危険に対処するこれら二つのやりかたは、たがいに緊

> 私たちにできるのは哲学的問題を解決することではなく、それをさっさと片づけることだ
> ジョン・デューイ

現代世界 **231**

1740年代におこなわれたベンジャミン・フランクリンの発電実験をはじめとする**科学実験**は、私たちが世界をコントロールするための助けを与えてくれる。哲学もそれと同じように役だつものであるべきだというのが、デューイの考えだった。

張関係にあり、そこから2種類の異なった知が誕生した。ひとつは、宗教と倫理であり、もうひとつが芸術とテクノロジーだ。もっと単純に言うなら、伝統と科学だ。デューイの考えでは、生きてゆく上で避けられない問題に対処するためのこれら類を異にする知識のあいだでの葛藤をなんとかするために生まれたのが哲学だ。ここで言う葛藤とは、理論的なものであるばかりでなく、実践的なものでもある。たとえば私は、「よい人生」とはどうすれば実現できるかといった倫理や意味について数えきれないほどの伝統的な信念を受けついでいるが、科学を学ぶことで獲得してきた知識や理解とそれらの知が対立するものと感じられることもある。

そうした文脈において、哲学は問題や矛盾にたいする理論的にして実践的な対応を見いだす技法とみなすことができる。

哲学というスタイルが有効かどうかを判定する二つのやりかたがある。ひとつめは、哲学が世界をいっそう理解可能なものにしてきたかどうかを問うというものだ。デューイが問題にするのは、この特殊哲学的な知は、私たちの経験を「いっそう光に満ちた」ものにしてきただろうか、それとも逆に「いっそう混迷した」ものにしてしまっただろうかということだ。この点にかんしてはデューイは、哲学の目的とは私たちの観念や日常経験をいっそう明晰で理解しやすいものにすることだというパースの立場に賛同する。デューイ

は、最終的に私たちの経験をいっそう混乱させ世界を神秘化してしまうような哲学的スタイルには批判的だ。二つめは、哲学理論の価値を判断するには、どの程度までそれが生活上の問題をはっきりさせるのに役だってきたかを問うというものだ。それは日々を生きるなかで私たちに役だっているだろうか。たとえば、哲学は私たちが新しい科学理論に期待するような「力をさらに増強するのに」貢献しているだろうか。

実践的影響

バートランド・ラッセルをはじめとする多くの哲学者たちが、プラグマティズムを批判して、それが真理を求める長きにわたる哲学的探究をあっさりと放棄してしまっている点を指摘してきた。だが、デューイの哲学は、アメリカ国内では多大な影響をもたらしてきた。じっさい、デューイが人生における実践的な諸問題への応接という点に哲学の重要性を認めてきたことを考慮すれば、その影響の大半が教育や政治といった実践的な領域に集中しているのも、驚くにはあたらない。■

教育は、語ったり語られたりすることにかかわることがらではなく、能動的で構成的な過程だ

ジョン・デューイ

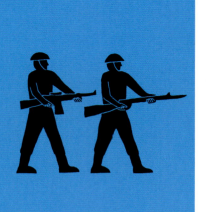

過去を覚えていられない ひとは、それを繰りかえすよう強いられる
ジョージ・サンタヤーナ
(1863年～1952年)

その哲学的背景

部門
歴史哲学

手法
自然主義

前史
紀元前55年 ローマの詩人・哲学者ルクレティウスが、社会と文明の起源を探究する。

1730年代 イタリアの哲学者ジャンバッティスタ・ヴィーコが、あらゆる文明は、神々の時代・貴族と英雄の時代・民主主義という三つの段階を通過すると主張する。これは、「原因と結果の中断しえない順序」にしたがっている。

1807～22年 ゲオルク・ヘーゲルが、意識ないし精神の連続的な展開として歴史を描きだす。

後史
2000年 フランスの哲学者ポール・リクールが、『記憶・歴史・忘却』のなかで、過去を記憶しておくことのみならず、過去を忘却することの必然性を探究する。

『理性の生』(1905年)で、スペイン出身のアメリカの哲学者ジョージ・サンタヤーナは、過去を覚えていられないひとはそれを繰りかえすよう強いられると書いた。サンタヤーナの自然主義的アプローチが意図しているのは、推論からではなく精神と物理的環境との相互作用から生まれてくるものとしての知と信念の追究だ。しばしば誤って、サンタヤーナは、過去を覚えていないひとはそれを繰りかえすよう強いられると述べた人物として引用され、そのばあいこの一句は、私たちは過去の悲惨な行為をできるだけ記憶しておかなければならないという意味に解される。だが、じっさいにはサンタヤーナが強調しているのは進歩だ。進歩が可能なためには、過去の経験を忘れないでいるばかりでなく、そこから学ぶこともできなければならない。言いかえれば、ことをおこなうにさいしてさまざまなやりかたがあるのを見てとらねばならない。精神は経験をつうじて新しい信念を構築するが、これによって私たちは誤りをくりかえさないようになる。

サンタヤーナの考えでは、真の進歩は革命というよりは適応にかかわる問題であり、ポイントは過去から学んだことを採りいれ、未来を構築すべくそれを活用するという点にある。文明とは蓄積であり、それはちょうど交響曲が一つひとつの音の積みかさねをつうじて全体を構築するのと同じ意味で、つねに以前に生じたことの上に打ちたてられる。■

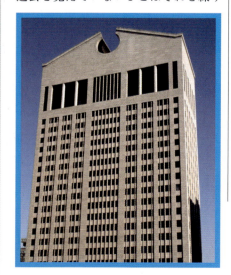

進歩は、ありうべき選択肢へのセンスと連結された過去への理解を介して**のみ可能となる**。ニューヨークのAT&Tビルは、旧式の建築様式を新しいスタイルで活用している。

参照 ゲオルク・ヘーゲル 178～85頁 ■ カール・マルクス 196～203頁 ■ ウィリアム・ジェイムズ 206～09頁 ■ バートランド・ラッセル 236～39頁

現代世界 233

苦しみのみが私たちを人間にする
ミゲル・デ・ウナムーノ
(1864年～1936年)

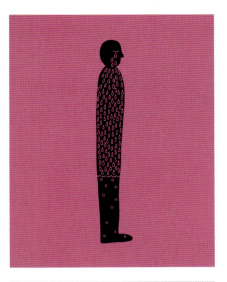

その哲学的背景

部門
存在論

手法
実存主義

前史
紀元前500年ころ 仏陀(釈迦)が、あらゆる人生は苦しみを刻印されていると述べ、苦しみの原因から解放されるすべとして八正道を説く。
紀元400年ころ ヒッポの聖アウグスティヌスが、万能の善なる存在である神によって創造されたこの世界にどうして苦しみが存在しうるのかを問題にする。

後史
1940年 アイルランドの作家にして中世史家C.S.ルイスが、著書『苦痛の存在』のなかで、苦しみの問題を探究する。
20世紀 ウナムーノの苦しみの哲学は、フェデリコ・ガルシア・ロルカ、ファン・ラモン・ヒメネスといったほかのスペインの著述家やグレアム・グリーンのようなイギリスの作家に影響をおよぼしている。

スペインの哲学者にして、小説家であり詩人でもあったミゲル・デ・ウナムーノはおそらく『生の悲劇的感情』(1913年)という著作によってもっともよく知られていよう。そのなかで彼は、あらゆる意識は死(私たちはみずからが不死でないことを苦しみとともに気づく)と苦しみの意識だと書いている。私たちが苦痛を免れえないというこの事実こそが、私たちを人間にする。

一見したところ、こうした考えは、ゴータマ・シッダータすなわち仏陀のそれと近いように思われよう。仏陀によれば、苦しみはあらゆる人間の生活において、避けがたくその一部をなしている。だが、苦しみにたいするウナムーノの応接のしかたは仏陀とはまったく異なる。仏陀とちがって、ウナムーノは苦しみを執着心をなくすことで乗りこえられるべき問題だとは考えない。それに代えてウナムーノの論ずるところでは、苦しみは人間として実存するということの意味の本質的な部分をなしており、いわば生きた経験にほかならない。

ウナムーノが主張するように、もし意識の総体が人間の死すべき運命と苦しみとの意識に匹敵するとしたら、そして意識こそが私たちをまぎれもなく人間たらしめる当のものだとしたら、自分の人生にそれなりの重みと実質とを与えうる唯一の方法は、この苦しみの存在を認めて受けいれることだ。そこから眼を背けてしまうなら、私たちはみずからを人間たらしめている当のものから眼を背けるばかりでなく、意識そのものからも眼を背ける結果となってしまう。

愛か幸福か

苦しみにかんするウナムーノの考えのうちには、倫理的な側面も存在する。彼の言うところでは、みずからの苦しみを認めることが不可欠なのは、自分自身の苦しみという事実に直面したときに、はじめて私たちは真に他人を愛することができるようになるからだ。ここから私たちは、過酷な二者択一を迫られる。一方で、私たちには幸福を選び、苦しみから逃れるために最善をつくすという可能性がある。他方で、苦しみと愛を選ぶという選択肢もある。

最初の選択肢は、比較的簡単なものに思われるかもしれないが、最終的には私たちに制限を課すことになる——なにしろ、そこでは私たちはみずからの本質的な部分から分離されてしまうのだ。第二の選択肢は、前者よりは困難だが、深みと意味をそなえた人生の可能性へとつうじる道だ。■

参照 ゴータマ・シッダータ 30～33頁 ■ ヒッポの聖アウグスティヌス 72～73頁 ■ マルティン・ハイデガー 252～55頁 ■ アルベール・カミュ 284～85頁 ■ ジャン＝ポール・サルトル 268～71頁

人生を信じること
ウィリアム・デュ・ボイス
（1868年〜1963年）

その哲学的背景

部門
倫理学

手法
プラグマティズム

前史
紀元前4世紀 アリストテレスが、「エウダイモニア」すなわち「人間の最盛期」という古代ギリシアの倫理概念を探究する。
1845年 『フレデリック・ダグラス自叙伝——アメリカの奴隷』の出版が、アメリカ合衆国における奴隷制廃止を後押しする。
19世紀後半と20世紀初頭 チャールズ・サンダーズ・パースやウィリアム・ジェイムズに代表されるプラグマティズムが、観念の価値はその効用によって判定されねばならないと論じる。

後史
1950年代および60年代 アフリカ系アメリカ人の公民権運動の指導者であったマーティン・ルーサー・キングが、社会差別に向けた非暴力的直接行動の立場を採択する。

1957年、その長い生涯の終わりにさしかかったとき、アメリカの学者にして政治的急進主義者・公民権活動家であったウィリアム・デュ・ボイスは、世界に向けた最後のメッセージとして知られることになる文章をつづっていた。もはや長くは生きられないことを悟って、デュ・ボイスは葬儀の場で読みあげてもらうための短い文章を書いたのだ。そのなかでデュ・ボイスは、自分のなした善行がこの一生を判定するのに十分なくらい生きながらえ、自分がなしとげられずに終わった、もしくはうまくやれずに終わったことがほかのだれかに受けつがれて、よりよい結果をもたらし、完全なものとなることを希望した。デュ・ボイスによれば、「人間はいつだって、より大きく広々とした充実した人生をめざして生き、進歩してゆこうとするものだ」。これは、事実の表明というよりは信念の吐露だ。それは、いやしくも進歩できるというのであれば、私たちにはより豊かな人生がありうるし、それへ向けて進歩しうる可能性を信じなければならないと言いたがっているかのようだ。こうした考えのうちでデュ・ボイスは、肝心なのは思想や信念ばかりでなく、それらにはらまれている実践的含意であると主張した。ここにはプラグマティズム運動からの影響

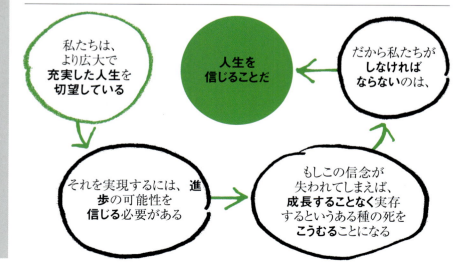

現代世界 **235**

参照　アリストテレス 56〜63頁　■　チャールズ・サンダーズ・パース 205頁　■　ウィリアム・ジェイムズ 206〜09頁　■　ジョン・デューイ 228〜31頁

> 20世紀の問題は
> 肌の色の境界にかかわる問題だ
> ウィリアム・デュ・ボイス

が認められる。さらにつづけて、デュ・ボイスは、「唯一可能な死」とは人間の進歩にたいする見こみへの信頼を失ってしまうことだと述べる。だが、ここにはさらに深い哲学的の根源へのヒントもふくまれている。それは、「エウダイモニア」ないし「人間の最盛期」という古代ギリシアの観念へと遡行する道だ。哲学者アリストテレスにとっては、ここには徳と理性にもとづいて卓越した人生を送ることが含意されていた。

政治活動家

デュ・ボイスは、有徳の生活にいたる上での二つの主たる障害として、人種主義と不平等を指摘する。デュ・ボイスは、その生涯の大半をつうじて、「科学的」人種主義を、黒人は白人に比べて遺伝的に劣ると主張する誤った観念として、拒絶した。人種的不平等が生物学のうちに根拠をもたない以上、それは純然たる社会問題であり、それにかかわる政治的、社会的運動によってのみ提起されうる類いの問題だと考えていたのだ。

デュ・ボイスは、いかなる形態であれ社会的不平等を解決するためにあらゆる努力を惜しまなかった。彼の論じるところでは、社会的不平等は犯罪の主要原因のひとつであり、教育と雇用の欠乏が犯罪行為の頻度の高さと相関している点に原因がある。世界へ向けた最後のメッセージのなかでデュ・ボイスは、より公正な社会の実現が依然として達成されていないことを私たちに気づかせてくれた。人生を信頼するかどうかは未来の世代の肩に託されており、だからこそ私たちは「人間の最盛期」の実現のために寄与しつづけられるのだとデュ・ボイスは述べている。■

マーティン・ルーサー・キングは、合衆国内の人種差別を撤廃し、社会的平等を実現するための闘争に積極的に関与するよう決断するにあたって、大きな影響を与えてくれた存在としてデュ・ボイスの書いたものを引用した。

ウィリアム・デュ・ボイス

1868年生まれのデュ・ボイスは、若いころから並はずれた学問的能力を示していた。フィスク大学で奨学金を得て、2年間を費やしてベルリンで学んだのちハーヴァード大学にかよう。そこで彼は奴隷貿易にかんする学位論文を書きあげる。デュ・ボイスはハーヴァード大学から博士号を授与された最初のアフリカ系アメリカ人だ。

大学の教員および著述家としての旺盛な活動と並行して、デュ・ボイスは公民権運動と急進的政治活動にも積極的に関与していった。彼の政治判断はしばしば問題視された。ソヴィエトの指導者イオシフ・スターリンの死にさいして熱のこもった頌徳文（しょうとくぶん）を書いたことはよく知られている。だが、デュ・ボイスは、マーティン・ルーサー・キングによってデュ・ボイスが示した「あらゆる種類の不正にたいする神々しいほどの不快感」と呼ばれたものゆえに、人種的不平等にたいする闘争において、はずすわけにはゆかない主要人物だ。

主著

1903年　『黒人のたましい』
1915年　『ニグロ』
1924年　『黒人種の贈り物』
1940年　『夜明けの黄昏——人種概念の自伝についての試論』

幸福へいたる道は、労働の組織的な減少のうちにある

バートランド・ラッセル
（1872年～1970年）

その哲学的背景

部門
倫理学

手法
分析哲学

前史
1867年 カール・マルクスが、『資本論』第1巻を刊行する。
1905年 ドイツの社会学者マックス・ウェーバーが、『プロテスタンティズムの倫理と資本主義の精神』のなかで、プロテスタントの労働倫理が資本主義の成長にある程度の責任を負っていると論じる。

後史
1990年代 労働時間の低減を推奨する「シフトダウン」の傾向の増大。
2005年 イギリスの雑誌『アイドラー（怠け者）』編集長トム・ホジキンソンが、余暇を賛美する著書『これでいいのだ 怠けの哲学』を刊行する。
2009年 イギリスの哲学者アラン・ド・ボトンが、『労働の快と苦』のなかで、私たちの労働の日常を探索する。

イギリスの哲学者バートランド・ラッセルは、並はずれて勤勉だった。その著作集は、膨大な巻数になる。ラッセルは20世紀哲学のもっとも重要な発展のいくつかに貢献したが、そのなかには分析哲学派の創設もふくまれる。その長い人生——亡くなったとき97歳であった——をつうじて、ラッセルは倦むことを知らぬ社会活動家であった。だが、そうだとすると、このもっとも活動的であった思想家が、もっと働かないようにすべきだと示唆するのはなぜだろうか。

ラッセルの論文『怠惰への讃歌』は最初1932年に出版されたが、ときは1929

現代世界 237

参照 ジャン＝ジャック・ルソー 154～59頁■アダム・スミス 160～63頁■エドマンド・バーク 172～73頁■ジェレミー・ベンサム 174頁■ジョン・スチュアート・ミル 190～93頁■カール・マルクス 196～203頁■ヘンリー・デイヴィド・ソロー 204頁■アイザイア・バーリン 280～81頁■ジョン・ロールズ 294～95頁

年のウォール街での大暴落につづく大恐慌の真っ只中だった。世界中で、地域によっては失業者数が就業人口の3分の1にまで達しようかというときに、怠惰でいることの美徳を推奨するなど、神経を逆なでするふるまいのように思われよう。だがラッセルの考えでは、当時の経済的混乱は、それ自体が労働にたいする一連の根深い誤った態度の帰結であった。じっさいラッセルが主張するのは、労働にかんする私たちの観念の多くが迷信と大差ないものであって、厳格な思考によって追いはらわれるべきものだということであった。

労働とはなにか

ラッセルは、労働の定義から話をはじめる。労働には2種類ある。ひとつめは、「地表にある、もしくは地表のそばにある物体の、同種のほかの物体との関係における位置を変えること」をめざす労働だ。これが、力仕事という意味での労働のもっとも基本的な意味だ。労働のもうひとつの種類は、「ある物体のほかの物体との関係における位置を変えるよう他者に命じる」労働だ。ラッセルによれば、こちらの労働は、どこまでも拡張可能だ。たとえばある物体の移動を担当する人びとを監督するために別の人びとを雇うというケースが考えられるし、その監督者を監督するための人員をさらに雇うというケースもある。さらには、他人をどう用いればよいかをアドヴァイスするというケースもあるし、そうしたアドヴァイスを与える人びとを管理するために別の人員を雇うというケースもある。ラッセルに言わせれば、第一の種類の労働は、あまり好まれず、賃金も低いが、それにたいして第二の労働は需要も高く、高給が支払われる。労働に2種類あるのに対応して、労働者も労働者と監督（管理）者という2種類に区分される。さらに、労働者が2種類あるのに対応して、社会階層も労働者

階級と中産階級に区分される。だが、そこにラッセルは第三の階級をつけくわえる。それは多くの責任を負うべき人びとと、余暇を満喫できる地主だが、彼らがいっさいの労働を免れるのは、ほかの人びとの労働のおかげで自分は怠惰を満喫していられるからだ。

ラッセルの見るところ、歴史は、一生をかけてひたすら労働してようやく自分や家族が生きてゆくだけのゆとりを保てている人びとで溢れかえっている。その一方で、彼らが生みだした余剰分は、軍人や僧侶、無聊をかこつ支配階層に搾取される。そして、あきらかに不正なシステムにもっともらしいうわべを施して、「勤労」

大恐慌は、20世紀に生じた最悪の経済危機だった。ラッセルにとってそれは、資本主義を批判し、労働倫理を評価しなおす必要性をまざまざと示したできごとであった。

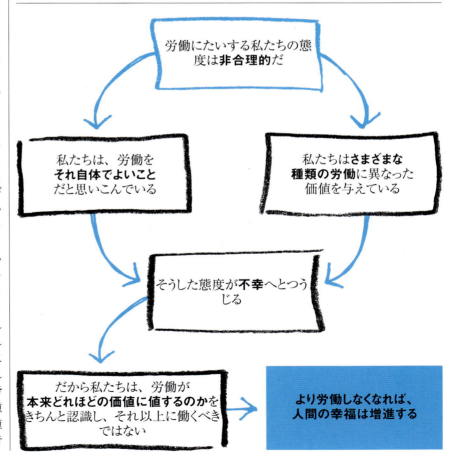

238　バートランド・ラッセル

の美徳が誉めそやされるよう推奨しているのは、システムの恩恵に与っている者たちのほうだ。この事実だけでも、私たちが服従しているばかりか自分たちの抑圧を促進さえしている「勤労」をそのまま甘受する代わりに、その労働倫理を評価しなおす気を起こさせるのに十分だ。

このように、ラッセルが社会に与える説明には、階級闘争の強調が含意されているが、それはあきらかに19世紀の哲学者カール・マルクスの思想に負っている。ただし、ラッセル自身はマルクス主義にはつねに居心地の悪さを感じており、彼の論評は資本主義社会への批判であると同時にマルクス主義への批判でもあった。ラッセルの見解は、1905年に初版が公刊されたマックス・ウェーバーの『プロテスタンティズムの倫理と資本主義の精神』にも、とりわけ労働にたいする私たちの態度の根底にある倫理的要請——これこそが、問題視されねばならないとラッセルは主張する——についてのウェーバーの分析にも多くを負っている。

たとえば、私たちは労働を義務や責務とみなすばかりでなく、さまざまな種類の労働を徳の階層に対応するものとみなしもする。力仕事は一般的に技能や知性を要する仕事に比べれば徳の低いものとみなされ、そうした労働に従事する人びとにたいしては、彼らがなにを生みだしているかということ以上に、この暗にマークされている、低い階層の徳でもって報いようとする傾向がある。労働そのものに徳が内在しているとみなす傾向に応じて、無職の者を徳の欠けた人間とみなす傾向も生まれる。

労働にたいする態度を考察すればするほど、それは錯綜していて首尾一貫しないものに思えてくる。では、どうすればよいのか。ラッセルが示唆するのは、労働を古い時代の遺物にすぎない特殊な道徳的観念に照らして考察するのではなく、豊かで満ちたりた人生を送るのに労働がどう役だっているかという観点に立って考察することだ。そうすれば、もっと労働しないですむようになるべきだという結論は避けがたくなる。週当たりの労働時間が4時間しかなかったらどうだろう、とラッセルは問う。現在の社会システムは、一部の人びとが過剰に労働し、それでいて貧困にあえいでいる一方、別の人びとはまったく労働につかず、そのため貧困にあえいでいる。すぐにわかるように、こんな状況はだれの得にもならない。

遊びの重要性

ラッセルは、労働時間を短縮すれば、もっと創造的な関心事を追求する自由が生まれると考える。「物体を移動させることは、どうみても人生の目標のひとつではない」。目覚めている時間がすべて労働で占められてしまったら、きちんと生きるのは不可能だ。ラッセルの考えでは、以前は特権的な少数者にしか知られていなかった余暇こそが、豊かで意味ある人生を実現するのに不可欠なものだ。一日に4時間しか労働しなくなったら残りの時間をどうすればよいのか、だれもが困惑してしまうのではないかという反論があるかもしれないが、ラッセルはそれを否定する。もしそのとおりだとしたら、「その非は私たちの文明にある」とラッセルは述べて、遊びや呑気さにたいする私たちのキャパシティが実効性崇拝によって覆いかくされてしまったことを示唆している。余暇を真剣に受けとめる社会は、教

> 迫りくる危機は、労働が徳にかなっているという信念に起因する
> バートランド・ラッセル

兵器廃絶論者でもあった。それと並行して、哲学にかんする数多くの通俗書の著者でもあった。1970年2月にインフルエンザで亡くなった。

主著

1903年　『数学の原理』

1910・12・13年
（3巻本）『プリンキピア・マテマティカ』

1914年　『外界にかんする私たちの知識について』

1927年　『事象分析』

1956年　『論理と知識』

バートランド・ラッセル

バートランド・ラッセルは、1872年ウェールズで貴族の家庭に生まれた。若いころは数学に関心を示し、ケンブリッジ大学で数学の研究をつづけた。そこで哲学者アルフレッド・ノース・ホワイトヘッドと知りあい、のちに共同で『プリンキピア・マテマティカ』を執筆する。この書によってラッセルは、その時代の主導的哲学者としての名声を獲得した。哲学者ルートヴィヒ・ウィトゲンシュタインと出会い、深く影響されたのも、このケンブリッジ時代のことだった。

ラッセルは哲学を一般の人びとに向けて語ることに努めた。彼は社会的活動家でもあれば、平和主義者でもあり、教育論者でもあり、無神論の推奨者にして、核

現代世界

> 労働の道徳性とは
> 奴隷の道徳性であり、
> 現代世界にはもはや
> 奴隷制は不要だ
> バートランド・ラッセル

育をも真剣に受けとめることだろうとラッセルは考える。なぜなら、教育とは職業訓練につきるものではないからだ。そうした社会では、芸術も真剣に受けとめられるだろう。なにしろそこには、芸術家が経済的自立のためにあくせくせずとも、質の高い作品を創造するだけの時間的余裕がある。のみならずそうした社会では、娯楽の必要性も真剣に受けとめられるだろう。じっさい、そうした社会においては、戦争への嗜好（しこう）も失われる。なにしろ、やることがなければ、戦争は「だれにとってもいつまでもつづく過酷な労働」でしかなくなるだろう。

バランスのとれた人生

ラッセルの論文は、労働が最小限にまで縮減されるユートピア的な世界観に寄与するもののように思われるかもしれない。週当たりの労働時間を4時間にまで縮減することが可能だとしても、この変化がラッセルの求める社会の変革につうじてゆくかどうかは不明なままだ。工業化が進めば、最後には私たちは力仕事から解放されるという考えへのラッセルの信念も、必ずしも説得的ではない。工業生産のための原材料はやはりどこかから

ラッセルにとって、**余暇**とは、たんに労働からの回復のために必要とされるものではない。余暇こそが私たちの生活の主たる部分をかたちづくり、遊びと創造性の源泉となるはずのものだ。

もってこなければならない。それらは採掘され、精錬され、生産場所まで輸送される必要があるが、そのすべては力仕事に依存している。そうした問題があるとはいえ、自分たちの労働にたいする態度をもっと近くから考察する必要があるというラッセルの忠告は、こんにちでもその重要性を失わない。私たちは、週当たりの労働時間の長さを「当たりまえ」だと思い、ある種の労働がほかの労働よりも報酬が高いのも「当たりまえ」だと思っている。多くのひとにとっては、労働もレジャーも私たちの期待しているほどの充実感を

与えてくれないし、それと同時に怠惰でいることに後ろめたさを感じないではいられない。ラッセルの考えは、私たちには労働生活を吟味してみる必要があるばかりでなく、怠けてすごしたり、遊んで暮らしたり、無為に生きることにも優れた点や有用なところがあるのだということを気づかせてくれる。ラッセルの言うように、「これまで私たちは機械が出現する以前と同じように、精力的でありつづけた。それほどまでに私たちは愚かだったわけだ。だがいまや、この先も永遠に愚か者でありつづけるいわれはどこにもない」。■

愛こそが貧しい知識から豊かな知識への架け橋だ
マックス・シェーラー
(1874年〜1928年)

その哲学的背景

部門
倫理学

手法
現象学

前史
紀元前380年ころ　プラトンが、愛と知の本性にかんする哲学的探究である『饗宴』を著す。
17世紀　ブレーズ・パスカルが、人間精神の論理学について著す。
20世紀初頭　エドムント・フッサールが、人間精神の経験を研究するために新しく現象学という方法を展開する。

後史
1953年　ポーランドの哲学者カロル・ユゼフ・ヴォイチワ(のちの教皇ヨハネ・パウロ2世)が、シェーラーについての博士論文を執筆して、この哲学者がローマ・カトリックに与えた影響に謝意を表明する。

ドイツの哲学者マックス・シェーラーの主な業績は、現象学として知られる哲学分野に属している。これは、意識とその構造の研究、つまり私たちの内的経験の現象の全体を探査しようとする試みだ。

シェーラーが言うには、現象学は意識の構造を検討するさいに、知性のみに焦点を当てる嫌いがあり、そのため、ある基本的なもの、すなわち愛の経験ないし人間的心情の経験というものが見落とされがちであった。そこからシェーラーは、愛こそが貧しい知識から豊かな知識への架け橋だという考えを、論文「愛と知識」(1923年)で提唱した。

シェーラーの出発点となったのは、17世紀のフランスの哲学者ブレーズ・パスカルから採ってきた、人間の心情には特有の論理があるという洞察であった。この論理は、知性の論理とははっきり異なる。

精神的助産師

シェーラーの考えでは、事物を私たちの経験にたいしてあらわにするものが愛であり、愛こそが知を可能にする。愛は、私たちを知に、具体的には自分自身についての知と世界についての知という2種の知に惹きよせる力をもった「一種の精神的助産師」だ。それは、個人の倫理や可能性、運命をも決定する「初次的な決定要因」だ。

シェーラーに言わせれば、根本において、人間であるとは、フランスの哲学者デカルトが17世紀に主張したのとはちがって、「考えるもの」であるということではなく、愛する存在であるということだ。■

哲学は、あらゆる可能性の
本質をなす実体に
参与することをめざす、
愛によって規定された運動だ
マックス・シェーラー

参照　プラトン50〜55頁 ■ ブレーズ・パスカル124〜25頁 ■ エドムント・フッサール224〜25頁

ひとりであるかぎりでのみ、ひとは哲学者になりうる
カール・ヤスパース
（1883年～1969年）

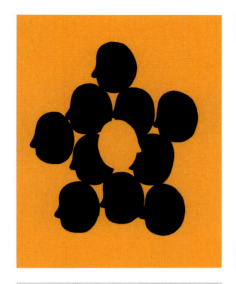

その哲学的背景

部門
認識論

手法
実存主義

前史
1800年代 セーレン・キルケゴールが、個人と真理との格闘にかかわることがらとしての哲学について著述する。
1880年代 フリードリヒ・ニーチェが、「神は死んだ」と述べ、絶対的真理の不在を主張し、自分たちの価値のすべてを私たち自身が再考しなければならないと説く。
1920年代 マルティン・ハイデガーが、哲学とは私たち自身の実存にたいする私たち自身の関係にかかわることがらだと主張する。

後史
1940年以降 ハンナ・アーレントの自由概念は、ヤスパースの哲学の影響下に成立した。
1950年以降 ハンス＝ゲオルク・ガダマーが、哲学は個人的展望（パースペクティヴ）の融合をつうじて進歩するという考えを探究する。

　ある人びとにとって、哲学とは世界の客観的な真理を発見する方法だ。他方で、ドイツの哲学者にして精神医学者カール・ヤスパースにとっては、哲学とは個人的な格闘だ。キルケゴールとニーチェから強い影響を受けたヤスパースは、実存主義哲学者として、哲学とは真理を実現しようとする私たち自身の試みにかかわるいとなみだと示唆する。1941年の『私の哲学について』でヤスパースが言うには、哲学は個人的な格闘だから、私たちはひとりの人間としてしか哲学することができない。私たちは他人に頼んで真理を教えてもらうわけにはゆかない。自分自身のために、自分で努力して、真理を発見しなければならない。

諸個人の共同体
　この意味では、真理が私たち一人ひとりによって気づかれるしかないものだとしても、自分たちの努力の成果に気づき、みずからの意識をその限界を超えたところにまで高めることが可能となるのは、他者とのコミュニケーションにおいてだ。ヤスパースが自分の哲学を「真理」だと考えるのは、あくまでそれが他者とのコミュニケーションを支えるかぎりでのことだ。そして私たちは、他人から一種の「できあいの真理」を提供されても満足できないのだから、哲学は依然として共同の尽力だ。ヤスパースの考えでは、真理を求める個々人の格闘は、同じような個人的格闘を経験してきた「思想における同伴者たち」との共同性において遂行される。■

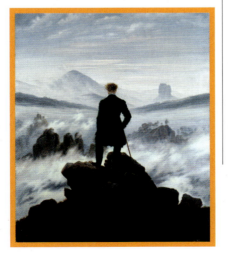

哲学者は、精神という不可視の領域**に住まい**、真理を実現しようともがいている。同伴者となるほかの哲学者たちの思想は、了解へとつうじる潜在的な道へ向かう道標として機能する。

参照　セーレン・キルケゴール 194～95頁 ■ フリードリヒ・ニーチェ 214～21頁 ■ マルティン・ハイデガー 252～55頁 ■ ハンス＝ゲオルク・ガダマー 260～61頁 ■ ハンナ・アーレント 272頁

人生は未来との一連の衝突だ
ホセ・オルテガ・イ・ガセット
（1883年～1955年）

その哲学的背景

部門
存在論

手法
実存主義

前史
1641年 ルネ・デカルトが、『省察』のなかで、精神世界と物質世界という二つの世界があると論じる。
1900年代初頭 エドムント・フッサールが、現象学を確立する。フッサールが主張したのは、哲学はあらゆる先入見をわきに置くことで、世界を新しい眼で考察するのでなければならないということだった。

後史
1920年代 マルティン・ハイデガーが、オルテガからの影響を隠すことなく引用して、私たちにとってみずからの実存はなにを意味しているのかという問いを探究する。
1930年代以降 オルテガの哲学は、スペインとラテン・アメリカで一般的になり、なかでもクザヴィエ・ジュビリ、ホセ・ガオス、イグナチオ・エラキュリア、マリア・サンブラーノといった哲学者たちに深い影響を与えた。

オルテガ・イ・ガセットの哲学は、人生にかかわる。オルテガは、冷ややかで無関心な態度で世界を分析することにはなんの関心も示さない。その代わりにオルテガが求めるのは、どうすれば哲学が人生に創造性を組みこみうるかを探究することだ。オルテガの考えでは、理性とは受動的なものではなく、自分たちが身を置いている状況を把握し、人生をよりよいものに変えてゆくことを可能にしてくれる力だ。1914年に発表された『ドン・キホーテをめぐる省察』のなかで、オルテガは「私は自分自身であり、みずからの環境だ」と書いている。デカルトは、自分自身を思考する存在だと想像する一方で、自分自身の身体もふくめて外界の実在を疑うことは可能だと主張した。だが、オルテガに言わせれば、自分を世界から分離されたものとみなしたところで、なにも生まれない。自分のことを真剣に考えようというのであれば、自分がすでに特定の環境のうちに浸かっていることを直視しな

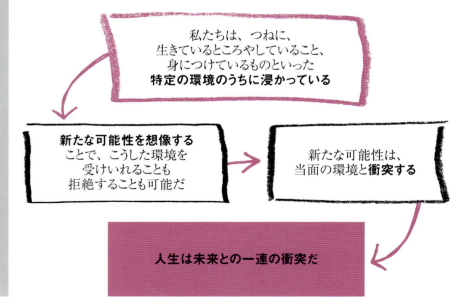

現代世界 243

参照　ルネ・デカルト 116〜23頁　■　イマヌエル・カント 164〜71頁　■　エドムント・フッサール 224〜25頁　■　マルティン・ハイデガー 252〜55頁　■　ジャン＝ポール・サルトル 268〜71頁

ければならない。この環境は、抑圧的で限界を課すものとしてあらわれることもしばしばだ。こうした限界は、私たちを取りまく物理的環境に由来するものばかりでなく、先入見に満ちた自身の思考や習慣によってかたちづくられている自身の行動という環境に由来するものでもある。

多くの人びとがこうした状況の本性について省察する機会もないまま生きているのにたいして、オルテガが言うには、哲学者はみずからの環境をよりよく理解しようと努めるだけでなく、それを変えるべく能動的に動かねばならない。じっさい、哲学者の義務は私たちのあらゆる信念の背後にある想定をあらわにすることにあるとオルテガは主張する。

生のエネルギー

世界を変え、自身の実存に創造的にかかわってゆくためには、自分の人生を新鮮な眼で見る必要があるとオルテガは言う。その意味は、外的環境を新たな眼で見るばかりでなく、自分の内がわに眼を向けて自分たちの信念や先入見を再考することでもある。それをおこなった暁には、私たちは自分の立場をあきらかにして新たな可能性を創造できるようになる。だが、世界を変えるといっても、そ

第一次大戦中の前線でクリスマスを祝うといった、**希望に満ちた行為はすべて**、状況を乗りこえる私たちの能力をあかしている。オルテガに言わせれば、これこそが現にはたらいている「活きた理性」だ。

> 私は自分自身であり、
> みずからの環境だ
> ホセ・オルテガ・イ・ガセット

こには限界もある。私たちの習慣的な思考はきわめて深いところにまで根を下ろしていて、私たちが新たな可能性や新しい未来をイメージできるほどに自己から自由になったとしても、私たちの外的環境がその可能性の実現へつうじる道の途中に立ちはだかる。私たちの想像する未来は、私たちがいま身を置いている環境の現実と衝突する。だからこそオルテガは、人生を未来との一連の衝突とみなす。

オルテガの発想は、個人レベルでも政治レベルでも挑発的だ。これによって私たちは、途中でどれほどの困難が予想されようとも、またときには自分たちのおこなうことが必ずしも成功裏に終わるとは思えないばあいでも、自分の環境を変えようと努める義務を負っていることに気づかされる。『大衆の反逆』のなかでオルテガは、民主主義には数による圧制という危険が内包されており、数のルールにしたがって生きること——つまり、「ほかのみんなと同じように」生きること——は、個人的な見とおしも道徳律もなしで生きるのと同じだと警告している。自分の人生に創造的にかかわることができないのなら、そもそも生きてゆくこと自体が困難になるだけだ。だからこそ、オルテガにとっては、理性は生そのものの核——理性には生のエネルギーが内包されている——だ。■

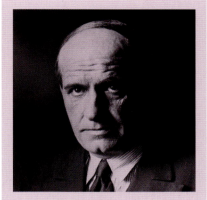

ホセ・オルテガ・イ・ガセット

ホセ・オルテガ・イ・ガセットは、1883年にスペインのマドリッドに生まれた。まずマドリッド大学で、ついでドイツのいくつもの大学で哲学を学び、その過程でイマヌエル・カントに深く影響されたのち、スペインにもどって大学の教授となった。

生涯をつうじて、オルテガは哲学者としてばかりでなく、ジャーナリストやエッセイストとして生計を立てていた。1920年代から30年代にかけてのスペイン戦争には積極的に参加したが、1939年にスペイン市民戦争が終結したときにその活動も終わりを迎えた。その後オルテガはアルゼンチンに亡命し、政治に失望したまま1945年まで滞在する。ポルトガルで3年をすごしたのち、1948年にマドリッドに帰国し、人間研究所を創設する。その後の生涯をかけて、オルテガは哲学者・ジャーナリストとして働きつづけた。

主著

1914年
『ドン・キホーテをめぐる省察』

1925年
『芸術の非人間化』

1930年
『大衆の反逆』

1935年
『体系としての歴史』

1957年
『哲学とはなにか』

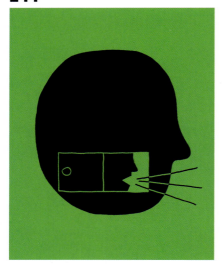

哲学するためには、まず懺悔しなければならない
田辺 元（1885年〜1962年）

その哲学的背景

部門
倫理学

手法
現象学

前史
紀元前5世紀ころ　ソクラテスが、自分が賢いとしたら、それは自分が無知だとわかっているからだと主張する。
4世紀　ヒッポの聖アウグスティヌスが、自伝でもあれば哲学書でもある『告白』を執筆する。
13世紀初頭　仏教僧親鸞が、救いは「他力」を介してのみ可能だと主張する。
1920年代　マルティン・ハイデガーが、哲学は私たちとおのれ自身の存在との関係にかかわるものだと主張する。

後史
1990年代　ジャック・デリダが、現象学の影響下に、告白や忘却といった主題を探究する。

　読みすすめる前に、懺悔（＝告白）する必要があるなどと言うと、なんと奇妙なことを考えているんだと思われることだろう。だが、これは日本の哲学者田辺元が私たちに真摯に受けとめることを求めるふるまいだ。田辺の考えでは、もしみずから哲学をしてみたいなら、一度は懺悔（＝告白）しないことにはそれはかなわない。だが、懺悔（＝告白）しなければならないとはどういうことなのか、そしてそれはなぜか。
　こうした問いに答えるには、田辺の哲学の根へと遡行しなければならないが、その根は、哲学のヨーロッパ的伝統と日本的

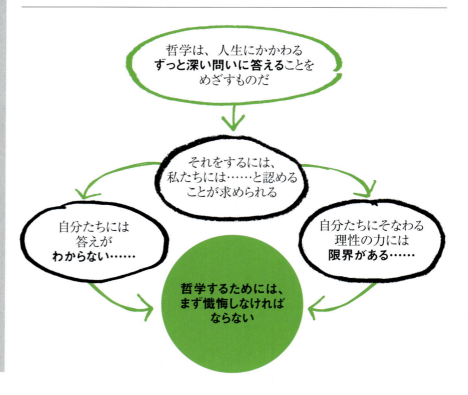

現代世界

参照　ゴータマ・シッダータ 30～33頁　■　ソクラテス 46～49頁　■　ヒッポの聖アウグスティヌス 72～73頁　■　エドムント・フッサール 224～25頁　■　マルティン・ハイデガー 252～55頁　■　ジャック・デリダ 312～17頁

阿弥陀仏は、観音菩薩と勢至菩薩にはさまれたかたちで祀られているが、親鸞が帰依した浄土真宗においてもっとも重要な仏だ。

伝統の双方にまたがっている。ヨーロッパ的なほうから採りあげるなら、田辺の思想の背後にあるのは紀元前5世紀に生きたギリシアの哲学者ソクラテスだ。ソクラテスが田辺にとって重要なのは、自分はなにも知らないとあけすけに懺悔（＝告白）するソクラテスの態度であった。伝えられているところでは、デルフォイの宣託がアテナイで一番賢いのはソクラテスだと告げ、それにたいして自分自身が無知であることを確信していたソクラテスは、宣託のまちがいをはっきりさせようとしたと伝えられる。アテナイのさまざまな人びとと無数の

対話をおこなった挙句に、ソクラテスがゆきついた結論とは、事実自分がこの町で一番賢い人間のようだが、その理由は、自分がなにも知らないということを受けいれられる人間がソクラテスひとりだけだからだというものであった。

田辺の発想の日本的な根のほうは、仏教のなかでも浄土真宗として知られている一派に属していた僧侶親鸞の思想にまで遡る。親鸞の発想の新しさは、自力にすがっているかぎりは悟りは不可能だと言いきったところにある。じっさい、私たちは自分の無知と限界とを懺悔（＝告白）しなければならず、その暁にはじめて、親鸞と田辺がともに「他力」と呼ぶものに開かれることも可能となる。浄土真宗の文脈では、この他力とは阿弥陀仏の力を意味する。田辺哲学の文脈では、懺悔（＝告白）は、「絶対無」の認識につうじ、究極的には覚醒と叡智へとつうじてゆく。

自己を断念すること

田辺にとっては、哲学とは論理上のよりよい地点を探す議論にかかわるいとなみでも、任意の主題について論証したり討論したりするいとなみでもない。つまりは、そもそも「知的な」学習ではないのだ。田辺の考えでは、哲学とはいっそう根本的なものであり、可能なかぎり深遠な意味で、私たち自身の存在そのものにかかわる過程だ。この発想は、ある面ではマルティン・ハイデガーを読むなかでかたちづくられたものだ。懺悔（＝告白）をとおしてのみ、私たちは自身の真の存在を再発見できるようになるというのが田辺の考えであり、その過程を田辺は宗教的な用語を用いて、死と復活の形式で叙述している。この死と復活は、「他力」をつうじての精神の再生であり、「自己」という制約された視界から悟りの観点（パースペクティヴ）へと精神が移行してゆくことだ。だがこの転換は、哲学にとっての準備であるばかりでなく、これこそが哲学そのものの営為にほかならない。哲学は懐疑主義に根ざしており、「自己を断念して他力の慈悲にすがること」以外のなにものでもない。言いかえるなら、哲学とは、私たちがかかわってゆく活動なのではなく、自己を放棄することで真の自身への通路を獲得したときに私たちのなかで生じるできごとなのだ。この現象を田辺は、「行為主体なき行為」と呼んでいる。

継続的な懺悔こそが、みずからの限界を認識することで私たちのなかから生じてくる「最終的な結論」だと田辺は書いている。言いかえるなら、田辺が私たちに求めるのは、古くからの哲学的問いにたいして新しい解答を見つけることではなく、哲学の本性そのものを評価しなおすことだ。■

田辺 元

田辺元は、1885年に東京に生まれる。東京大学で学んだのち、京都大学の哲学助教授に招聘される。そこで、のちに京都学派として知られることになるグループの有力なメンバーとなる。

1920年代はドイツに留学して、エドムント・フッサールやマルティン・ハイデガーといった哲学者たちとともに学び、帰国後は、正教授に任ぜられた。第二次世界大戦にはたいそうなショックを受け、1945年に終戦を迎えると、教育活動から引退する。田辺の代表作『懺悔道としての哲学』は、その翌年の1946年に公刊された。引退後は、残りの生涯を省察と執筆にささげた。

主著

1932年
『ヘーゲル哲学と弁証法』
1946年
『懺悔道としての哲学』

哲学にかかわる問題にかんしては、その内部では思いもよらないなにかがあるにちがいない

田辺 元

私の言語の限界が
私の世界の限界だ

ルートヴィヒ・ウィトゲンシュタイン
（1889 年〜1951 年）

248 ルートヴィヒ・ウィトゲンシュタイン

その哲学的背景

部門
言語哲学

手法
論理学

前史
紀元前4世紀ころ　アリストテレスが、論理学の基礎を確立する。
19世紀後半　ゴットロープ・フレーゲが、現代論理学の基礎を確立する。
20世紀初頭　バートランド・ラッセルが、自然言語を論理的命題に変換する記述理論を展開する。

後史
1920年代　『論理哲学論考』におけるアイディアが、モーリッツ・シュリックやルドルフ・カルナップといったウィーン学団の哲学者たちによって利用され、論理実証主義が発展してゆく。
1930年以降　ウィトゲンシュタインが、『論理哲学論考』で表明したアイディアをみずから否定し、言語を考察するまったく異なった手法を探究しはじめる。

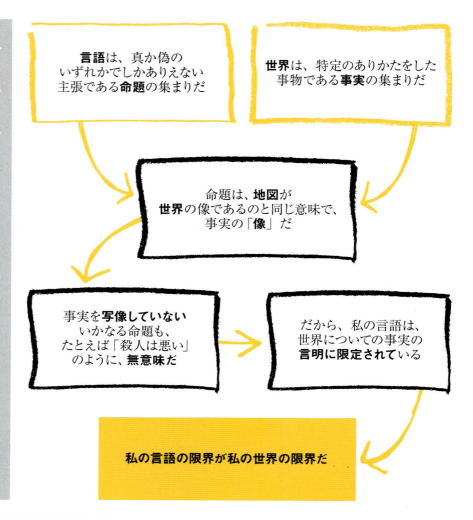

ウィトゲンシュタインの『論理哲学論考』は、おそらく20世紀の哲学史のなかでもっとも不気味な哲学書の1冊だ。英訳版で70頁ほどのこの著作は、一連の高度に凝縮された専門的な番号のふられた注釈からなっている。

『論理哲学論考』の意義全体をきちんと見定めるには、それを哲学的背景のなかにすえなおしてみる必要がある。ウィトゲンシュタインが、自分の言語と自分の世界の「限界」について語っているという事実からして、18世紀のドイツの哲学者イマヌエル・カントに端を発する哲学的伝統のうちにその根を下ろしていることはあきらかだ。カントは、『純粋理性批判』のなかで、「私はなにを知りうるか」そして「人間の理解の外部にありつづけるものはなにか」といった問いを提起することで、知の限界を探査しようとした。カントがこうした問いを発した理由のひとつは、哲学における多くの問いが人間の知の限界を私たちが見誤っていることから生じていると思われたからだ。注意を自分自身へと向けなおし、自身の知の必然的な限界を問うことで、私たちは過去の哲学的問題のほぼすべてを解決するか解消するかすることが可能になるとカントは考えた。

『論理哲学論考』は、カントと同種の課題に取りくんでいるが、はるかにラディカルなスタイルでそれをおこなっている。ウィトゲンシュタインの言うところでは、自分がおこなおうとしているのは、なにが有意味に言われうるかをはっきりさせることだ。カントが理性の限界を明確に定めようとしたのとよく似たスタイルで、ウィトゲンシュタインは言語の限界を、またそれにともなう、あらゆる思考の限界を明確にしようとした。なぜ、そんなことを企てるかといえば、哲学的議論と意見の不一致は、私たちが世界について考えたり語ったりする方法における根本的な誤りに起因しているのではないかという疑いがウィトゲン

現代世界　249

参照　アリストテレス 56～63頁　■　イマヌエル・カント 164～71頁　■　バートランド・ラッセル 236～39頁　■　ルドルフ・カルナップ 257頁　■　ゴットロープ・フレーゲ 342頁

> 人生の問題の解決は、問題の消失というかたちでみてとられる
>
> ルートヴィヒ・ウィトゲンシュタイン

シュタインに萌（きざ）したからだ。

論理構造

『論理哲学論考』におけるウィトゲンシュタインの中心的アイディアは、一見したところとても複雑に思えるかもしれないが、本質的には、言語と世界とは形式的に構造化されており、両者の構造はその構成要素へ分解可能だという、とてもシンプルな原理に依拠している。ウィトゲンシュタインが試みるのは、世界と言語双方の構造をあらわにし、その上でそれらが相互にどのように関係するかを示すことだ。その過程で、ウィトゲンシュタインは、広大な射程をともなった一連の哲学的結論を引きだしてくる。

もし私たちが、私の言語の限界が私の世界の限界だと語るときにウィトゲンシュタインが言わんとしていたことを理解しようとするなら、ウィトゲンシュタインが「世界」や「言語」といった語でなにを考えていたのかを問うてみる必要がある。なにしろ、ウィトゲンシュタインはこれらの語を私たちが期待するような日常的な意味では用いていない。言語について論じるさいに、ウィトゲンシュタインがイギリスの哲学者バートランド・ラッセルに負っているものがあらわになる。哲学的論理学の発展に重要な影響をもたらしたラッセルにとって、世界について明瞭かつ正確に語るには、日常言語は不十分きわまりなかった。ラッセルの考えでは、論理学はいっさいの曖昧（あいまい）さの余地を残さない「完全な言語」だ。だからラッセルは、自分が言うところの論理形式に日常言語を移しかえる方法を発展させた。

論理学は、哲学では命題として知られているものにかかわる。命題とは、真偽の決定が可能な主張のことだ。たとえば、「象がとても怒っている」は命題だが、「象」という語はそうではない。ウィトゲンシュタインの『論理哲学論考』にしたがうなら、意味のある言語は命題だけからなっているのでなければならない。「命題の総体が言語の総体だ」とウィトゲンシュタインは書いている。

ウィトゲンシュタインが言語ということでなにを言わんとしているのかが少しもわかれば、ウィトゲンシュタインが「世界」ということでなにを考えているのかを探索することも可能となる。『論理哲学論考』は、「世界とは成立していることがらの総体だ」という主張ではじまる。これは明々白々で事実そのままを述べているように思われるかもしれない。だが、それ自体で考えてみるなら、この言明でウィトゲンシュタインがなにを言わんとしているのかは、すっかり明瞭というわけではない。ウィトゲンシュタインはさらにつづけて、「世界は事物の総体ではなく、事実の総体だ」と書く。ここに私たちは、ウィトゲンシュタインが言語を扱うやりかたと世界を扱うやりかたとのあいだの顕著な並行性を認めることができる。たとえば、「象が怒っている」、あるいは「部屋のなかに象がいる」は事実と言ってよいが、象は、それ自体で考察するなら事実ではない。

こうした観点から、言語の構造と世界の構造とがどんなふうに関係しうるのかがはっきりしてくる。ウィトゲンシュタインは、言語は世界を「写像」化していると言う。ウィトゲンシュタインはこの発想を、第一次

ヒエログリフとして知られている**古代エジプト文字**は、さまざまな象徴を配列して、世界内の対象のイメージを論理的に構造化された諸部分へと様式化することで、ある種の書字言語を創造している。

250 ルートヴィヒ・ウィトゲンシュタイン

> 論理学は学説の本体ではなく、世界の鏡像だ
> **ルートヴィヒ・ウィトゲンシュタイン**

デジタルな映像は、そこに描きだされている対象と同じ種類の対象ではないにもかかわらず、同じ「論理形式」をもっている。ウィトゲンシュタインの考えでは、語が現実を表象するのは、ここでも両者が同じ論理形式を共有しているばあいにかぎられる。

　世界大戦中に、パリで起きた訴訟事件を扱った新聞記事を読んでいたときに得たらしい。その訴訟は自動車事故にかんするもので、法廷にいあわせた人びとのために、じっさいの現場での車と歩行者をあらわすべく、モデルの車と歩行者を用いて事件が再現された。モデルとして用いられた車と歩行者が、対応するものをきちんと示しえたのは、それらが、じっさいに事件に巻きこまれた現実の車と歩行者とはかったように同じかたちで関係づけられていたからだ。同様に、地図上に描きだされたあらゆるできごとは、地図が示す光景のなかでそれらがあるのと同じ具合にたがいに正確に関係づけられている。写像が、その描きだす当のものと共有しているのが論理形式だとウィトゲンシュタインは言う。
　ここで肝要なのは、私たちが語っているのは論理的写像であって、視覚的な像ではないという点を忘れないことだ。ウィトゲンシュタインは、自身が言わんとしていることを示すのにとても有益な例を挙げてくれている。交響曲の演奏によって生じた音の波動と交響曲のスコア、そして交響曲のレコードの溝によってかたちづくられるパターンは、いずれも同じ論理形式を共有している。ウィトゲンシュタインに言わせるなら、「像は、物さしのように現実にあてがわれる」。そんなふうに、像は世界を描きだす。
　もちろん、私たちの像は不正確かもしれない。たとえば、象がじっさいにはとても怒っているときに象が怒っていないといくら主張しても、事実としては受けいれられないだろう。こうしたばあい、ウィトゲンシュタインは中間的な相というものを想定しない。命題はその本性からして真か偽のいずれかである以上、ウィトゲンシュタインが命題から出発するかぎりは、像もまた真か偽でしかありえない。
　こうして、言語と世界はともに論理形式を有しており、言語は世界を写像する、それも現実と合致する具合に写像することで、世界について語りうるようになる。ウィトゲンシュタインのアイディアが本当に興味深いものとなるのは、ここにおいてだ。というのも、ここまできてようやく私たちは、なぜウィトゲンシュタインが言語の限界に関心を示すのかを理解できるようになるからだ。たとえば、「収入の半分を慈善事業に寄付すべきだ」と勧めるひとがいるとしよう。これは、あくまで推奨なのだから、ウィトゲンシュタインの言う意味では、世界にある事実の写像ではない。つまり、無意味な命題だ。ということは逆に見るなら、言われうることがら、すなわちウィトゲンシュタインが言う「真なる命題の総体」とは、なりたっていることがら、すなわち自然科学の命題の総体でしかありえないことになる。
　ウィトゲンシュタインの考えでは、宗教的・倫理的価値についての議論は、厳密にいって意味をなさない。そうした主題を議論するさいに私たちの語ろうとしている当のことがらが、世界の限界を超えている以上、それらの価値も私たちの言語の限界を超えている。ウィトゲンシュタインが書いているように、「倫理はことばで表現されえない」のだ。

語を超えて

　ウィトゲンシュタインの読者のなかには、このあたりで、倫理学や宗教その他の会話のうちにふくまれている曖昧な概念を一掃したウィトゲンシュタインこそは、科学の王者なのだと主張したくなる向きもおられるかもしれない。だが事態は、そんな単純な話ではない。ウィトゲンシュタインは、「人生の問題」など無意味だと考えているわけではない。それどころか、ウィトゲンシュタインの考えでは、そうした問題

現代世界 251

> 語りえないことについては沈黙するよりほかない
> ルートヴィヒ・ウィトゲンシュタイン

こそがあらゆる問題のなかでももっとも重要だ。その理由は簡単で、それらはことばにできず、それゆえに哲学で扱えるものとはなりえないからだ。そうしたものごとは、それらについて語りえないとはいえ、みずからあらわれてくるものだとウィトゲンシュタインは書いた上で、さらに「それらこそが神秘なのだ」と言いそえている。

だが、こうした問題のいっさいは、『論理哲学論考』自体の内部にある命題にそのまま跳ねかえってゆく。結局のところ、それらは世界を写像する命題ではない。ウィトゲンシュタインの主たる道具のひとつである論理学でさえ、世界についてはなにも語りえない。そうなると、『論理哲学論考』は無意味なのか。ウィトゲンシュタイン自身は恐れることなく、みずからの論証をその結論まで推しすすめて、そうした問いへの答えはつまるところイエスとならざるをえないと認めている。ウィトゲンシュタインに言わせれば、『論理哲学論考』を適切に理解した者であれば、そのなかで用いられている命題それ自体も結局は無意味なものであることに気づくだろう。それらはいわば、私たちが哲学の問題を超えてさらに登ってゆくための助けとなる梯子のようなもので、登りおわった暁には投げすてられるべきものだ。

方向転換

ウィトゲンシュタインは、『論理哲学論考』をしあげたのち、もはや解かれるべき哲学問題は残っていないと結論して、この学問を放棄した。だが、1920年代から30年代にかけて、ウィトゲンシュタインは自身のかつての思索に疑問をいだきはじめ、ついにはそのもっとも激烈な批判者となった。とりわけ、疑問が投げかけられたのは、ウィトゲンシュタイン自身が以前は強固に信じていた、言語は命題からのみなるという考えであった。この見解は、私たちが日常の会話でおこなっていることの大半——冗談を言ったり、ことば巧みにだましたり、がみがみ説教したりといった——を無視している。

『論理哲学論考』にはこうした問題がはらまれているにしても、依然として同書は、西洋哲学のもっとも挑発的で魅力的な著作のひとつであり、もっと言うなら、もっともミステリアスな作品のひとつでありつづけている。■

哲学が求めるのは、論理的で曖昧さのない言語だ。そこからウィトゲンシュタインが下す結論は、言語は、「猫がマットの上に座っている」といった命題ないし事実の言明——この言明ははっきりとその構成要素に分解できる——だけからなっているというものだ。

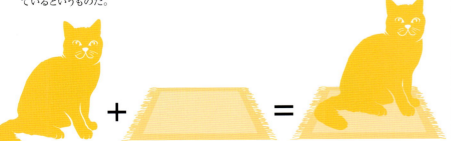

ルートヴィヒ・ウィトゲンシュタイン

1889年にウィーンの裕福な家庭に生まれたウィトゲンシュタインは、最初エンジニアリングを学ぶ。1908年にイギリスへ渡り、マンチェスター大学で研究を継続した。だが、じきに論理学への関心が高まり、1911年にはケンブリッジ大学に移って、哲学者バートランド・ラッセルのもとで学びはじめる。

第一次世界大戦中は、ロシアの前線とイタリアで兵役につき、イタリアで捕虜となった。このころ、『論理哲学論考』を書きはじめたらしく、出版されたのは1921年であった。

ウィトゲンシュタインは、『論理哲学論考』によって哲学のあらゆる問題が解決されたと考えて、小学校教師や庭師、建築家といった仕事を転々とした。だが、自身のかつての考えにたいする批判を展開した後で、1929年にケンブリッジ大学で哲学教師の仕事を再開し、1939年には教授になった。亡くなったのは、1951年のことであった。

主著

1921年
『論理哲学論考』
1953年
『哲学探究』
1958年
『青色本』『茶色本』
1977年
『色彩について』

私たち自身が分析されるべき存在だ
マルティン・ハイデガー
（1889年〜1976年）

その哲学的背景

部門
存在論

手法
現象学

前史
紀元前350年ころ シノペのディオゲネスが、羽をむしられた鳥をもちだして、「人間とは羽のない二本足の動物だ」というプラトンの弟子たちの議論を嘲笑する。
1900〜13年 エドムント・フッサールが、『論理学研究』と『イデーン』第1巻のなかで、みずからの現象学理論と方法とを提起する。

後史
1940年代 ジャン＝ポール・サルトルが、『存在と無』を公刊し、そのなかで、「存在」と人間的自由とのあいだのつながりを考察する。
1960年 ハンス＝ゲオルク・ガダマーの『真理と方法』が、ハイデガーに示唆を得て、人間的理解の本性を探究する。

　ある言いつたえによると、古代のアテナイである日、プラトンの弟子たちが集って、「人間とはなんだろうか」という問いをめぐって議論を繰りひろげた。議論百出ののち、彼らは「人間とは羽のない二本足の動物だ」という答えで合意した。だれもがこの定義に満足したようだったが、そのときに皮肉屋のディオゲネスがずかずかと教室にはいってきて、手にもっていた羽をむしられた鳥を掲げて、「見ろ、きみたちに人間を見せてやろう」と叫んだ。騒動が収まった後で、教室に残った哲学者たちは話しあって、先の定義を修正した。それによれば、人間とは扁平な爪をもった、羽のない二本足の動物だということになった。
　古代哲学の歴史から採ってこられたこ

現代世界

参照　プラトン 50〜55頁　■シノペのディオゲネス 66頁　■エドムント・フッサール 224〜25頁　■ハンス=ゲオルク・ガダマー 260〜61頁　■ジャン=ポール・サルトル 268〜71頁　■ハンナ・アーレント 272頁　■リチャード・ローティ 318〜23頁　■エルンスト・カッシーラー 343頁

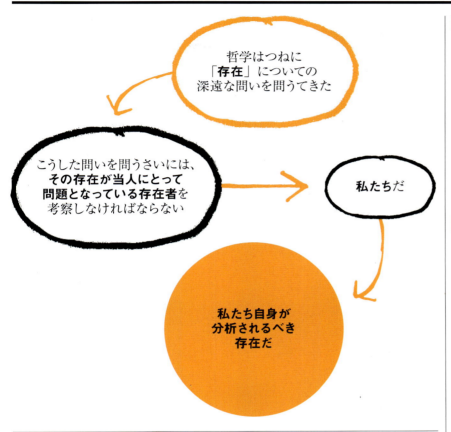

実存の問いは、実存それ自身を介することなしには、解決されえない
マルティン・ハイデガー

の滑稽な話は、人間であるとはどういうことかを抽象的かつ一般的に定義しようとするさいにしばしば哲学者が直面するある種の困難を示している。ディオゲネスが乱入してこなくとも、自分を羽のない二本足の動物と定義してみたところで、じっさいに人間であるとはなにを意味しているのかという核心に届いていないことはあきらかだ。

内部からの視点

　哲学者マルティン・ハイデガーの関心を惹いたのは、人間であるとはどういうことかを分析するさいに、私たちはどのようにことを進めてゆけばよいのかという問題であった。この問いに答えを出す段になって、ハイデガーは先行者たちとはずいぶんと異なったスタイルを採用した。人間の生を外部から見て抽象的な定義を試みるのではなく、内部からの視点と呼びうるものから出発して「存在」のいっそう具体的な定義を提供しようとしたのだ。ハイデガーが言うには、私たちは事物の真っ只中に、生のさなかに実存しているのだから、人間であるとはどういうことなのかを理解したいというのであれば、この生の内部から人間的生を考察することによってしか、それはかなわない。

　ハイデガーはフッサールの弟子であったから、フッサールの現象学の方法を受けついだ。これは、世界が私たちにどのように経験されるかという観点に立って、現象すなわちあらわれるがままの事物を考察しようとする哲学的アプローチだ。たとえば、現象学は直接に「人間とはなにか」と問うのではなく、たとえば「人間であるとはどのようなことなのか」という問いを考察しようとするだろう。

人間的実存

　ハイデガーにとっては、こちらの問いこそが、哲学の基本問題だ。ハイデガーがもっとも関心を示す哲学的主題は、存在ないし実存にかかわる問いを考察する分野である存在論（オントロジー）（この語は、ギリシア語で存在を意味する ontos に由来する）だ。存在論的問いの具体例としては、「なにかが存在するということはなにを意味するのか」とか「存在している事物の種差にはどのようなものがあるか」といった問いが挙げられる。ハイデガーには、「人間であるとはどんなことか」といった問いを、実存一般にかかわるより深い問いに答えるやりかたとして使いたがる傾向がある。

　その著書『存在と時間』のなかで、ハイデガーは、これまでの哲学者たちには、存在論的な問いを問うさいに、あまりに抽象的で浅薄なアプローチに走る嫌いがあったと指摘する。なにかが存在するということがなにを意味しているのかを知りたいのなら、自分が存在していることの意味を問わずにはいられない存在者の観点（パースペクティヴ）からこの問いを考察する必要がある。猫も犬もキノコも存在者ではあるが、それらが自

254 マルティン・ハイデガー

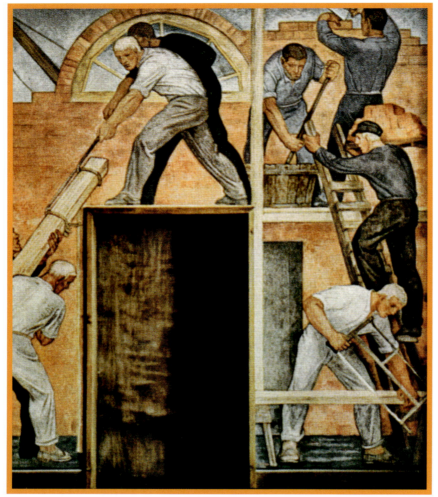

私たちは、人生にまとまりを与えてくれるような企てや課題にかかわりあうことで、世界を**意味あるものにする**。人間であるとは、ハイデガーに言わせれば、日常の世界に首まで浸かっているということを意味する。

私たちは存在の意味の問いを新たに立ちあげなければならない
マルティン・ハイデガー

分の存在をいぶかしく思うことはないと想定してかまわない。それらが存在論的問いを思いなやむことはないし、「なにかが存在しているとはどういう意味か」などと問うこともない。だが、こうした問いを思いめぐらす存在がひとつだけある。私たち人間存在だ。私たち自身が分析されるべき存在だと語ることでハイデガーが言わんとしているのは、もし私たちが存在の問いを探索しようというのであれば、その出発点は自分自身であり、自分にとって存在するとはなにを意味しているかを考察するところからはじめなければならないということだ。

存在と時間

　ハイデガーが存在の意味を問うとき、けっして抽象的な観念が問題にされているわけではなく、まさしく直接的なものが問題にされている。著書の劈頭で、ハイデガーは、私たちの存在の意味は時間と結びつけられているにちがいないと述べている。私たちは本質的に時間的な存在なのだ。生まれたとき、私たちは、自分で選んだわけでもない軌道に乗ってここに投げだされたかのように、世界のなかに存在していた。私たちにわかるのは、自分たちよりも前から存在していて、いまも存在している世界のうちに、自分たちが存在するようになったわけだから、私たちは誕生したときにはすでに、特定の歴史的・物質的・精神的環境を背負って存在しているということだ。私たちは、たとえば、ラテン語を学んだり、本物の愛を見つけようとしたり、自分で家を建てる決心をしたりといった具合に、さまざまな過去の時代へとかかわってゆくことをつうじて、この世界を意味あるものにしようと努めなければならない。こうした時間を費やしての企てをつうじて、私たちは文字どおりみずからをさまざまな異なった未来へと投げくわだてて、自身の実存を定義する。だが、ときに私たちは、あらゆる投企にはそのもっとも外部に位置する限界があること、つまり私たちの計画するいっさいが完了するしないにかかわらず、そこで終わりを迎えることになる一点のあることに気づく。その地点とは私たちが死ぬときだ。ハイデガーに言わせれば、死は私たちの存在のもっとも外部に位置する地平だ。私たちがおこなったり・見たり・考えたりすることのできるいっさいは、この地平の内部に位置づけられる。その向こうを見ることはかなわない。

　ハイデガーの専門用語は、理解が難しいことで有名だが、その主たる理由は、ハイデガーが抽象的ではなく具体的なやりかたで複雑な哲学上の問いを探索しようと試みている点にある。ハイデガーが望むのは、私たちの現実の経験にかかわることだ。「私たちの存在のもっとも遠い地平

は死だ」と語ることは、人間として生きるとはどのようなことなのかについてなにかを語るに等しい。そしてそこには、私たちがなんであるかについてのある種の観念が示されている。それは、人間とは「羽のない二本足の動物だ」とか「政治的動物だ」とかといった多くの哲学的な定義がみすごしてきたものだ。

本来的に生きるということ

　本来的な実存と非本来的な実存という哲学上の区別を、私たちはハイデガーに負っている。ほとんどの時間私たちは、現在進行形のさまざまな企てに忙殺されていて、死を忘れている。だが、自分の人生を純粋に自分に関係のある投企の観点だけから見るとき、私たちは自分の実存のいっそう根源的な次元を見失っており、そのかぎりでは非本来的に実存している。自分のあらゆる可能性の最終的限界としての死に思いいたるとき、私たちは、実存することがなにを意味するかについてのいっそう深い理解へと到達する。

　たとえば、親友が亡くなったとき、私たちは自分の人生をふりかえり、二人が毎日夢中になっていたあれこれの計画がもはや無意味にしか思えなくなったことに気づき、さらに人生にはもっと深い次元があっ

あらゆる存在者は、「死へ臨む存在者」だ。だが、そのことを知っているのは人間だけだ。私たちの生活は時間に追われているが、そのことに気づいたときにのみ、私たちには意味に満ちた本来的な人生を生きることが可能となる。

死はできごとではない。
それは実存論的に理解されるべき
ひとつの現象だ
マルティン・ハイデガー

たのにそれが失われてしまったことを悟るかもしれない。こんなふうに、私たちはみずから重要に思われることがらを変えてゆき、さまざまな未来へ向けてみずからを投企してゆく。

より深みのある言語

　ハイデガーの後期哲学は、存在の問いに取りくむという点では変わらないが、前期の精密なアプローチから、問いかけの内容に相応したより詩的なスタイルへと変貌していった。哲学には、存在を私たち自身の存在の深いところまで反映させることができないのではないかという疑念が、ハイデガーに萌したのだ。人間的実存にかかわる問いを問うには、詩という、より豊かで深みのある言語を使わなければならない。詩とは、情報のたんなるやりとりといったレベルをはるかに超えたかたちで私たちを巻きこむものなのだ。

　ハイデガーは20世紀でもっとも影響力をもった哲学者のひとりだ。人間であるとはどういうことか、そしてどうすれば本来的な人生を送ることができるかを分析しようとしたその初期の企ては、サルトルやレヴィナス、ガダマーといった哲学者たちに着想を吹きこみ、実存主義の誕生を促した。その後期のいっそう詩的な思索もまた、環境破壊の危機にさらされている世界のなかで、人間であるとはなにを意味するのかを思考するひとつのスタイルがそこから与えられると信じるエコロジーの哲学者たちに深い影響をもたらしている。■

マルティン・ハイデガー

　ハイデガーは20世紀のもっとも重要な哲学者のひとりとして名高い。1889年にドイツのメスキルヒに生まれ、若いころは聖職者になりたいと思っていたが、フッサールの著作を知ったのちは、哲学を志すようになった。ハイデガーはすぐに刺激的な教師として有名になり、「メスキルヒの魔術師」とあだ名されるようになった。1930年代には、フライブルク大学の総長となり、ナチ党員にもなった。ハイデガーのナチスとのかかわりがどの程度のものであり、どういった性質のものであったかは、その哲学がナチズムのイデオロギーにどれくらい含意されているかという問いもふくめて、依然として論議の的だ。

　後半生の30年をハイデガーは、旅行と執筆、そしてハンナ・アーレントや物理学者ヴェルナー・ハイゼンベルクといった友人たちとの意見交換に費やした。1976年にフライブルクで86歳で亡くなった。

主著

1927年
『存在と時間』
1936〜46年
『形而上学の超克』
1955〜56年
『根拠律』
1955〜57年
『同一性と差異』

個人の唯一真の道徳的選択は、共同体のための自己犠牲をとおしてなされる

和辻哲郎（1889年〜1960年）

その哲学的背景

部門
倫理学

手法
実存主義

前史
13世紀 哲学者道元が、「自己を忘却すること」について著述する。
19世紀後半 フリードリヒ・ニーチェが、哲学にたいする「気候（＝風土）」の影響について著述する。
1927年 マルティン・ハイデガーが、『存在と時間』を刊行する。和辻は、「気候（＝風土）」にかんするみずからの考えに照らして、ハイデガーの著作を考えなおそうとする。

後史
20世紀後半 哲学者湯浅泰雄が、和辻による共同体の倫理をさらに展開する。

和辻哲郎は、20世紀初頭の日本における主導的哲学者のひとりであり、東洋哲学と西洋哲学について著作を書いた。和辻は日本とヨーロッパで学んだ。そのため、当時の多くの日本の哲学者と同様、その著作にはこれら二つのまったく異なった伝統の創造的な綜合が示されている。

自己を忘却すること

倫理にたいする西洋的なアプローチを研究するなかで、和辻は、西洋の哲学者たちには人間の本性にたいして、また倫理にたいして、個人主義的なアプローチを採る傾向があることを確信した。だが、和辻の考えでは、個人はその属する特定の時代や相互関係、社会的文脈といったもの——これらの総体が「風土」だ——の表現としてのみ理解可能な存在だ。和辻は、人間の本性という観念を、私たちがその内部に身を置いているネットワークを形成する、より広範な共同体との関係という観点から探究する。和辻はこれを「間柄」と呼ぶ。和辻にとって倫理とは、個人の行為にかかわるものではなく、自己を忘却し犠牲にすることにかかわるふるまいだ。だから、個人がより広大な共同体の利益のために活動することもありうるのだ。

和辻は、国家主義的倫理と日本民族の卓越性を強調したために——のちになって、こうした見解からはみずから距離を置くようになったにせよ——第二次世界大戦後は、かつての弟子たちに離反された。■

侍の戦は、国を守らんとして、極端なまでの忠義心と自己否定の行為の結果、自分の生命すら犠牲にすることがある。そのような行為を、和辻は「献身」とも「絶対的自己犠牲」とも呼んだ。

参照 セーレン・キルケゴール 194〜95頁 ■ フリードリヒ・ニーチェ 214〜21頁 ■ 田辺元 244〜45頁 ■ マルティン・ハイデガー 252〜55頁 ■ 西田幾多郎 343頁

現代世界 257

論理学は哲学の最後の科学的要素だ
ルドルフ・カルナップ
(1891年～1970年)

その哲学的背景

部門
科学哲学

手法
論理実証主義

前史
1890年 ゴットロープ・フレーゲが、言語の論理構造の探索を開始する。
1921年 ルートヴィヒ・ウィトゲンシュタインが、哲学は言語の限界の研究だと主張する。

後史
1930年代 カール・ポパーが、科学は反証可能性によって展開してゆくと主張する。反証可能性とは、肯定的な証明をいくら集めても、なにかが真であることの証明はできないのにたいして、ひとつでも否定的な証明がでれば、その理論が不正確であることが裏づけられるという発想をさす。
1960年代 トマス・クーンが、論理実証主義の主張のいくつかを否定するかたちで、科学的発展の社会的次元を探究する。

20世紀哲学が直面した問題のひとつに、自然科学の興隆を前にして哲学にどのような役割を認めるかというものがあった。それこそが、ドイツ生まれのルドルフ・カルナップが『科学の普遍言語としての物理言語』(1934年)で一番の関心を示した問題のひとつであった。この著作は、哲学に固有の機能——科学にたいして哲学になしうる一番の貢献——とは科学の概念の論理分析と分類にあると示唆していた。

カルナップによれば、形而上学の問いに代表される、一見したところ深遠なものに見える哲学問題の多くは、ほとんどが無意味だ。なぜなら、それらは経験をつうじて検証されることも反証されることもありえないからだ。さらに付けくわえて、カルナップは、じつのところそうした問題は、私たちの言語の使いかたに起因する論理的混乱によってひきおこされた擬似的問題だと言っている。

論理言語

論理実証主義が真理として認めるのは、経験的に検証されうる厳密に論理的な言明のみだ。だからカルナップの考えでは、哲学の真の課題は（厳密に言うなら無

> 論理学にモラルはない
> ルドルフ・カルナップ

意味でしかない問いを見いだし放逐するために）言語に論理分析を施して、科学について明晰かつ曖昧さの余地なく語る方法を発見することだ。

ウィラード・クワインやカール・ポパーといった哲学者たちは、なにが有意味に語られうるかにかんするカルナップの基準は厳密すぎて、科学がどのように機能すべきかについての理想的な見解の表明にはなっていても、現状を反映したものとはいえないと論難した。だが、言語は、本当は実在していない問題を探しもとめるという誤りに私たちを陥れることがあるというカルナップの忠告は、依然として重要なものだ。■

参照 ルートヴィヒ・ウィトゲンシュタイン 246～51頁 ■ カール・ポパー 262～65頁 ■ ウィラード・ヴァン・オーマン・クワイン 278～79頁 ■ トマス・クーン 293頁 ■ ゴットロープ・フレーゲ 342頁

人間を知るただひとつの方法は、なんの望みもいだくことなくその人間を愛することだ
ウァルター・ベンヤミン（1892年～1940年）

その哲学的背景

部門
倫理学

手法
フランクフルト学派

前史
紀元前380年ころ　プラトンが『饗宴』を書いて、愛について後世に影響を残すだけの最初の哲学的説明を考察する。

1863年　フランスの作家シャルル・ボードレールが、「街を体験するために逍遥する人間」を意味する遊歩者（フラヌール）の観念を探索する。

後史
1955年　ギィ・ドゥボールが、個人の情動や行動にたいする地理の影響を研究する心理地理学を確立する。

1972年　イタリアの作家イタロ・カルヴィーノが、著書『見えない都市』のなかで、都市と記号のあいだの関係を探究する。

　ドイツの哲学者ウァルター・ベンヤミンは、大衆文化とコミュニケーションの重要性を探究した新マルクス主義理論家集団フランクフルト学派のひとりであった。ベンヤミンは、映画と文学の技法にも魅了され、1926年のエッセイ「一方通行路」では文学的構成の実験が試みられている。そのなかでベンヤミンは、想像上の街路を歩いていて眼についた資料を、知的なものであると経験的なものであるとを問わず一緒くたに集めている。

　このエッセイのなかでベンヤミンは、壮大な理論を展開するわけではない。むしろ、ベンヤミンの求めるのは、歩いていて眼を惹くものに出くわすと驚きを感じるように、アイディアで私たちを驚かせることだ。エッセイの半ばには「私の著作における引用文は、武器をちらつかせながら視界に飛びこんできて、のんびり歩いている者から確信を奪いさってゆく強盗のようなものだ」とある。

照らしだす愛

　人間を知るただひとつの方法は、なんの望みもいだくことなくその人間を愛することだという考えは、エッセイのなかの「アーク灯」という一文だ。光の揺らめきのなかで、ベンヤミンは歩みを止めて、そんなことを考える――だが、それだけだ。エッセイはその直後からすぐに新しい節になる。ベンヤミンがなにを言いたかったのかは推測するしかない。知は愛を超えたところから生じると言おうとしたのか、愛している相手をクリアに見られるのは、成果を期待するのを止めたときのみだと言うのか、わからない。私たちにできるのは、ベンヤミンに言われるがままに街路を歩いて、移りゆく思考の光の揺らめきをみずから経験することだ。■

人生がどのように構築されるかは、昨今では、確信の力よりも事実の力によるところが大きい
ウァルター・ベンヤミン

参照　プラトン 50～55頁 ■ カール・マルクス 196～203頁 ■ テオドール・アドルノ 266～67頁 ■ ロラン・バルト 290～91頁

現代世界　259

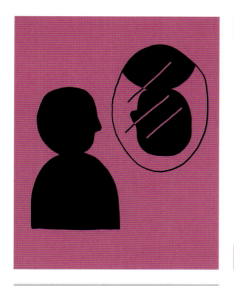

存在するものは真実ではありえない
ハーバート・マルクーゼ
（1898年〜1979年）

その哲学的背景

部門
政治哲学

手法
フランクフルト学派

前史
1821年　ゲオルク・ヘーゲルが、『法哲学』のなかで、現実的なものは理性的であり、理性的なものは現実的だと主張する。
1867年　カール・マルクスが、『資本論』第1巻を刊行して、資本主義社会内部での「運動法則」にかんする自身の見解を披露し、資本主義とは搾取する人間の犯している罪だと非難する。
1940年代　マルティン・ハイデガーが、技術の問題を探究しはじめる。

後史
2000年　スラヴォイ・ジジェクが、技術と資本主義社会と全体主義のあいだの関連を探究する。

　一見すると、1941年の著作『理性と革命』に見られる「存在するもの」は真ではありえないというマルクーゼの主張以上に非合理的に思われるものはない。存在するものが真でありえないなら、読者はそれでどうなるのかと問いたくなるだろう。だが、マルクーゼの考えは、一面ではドイツの哲学者ゲオルク・ヘーゲルによってなされた、理性的なものは現実的であり、だから現実的なものは理性的でもあるという主張を克服しようという企てだ。

　マルクーゼの考えでは、この発想が危険なのは、ここから読者が、たとえば私たちを取りまく政治システムのような、現になりたっているものは必然的に合理的だと思いこみかねないという点にある。マルクーゼによれば、私たちが理性的とみなすものにしても、私たちに許容できるよりもはるかに非理性的なことがある。さらにマルクーゼがめざすのは、私たちを揺さぶって、私たちが当然と思っている多くのことがらが非理性的な本性を有していることに気づかせることだ。

壊乱する理性

　マルクーゼは、資本主義社会、とりわけ彼の言う資本主義社会に特有の「自由と抑圧、生産と破壊、成長と退行とのおぞましい調和」を心底嫌悪する。私たちは、自分の暮らしている社会が理性と正義にもとづいていると思いがちだが、詳細にみるなら、それらがたいして公正でも理にかなってもいないことがわかるだろう。

　こう考えるからといってマルクーゼは、理性の価値を切りさげようというのではなく、理性が壊乱的であり、自分たちの暮らす社会に疑問を付すために理性を利用することができると言おうとしているのだ。マルクーゼの考えでは、哲学の目標は「社会の理性的な理論」にある。■

スピードの出る車は消耗品だが、マルクーゼはそれを利用して、私たちが自分を認識することを求める。マルクーゼに言わせれば、私たちは自分の創造した事物のたんなる延長的存在となることで、これらのうちに「みずからの魂」を認める。

参照　ゲオルク・ヘーゲル 178〜85頁 ■ カール・マルクス 196〜203頁 ■ マルティン・ハイデガー 252〜55頁 ■ スラヴォイ・ジジェク 332頁

歴史が私たちに帰属するのではなく、私たちが歴史に帰属する
ハンス＝ゲオルク・ガダマー
（1900年～2002年）

その哲学的背景

部門
歴史哲学

手法
解釈学

前史
19世紀初頭 ドイツの哲学者フリードリヒ・シュライエルマッハーが、解釈学の土台をなす業績をあげる。
1890年代 ドイツの哲学者ヴィルヘルム・ディルタイが、解釈を「解釈学的循環」のうちに身を置くこととして叙述する。
1927年 マルティン・ハイデガーが、『存在と時間』のなかで存在の解釈を探究する。

後史
1979年 リチャード・ローティが、その『哲学と自然の鏡』のなかで、解釈学的アプローチを活用する。
1981～83年 フランスの哲学者ポール・リクールが、『時間と物語』を書いて、語り（ナラティヴ）がもつ、私たちの時間感覚をあらわす力を検証する。

ガダマーの名はとりわけ、「解釈学」と呼ばれる哲学のスタイルと結びついている。「解釈すること」を意味するギリシア語ヘルメネウノ（hermeneuo）に由来する解釈学は、人間が世界をどう解釈するかを研究する。

ガダマーは、哲学の課題は私たちの実存を解釈することだと語っていたマルティン・ハイデガーの指導下に哲学を学んだ。ここで解釈とは、すでに知っていることから出発しながらその理解をどんどんと深めてゆく過程を意味する。その過程は、詩を解釈するばあいと似ている。私たちは、まず詩を自分の現在の理解に照らして、1行1行注意深く読むことからはじめる。奇妙だと、あるいはとりわけ感動的だと思われる1行に到達すると、私たちはいっそう深いレベルの理解が必要だと感じるだろう。個々の行を解釈してゆくにつれて、詩全体にたいする私たちの感覚は変わりはじめる。そして詩全体にたいする私たちの感覚が変わってゆくにつれて、個々の行にたいする私たちの理解も変わってゆく。この相互的な進行が「解釈学的循環」として知られる過程だ。

哲学にたいするハイデガーのアプローチは、こうした循環的なスタイルのうちで展開されるのだが、これこそガダマーがのち

私たちは**解釈**をとおして世界を理解する

→ 特定の**先入見と偏見**を私たちにもたらす**特定の歴史的時代**の内がわでは、こうしたことがつねに生じる

↓

私たちには、こうした先入見と偏見の外部に位置するようなことがらを理解することはかなわない

←

歴史が私たちに帰属するのではなく、私たちが歴史に帰属する

現代世界　261

参照　イマヌエル・カント 164〜71頁 ■ ゲオルク・ヘーゲル 178〜85頁 ■ マルティン・ハイデガー 252〜55頁 ■ ユルゲン・ハーバーマス 310〜11頁 ■ ジャック・デリダ 312〜17頁 ■ リチャード・ローティ 318〜23頁

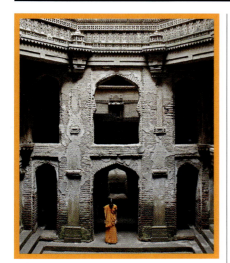

ガダマーに言わせるなら、**歴史的対象物を見るとき、私たちは、時間を架橋されるべき溝と思ったりはしない。その隔たりは、私たちの理解に光を投じる伝統の継続性によって埋められる。**

に『真理と方法』のなかで採用し、さらに探究したアプローチにほかならない。ガダマーはそれ以上に進んで、私たちの理解はつねに歴史上の特定の地点における観点から帰結してくるものだと指摘する。私たちの先入見や信念、問うに値するとみなしうる問いの種類と満足させてくれる解答の種類のすべてが、私たちの歴史の所産だ。私たちには歴史と文化の外部に立つことはできない以上、絶対に客観的な観点（パースペクティヴ）に到りつくことなど思いもよらない話だ。

だが、これらの先入見を悪しきものとみなすのは早計だ。つまるところそれらは、私たちの出発点であり、私たちの現下の理解と意味への感覚（センス）は、こうした先入見と偏見にもとづいている。かりに、いっさいの先入見を振りはらうことが可能だとしても、その暁には事物を明瞭に見てとれるようになると期待することはできない。解釈にとってのなんらかの枠組みがまず存在していないことには、そもそもなにかをなにかとして見ることもできないのだ。

歴史との対話

ガダマーは、私たちが自分の生活や自己自身を理解する過程を、「歴史との対話」に似たものとみなした。数世紀にもわたって受けつがれてきた歴史的テクストを読むさい、それらの伝統と前提の上でのさまざまなちがいは私たち自身の文化的規範や先入見をあらわにし、それによって私たちはいまの自分の生活についてのいっそう広範で深い理解へと導かれる。たとえば、プラトンの本を採りあげて注意深く読みすすめるなら、プラトンについての理解が深まるというばかりでなく、自分自身の先入見や偏見の存在もはっきりしてきて、それが変わってゆくこともあるだろう。ここでは、私がプラトンを読んでいるというだけではなく、いわばプラトンが私を読んでいるとでも言いうる事態が生じている。こうした対話、ガダマーの言いかたにならうなら、「地平の融合」をつうじて、世界についての私の理解はますます深く豊かなレベルに達してゆく。■

経験それ自体は人生の全体の内がわに位置するのだから、人生全体も経験のうちにあらわれる

ハンス＝ゲオルク・ガダマー

ハンス＝ゲオルク・ガダマー

ガダマーは、1900年にマールブルクに生まれるが、育ったのは、ドイツのブレスラウ（現在はポーランドのブロツワフ）だった。最初ブレスラウで哲学を学び、ついでマールブルクに移り、そこでガダマーの仕事に決定的な影響をおよぼすことになった哲学者マルティン・ハイデガーの指導のもと、二つめの博士号請求論文を執筆する。マールブルク大学で助教授となり、その後長くつづくことになるアカデミックなキャリアをスタートさせ、1949年にはハイデルベルクで、哲学者カール・ヤスパースのあとを引きつぐ。

ガダマーの主著である『真理と方法』は、60歳のときに公刊された。この著作は、真理への唯一の道を提供するのは科学だという考えを猛烈に批判したが、この出版によってガダマーは広く国際的な名声を得ることになった。社交的で活発な人間であったガダマーは、102歳でハイデルベルクで亡くなるまで活動的だった。

主著

1960年　『真理と方法』
1971年　『ヘーゲルの弁証法──六篇の解釈学的研究』
1976年　『科学の時代における理性』

科学的言明は、
現実について語るものであるかぎり、
誤りとなる可能性から逃れられない

カール・ポパー
（1902年～1994年）

その哲学的背景

部門
科学哲学

手法
分析哲学

前史
紀元前4世紀ころ アリストテレスが、世界を理解する上での観察と測定の重要性を強調する。
1620年 フランシス・ベーコンが、『ノヴム・オルガヌム』のなかで、科学における帰納法を開始する。
1748年 デイヴィド・ヒュームの『人間知性研究』が、帰納法の問題を提起する。

後史
1962年 トマス・クーンが、『科学革命の構造』のなかで、ポパーを批判する。
1975年 ポール・ファイヤアーベントが、『方法への挑戦』のなかで科学的方法という観念そのものに疑問を投げかける。

　私たちはしばしば、科学は「世界についての真理を証明すること」でなりたっていると思いがちだ。よくできた科学理論とは、それが真であることが疑う余地なく証明されうる理論のことだと私たちは思いこんでいる。だが、哲学者カール・ポパーに言わせれば、それは当たっていない。じっさい、ポパーによると、ある理論を科学的な理論たらしめるのは、それが反証されうる、つまり経験によって誤りであることが証明される可能性があるかぎりでのことだ。

　ポパーが関心を示すのは、科学がどのような方法を用いて世界の真理をあきらかにするかという点だ。科学は実験と経験に依拠しており、私たちがきちんと科学を遂行したいと望むなら、デイヴィド・ヒューム

現代世界　263

参照　ソクラテス 46〜49頁 ■ アリストテレス 56〜63頁 ■ フランシス・ベーコン 110〜11頁 ■ デイヴィド・ヒューム 148〜53頁 ■ ルドルフ・カルナップ 257頁 ■ トマス・クーン 293頁 ■ ポール・ファイヤアーベント 297頁

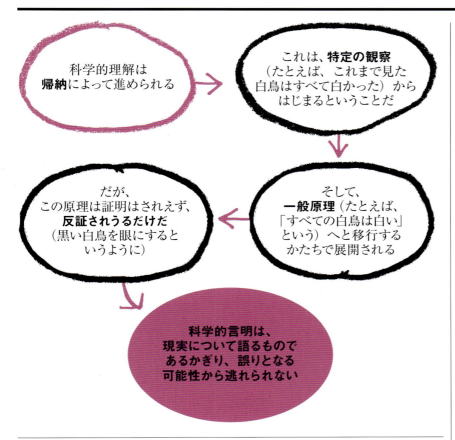

黒鳥にはじめてヨーロッパの人間が出くわしたのは、17世紀のことだった。これによって、すべての白鳥は白いという、その当時まで普遍的真理とみなされていた考えは反証された。

が自然の「斉一性」と呼んだもの、すなわちできごとは世界内部では特定のパターンと連続性——それは体系的に探究可能だ——をもって展開するという事実に細心の注意をはらわねばならない。言いかえるなら、科学は経験的なものであり、経験にもとづいている。だから、科学がどのように機能するかを見てとるには、経験一般がどのようにして知へといたるのかを理解しておく必要がある。

「3階の窓からテニスボールを落としたなら、それは地面に落下するだろう」という言明を例にとって考えてみよう。偶然起こるかもしれないできごと（飛んできた鷲にボールをもってゆかれてしまうとか）はこのさい無視するなら、この主張がもっともなものであることには異論の余地がない。

「ちょっと待て、ボールが地面に落ちると確信できるのか」などと言うのは、よほどの変わり者だろう。だが、テニスボールを落としたときに起こるのがこうした結末であることを、私たちはどうやって知るのか。そしてそれはどんな種類の知識なのか。

簡潔に答えるなら、私たちにそれがわかるのは、これまでいつもそうなっていたからだ。偶発事を無視するなら、手を離れたテニスボールが宙を浮いたり上昇していったりする場面に出くわした者などひとりとしていない。そのボールが地面に落下すると私たちにわかるのは、いつもそうだろうということを経験が教えてくれるからだ。そして私たちは、ボールが地面に落ちることを確信するばかりでなく、それがどんなふうに地面に落下するかについ

ても確信できるだろう。たとえば、重力の力がわかっていて、窓が地面からどれくらい高いところにあるかがわかっていれば、ボールが落下するのに要する時間も計測できるだろう。このできごとにかんしては一片たりとも神秘的なところはない。

それでも、つぎにボールを落としたときにも、それは地面に落下すると確信できるだろうかという問いは残る。同じ実験を何回繰りかえしても、その結果を私たちがどれほど信頼するとしても、将来にわたって同じ結果になるだろうことの証明にはならない。

帰納的推論

未来について確かなことは言えないというこの無（能）力がいわゆる帰納の問題だ。これは、18世紀にデイヴィド・ヒュームによってはじめて認識された。では、帰納的推論にかんしてはどうなるのだろうか。

帰納とは、世界について観察された一連の事実から世界についてのより一般的な結論へと移行してゆく過程だ。ボールを落としたときに、それが地面に落下するだろうと私たちが予期するのは、少なくともヒュームにしたがうなら、これまでにボー

ルのようなものを手から離すと地面に落下するのを眼にするという類似のできごとを数えきれないほど経験してきたことにもとづく一般化の帰結だ。

演繹的推論

哲学者によって帰納と対比的に理解されるもうひとつの推論法が、演繹的推論だ。帰納が特殊事例から一般化へと進むのにたいして、演繹は一般的な事例から特殊事例へと進む。たとえば、典型的な演繹的推論の例として、「もしそれがリンゴなら、それは果物だ（すべてのリンゴは果物なのだから）」と「これはリンゴだ」という二つの前提から出発して、これら二つの前提の性質からして、「これはリンゴだ」という言明は不可避的に「それは果物だ」という結論にいたるという具合に進む。

哲学者たちは、特殊な表記法を用いて、演繹的推論を簡略化したがる。そのため論証の一般的なスタイルは、「もしPならQだ。しかるにPだ。それゆえQだ」というかたちになる。先の例でゆくと、Pには「それはリンゴだ」がはいり、Qには「それは果物だ」がはいる。出発点として、「もしPならQだ。しかるにPだ」が認められたなら、結論が「Qだ」になるのは必然的であり、疑いの余地なく真実だ。別の例で言うなら、「もし雨が降っているなら、猫がニャオと鳴くだろう（すべての猫は雨が降るとニャオと鳴くのだから）」。しかるに、雨が降っている、だから猫はニャオと鳴く、ということになる。

哲学者は、この種の論証を一括して妥当なものとみなしてきたが、その理由は、その結論が、その前提から不可避的に帰結するものであるからだ。だが、ある論証が妥当なものだからといって、その結論が正しいということにはならない。たとえば、「もしそれが猫なら、それはバナナ風味だ。ここに猫がいる。だからバナナ風味だ」は正しいことになってしまう。推論形式は妥当なものなのだから。だが、ほとんどのひとがこの結論はまちがっていると言うだろう。そして、もっと詳しくみるなら、経験的な観点からしても、「それが猫なら、それはバナナ風味だ」という前提に問題のあることがわかる。猫は、少なくともこの世界においては、バナナ風味ではない。言いかえるなら、論証自体は妥当でも、前

> 問題にたいする解決は、すべて新しい未解決の問題を生みだす
> **カール・ポパー**

提に誤りがあれば、結論も誤りとなるのだ。ほかの世界においてなら、じっさいに猫がバナナ風味であることもありうるかもしれないし、そうした理由から、猫はバナナ風味ではないという言明が、論理的もしくは必然的に真理——そうであれば、そのような主張はすべての可能な世界において真であるのでなければならないことになる——ではないにしても、たまたま正しいということはありうるかもしれない。だが、妥当性をそなえた、正しい前提に由来する論証は、「健全な」論証と呼ばれる。

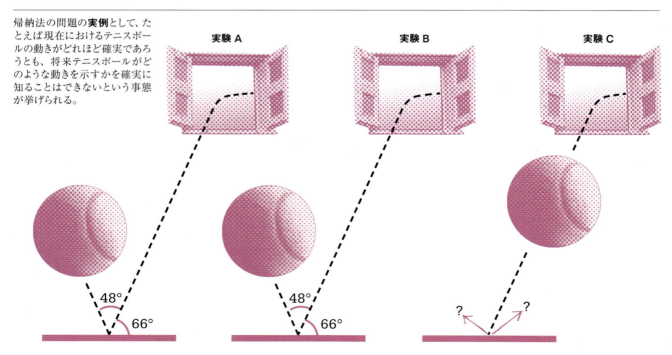

帰納法の問題の**実例**として、たとえば現在におけるテニスボールの動きがどれほど確実であろうとも、将来テニスボールがどのような動きを示すかを確実に知ることはできないという事態が挙げられる。

実験A　実験B　実験C

48°　66°　　48°　66°　　?　?

現代世界 **265**

> 科学は、システマティックに過度の単純化をおこなう技法として記述されうる
>
> カール・ポパー

すでに見たように、バナナ風味の猫の論証は、妥当だが、健全ではない。それにたいして、リンゴと果物にかんする論証は妥当であると同時に健全だ。

反証可能性

演繹的論証は、コンピュータ・プログラムに似ていると言われることがある。その結論が認められるものとなるかどうかは、それに供されるデータ次第だ。演繹的推論は、科学において重要な役割を果たしているが、それ自体で見たばあいには、それは世界についてなにも語りえない。そこで言えるのは、せいぜい「これが正しいなら、あれも正しい」ということだけだ。そして、私たちがこうした論証を科学において用いたいと願うなら、自分たちの前提にたいする帰納法に依拠しないわけにはゆかない。そうなれば科学は、帰納法の問題を負わされることになる。

こうした理由から、ポパーに言わせるなら、私たちにはみずからの理論が真であると証明することはできない。のみならず、ある理論を科学的なものとみなしうるために必要なのは、それが完全に証明されうるということではなく、それを現実とつきあわせるテストが可能であり、潜在的には誤っている可能性が示されることだ。言いかえるなら、反証可能性理論とは、誤っている理論のことではなく、観察によって誤りであることが判明するかもしれない理論のことだ。

（たとえば、人間にはみな守護霊がいるとか、神が世界を創造されたとかといった）検証不可能な理論は、自然科学にはふくまれない。こう言ったからといって、そうした理論が無価値だというのではない。それらはたんに科学によって扱われる類いの理論ではないということだ。

反証可能性というアイディアは、私たちが反証されえない理論を信じるのが不正だと主張するものではない。いくらテストを繰りかえしても否定されない信念や、反証しようという試みに抵抗を示す信念は、依拠してかまわないものと考えてよい。だが、どれほど優れた理論であっても、つねに新しい結果によって反証される可能性から

ある現象が確実に自然界のほかの現象の後に起こることを**示しうるのは実験**だ。だがポパーは、どんな実験をしても、理論は検証されえないし、その理論が蓋然的であるのを示すことさえできないと主張した。

は逃れられない。ポパーの業績にたいしても、つねに批判者が存在する。科学者のなかには、ポパーが提示しているのは、科学者がどんなふうに仕事を進めるかについての理想化された姿であって、じっさいの科学はポパーが示唆しているのとはまったく異なったかたちで進行すると主張する者もいる。だが、反証可能性というポパーのアイディアは、科学的主張と非科学的主張とを区別するものとしていまなお有効であり、いまだにポパーは20世紀でもっとも重要な科学哲学者のひとりだ。■

カール・ポパー

カール・ポパーは、1902年にオーストリアのウィーンで生まれる。ウィーン大学で哲学を学び、その後の6年間を中学校の教師としてすごす。その間に、『科学的発見の論理』を公刊し、これによって前途有望な科学哲学者としての評判をかちとる。1937年に、ニュージーランドへ移住し、第二次世界大戦終結までその地にとどまって、全体主義の研究である『開かれた社会とその敵』を執筆する。

1946年に教育目的でイギリスへ渡り、まずロンドン・スクール・オブ・エコノミクスで、ついでロンドン大学で教鞭をとる。1965年に騎士号を授与され、その後の人生をイギリスですごす。1969年には教育活動からリタイアするが、1994年に亡くなるまで旺盛な執筆活動をつづけた。

主著

1934年 『科学的発見の論理』
1945年 『開かれた社会とその敵』
1957年 『歴史主義の貧困』
1963年 『推測と反駁──科学的知識の発展』

知性は道徳的カテゴリーだ
テオドール・アドルノ
（1903年〜1969年）

その哲学的背景

部門
倫理学

手法
フランクフルト学派

前史
紀元前1世紀ころ　聖パウロが、「キリストのゆえに愚か者となる」ことについて書く。
500〜1450年　世界についてのもうひとつの見方をあらわしている「聖狂人（ホリー・フール）」という観念が、中世ヨーロッパをつうじて一般に行きわたる。
20世紀　マスコミュニケーションの多様なありかたが地球規模で生じ、新しい倫理問題を生みだす。

後史
1994年　ポルトガルの神経科学者アントニオ・ダマシオが、『デカルトの誤り――情動・理性・人間の脳』を公刊する。
21世紀　スラヴォイ・ジジェクが、大衆文化の政治的・社会的・倫理的次元を探究する。

聖狂人という考えは、西洋では長い伝統を有しており、聖パウロのコリント人への第一の書簡にまで遡る。そのなかでパウロは自分の弟子たちに「キリストのゆえに愚か者となる」ことを求めた。中世をつうじてこの考えは、愚か者であったり知性を欠いていたりするものの、道徳的には善良で純真な聖人や賢者をあらわす大衆文化的象徴として発展していった。

ドイツの哲学者テオドール・アドルノは、著書『ミニマ・モラリア』のなかで、この長い伝統に問いかけている。アドルノは、「うすのろを赦免し美化しよう」とするこうした試みには懐疑的であり、感情と理解力もふくめて私たちの全存在が善性のうちに包摂（ほうせつ）されるのかどうかをはっきりさせようとする。

アドルノに言わせれば、聖狂人という考えの問題点は、これによって私たちが2種類の人間に分けられてしまい、その結果、思慮深くふるまうことがまったく不可能になってしまう点にある。じっさい、判断は私たちがどの程度まで感情と理解力とを首尾一貫させられるかに応じてくだされる。アドルノの見解には、悪しき行為はたんに感情の欠陥によるものではなく、知性と理解力の欠如でもあるという

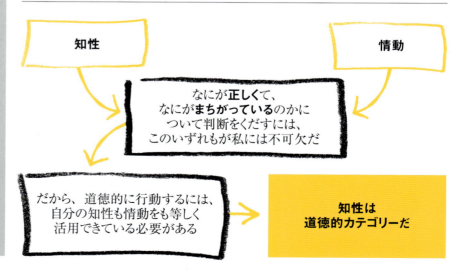

参照 ルネ・デカルト116〜23頁 ■ ゲオルク・ヘーゲル178〜85頁 ■ カール・マルクス196〜203頁 ■ スラヴォイ・ジジェク332頁

現代世界 267

テオドール・アドルノ

1903年にフランクフルトに生まれたアドルノの若いころからの情熱の矛先は、哲学と音楽であった。母親と叔母がともに才能ある音楽家であった。大学でアドルノは、音楽学と哲学を学び、1924年に卒業する。作曲家になるという夢があったが、音楽家としての将来に挫折し、しだいに哲学へと導かれていった。アドルノの多様な関心が最後に集約していった領域が、大衆文化を取りまく産業にたいする批評であった。その成果は、1936年に発表された名高い評論「ジャズについて」に見ることができる。

ドイツでナチスが勢力を拡張しつつあったさなかの1934年に、アドルノはニューヨークへ亡命し、それからロサンゼルスへ移りすみ、カリフォルニア大学で教鞭をとった。第二次世界大戦終結後にドイツに帰国し、フランクフルト大学の教授に就任する。1969年、スイスで休暇中の折に66歳で亡くなる。

主著

1949年
『現代音楽の哲学』

1951年
『ミニマ・モラリア——傷ついた生活裡の省察』

1966年
『否定の弁証法』

1970年
『美の理論』

考えが内包されている。

アドルノは、資本主義の発展に関心を寄せた哲学者集団であったフランクフルト学派のメンバーであった。アドルノは、テレビやラジオといったマスコミュニケーションのありかたを厳しく批判し、それによって知性も感情も侵食されてしまい、道徳的な選択と判断をくだす能力も退廃してしまうと主張した。アドルノに言わせるなら、もし私たちが大ヒット映画を鑑賞することで脳の電源を切る選択をするとしたら（自分の暮らしている一般的な文化状況がすでにあり、そのなかでなんでも選択できるとしての話だが）、これはこれでひとつの道徳的選択だ。アドルノの考えでは、大衆文化は私たちを愚か者にするだけではなく、道徳的にふるまうことも不可能にしてしまう。

本質的情動

アドルノによれば、聖狂人のような存在がいると思いこむのと真逆の誤りは、自分は情動ぬきで知性だけで正しく判断できると思いこんでしまうことだ。これは法廷などで起こりがちだ。裁判官は、陪審員にあらゆる感情をいったん脇に置くように命じる。これによって、陪審員たちは冷静になって評決をくだすことが可能

陽気なテレビには危険がつきものだとアドルノは言う。なにしろ、テレビは世界を遮断し、私たちをステレオタイプと偏見で染めあげ、やがて私たちはそれを自分自身のものとみなすようになりかねない。

となる。だが、アドルノに言わせれば、感情を放棄したところで、知性を放棄したばあい以上により賢明な判断がくだせるわけではない。

情動の最後の痕跡までもが思考から締めだされてしまうと、私たちからは思考すべき対象がいっさい奪われてしまうのだから、知性は「情動の衰退」から恩恵をこうむるという考えは誤っているとアドルノは書いている。こうした理由から、アドルノは、情動をまったく参照することのない知識形式にほかならない科学は、大衆文化と同じく、私たちを非人間化するようにはたらくと考える。

意外なことだが、知性と感情との分断にたいしてアドルノが示す強い関心にはらまれている叡智の正しさを最終的に証明することになるのは、じつは科学者なのかもしれない。1990年代以降、アントニオ・ダマシオのような科学者たちが、情動と大脳の研究を推しすすめて、情動が決断過程をリードするはたらきをする多彩なメカニズムにかかわる証拠を次々に提出している。もし賢明に判断をくだす、あるいはともかくも判断をくだすことを迫られるさいには、私たちには情動と知性の双方が不可欠だ。■

判断の力は、自己の凝集力によってはかられる

テオドール・アドルノ

実存は本質に先だつ
ジャン＝ポール・サルトル
（1905年～1980年）

その哲学的背景

部門
倫理学

手法
実存主義

前史
紀元前4世紀ころ アリストテレスが、「私たちはどう生きるべきか」と問う。

1840年代 セーレン・キルケゴールが、『あれかこれか』を書いて、人生をかたちづくるさいに選択が演じる役割を探究する。

1920年代 マルティン・ハイデガーが、重要なのは、自分の実存にたいする私たち自身の関係だと主張する。

後史
1949年 サルトルの友人にして伴侶となるシモーヌ・ド・ボーヴォワールが、『第二の性』を出版して、サルトルの着想を男女関係の問題に応用する。

古来、人間であるとはどういうことで、ほかのいっさいの存在者から私たちを分かつ特徴はなにかという問いは、哲学者たちの最大の関心事のひとつであった。この問いにたいする哲学者たちのアプローチは、人間の本性ないし人間であるとはどういうことかを示す本質にあたるものがあると頭から想定してかかるものだった。その上で、この人間的本性は時空を超えて固定されていると想定されることにもなった。言いかえるなら、人間であるとはどういうことであるかを示す普遍的な本質があり、その本質はこれまでに実在した、もしくはこれから実在することになる、どの個人のうちにも見いだされうると想定されていたのだ。この見解にしたがうなら、あらゆる人間存在は、

現代世界　269

参照　アリストテレス 56〜63頁 ■ セーレン・キルケゴール 194〜95頁 ■ マルティン・ハイデガー 252〜55頁 ■ シモーヌ・ド・ボーヴォワール 276〜77頁 ■ アルベール・カミュ 284〜85頁

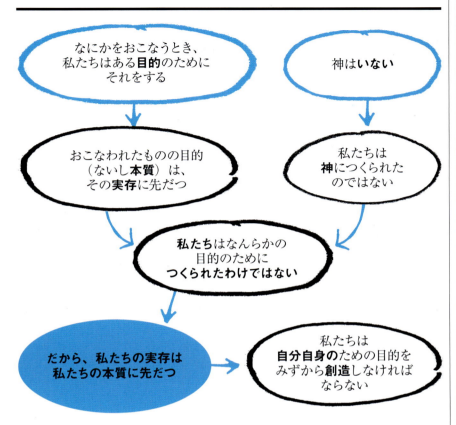

ジャン＝ポール・サルトル

　パリ生まれのサルトルは、父親が亡くなったとき、まだほんの15カ月だった。母親と祖母に育てられたサルトルは、優秀な才能を発揮して、一流校であった高等師範学校に合格した。そこでサルトルは、生涯をともにすることになる同伴者にして後継者である哲学者シモーヌ・ド・ボーヴォワールと出会う。卒業後は教師として働き、1931年にル・アーブルの高等中学校の哲学教師になる。

　第二次世界大戦中は、サルトルは軍隊に召集され、短期間ではあったが捕虜になったこともあった。1941年に解放された後は、レジスタンス運動に合流した。

　1945年以降、サルトルの著作はどんどんと政治色を強め、文学と政治を専門に扱う雑誌『レ・タン・モデルヌ』を創刊する。1964年にはノーベル文学賞を授けられるが、辞退する。サルトルの影響力と人気は大変なもので、1980年にサルトルが亡くなったときの葬儀には5万人以上の人が参列した。

主著

1938年
『嘔吐』
1943年
『存在と無』
1946年
『実存主義はヒューマニズムである』
1960年
『弁証法的理性批判』

環境のちがいにもかかわらず、同一の根本的特徴をそなえており、同一の基本的価値に導かれることになる。だが、サルトルに言わせれば、人間存在についてこんなふうに考えてしまうと、人間のもっとも重要な点、すなわち私たちの自由を取りにがしてしまう恐れがある。

　サルトルはこんな例を提示する。包装を開くために用いられるペーパーナイフがここにあるとしよう。このナイフは、こんな道具をつくろうと考えた職人の手でつくられたものだ。つまり、この職人はペーパーナイフに必要とされるものがなにかということの明確な理解をもっていたはずだ。それは紙を切るのには十分なほど鋭くなければならないが、危険なほどに磨かれている必要はない。使い勝手がよいものとなるためには、鉄であれ竹あるいは木材であれ適切な素材でつくる必要があるが、蠟や羽毛は適切な素材とは言えない。機能的に使える形状も必要だ。サルトルに言わせるなら、ペーパーナイフが、それがどう用いられることになるのかをあらかじめ知っている製作者ぬきで実在することはありえない。つまり、ペーパーナイフの本質、あるいはそれをステーキナイフでも紙飛行機でもなくペーパーナイフたらしめるもののすべては、任意のペーパーナイフが実在するよりも前にあるはずなのだ。

　もちろん、人間は、ペーパーナイフではない。サルトルの考えでは、私たちをいまある存在たらしめる、あらかじめ定められたいかなる計画も存在しない。私たちは、なにか特定の目的のためにつくられたわ

けではない。私たちは実存しているが、ペーパーナイフのばあいのように目的なり本質なりが先行し、結果として実存しているのではなく、実存のほうが私たちの本質に先だっている。

自分自身を定義する

ここから、「実存は本質に先だつ」というサルトルの主張と無神論とのあいだの結びつきが見えてくる。人間本性への問いにたいする宗教的アプローチが、しばしば人間製作者のアナロジーで展開されている点をサルトルは指摘する。つまり、神の心のうちにある人間本性は、ペーパーナイフをつくる職人の心のうちにあるペーパーナイフの本性と類似しているわけだ。サルトルに言わせれば、人間本性にかんする非宗教的な理論の多くですら、依然としてその根を宗教的思考法のうちに置いている。そうした理論は、相変わらず本質が実存に先だつとか、私たちは特定の目的のためにつくられていると主張してやまない。これに比べるなら、サルトルが確保する立場のほうは、実存が本質に先だつと主張することで、サルトル自身の無神論と矛盾なく両立しうる。サルトルの説明にしたがうなら、普遍的に固定されている人間本性などない。なにしろ、そうした本性を前もって設定する神がそもそも存在していない。

ここでサルトルは、あるものの本性をその目的と同一視するきわめて特殊な人間本性についての定義に依拠している。サルトルが拒否するのは、哲学者たちが人間本性の内なる神学と呼ぶ概念だ。それは、私たちが人間的実存の目的ということばで思考しうるものに当たる。だが、私たちは自分の人生に目的を割りあてるべく強いられた存在だと主張することで、サルトルは人間本性の理論にある独特の意味をこめている。すなわち、そうした目的を私たちに帰す神的な力などないにもかかわらず、私たちは自分を定義しなければならないのだ。

だが、自分を定義するとは、人間存在としての自分がなんであるかがわかっている存在者とは無縁のいとなみだ。それは、自分がそうなることを選んだものへ向けてみずからをかたちづくってゆく存在としての人間にかかわる問題だ。この点で私たち人間は、世界中のほかのいかなる存在者からも根本的に区別される。私たちは、なんであれ自分がそうなることを選んだものになってゆくことのできる存在だ。岩はたんに岩であり、カリフラワーはまさにカリフラワーのままであり、ネズミはいつまでたってもネズミだ。だが、人間は能動的に自分をかたちづくってゆく能力をもっている。

サルトルの哲学は、あらかじめ定められている人間本性という足枷から私たちを解放してくれるものであるかぎりで、自由の

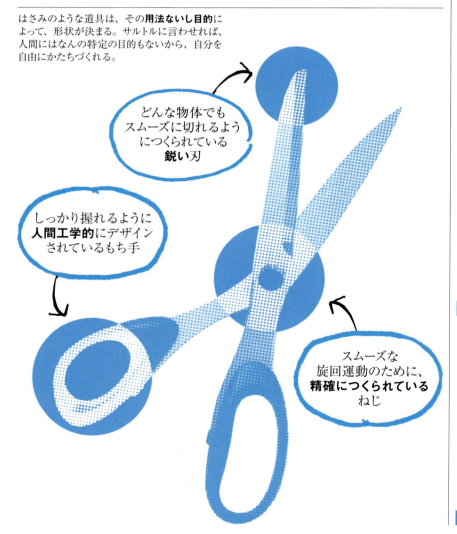

はさみのような道具は、その**用法ないし目的**によって、形状が決まる。サルトルに言わせれば、人間にはなんの特定の目的もないから、自分を自由にかたちづくれる。

どんな物体でもスムーズに切れるようにつくられている**鋭い刃**

しっかり握れるように**人間工学的**にデザインされているもち手

スムーズな旋回運動のために、**精確につくられている**ねじ

> なによりもまず、人間は実存し、不意に出現し、舞台にあらわれ、そのあとになってようやく自分を定義する
> **ジャン゠ポール・サルトル**

私たちには自分の人生をかたちづくる自由があるというサルトルの思想は、大学当局の過酷な権力に反意を表明して、1968年5月にパリの街路を行進した学生たちに多大な影響を与えた。

哲学でもある。私たちには自分をどのようにかたちづくるかを選択する自由があるが、その一方でその都度、制約を受けいれないわけにはゆかない。たとえば、どんなに自分に羽を生やそうとがんばってみても、そうはならない。だが、可能な現実的選択肢の幅のなかにおいてさえ、制約が課されていて、習慣にもとづいた、あるいはこれまでなじんできた自分を見る観点に引きずられて決断をするしかないことに気づかされることもしばしばだ。

サルトルが私たちに求めるのは、習慣的な思考法を打ちやぶって、前もって決められていることのなにもない世界のなかで、生きてゆくことに含意されているいっさいを直視することだ。無意識的な行動パターンに陥るのを避けるには、私たちは絶えずどう行動するかの選択に向きあう必要があるというのがサルトルの考えだ。

責任ある自由

選択をするためには、人生とはどうあるべきだと考えるかについて、自分なりの大枠をつくっておく必要もある。もし哲学者になる決断をしたなら、そう自分で決めたというだけでなく、哲学者になるのが意義ある活動だと自分が考えているということ

> 人間が進んでゆくかぎり、
> 私の関心を惹くのは、
> あるがままの人びとの姿ではなく、
> 彼らがなにになりうるのか
> という点だ
> ジャン＝ポール・サルトル

をも暗に主張しているわけだ。これはつまり自由が、じつは万人にたいして最大の責任を負うことでもあるということだ。私たちは、自分の決断が自分にもたらすインパクトについて責任をもつばかりでなく、それが人類全体にたいしてもつインパクトについても責任を負う。そして、自分の行動を正当化するいかなる外的な原理も規則もないのだから、自分のおこなう選択から逃げることを許してくれるどんな言いわけもありえない。こうしたわけで、サルトルは、私たちは「自由であるという刑に処せられている」と言う。

自由を責任とリンクさせるサルトルの哲学は、悲観主義的だというレッテルを貼られてきたが、サルトルはそうは認めない。じっさい、サルトルの言うところでは、それは可能なかぎりもっとも楽天的な哲学だ。自分の行動が他人に及ぼすインパクトにたいする責任を負わされているとはいっても、世界と自分をどのようにつくってゆくかにかんする支配を行使するかどうかは、私たち自身にかかっているのだ。

サルトルの考えは、とりわけその同伴者であり後継者でもあったシモーヌ・ド・ボーヴォワールの著作に大きな影響を与えた。またそれ以上に、フランス人の文化生活や日常生活にたいしてもはかり知れないほどの影響を与えた。とりわけ若者たちは、自由にもとづいて自身の実存をかたちづくろうというサルトルの呼びかけに刺激された。サルトルに鼓舞されて、若者たちは、1950年代と60年代にフランスを支配していた伝統主義的で権威主義的な体制への反抗を開始した。1968年5月には、サルトルは、保守的な政府を打倒し、フランス中にもっと自由な雰囲気をもたらす先ぶれとなった街頭の反抗者たちに、最大の影響を与えた存在とされた。

政治問題への積極的な関与は、サルトルの生活に欠かせなかった。サルトルは、政治と哲学と文学のあいだを絶えず行き来するばかりでなく、政治的な同盟についてもめまぐるしく変貌をとげたが、そうした態度それ自体がおそらく、実存は本質に先だつという着想に照らしだされた人生を生きるいとなみの証言にほかならなかったのだろう。■

悪の月並みさ
ハンナ・アーレント
(1906年〜1975年)

その哲学的背景

部門
倫理学

手法
実存主義

前史
350年ころ ヒッポの聖アウグスティヌスが、悪はひとつの力ではなく、善性の欠如に由来すると説く。
1200年代 トマス・アクィナスが、『悪にかんする定期討論集』を書いて、ものそれ自体ではなく、なにかの欠如としての悪という観念を探究する。

後史
1971年 アメリカの社会科学者フィリップ・ジンバルドーが、いろいろな意味で評判となった「スタンフォード監獄実験」を指揮する。これは、学生たちを二つのグループに分けて、看守役と囚人役とに割りふると、しだいにその役に過剰にはいりこみ、ふだんならしないような行動に出てしまうことがあるのを証明するものであった。

1961年に、哲学者ハンナ・アーレントは、ホロコーストの立案者のひとりであったアドルフ・アイヒマンの裁判で証言をおこなった。アーレントは、著書『エルサレムのアイヒマン』で、アイヒマンが見たところ「ふつうの存在」だったと書いている。彼女の前にいた被告席の人物は、私たちが想像しがちな怪物に少しも似ていなかった。事実、アイヒマンは、喫茶店にいても道端にいても追いだされることはまずなかっただろう。

判断の錯誤

裁判で証言した後、悪は悪意に由来するのでも、悪いふるまいをする喜びに起因するのでもないとアーレントは結論する。それに代えてアーレントは、人びとがそうふるまう理由は、思考や判断における過ちを犯しているからだと示唆する。抑圧的な政治システムによって、そうした過ちへ陥る私たちの傾向が促進され、ふだんなら「考えられない」ような行為が当たりまえに思えてしまうことがありうる。

悪は月並みだと考えたからといって、悪しき行為からそのおぞましさが取りのぞかれるわけではない。それどころか、

アイヒマンが恐るべき犯罪にかかわったのは、ユダヤ共同体にたいする憎悪からではなく、与えられた指令に、その結果を顧みることなく、十分に考えもしないでしたがったことに起因するのではないかとアーレントは示唆する。

恐るべき行為にかかわった人間を「怪物」扱いするのをやめたなら、そうした行為は日常生活に近いものと化してしまい、どれほどの悪が私たちになされうるようになるかを考察するよう私たちは強いられる。アーレントに言わせれば、私たちは政治機構の過誤と、私たち自身の思考や判断のなかに潜むかもしれない誤りから身を守る必要がある。■

参照 ヒッポの聖アウグスティヌス 72〜73頁 ■ トマス・アクィナス 88〜95頁 ■ テオドール・アドルノ 266〜67頁

現代世界 273

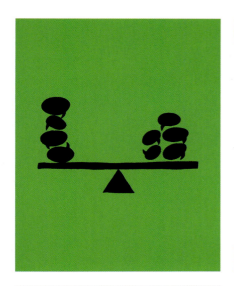

理性は言語に宿る
エマニュエル・レヴィナス
(1906年〜1995年)

その哲学的背景

部門
倫理学

手法
現象学

前史
1920年代 エドムント・フッサールが、現象学的観点から私たちと他者との関係を考察する。
1920年代 オーストリアの哲学者マルティン・ブーバーが、意味は私たちと他者との関係から生じると主張する。

後史
1960年以降 対人関係にかんするレヴィナスの業績が、リュス・イリガライやジュリア・クリステヴァといったフランスのフェミニスト哲学者たちの思想に影響を与える。
1970年以降 責任にかんするレヴィナスの思想が、心理療法に影響を与える。
2001年 ジャック・デリダが、政治的亡命のような人道的問題にかんして責任を問題にする。

レヴィナスの思想を理解するには、具体例をみるのが一番だ。寒い冬の夜に路上で仕事していると戸口に身体を丸めた乞食にでくわしたとしよう。その乞食は別に物もらいに来ているわけでもない。だがあなたは、この見知らぬ者の求めになんとか応えなければという思いを抑えられなくなるのではないか。もちろん、この者を無視するという選択肢もありうる。だが、そうするばあいでさえ、あなたにたいしてなにごとかが、これがあなたの助けを必要としている人間だという事実が伝達(コミュニケート)されてしまっている。

不可避のコミュニケーション

レヴィナスはホロコーストを生きのびたユダヤ系リトアニア人だ。『全体性と無限』(1961年)のなかでは、理性は言語に住まうと書かれているが、この著作では、じっさいに会話をはじめる前から私たちが他者とコミュニケートしてしまっているその過程こそが「言語」であることが探究されている。他者の顔を見るときには、それが他者であり、それらの顔にたいして私には責任があるという事実が、即座に伝達されてくる。この責任に背を向けることも可能だが、それから逃れることはできない。だからこそ、理性は私たちが他者とのあいだにとりむすぶ対面(フェイス・トゥ・フェイス)の関係から生じるのだ。その理由は、私たちが自分の行動の正当化を申しでなければならないという他者からの要求に直面させられているからだ。もし自分の小銭を乞食に与えないとしても、あなたはその行動を自分で正当化せずにはいられないだろう。■

私たちの暮らしのなかで、他者との出会いほどに私たちの意識をかき乱すものは**ない**。他者とは、ただそこにいるだけで、私たちに呼びかけ、私たち自身についての釈明を迫ってくる存在だ。

参照 エドムント・フッサール 224〜25頁 ■ ロラン・バルト 290〜91頁 ■ リュス・イリガライ 324頁 ■ エレーヌ・シクスー 326頁 ■ ジュリア・クリステヴァ 328頁

世界を見るために、私たちは世界の慣れしたしんだ受容を断ちきらなければならない
モーリス・メルロ＝ポンティ（1908年～1961年）

その哲学的背景

部門
認識論

手法
現象学

前史
紀元前4世紀 アリストテレスが、哲学は驚きの感覚とともにはじまると主張する。
1641年 ルネ・デカルトの『省察』が、のちにメルロ＝ポンティによって拒絶されることになる心身二元論のスタイルを確立する。
1900年代初頭 エドムント・フッサールが、学派としての現象学を創設する。
1927年 マルティン・ハイデガーが、メルロ＝ポンティに多大な影響を与えることになる著作『存在と時間』を執筆する。

後史
1979年 ヒューバート・ドレイフュスが、ハイデガー、ウィトゲンシュタインおよびメルロ＝ポンティの著作に依拠して、人工知能とロボット工学によって生じた哲学的問題を探究する。

哲学は世界に驚きを感じる私たちの能力とともにはじまるという考えは、古代ギリシアにまで遡る。ふつう私たちは日常生活を当たりまえとみなしているが、アリストテレスは、もし世界をより深く理解したいのなら、事物の日常的な受けいれかたをいったん脇へ置く必要があると主張した。この行為がもっとも難しいと感じられるのは、ほかでもない日常経験の領域だ。直接知覚という事実以上に当てにできるものがあるだろうか。

フランスの哲学者メルロ＝ポンティは、私たちの世界経験を綿密に考察し、私たちの日常的な思いこみに問いかけることを重視した。この結果メルロ＝ポンティは、20世紀初頭にエドムント・フッサールが開拓した哲学的アプローチである現象学の伝統に惹きつけられた。フッサールが望んだのは、一人称の経験にかんするいっさいの思いこみを脇に置いて、一人称の経験を

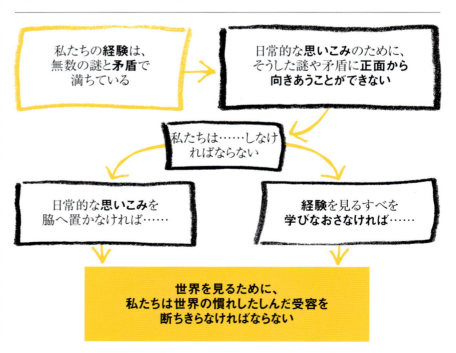

参照　アリストテレス 56〜63頁 ■ エドムント・フッサール 224〜25頁 ■ ルートヴィヒ・ウィトゲンシュタイン 246〜51頁 ■ マルティン・ハイデガー 252〜55頁 ■ ジャン=ポール・サルトル 268〜71頁

現代世界　275

> 人間は世界内に存在し、世界内においてのみ、おのれを知る
>
> モーリス・メルロ=ポンティ

組織的に検討することであった。

身体−主体

メルロ=ポンティはフッサールのアプローチを受けいれるが、ひとつだけ重要な変更をくわえる。私たちの経験の核となる部分、すなわち経験を構成するものには心的経験のみならず身体経験もふくまれているという事実を、フッサールは見すごしていた。メルロ=ポンティは、主著『知覚の現象学』のなかで、この考えを推しすすめて、精神と身体は異なった実体ではないという結論――これは、デカルトによって擁護された長い哲学的伝統とは矛盾する思想だ――にいたりついた。メルロ=ポンティに言わせるなら、私たちの思想と知覚はともに身体化されており、世界も意識も身体もすべてただひとつのシステムの部分だと考えなければならない。デカルトによって非身体化された精神に代わるものとしてメルロ=ポンティが提出するのが、言うところの身体−主体だ。言いかえるなら、メルロ=ポンティは、世界は精神と物体という異なる二つの実体からなるという二元論の見解を退けたのだ。

認知科学

メルロ=ポンティが求めたのは世界を新しい眼で見ることであったわけだから、異常な経験の事例に関心を示すのも当然だ。たとえば、メルロ=ポンティの考えでは、幻影肢の現象（患者が失われた四肢がまだあるという「感覚」をもつというもの）は、身体が機械と同一視できないことを示す例だ。もしそうでないとしたら、身体が失われた部分を思いおこすことなどありえない。だが、その部分は主体にたいしては依然として存在している。なにしろ、四肢はつねに主体の意志によって繋ぎとめられているのだ。言いかえるなら、身体とは「たんなる」物体ではなく、いつでも「生きられる」主体なのだ。

経験における身体の役割に示す関心と、精神が根本において身体化されているという精神の本性にたいするメルロ=ポンティの洞察とは、認知科学者たちのあいだにメルロ=ポンティの著作にたいする関心をあらためて呼びさました。認知科学の領域における近年の多くの成果は、ひとたび世界の日常的な受けいれが断ちきられると、経験はまったく奇妙なものとなってしまうというメルロ=ポンティの着想に依拠しているように思われる。■

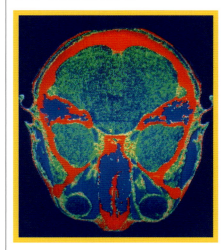

大脳のMRI画像は、生命を救うのに必要な情報を医師に提供する。だが、メルロ=ポンティに言わせるなら、物理的な情報をどれほど集めても、経験の完璧な説明にはなりえない。

モーリス・メルロ=ポンティ

モーリス・メルロ=ポンティは、1908年にフランスのロシュフォール・シュル・メールで生まれた。高等師範学校に進み、そこでジャン=ポール・サルトルおよびシモーヌ・ド・ボーヴォワールと知りあう。1930年に哲学の学士号を取得し卒業する。いくつかの学校で教師として勤務したのち、第二次世界大戦中は歩兵隊に所属する。主著である『知覚の現象学』は1945年に公刊されたが、そののちメルロ=ポンティはリヨン大学で教壇に立った。

メルロ=ポンティの関心は、哲学にとどまらず、教育学や児童心理学といった主題にまでおよんだ。『レ・タン・モデルヌ』誌の常連寄稿者でもあった。1952年に、コレージュ・ド・フランスの哲学教授に最年少で選出され、1961年に53歳で亡くなるまでその地位にあった。

主著

1942年
『行動の構造』
1945年
『知覚の現象学』
1964年
『見えるものと見えないもの』

男は人間として定義され、女は女性として定義される
シモーヌ・ド・ボーヴォワール
(1908年〜1986年)

その哲学的背景

部門
倫理学

手法
フェミニズム

前史
紀元前350年ころ アリストテレスが、「女性が女性であるのは、ある種の性質を欠いているという美徳ゆえのことだ」と書く。
1792年 メアリ・ウルストンクラフトが、性の平等を著した『女性の権利の弁護』を刊行する。
1920年代 マルティン・ハイデガーが、実存主義のさきがけとなる「実存の哲学」を提唱する。
1940年代 ジャン＝ポール・サルトルが、「実存は本質に先だつ」と主張する。

後史
1970年代 リュス・イリガライが、性差にはらまれる哲学的含意を探究する。
1980年以降 ジュリア・クリステヴァが、ボーヴォワールによって特徴づけられた「男性」と「女性」という概念をこわす。

フランスの哲学者シモーヌ・ド・ボーヴォワールは、『第二の性』で、歴史をつうじて、哲学においても社会全般においても、私たちが人間をどうみなすかの基準は特殊男性的な観点であったと書いている。哲学者のなかには、アリストテレスのように全人間性をあからさまに男性性と等置する者も少なくない。そこまで言わない哲学者もいるが、そのばあいでも人間性がはかられるべき尺度とされるのは男性性であった。だからこそ、ボーヴォワールは、哲学的知識の自己（「私」）が男性とされ、その結果、男性の対のかたわれたる女性は余分なものとみなされてきたのは重大な過失だと考える。この意味での女性をボーヴォワールは「他者」と呼ぶ。自己が能動的で知る主体であるのにたいして、他者は自己が拒絶するいっさいであり、つまりは受動性だ。

ボーヴォワールは、女性が同等に扱われるのは、男性のようであるばあいでしかないという点にも考慮をはらう。ボーヴォワールによれば、これまで女性が対等に扱われるようになるために論じてきた者でさえ、平等とは女性が男性と同じになり同じことができるようになることだと当たりまえ

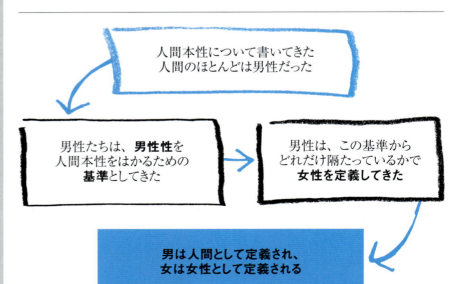

現代世界　277

参照　メアリ・ウルストンクラフト 175 頁 ■ ジャン＝ポール・サルトル 268〜71 頁 ■ リュス・イリガライ 324 頁 ■ エレーヌ・シクスー 326 頁 ■ アレクサンドリアのヒュパティア 337 頁 ■ マーサ・ヌスバウム 347 頁

> 世界の表象は、男性の仕事だ。男性は自分自身の視点から世界を描きだしている
> シモーヌ・ド・ボーヴォワール

のように考えている。女性と男性がもともと異なった存在であることに眼を向けていない点で、この発想は誤っているとボーヴォワールは主張する。彼女の哲学的背景には、事物が私たちの経験にどうあらわれるかを研究する立場である現象学があった。この見解では、だれもが、自分の意識という枠内で世界を構成しているという観点が堅持されている。私たちは、自分の経験の流れのなかで事物と意味とを構成している。だから、ボーヴォワールは、哲学そのものにたいしても同じだが、私たちがみずからの身体や他者や世界と取りむすぶ関係は、自分が男性であるか女性であるかに強く左右されると主張する。

実存主義的フェミニズム

　ボーヴォワールは、私たちはなんの目的ももたずに生まれ、なにになるのかをみずから選択し、自分にふさわしい真の実存をかちとらなければならないと考える点で、実存主義者でもある。ボーヴォワールが私たちに強く求めるのは、私たちに生まれつきそなわっている生物学的な実体――私たちの身体――を、その上に課される社会的な構築物――たとえば、女らしさといった――から分離することだ。いかなる構築物にも変化や解釈の余地が残されている以上、ボーヴォワールのこの提案が意味しているのは、「女性であること」には多様なありかたがあり、そこに

実存的選択の可能性があるということだ。『第二の性』の序文で、ボーヴォワールは、こうした可変性を社会が自覚する必要を述べている。「私たちは、女性であることを、女性でありつづけることを、女性になることを強く求められている。そのばあいにあきらかになるのは、生物学的な意味で女性であるすべての存在が必ずしも社会的な意味での女性であるとはかぎらないということだ」。ボーヴォワールは、のちにこの立場を明確にする。「ひとは女性に生まれるのではなく、女性になるのだ」。

　ボーヴォワールに言わせれば、女性は、男性のようでなければという観念からも、社会から押しつけられる受動的なありかたからも自由でなければならない。真に本来的実存を生きることには、社会から手渡された役割を受けいれて生きるよりもはるかに困難がともなうが、これこそが平等と自由へつうじる唯一の道だ。■

母親、妻、処女、自然の象徴などといった女性にまつわる**多くの神話**は、女性を現実にはありえない理想のうちに置いた。その一方で、女性の個人的な自己も立場も否定される始末だ。

シモーヌ・ド・ボーヴォワール

　実存主義哲学者シモーヌ・ド・ボーヴォワールは、1908 年にパリで生まれる。ソルボンヌで哲学を学び、そこで出会ったジャン＝ポール・サルトルと生涯にわたる関係をむすぶ。哲学者でもあれば文学賞を授与された作家でもあったボーヴォワールは、『招かれた女』、『レ・マンダラン』といったフィクションのスタイルで、哲学的主題を探究することがあった。

　ボーヴォワールのもっとも有名な作品『第二の性』は、フェミニスト的観念への実存主義的アプローチをあらわしている。当初こそ、右派からも左派からもけなされ、またヴァチカンの発禁図書リストにくわえられたりしたものの、この本は 20 世紀でもっとも重要なフェミニストの著作となった。

　ボーヴォワールは多作家で、そのなかには旅行書や回想録、4 巻からなる自伝、生涯をつうじて執筆された複数の政治評論などがふくまれている。78 歳で亡くなり、モンパルナスの共同墓地に埋葬された。

主著

1944 年
『ピリュウスとシネアス』
1947 年
『両義性のモラルについて』
1949 年
『第二の性』
1954 年
『レ・マンダラン』

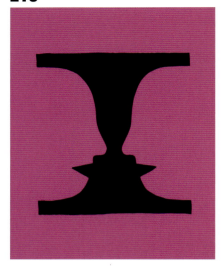

言語は社会的技術だ
ウィラード・ヴァン・オーマン・クワイン
（1908年〜2000年）

その哲学的背景

部門
言語哲学

手法
分析哲学

前史
紀元前400年ころ　プラトンが『クラテュロス』のなかで、ことばとものの関係を考察する。
19世紀　セーレン・キルケゴールが、哲学にとっての言語研究の重要性を強調する。
1950年代　ルートヴィヒ・ウィトゲンシュタインが、私的言語は存在しないと主張する。

後史
1980年代　リチャード・ローティが、知識は現実の表象というよりは「規約」のようなものだと示唆する。
1990年代　クワインのかつての生徒であったダニエル・デネットが、『解明される意識』のなかで、意味も内的経験も社会的行為としてのみ理解可能だと主張する。

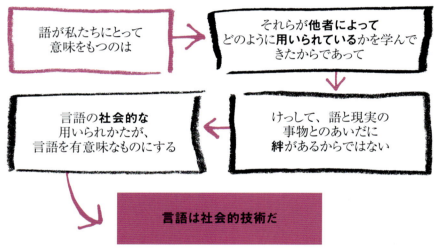

語が私たちにとって意味をもつのは → それらが他者によってどのように用いられているかを学んできたからであって → けっして、語と現実の事物とのあいだに**絆**があるからではない → 言語の**社会的な**用いられかたが、言語を有意味なものにする → **言語は社会的技術だ**

哲学者のなかには、言語はことばとものの関係にかかわると主張するひとが少なくない。だが、クワインはこれに同意しない。言語は、対象と言語的意味との関係にではなく、なにを語るべきか、そしてそれをいつ語るべきかの知にかかわる。クワインが1968年の論文「存在論的相対性」で述べるところによれば、言語は社会的技術なのだ。

クワインは、ある思考実験を示唆する。私たちの知らない言語を話す人びと——たぶん異国の先住民だろう——と出会ったとしよう。彼らと一緒に座っているときに、1匹の兎があらわれ、彼らのひとりが「ガヴァガイ」と言ったとする。このできごと——つまり兎の出現——と先住民が「ガヴァガイ」と言ったという事実には関係があるのかと私たちは疑問に思う。ときの経過のなかで、兎があらわれるたびに、だれかが「ガヴァガイ」と言うのに私たちは気づく。そこから私たちは、「ガヴァガイ」は兎と訳してかまわないと結論する。だが、こう想定した上でクワインは、「ガヴァガイ」がその事物のあらゆるありかたを意味すると思いこむのはまちがってはいないかと問う。それは、「さあ、食事だ」という意味かもしれないし、「気をつけろ、ふわふわしたやつだ」という意味かもしれな

現代世界 **279**

参照　プラトン 50 〜 55 頁 ■ セーレン・キルケゴール 194 〜 95 頁 ■ フェルディナン・ド・ソシュール 223 頁 ■ ルートヴィヒ・ウィトゲンシュタイン 246 〜 51 頁 ■ ロラン・バルト 290 〜 91 頁 ■ ダニエル・デネット 329 頁

い。もし「ガヴァガイ」の意味を決定したいなら、別の方法を試すよりない。ほかのふわふわした生きもの（あるいは、食卓上の別のもの）を指さして、「ガヴァガイ」と発話したときに同意されるか否定されるかをみる必要がある。だが、かりに私たちが「ガヴァガイ」という音声が発話されるあらゆる状況にいあわせて、みずから「兎」という音声を発することのできる状況にいたとしても、私たちには、これが適切な翻訳になっているのかどうか確信できない。「ガヴァガイ」は、「兎の部位の総体」かもしれないし、「森に住む兎」あるいは「兎もしくは野兎」かもしれない。さらには、兎の姿が見かけられたばあいに発さなければならない短い祈りのことばかもしれない。

確定な言語

こうして、この「ガヴァガイ」の正確な意味を確定しようとするなかで、解決は簡単だ、すなわち情報提供者の言語を丸ごと学べばよいのであって、そうすれば確信をもってこの語が用いられる文脈を理解できると、私たちは考えるかもしれない。だが、こうした考えは、問題をいっそう複雑にするだけだ。なにしろ、「ガヴァガイ」の意味を説明するために用いられるほかの

クワインによれば、**語には固定的な意味などない。**「兎」という語が発話されるとき、それはさまざまなもののひとつを意味しうるのであって、そのうちのどの意味であるかは、その語が発せられる文脈に左右される。

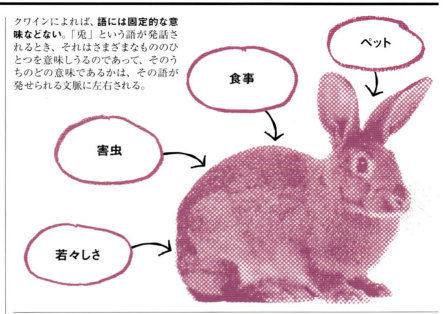

単語が正確にはなんと翻訳されるのかについて、そもそも私たちはなにも確信できていない。

クワインによれば、ここに示されている問題は「翻訳の不確定性」と言うべきものだが、そこにはさらに事態を紛糾させる含意がある。すなわち、つまるところ語には意味などおそらくない。だれかが「ガヴァ

ガイ」と発語したときに、この発語が意味のある発言として受けとめられるとしても、それは語と思想との神秘的な結びつきによって支えられているわけではなく、私たちの行動のパターンによって、つまりは、私たちが言語を社会的技術として用いるべきだと学んできたという事実によって、可能となっている。■

ウィラード・ヴァン・オーマン・クワイン

1908 年にアメリカのオハイオ州で生まれたクワインは、論理哲学者にして数学者でもあったアルフレッド・ノース・ホワイトヘッドの指導下にハーヴァード大学で学ぶ。そこで、のちにクワインの思想に深い影響をもたらすことになるバートランド・ラッセルとも出会う。1932 年に哲学博士号を取得したのち、ヨーロッパ中を旅してまわり、ウィーン学団のメンバーをふくむ多くの優秀な哲学者たちの知遇を得る。

ハーヴァード大学にもどって教職についた後、クワインの哲学的キャリアは、第二次世界大戦によって中断され、その間 4 年のあいだアメリカ海軍諜報部で暗号解読にたずさわった。旅行好きだったクワインは、受賞歴やフェローシップの数よりも 118 もの国を訪れたという事実で、つとに知られている。1956 年にハーヴァード大学の哲学科教授となり、2000 年に 92 歳で亡くなるまで教壇に立った。

主著

1952 年　『論理学の方法』
1953 年　『論理学的観点から』
1960 年　『ことばと対象』
1990 年　『真理を追って』

自由にたいする根源的感覚は、鎖からの自由だ
アイザイア・バーリン
(1909年〜1997年)

その哲学的背景

部門
倫理学

手法
分析哲学

前史
1651年 トマス・ホッブズが、その『リヴァイアサン』のなかで、自由と国家権力のあいだの関係を検討する。
1844年 セーレン・キルケゴールが、道徳的決断をくだす私たちの自由が不幸の主な原因だと論じる。
1859年 ジョン・スチュアート・ミルが、その『自由論』のなかで、強制からの自由と行為する自由とを区別する。
1941年 精神分析学者エーリッヒ・フロムが、その『自由からの逃走』のなかで、積極的自由と消極的自由を探究する。

後史
今日 新たな監視テクノロジーの発展が、自由の本性についての新たな問題を提起する。

自由には積極的な自由と消極的な自由がある

↓　　　　　　　　　　　　　↓

積極的自由とは、私たちは自分の将来を決めることについても、自分のゴールを選ぶことにかんしても自由だということだ

消極的自由とは、私たちは外的な拘束からも、支配や「鎖」からも自由だということだ

↓　　　　　　　　　　　　　↓

だが、私たちの個人的ゴールは、ときに他人のそれと**対立**したり、他人の**支配**につうじたりする　→　自分の積極的自由が他人の消極的自由への**干渉**になりかねないとき、それは抑圧となる

自由にたいする根源的感覚は、鎖からの自由だ

　自由であるとはどういう意味か。これこそ、イギリスの哲学者アイザイア・バーリンが、1959年の論文「自由の二概念」で探究した問いだ。そのなかで、バーリンは、「積極的」自由と「消極的」自由を区別した。この区別をはじめて認めたのがバーリンだというわけではないが、バーリンがこの二つを区別するやりかたはきわめて独創的で、これによって私たちの日常的な概念としての自由にはらまれている不整合性が暴露された。

　バーリンの考えでは、「消極的」自由とは自由の「根源的な感覚」だ。その典型が外的な拘束からの自由だ。たとえば私

参照 ジャン＝ジャック・ルソー 154〜59頁 ■ ジョン・スチュアート・ミル 190〜93頁 ■ セーレン・キルケゴール 194〜95頁 ■ カール・マルクス 196〜203頁 ■ ジャン＝ポール・サルトル 268〜71頁

ソ連のプロパガンダは、労働者を資本主義から解放された存在として描いた。だが、資本主義のがわからすると、そのイメージは積極的自由にたいする消極的自由の凱歌を示している。

が自由なのは、岩に鎖でつながれていないからであり、牢獄にとらわれていないからだ。これはほかのなにかからの自由だ。だが、バーリンに言わせれば、自由について語るとき、私たちはこれよりもはるかに微妙な事態を考えている。すなわち自由は、自己決定にかかわることがらでもある。それは、自分に固有のことを希望したり、意図したり、目標としたりする一個の人格としての人間にかかわる。この「積極的な」自由は、自分自身の運命を制御することにかかわる。私が自由でないのは、自宅のドアというドアに鍵がかけられていないからだ。そしてこの積極的自由は、全面的に個人的なものというわけではない。というのも自己決定は集団や国家のレベルでも望まれることがありうるからだ。

問題は、これら二つの自由の形態が衝突しうるという点にある。たとえば、チューバの演奏方法を学ぶさいの自由を考えてみよう。初心者である私には、自分の演奏能力のまずさと格闘するくらいしかできない。だが最後には、私は心からの喜びをもって好きに演奏できるようになるだろう。あるいは、人びとが頻繁に「積極的」自由を行使する場面として、特定の政党に投票するケースが考えられる。そのさい「消極的」自由のほうは、その政党が権力の座についたときには制約されることになるという場面が考えられる。

人生のゴール

バーリンは、さらに別の問題も指摘する。「積極的」自由にふさわしいゴールがどのようなものであるのかをだれが言えるというのか。権威主義的統治体制や全体主義的統治体制は、しばしば人生の目標についての柔軟性を欠いた見解を掲げ、自分たちの考える人間的幸福の理想を最大限にするために「消極的」自由に制約を課すことを厭わない。じっさい、人生の目標はなにかといった抽象的な観念は、その観念を現実化しようとする国家からの介入を招いた挙句、政治的抑圧がひきおこされることも稀ではない。

この点にかんするバーリンの解答は、二面的だ。第一に、私たちが望む自由は1種類ではなく、いつでもそれらのあいだで対立する関係にあることをわきまえる必要がある。そもそも、「人生のゴール」といったものはない。あるのは特定の個々人の望むゴールだけだ。バーリンに言わせれば、道徳の普遍的基盤を探しもとめる哲学者たちはこの事実にたいして人びとの眼を曇らせてきた。だが、そうした哲学者たちは「正しい行為」と人生の目標とを混同している。第二に、私たちは「障壁や支配」の不在としての自由にたいする根源的な感覚をつねにはたらかせておかなければならない。そうであってはじめて、私たちは自分の理想を自分ならびに他者にとっての鎖に変えないでいられるのだ。■

アイザイア・バーリン

アイザイア・バーリンは、1909年にラトヴィアのリガで生まれた。人生の前半を帝政ロシアの体制下ですごし、ついでその支配体制は新しい共産主義国家に変わった。だが、反ユダヤ主義の台頭、さらにソヴィエト統治の問題もあって、一家は1921年にイギリスへ移住した。

バーリンはオクスフォード大学では傑出した学生で、卒業後も講師として残った。バーリンは、芸術や文学から政治まで多方面に関心を寄せた哲学者であった。1958年にオクスフォード大学でおこなわれた講演をもとにした論文「二つの自由概念」は、20世紀の政治理論の古典のひとつと目される。自由主義の代表的な学者のひとりとして、エラスムス賞を受賞した。

主著

1953年
『ハリネズミと狐――『戦争と平和』の歴史哲学』

1969年
『自由論』

1990年
『人類のねじれた木――理念の歴史にかかわる諸章』

2000年
『理念の力』

2006年
『ロマン主義時代における政治理念』

山のように考えよう
アルネ・ネス
(1912年〜2009年)

その哲学的背景

部門
倫理学

手法
環境哲学

前史
1660年ころ ベネディクトゥス・スピノザが、神の外延として自然を考えるという自身の哲学を展開する。
1949年 アルド・レオポルドの『野生のうたが聞こえる』が、刊行される。
1959年 イギリスの科学者ジェームズ・ラヴロックが、その「ガイア仮説」を提唱し、単一の自己制御システムとして自然界を探究する。
1962年 アメリカの生態学者レイチェル・カーソンが、『沈黙の春』を刊行し、ネスの思想に多大な影響を与える。

後史
1984年 禅の導師にして教師でもある老師ロバート・ベーカー・エイトケンが、ディープ・エコロジーに、日本の仏教哲学者道元の思想を結びつける。

山のように考えようという命令形は、「ディープ・エコロジー」（全面的生態保護運動）という考えかたと密接に結びついているが、これは1973年にノルウェーの哲学者にして環境運動家アルネ・ネスによって案出されたものだ。ネスはこのことばを、もし環境の破局的状況を避けたいなら、私たちは自分たちも自然の一部であって、自然から分離されていないということをまず認識する必要があるという考えを強調するために用いた。だが、その起源は、1949年、アメリカの生態学者アルド・レオポルドの『野生のうたが聞こえる』にまで遡る。20世紀初頭に、ニューメキシコで森林監査官をしていたレオポルドは、山の斜面で雌狼を撃った。「私たちが年老いた狼に出会ったのは、死にゆくその狼の眼のなかで、緑が激しく燃えているのを見ていたときだった」とレオポルドは書いた。「そのとき気づいた。というかずっと前からわかっていたんだ。その眼のなかにはなにか新しいものがあった。あの狼と山にしかわからないなにかが……」。この体験をきっかけに、レオポルドは、私たちは山のように考えなければならず、そのさい自分や同胞たる人間の欲望のみならず、自然界全体のそれをもきちんと知らねばならないという考えに行き

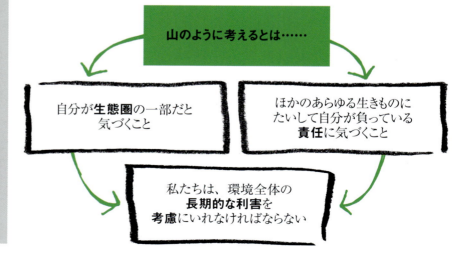

現代世界 283

参照　老子 24～25 頁　■　ベネディクトゥス・スピノザ 126～29 頁　■　フリードリヒ・シェリング 341 頁

> 未来を考えることは、
> 自然にたいする義務だ
> アルネ・ネス

ついた。レオポルドが示唆するのは、私たちが、直接的な恩恵にかまけるあまり、自分たちの行為が先々どれほどの影響をもたらすかという点を見逃がしているということだ。「山のように考える」とは、どこまでも広がる環境と一体化し、それが私たちの生活のなかで果たす役割に気づくことだ。

自然と調和する

ネスは、みずから「ディープ・エコロジー」を提唱することで、レオポルドの考えを引きつぐ。ネスに言わせれば、レオポルドが指摘した事態を変えてゆこうとするだけでは、私たちになしうるのは環境から身を守ることくらいだ。さらに進んで、自分たちも生命領域全体の一部だとみなす視点にまで到達しなければならない。世界にたいして超絶した態度で臨むのではなく、自分たちの住まう世界を構成するあらゆる要素に内在する価値に感謝しつつ、自身の居場所をも自然のうちに見いだす必要がある。

ネスは、「生態学的自己」という考えを導入するが、これは「全生物がおりなすずっと広範な共同体」にたいする私たち自身の関係に気づくという自己感覚を意味する。ネスの言うところでは、自分と世界との同一視を、狼や蛙や蜘蛛に、さらには山にまで拡張するなら、もっと喜びにあふれた有意義な人生が見えてくる。

ネスの「ディープ・エコロジー」は、環境哲学と環境保護活動の発展に深甚な影響をもたらした。都会に住む人びとにとっては、「生態学的自己」とつながるのは困難という以上に無理なことに感じられるだろう。だが、それは不可能ではない。禅の導師ロバート・ベーカー・エイトケンが 1984 年に書いたように、「山のように考えられれば、黒熊のようにだって考えられる。そうなれば、蜂蜜が毛に滴りおちることも、仕事に行くためにバスに乗ることと大差なくなる」。■

ネスの考えでは、**自然界**は、私たちが自身の利益のために管理したり操作したりしてよい対象ではない。よく生きるとは、環境を構成するあらゆる要素と同等なものとして生きることだ。

アルネ・ネス

20 世紀ノルウェーの主導的哲学者として広く知られているアルネ・ネスは、27 歳という若さでオスロ大学の正教授となった。ネスは山岳家としても知られており、1950 年には北パキスタンのティリチ・ミール山の登頂に成功している。

自然界についての思索を積極的に展開し、環境問題にたいする直接行動に参加するようになったのは、1970 年に教職を退いたのちのことであった。同じ 70 年、ノルウェーにあるマーダルスの滝に突きでた岩に自分を縛りつけて、近くのダム建設に抗議した。1988 年にノルウェーグリーンピースの議長に選出され、2005 年にはナイト勲位を授与された。

主著

1968 年　『懐疑主義』
1974 年　『ディープ・エコロジーとはなにか――エコロジー・共同体・ライフスタイル』
1988 年　『山のように考えよう』（ジョン・シード、パット・フレミング、ジョアンナ・マーシーとの共著）
2002 年　『人生の哲学――深層世界における理性と感情』

人生に意味などなければ、人生はずっと生きやすくなるだろう
アルベール・カミュ（1913年～1960年）

その哲学的背景

部門
認識論

手法
実存主義

前史
1843年 セーレン・キルケゴールが、その著書『恐れとおののき』のなかで、不条理という観念を探究する。
1864年 ロシアの作家フョードル・ドストエフスキーが、実存主義的主題を扱った『地下室の手記』を発表する。
1901年 フリードリヒ・ニーチェが、『権力への意志』のなかで、「私たちの実存（行為・苦痛・喜び・感情）にはなんの意味もない」と書く。
1927年 マルティン・ハイデガーの『存在と時間』が、実存主義哲学発展のための土台をすえる。

後史
1971年 哲学者トマス・ネーゲルが、不条理は私たちのなかにある矛盾から生じると論じる。

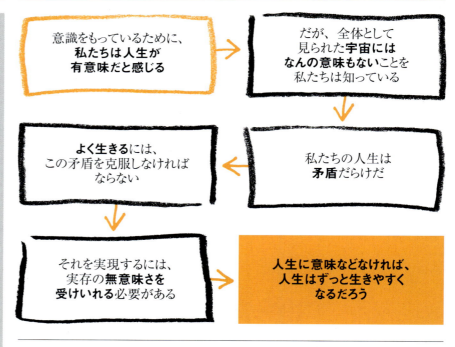

哲学者の課題は、人生の意味を探究することにあると考える人びとがいる。だが、フランスの哲学者にして小説家アルベール・カミュは、哲学がなすべきなのはその逆に、人生にはもともと意味などないと認識することだと考えた。一見したところでは、これは悲観的な見解のように思われるかもしれないが、この考えを受けいれることによってのみ私たちは充実した人生を送れるようになるとカミュは言う。

カミュのこうした考えは、そのエッセイ『シーシュポスの神話』で表明された。シーシュポスとは、ギリシアの王様だが、神の意志に逆らったために、冥界に落とされ恐ろしい目にあう。彼の課題は巨大な岩を山頂まで押しあげるというものだが、山頂についた瞬間に岩は底まで転がりおちる。そこでシーシュポスは、重い足どりで底まで降りていって、ふたたび自分の課題を開始

参照　セーレン・キルケゴール 194～95頁　■　フリードリヒ・ニーチェ 214～21頁　■　マルティン・ハイデガー 252～55頁　■　ジャン＝ポール・サルトル 268～71頁

現代世界　285

シーシュポスは、無限に岩を上へ押しあげつづけるという罪を科せられた。だが、カミュの考えでは、そんなどうしようもない状況においても、終わることのない課題がそもそも無意味なものであることを受けいれられたなら、シーシュポスは自由を見いだせたかもしれない。

しなければならない。これが永遠に繰りかえされる。カミュがこの神話に魅了された理由は、そこに人生の無意味さと不条理さとがみごとにとらえられているからだ。カミュには、人生とは本質的に無意味な課題を遂行しようしていとなまれる終わりなき格闘だと思われたのだ。

カミュには、私たちのおこないの大半がそれなりに意味をもつものであることは、もちろんわかっている。彼が言おうとしているのは、はるかに微妙な点だ。一方で、私たちは自分の人生が有意味だと思えないことには生きてゆけない意識的存在者だ。他方で、その意味なるものは世界のどこにも実在しない。私たちの心のなかだけにある。全体としての世界には、なんの意味も目的もない。世界はただあるだけだ。だが、ほかの生きものとはちがって、意識をもっているため、私たちはいたるところに意味や目的を見いだしてしまわずにはいられない。

不条理を認識すること

カミュの考えでは、不条理は、自分が人生に与える意味が意識の外部にはないことに気づいたときに湧きあがってくる感情だ。それは、人生の意味を求める私たちの感受性と、その一方で全体としての宇宙に意味などないとわかってしまっていることとの矛盾の結果だ。

カミュが探究するのは、この矛盾があからさまになった状態で生きるとは、なにを意味するのかということだ。カミュに言わ

高みをめざす闘いは、
人間の心を満たすのに
十分なものだ
アルベール・カミュ

せれば、人生が無意味で不条理だということをまず受けいれたときにはじめて、十全に生きる可能性も開かれる。不条理を受けいれることではじめて、私たちの人生は宇宙の無意味さにたいする絶えざる反抗となり、自由に生きられるようにもなるのだ。

この考えは、のちに哲学者トマス・ネーゲルによってさらに展開された。ネーゲルに言わせるなら、人生の不条理は意識の本性に根をもつ。なにしろ、どれほど人生を真摯（しんし）に受けとろうとしても、その真摯さが疑わしくなるような観点がどこかにあると私たちにはつねにわかっている。■

アルベール・カミュ

カミュは、1913年にアルジェリアに生まれた。父親は1年後に第一次世界大戦で亡くなる。そのためカミュは母親に育てられるが、極貧の暮らしを送った。アルジェ大学で哲学を学び、同じ時期に最初の結核に襲われる。結核はその後も繰りかえしカミュを襲うことになる。

25歳のとき、生活の場をフランスに移し、政治活動に参加するようになる。フランス共産党に入党したのは1935年のことだが、1937年には除名される。第二次世界大戦中はフランス・レジスタンスのために活動し、地下新聞の編集にたずさわるかたわら、『異邦人』をふくむ、のちによく知られることになる多くの著作を書きあげた。多くの戯曲、小説、エッセイを著し、1957年にはノーベル文学賞を受賞する。自動車事故のため46歳で亡くなる。あとには、友だちとパリへもどるつもりであったことを示す列車のチケットが残されていた。

主著

1942年　『シーシュポスの神話』
1942年　『異邦人』
1947年　『ペスト』
1951年　『反抗的人間』
1956年　『転落』

現代哲学
1950年〜現在

シモーヌ・ド・ボーヴォワールが、フェミニズム史上画期的な著作『第二の性』を刊行する。

ヴェトナム戦争がはじまる。ソヴィエと連邦と中国が、共産主義の北ヴェトナムを支援し、アメリカは南ヴェトナムを支援する。

トマス・クーンが、『科学革命の構造』を刊行する。

中国のプロレタリアートによる文化大革命が、西洋由来の資本主義的・伝統主義的・宗教的ないっさいを中国から「粛正する」。

1949年　　1960年代　　1962年　　1966年

1952年　　1961年　　1964年　　1967年

フランツ・ファノンが『黒い皮膚・白い仮面』を刊行する。

ベルリンの壁が築かれ、これによってドイツは1989年の壁の崩壊まで東西に分裂する。

1964年の公民権運動が、アメリカにおいて法制化され、人種差別の禁止が命じられる。

脱構築の提唱者であるジャック・デリダが、『エクリチュールと差異』を刊行する。

---

20 世紀を締めくくる数十年は、テクノロジーの進歩の加速と、それに引きつづいて実現したあらゆる種類のコミュニケーション手段の進歩によって特記される。とりわけテレビに代表されるマスメディアの力は増大の一途だが、その背景には、第二次世界大戦終結以降になって顕著となった、反体制の理念と結びついた大衆文化の興隆およびそれに刺激されて登場した政治的・社会的変化が指摘できる。1960年代以降、欧米でも旧来の秩序に疑問が投げかけられ、そのひずみは東欧諸国においてしだいに増していった。

1980年代になって冷戦も終結に近づき、1989年のベルリンの壁崩壊が、新しい時代への希望をもたらした。だが、1990年代は、民族的・宗教的な動揺が高まり、ついには、新たな世紀のはじまりの時点で、アメリカでは「テロとの戦争」が宣言されるにいたった。

エリート意識をもった哲学

西洋文化も、同じように重大な変化をこうむった。1960年代以降、知的前衛が一般受けを放棄してからというもの、大衆文化と「高尚」文化とのギャップは広がる一方だった。哲学も、とりわけジャン＝ポール・サルトルの死以降、それに似たエリート化の道を歩みはじめた。1960年代の知識人たちには大受けだったサルトルのマルクス主義的実存主義も、いまやほとんど耳目を集めなくなってしまった。

1970年～80年代の大陸側の哲学は、構造主義一色だったが、これは文学を土台にしたフランス哲学から成長した運動であった。その中心にあったのが、「脱構築」という概念で、これはテクストを「脱構築」して、複数の相矛盾する意味をはらんだ内在的不均衡の状態へそれをさしもどそうとするものだ。この理論の主たる提唱者であったルイ・アルチュセールやジャック・デリダ、ミシェル・フーコーといったフランスの理論家たちは、みずからのテクスト分析を左派よりの政治活動に結びつけたが、その一方で、ジャック・ラカンのような分析家は構造主義に精神分析的な展望（パースペクティヴ）を導入した。彼らの着想はすぐに、「ポストモダニズム」という旗じるしのもとに活動をはじめた著述家や芸術家たちの世代に採りあげられた。この旗じるしは、単一で客観的な真理や観点あるいは話法といったものがもちうる実現可能性を拒絶するものであった。

構造主義が哲学にもたらした寄与は、英語圏の哲学者たちに熱狂的に受けいれられたわけではなかった。彼らは、構造主義の業績を基本的には疑いの眼で見ており、大多数の者は嘲笑（ちょうしょう）していた。言語分析という哲学の伝統のなかでは、

現代哲学 **289**

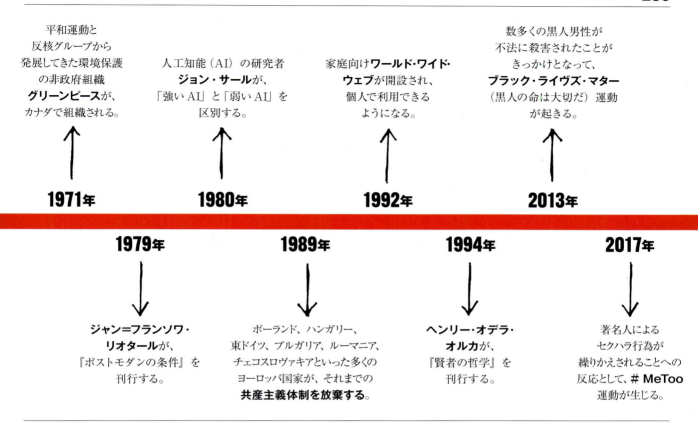

大陸側の構造主義は、文学に根をもった難解な文体で書かれたものが少なくなかったにせよ、つまるところ事態を単純化しすぎていると思われていたのだ。

哲学者たち相互のこうした立場のちがいが、当時の大衆文化に影響をもたらすことはなかった。おそらくその理由は、ポストモダニズムの大半が、一般大衆には理解不能なものであったからだ。ポストモダニズムのもっとも典型的な表現スタイルは、ポストモダニズムの芸術だろうが、それはきわめて抽象度が高く、知的エリートによる解説を参照しないことには理解できないものが少なくなかった。それは、あえて広く大衆から評価される可能性を締めだしているかのようであり、専門的な大学人か芸術家にしか鑑賞できず、ほとんどの人びとが暮らしている世界から隔絶した抽象哲学扱いをされるようになっていった。大衆が哲学に期待していたのは、企業や政府にたいしてと同様、もっと地に足の着いた導き(ガイダンス)であった。

ずっと実用的なアプローチ

ポストモダニズムの哲学が、大衆に浸透しなかったにしても、人びとの日常生活にずっとかかわりの深い、喫緊の社会的・政治的・倫理的諸問題を採りあげた哲学者もいた。フランツ・ファノンに代表されるポストコロニアル時代のアフリカ出身の哲学者は、人種やアイデンティティー、それに自由を求める闘争に付きものの諸問題の検討に邁進(まいしん)した。ヘンリー・オデラ・オルカのようなそのあとを継いだ思想家は、哲学そのものを統べている規範や哲学になにが算入されるべきかといった問題を問うことで、アフリカ哲学の新しい歴史を積みあげる役割を果たした。

エレーヌ・シクスーやリュス・イリガライといったフランスの哲学者は、シモーヌ・ド・ボーヴォワールの実存主義的フェミニズムの哲学に、ポストモダンのパースペクティヴを付けくわえた。だが、そのほかの哲学者たちはポストモダニズムを脇へ放置した。抽象概念よりも、正義や道徳性といった実践的な主題に関心を向ける哲学者が増えた。ジョン・ロールズとユルゲン・ハーバーマスは、どうすれば社会がもっとよく組織化できるかを探求した。ベル・フックスは、さまざまな抑圧の形式——人種やジェンダー、性的指向にもとづく——を、支配的な家父長制度的資本主義に結びつけた。他方で、フィリッパ・フットとバーナード・ウィリアムズは、現代倫理学の諸前提に挑戦した。

その間にも、トマス・ネーゲルとダニエル・デネットが人間意識を探求するなかで、人工知能科学の急速な進歩の結果、「機械に思考は可能か」という問いがあらためて脚光を浴びることとなった。■

言語は皮膚だ
ロラン・バルト
（1915年～1980年）

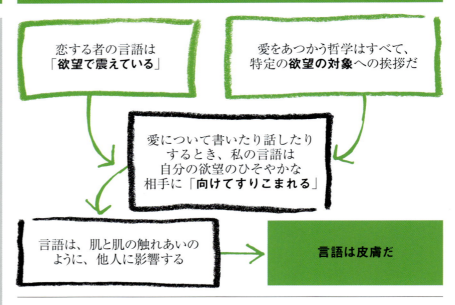

その哲学的背景

部門
言語哲学

手法
記号論

前史
紀元前380年 プラトンの『饗宴』が、はじめから終わりまで愛を主題とした西洋における最初の哲学的議論を提出する。
4世紀ころ ヒッポの聖アウグスティヌスが、多方面にわたって愛の本性について書く。
1916年 フェルディナン・ド・ソシュールの『一般言語学講義』が、現代の記号学を確立し、あわせてひとつづきの記号としての言語を研究するための土台を築く。
1966年 フランスの精神分析学者ジャック・ラカンが、『エクリ』のなかで、アルキビアデスとソクラテスとアガトンの関係を考察する。

後史
1990年代 ジュリア・クリステヴァが、愛と記号学と精神分析のあいだの関係を探究する。

哲学者にして文芸批評家であったロラン・バルトの著作のなかでも群をぬいて風変わりだが、もっとも一般受けした著作が、『恋愛のディスクール・断章』だ。このタイトルからも推測されるように、この書物は、断章やスナップショットでつづられている点で、どことなくドイツの哲学者ウォルター・ベンヤミンの「一方通行路」と似ている。『恋愛のディスクール・断章』は、哲学書というよりは愛の物語に近い。だがそれは、本当の物語とは無縁な愛の物語だ。登場人物はいないし、ストーリーと呼べるものもない。バルトが「並外れた孤独」と呼ぶ、愛する者についての考察があるだけだ。

まさに冒頭の一節で、バルトは、本書にストーリーが存在しない理由は、愛する者のいとなむ孤独な思想がしばしば矛盾していて、明晰な秩序を欠いた暴発に帰着するものだからだと指摘している。バルトに言わせれば、愛する者である私は、自分が自分に抗ってお話を組みたてているのに気づくことさえある。愛する者とは、「ストーリーを失って」しまった者として、そっとしておかれるべき存在なのだ。だから、お話や物語といったスタイルを採る代わり

参照　プラトン 50〜55頁 ■ ヒッポの聖アウグスティヌス 72〜73頁 ■ フェルディナン・ド・ソシュール 223頁 ■ ウォルター・ベンヤミン 258頁
　　　■ ジャック・デリダ 312〜17頁 ■ ジュリア・クリステヴァ 328頁

> 愛する者はみな狂人だ
> ロラン・バルト

に、バルトは、その著作をさながら矛盾と無秩序に満ちた無数の暴発——そのどれひとつをとっても、読者は「まったくそのとおりだ。見覚えがある……」と思わず叫ばずにはいられないだろう——のエンサイクロペディアにしたてたてたのだ。じっさい、この本に類書などあるはずもない。

愛の言語

「言語は皮膚だ」とバルトが言いだすのは、こうした文脈においてだ。言語は、少なくとも愛する者の言語は、中立的なスタイルで世界について語るものではない。それは、バルトに言わせれば、「欲望で震えている」。どれほど「自分が他者に向かって自分のことばをすりこむことか。まるで指の代わりにことばがあり、私のことばのてっぺんに指があるかのようだ」とバルトは書いている。冷ややかに、無関心な態度で愛の哲学を書いてみても、その哲学的な冷ややかさのなかには、私の欲望の向かう先である特定の人間へのひそやかな挨拶が埋めこまれているとバルトは言う。かりにこのだれかが「幻影かまだ到来していない存在」であるにしても、だ。

バルトは、こうしたひそやかな挨拶の例をプラトンの対話篇『饗宴』から引いてくる（これが、とりわけ無関心な態度でなされている哲学的議論の文脈からのものではないことを一言断っておくべきだろう）。これは詩人アガトンの家で催された愛を主題とした議論の報告だ。アルキビアデスという名の政治家が、だいぶ夜もふけてから酩酊状態で乱入してきて、アガトンと哲学者ソクラテスに並んで長いすに腰をおろす。そこでアルキビアデスが酔っぱらったままおこなうスピーチは、はじめから終わりまでソクラテスを称えるものだ。だが、じつのところアルキビアデスが欲望している対象はアガトンであり、アルキビアデスのことばがすりこまれる相手は、アガトンなのだ。

それでは、私たちが、これ以外の話題について語るさいに用いる言語はどのようなものだろうか。恋する者の言語だけが、隠された欲望で震えあがる皮膚なのだろうか。それとも同じことはほかのタイプの言語にも当てはまるのだろうか。バルトはそれについてはなにも語っていない。それは自分で考えなさいとでも言うかのようだ。■

恋する者の言語は、恋する者によって住みつかれる皮膚のようだとバルトは言う。そのことばは、まるでじっさいに接触し触れているように、愛される相手を動かす力をもつ——ただし、この力が発揮されるのはこの相手にたいしてだけだ。

ロラン・バルト

バルトは、1915年にフランスのシェルブールで生まれた。1935年にパリのソルボンヌに入学し、1939年に卒業するが、そのときすでにバルトは結核に罹っており、その後遺症は後々まで本人を悩ますこととなる。この病気ゆえに、教授資格をとるのは難しくなったが、第二次世界大戦中に兵役にとられるのは免れた。戦後、ようやく教授資格を取得したバルトは、フランス、ルーマニア、エジプトで教壇に立った。フランス本国で暮らす生活にもどったのは1952年のことで、そこから文筆生活がはじまる。その文章は1冊にまとめられ、1957年に『神話作用』として出版された。

バルトの名声は1960年代をつうじて、フランスのみならず国際的にもどんどん高まり、本国でも海外でも教えるようになった。クリーニング屋のトラックにはねられて64歳で亡くなるが、それはのちに首相となるミッテランとランチをとった後のことだった。

主著

1957年　『神話作用』
1973年　『テクストの快楽』
1977年　『恋愛のディスクール・断章』

文化なしで私たちはどうやってゆけばよいのか
メアリー・ミッジリー
（1919年〜2018年）

その哲学的背景

部門
科学哲学

手法
分析哲学

前史
紀元前4世紀 アリストテレスが、人間を政治的動物と定義し、私たちが自然的存在であるばかりでなく、私たちの本性のうちには文化の創造もふくまれていると示唆する。
紀元前1世紀 ローマの詩人・哲学者ルクレティウスが、『物の本質について』を著して、人間文化の自然的源泉を探究する。
1859年 自然誌学者チャールズ・ダーウィンが、『種の起源』を刊行して、あらゆる生命は自然淘汰の過程を経て進化してきたと論じる。

後史
1980年代以降 リチャード・ドーキンスとメアリー・ミッジリーが、人間の本性をどう見るかという問題にダーウィニズムがいかなる展望をひらきうるかについて論争する。

1978年に公刊されたその著書『野獣と人間』のなかで、イギリスの哲学者メアリー・ミッジリーは、人間本性をどう考えるかという問題に自然科学が与えてきたインパクトの査定を試みた。科学の発見、とりわけ古生物学と進化論的生物学の発見が、人間をどのような存在と考えるかについての私たちの見方に決定的なダメージを与えてきたとは、しばしば論じられるところだ。ミッジリーが問題にしようとするのはまさにそうした恐れなのだが、そのさいミッジリーは、私たちをほかの動物から分かつものと、ほかの動物種と共有しているもののいずれをも等しく重視する。

ミッジリーが取りくむ問題のひとつに、人間生活における自然と文化の関係の問題がある。ミッジリーの関心は、多くの人びとが、文化をあたかも私たちの動物的本性に付加された非自然的なもののようにとらえて、自然と文化を対立するものとみなしているという事実に向けられる。

ミッジリーは、文化を自然とは異なった次元に属するかのようにみなす見解に反対し、文化とは自然現象だと主張する。言いかえるなら、私たちは文化をもつ生きものとなるべく進化してきたのだ。ちょうど蜘蛛が巣を紡ぐのとまったく同じように、自然に人間は文化を紡ぐと言ってもよいかもしれない。もしこれが当たっているとすると、蜘蛛が巣を紡がないではいられないのと同じように、私たち人間も文化なしではこの先やってゆけないわけだ。私たちにとって文化の必要性は、生得的でもあれば自然的でもある。このようにミッジリーは、人間の特異性を説明するとともに、進化の歴史という長大なコンテクストのうちに私たちを置きいれようとするのだ。■

私たちは誤って自分たちを
ほかの動物から分離してしまい、
自分たちが動物的本性を
もっているなどとは
思うまいとしてきた
メアリー・ミッジリー

参照 プラトン50〜55頁 ■ アリストテレス56〜63頁 ■ ルートヴィヒ・ウィトゲンシュタイン246〜51頁

現代哲学 293

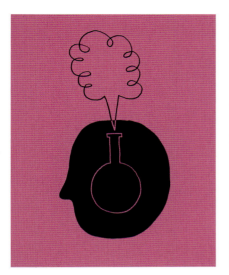

通常科学がめざすのは、事実あるいは理論の新奇性ではない
トマス・クーン
（1922年〜1996年）

その哲学的背景

部門
科学哲学

手法
科学史

前史
1543年　ニコラウス・コペルニクスが、『天体の回転について』を公刊して、太陽系にかんする私たちの見方にパラダイム・シフトをもたらす。
1934年　カール・ポパーが、『科学的発見の論理』のなかで、「反証可能性」を科学の基準とみなす。

後史
1975年　ポール・ファイヤアーベントが、『方法への挑戦』を著して、「認識論的アナーキズム」を推奨する。
1976年　イムレ・ラカトシュが、『証明と反駁』のなかで、カール・ポパーの「反証可能性」とクーンの業績との調停を試みる。
今日　量子現象についての競合する解釈が、亜原子界について競合するパラダイムをもたらしている。

アメリカの物理学者にして科学史家トマス・クーンは、1962年に公刊された著書『科学革命の構造』の著者として知られている。この著作は、科学の歴史における転換点の探究でもあれば、科学においてどのようにして革命が生じるかについての理論を提示しようという試みでもある。

パラダイム・シフト

クーンによれば、科学は「通常科学」（ノーマル・サイエンス）の時期と「危機」の時期とでは異なる。通常科学とは、ある理論枠——これが「パラダイム」と呼ばれる——のなかで研究に従事する科学者たちによって結果が蓄積されてゆく、手順どおりの過程を意味し、そこで蓄積されてゆく結果によって、科学者の研究枠そのものを疑問に付すような理論的証拠が出てくることはない。もちろん、ときには、異常で新奇な結果が生まれることもあるが、そうした結果はたいてい科学者のがわでの誤りとみなされる——そのこと自体が、クーンに言わせれば、通常科学が新奇性をめざすものではないことの証明となっている。それでも、ときとともに、異常な結果が蓄積されていった挙句、危機的な地点にいたることもある。この危機につづいて生じるのは、もしすでに新しい理論が形成されているなら、新しいパラダイムへの転換であり、それまでの理論枠に新しいそれがとって代わることになる。最後にはこの理論枠が当たりまえのものとみなされるようになり、通常科学が再開される——つぎの新奇な結果の蓄積が起こるまでの話だが……。こうした転換の実例として、アインシュタインの相対性理論が認められるようになった後で、時空間についての古典的な見方が粉砕されてしまったことが挙げられる。■

ニコラウス・コペルニクスの地球が太陽の周りを回っているという主張は、科学的思考における革命であった。これによって科学者たちは、自分たちの地球が宇宙の中心にあるという信念を放棄せざるをえなくなった。

参照　フランシス・ベーコン 110〜11頁 ■ ルドルフ・カルナップ 257頁 ■ カール・ポパー 262〜65頁 ■ ポール・ファイヤアーベント 297頁 ■ リチャード・ローティ 318〜23頁

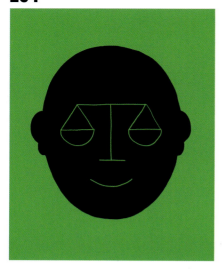

正義の原理は無知のヴェールの背後で選択される
ジョン・ロールズ
（1921年～2002年）

その哲学的背景

部門
政治哲学

手法
社会契約論

前史
紀元前380年ころ　プラトンが、『国家』のなかで、正義の理念と公正な社会について論じる。
1651年　トマス・ホッブズが、『リヴァイアサン』のなかで、社会契約論を公表する。
1689年　ジョン・ロックが、『統治二論』のなかで、ホッブズの理論を発展させる。
1762年　ジャン＝ジャック・ルソーが、『社会契約論』を著す。ルソーの見解は、のちにフランスの革命主義者たちによって採用される。

後史
1974年　ロバート・ノージックが、影響力をもった著作『アナーキー・国家・ユートピア』のなかで、ロールズの「原初状態」を批判する。
2001年　ロールズが、遺著となった『公正としての正義──再説』のなかで、自身の見解を擁護する。

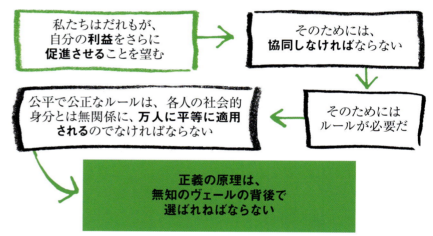

1971年に初版が公刊された『正義論』のなかで政治哲学者ジョン・ロールズは、「公正としての正義」の実現のためには正義を再評価する必要があると主張していた。そのためにロールズが採ったアプローチは、社会契約論の伝統に属している。これは法の規則（ルール）を個人がそのなかに編入される一種の契約とみなすものだ。なぜそんな契約が可能かといえば、これによって個々人は自分ひとりで達成可能なもの以上の恩恵がえられると期待されるからだ。社会契約論のロールズ版は、ひとつの思考実験をふくむ。その実験において各人は自分が社会のなかで占めている位置を知らない。それをロールズは、各人は「原初状態」に置かれており、そのなかで社会契約が結ばれるのだと主張する。ここからロールズは、あらゆる理性的な存在者が同意するはずの正義の原理の確立をめざす。

原初状態

外国人の一団が無人島に漂着し、救出の望みを断念したのちに、一から新しい社会をはじめる決断をしたとしよう。生存者のだれもが自分の利益を追求したいと願うが、そのためには他人と協同しなければならない──つまり、社会契約を結ばなければならない──のは理の当然だ。そこで問題はこうなる。この人びとはどのように

現代哲学 295

参照　プラトン 50 〜 55 頁 ■ トマス・ホッブズ 112 〜 15 頁 ■ ジョン・ロック 130 〜 33 頁 ■ ジャン＝ジャック・ルソー 154 〜 59 頁 ■ ノーム・チョムスキー 306 〜 07 頁

して、正義の原理を確立するのか。彼らはどのようなルールを定めるだろうか。もし彼らが真に理性的で公平な正義に関心をもつなら、数えきれないほどのルールからまずは不要なものを取りのぞいてゆかねばならない。たとえば、「名前がジョンであったなら、食事の順番は最後だ」といったルールは、理性的でも公平でもない。

ロールズに言わせれば、こうした状態で私たちがしなければならないことは、自分がだれか、どこで生まれたかといった生活上のあらゆる要素を「無知のヴェール」で覆い、その上でともに暮らしてゆくためにはどのようなルールがベストなのかを問うことだ。ロールズは、全員から理性的に同意されうる唯一のルールは、真に公平さを重んじるものだけであり、たとえば人種や階級、宗教的信条や天分、無能力などを考慮にいれたルールではありえないと指摘する。言いかえるなら、自分が社会のなかで占める位置を知らなければ、理性的な利己心から私はだれもが対等にあつかわれる世界に1票を投じないではいられなくなるだろうとローズは考えるのだ。

合理性対慈愛

ロールズにとってこれが、正義がどのようにこの世界に生じるかを語る物語ではないという点は、忘れてはならない。ロールズが私たちに提案しているのは、あくまで利害を離れた水準点に照らして自分たちの正義の理論を吟味する方法だ。ロールズによれば、もしそれに失敗するとしても、その原因はもっぱら私たちの理性にあるのであって、たとえば慈愛の心の足りなさにあるわけではない。■

ジョン・ロールズ

　ジョン・ロールズは 1921 年にアメリカのメリーランド州で生まれた。プリンストン大学で学んだのち、軍隊に入隊し、第二次世界大戦中は太平洋上を転戦した。戦後は、広島の惨状を目のあたりにして除隊。大学にもどって哲学を学び、1950 年にプリンストン大学で博士号を取得した。

　オクスフォード大学でさらに研究をつづけ、そこでアイザイア・バーリンと知りあう。そののち、アメリカにもどって教壇に立つ。コーネル大学とマサチューセッツ工科大学で教えたのち、ハーヴァード大学へ移り、そこで『正義論』を書きあげた。ハーヴァード大学在職中に、トマス・ネーゲルやマーサ・ヌスバウムといった将来有望な哲学者たちを教えた。

　1995 年に最初の卒中の発作に見舞われるが、2002 年に亡くなるまで、研究をつづけた。

主著

1971年　『正義論』
1993年　『政治的リベラリズム』
1999年　『万民の法』
2000年　『道徳哲学史講義』
2001年　『公正としての正義——再説』

正義の**イメージ**は、天秤をもって目かくしをした女神像であることが多いが、これはだれも法の上には立てないという考えをあらわしている。

- 正義の女神は盲目で、だからこそ**公平**だ
- 正義の天秤は、**平等**をあらわしている
- **罰**はだれにたいしても等しくくだされる

芸術は人生の一形式だ
リチャード・ウォルハイム
（1923年〜2003年）

イギリスの芸術哲学者リチャード・ウォルハイムによれば、私たちに必要なのは芸術を、分析され探究される必要のある抽象的観念とみなす傾向に抗うことだ。芸術をあますところなく理解するには、芸術をその社会的文脈との関係において定義しなければならない、とウォルハイムは主張する。『芸術とその対象』（1968年）でウォルハイムは、芸術を「生活形式」として叙述するが、そのさいオーストリア出身の哲学者ルートヴィヒ・ウィトゲンシュタインが言語の本性を描きだす目的で考案した「生活形式」という概念を借用した。ウィトゲンシュタインが言語を「生活形式」とみなした理由は、私たちが言語を用いるやりかたがつねに個人的な経験や習慣、技能を反映しているからだ。これによりウィトゲンシュタインは、言語にかんして単純にすぎる一般化をしがちな哲学の傾向に抗い、言語が生活のうちで果たす多彩な役割を指摘しようとした。

社会的背景

ウォルハイムもウィトゲンシュタインと同じ出発点に立つが、主題は言語ではなく芸術作品だ。ウォルハイムによれば、芸術家は、その信念や経歴、感情的傾向や物

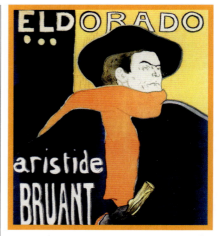

なにが芸術とみなされるかは、文脈による。『エルドラド、アリスティド、ブリュアン』はロートレックのポスターの一枚だが、いまでは固有の意義をもつ芸術作品とみなされている。

理的欲求、さらには社会といった当人が身を置く文脈（コンテクスト）によって条件づけられており、芸術家の解釈する世界は絶えず変化する世界だ。こうした状況から出てくるひとつの帰結としてウォルハイムが指摘するのは、芸術活動がいとなまれる背景となる諸制度とはまったく無関係な、普遍的な「芸術衝動」ないし芸術創造への本能的衝動といったものはないということだ。■

参照 プラトン 50〜55頁 ■ ルートヴィヒ・ウィトゲンシュタイン 246〜51頁

その哲学的背景

部門
美学

手法
分析哲学

前史
紀元前380年ころ プラトンの『国家』が、芸術形式と政治制度との関係を探究する。
1953年 ルートヴィヒ・ウィトゲンシュタインの『哲学探究』が、「生活形式」という概念を導入し、その含意を探究する。
1964年 アーサー・ダントが、哲学エッセイ『芸術界』を公刊し、制度論の観点から芸術の試みを分析する。

後史
1969年 アメリカの哲学者ジョージ・ディッキィが、そのエッセイ「芸術を定義する」のなかで、芸術的創造性にかんする制度理論をさらに発展させる。

現代哲学 297

なんでもあり
ポール・ファイヤアーベント
(1924年～1994年)

その哲学的背景

部門
科学哲学

手法
分析哲学

前史
1934年 カール・ポパーが、『科学的発見の論理』のなかで、「反証可能性」を科学理論の判定基準と定義する。
1962年 トマス・クーンが、『科学革命の構造』のなかで、科学における「パラダイム・シフト」という考えを導入する。
1960～70年代初頭 ファイヤアーベントが、友人でもあれば同僚でもあった科学哲学者イムレ・ラカトシュとの議論のなかでみずからの考えを発展させる。

後史
1980年代以降 ファイヤアーベントの着想が、アメリカの哲学者パトリシア・チャーチランドとポール・チャーチランドによって提起された精神の理論に寄与する。

オーストリア生まれのファイヤアーベントは、ロンドン・スクール・オブ・エコノミクスでカール・ポパーに学んだが、ポパーによる科学の合理的モデルからは著しく逸脱していった。カリフォルニア大学ですごした1960年代から70年代にかけて、ファイヤアーベントはドイツ生まれの哲学者トマス・クーンと親交を深めた。クーンによれば、科学の発展とは漸進的ではなく、つねに「パラダイム・シフト」――科学的思考にとってまったく新しい枠組み全体を導入する一種の革命――を機に飛躍する。ファイヤアーベントはクーンの発想をさらに推しすすめ、パラダイム・シフトが起こるときには、あらゆる科学的概念と術語が刷新されるのだから、意味の永続的な枠組みなど存在しないという考えを示唆した。

科学におけるアナーキー

ファイヤアーベントのもっとも知られた著作『方法への挑戦』は、最初1975年に出版された。そのなかでファイヤアーベントは、みずから「認識論的アナーキズム」と呼ぶものの見とおしを提示している。認識論とは、知にかかわる問いや理論をあつかう哲学の部門だが、ファイヤアーベントの言う「アナーキズム」とは、科学で用いられるあらゆる方法論はその視野にある種の制限をかかえているという考えを土台としている。じっさいにどのようにして科学が発展し進歩してきたかを考察してみるなら、私たちに識別できる唯一の「方法」は、「なんでもあり」だ。ファイヤアーベントに言わせれば、科学は、けっして厳格なルールにしたがって発展してきたわけではなく、もし科学哲学がそのようなルールを求めるなら、むしろ逆にそれによって科学の進展は制約されてしまうだろう。■

科学と神話は
多くの点で重なる
ポール・ファイヤアーベント

参照 カール・ポパー 262～65頁 ■ トマス・クーン 293頁

知は売られるべく生みだされる
ジャン＝フランソワ・リオタール
（1924年〜1998年）

その哲学的背景

部門
認識論

手法
ポストモダニズム

前史
1870年代 「ポストモダン」という用語が、芸術批評の文脈ではじめて用いられる。
1939〜45年 第二次世界大戦におけるテクノロジーの進歩が、20世紀におけるコンピュータ革命の地盤を提供する。
1953年 ルートヴィヒ・ウィトゲンシュタインが、その『哲学探究』のなかで「言語ゲーム」のアイディアを展開する。リオタールはこの概念を借用して、みずからの「大きな物語」の概念を発展させる。

後史
1991年 アメリカの文芸批評家フレデリック・ジェイムソンが、『ポストモダニズムあるいは後期資本主義の文化的論理』を著す。
1990年代以降 ワールド・ワイド・ウェブが情報への空前のアクセスの道を開く。

　知は売られるべく生みだされるという発想は、ジャン＝フランソワ・リオタールの『ポストモダンの条件』のなかにあらわれる。この本は、もともとはカナダのケベックで開催された大学連合の会議のために起草されたものだが、そのタイトルに「ポストモダン」という用語が用いられている点で意義深い。といっても、リオタールがこの用語を創造したわけではなく、1870年代以降のさまざまな芸術批評のなかでこの語は用いられてきた。リオタールの著書は、この用語の幅を広げて人口に膾炙するのに一役買ったわけだ。リオタールがこの著作のタイトルにポストモダンの語を用いたことによって、ポストモダンの思想の開始が告げられたとは、しばしば語られるところだ。
　それ以来「ポストモダン」という用語は、さまざまな場面で用いられるようになり、その結果、正確なところそれがなにを意味

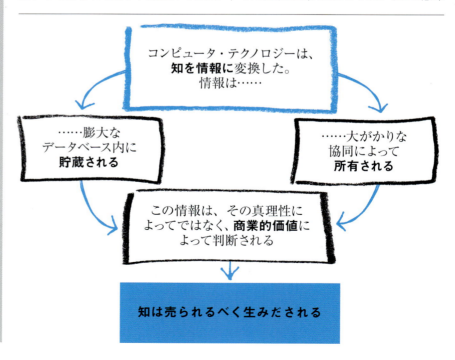

現代哲学

参照 イマヌエル・カント 164〜71頁 ■ ゲオルク・ヘーゲル 178〜85頁 ■ フリードリヒ・ニーチェ 214〜21頁 ■ ルートヴィヒ・ウィトゲンシュタイン 246〜51頁 ■ マルティン・ハイデガー 252〜55頁 ■ ジル・ドゥルーズ 345頁

知は、データになってしまえば、もはや定義不可能な精神的なものではなくなり、譲渡したり、貯蔵したり、売買することの可能な消費財となる。

しているのかを知ることすら難しくなってしまった。だが、リオタールの定義は非常に明晰だ。ポストモダニズムとは、リオタールの表現によるなら、「大きな物語への不信感」にかかわることがらだ。大きな物語とは、人類の歴史全体を要約してしまうような、あるいは私たちの知のいっさいをただひとつの枠組みのなかに入れこんでしまうような、包括的なただひとつの物語のことだ。マルクス主義(歴史は階級闘争の連続とみなせるという見解)が大きな物語の典型例だ。別の例を挙げるなら、人類の歴史は偉大な科学的発見によって達成される、より深い知と社会的公正へ向かう進歩だという観念があげられる。

外在化される知

こんにち、私たちがこうした大きな物語への不信感を募らせているということは、新たな懐疑主義の到来を暗示している。リオタールに言わせるなら、その原因は、第二次世界大戦以降の私たちの知とのかかわりかたの変容と、知をあつかうさいのテクノロジーの急激な変化とにある。コンピュータは私たちの態度を根本から変えてしまった。知は、データベースに収蔵可能で、好きなように移せて、売り買いも可能なかたちに情報化された。この事態を、リオタールは知の「重商主義化」と呼んだ。

ここにはいくつものことが含意されている。リオタールの指摘するところでは、第一に、知は外在化されるようになる。それはもはや、精神の発展にとって助けとなるものでも、私たちを変える力をもちうるものでもなくなった。これとともに、知は真理への問いかけとのつながりをも失う。もはや知は、それがどの程度まで真理であるかという観点においてではなく、特定の目的のためにどの程度役だつかという観点で判断される。知にたいして、「それは真理か」といった問いかけはされなくなり、「それはいくらになるのか」といった問いが向けられるようになるとき、知は商品と化す。リオタールが関心をはらうのは、ひとたびこうした事態が生じると、私的な集団が知の流れを統制しようとしはじめて、だれがどの類いの知に、いつアクセスできるかの決定権を握ろうとしだす危険性だ。■

ジャン＝フランソワ・リオタール

ジャン＝フランソワ・リオタールは、1924年にフランスのヴェルサイユに生まれた。パリのソルボンヌで哲学と文学を学び、ジル・ドゥルーズと知りあう。卒業後は、数年のあいだフランスとアルジェリアの高校で哲学を教える。

1950年代は、フランスの左派急進主義の政治運動に参加し、1954〜62年のアルジェリア独立戦争を擁護したことで、よく知られるようになる。だが、その後のリオタールの哲学的展開は、最終的にマルクス主義という大きな物語の幻想を暴きだすことへとつうじていった。1970年代には、大学教授としての活動を開始し、最初はソルボンヌで、ついで世界中の多くの大学で哲学を教える。そのなかには、アメリカ、カナダ、ブラジル、フランスがふくまれる。パリ第八大学の名誉教授として引退し、1998年に白血病で亡くなる。

主著

1971年
『ディスクール、フィギュール』
1974年
『リビドー経済』
1979年
『ポストモダンの条件』
1984年
『文の抗争』

黒人にはたったひとつの運命しかない。それは白人になることだ
フランツ・ファノン
（1925年～1961年）

その哲学的背景

部門
政治哲学

手法
実存主義

前史
紀元前4世紀 アリストテレスが、『ニコマコス倫理学』のなかで、奴隷制は自然な状態だと主張する。
19世紀 アフリカが、ヨーロッパ諸国によって分割され、植民地化される。
1930年代 フランスのネグリチュード運動が、黒人意識の統一を求める。

後史
1977年 ファノンに影響された反アパルトヘイト活動家スティーヴ・ビコが、南アフリカで警察による拘禁下で亡くなる。
1978年 ファノンの業績に影響を受けたエドワード・サイードが、19世紀における中東にたいする西洋の視線をポスト・コロニアルの観点から研究した『オリエンタリズム』を著す。

哲学者にして精神科医であったフランツ・ファノンが、コロニアリズムと人種差別を精神分析学の観点からあつかった最初の著作『黒い皮膚、白い仮面』を公刊したのは、1952年のことであった。この書のなかでファノンは、世界中の植民地化された共同体のなかで生きる有色人種たちにおける心理的・社会的遺産を探究した。

「黒人にとってはただひとつの運命しかない。その運命とは白人になることだ」と語ることでファノンは、少なくとも二つのことを言おうとしている。第一に、ファノンが言うには、「黒人は白人のようになりたいと願っている」。つまり、多くの植民地化された人びとが切望しているのは、支配的な植民地文化にならってかたちづくられることだ。ヨーロッパの植民地文化には、「黒人であること」を不純であることと同一視する傾向があったが、これが植民地の規則に服従させられた人びとの自己認識の役割を果たし、その結果彼らは自分たちの肌の色を劣等のしるしとみなすようになった。

この苦境からの唯一の脱出口は、「白い実存」を実現したいという願望だと思われるが、これは失敗を余儀なくされている。なにしろ、肌が黒いという事実が意味するのは、その人間が白人として受けいれられ

白人による植民地文化は、「黒人であること」を不純であることと同一視する → **植民地化された人びとは、この「不純」という立場から抜けだしたいと願う**

↓

唯一の脱出口は、「黒人であること」を拒否することだ ← **植民地化された人びとは、植民地文化が優れたものとみなされていることを受けいれるところからスタートする**

↓

黒人にはたったひとつの運命しかない。それは白人になることだ

現代哲学 301

参照 アリストテレス 56〜63頁 ■ ジャン＝ポール・サルトル 268〜71頁 ■ モーリス・メルロ＝ポンティ 274〜75頁 ■ エドワード・サイード 325頁

> ひとつの事実がある。
> 白人は自分たちを黒人よりも
> 優位にあるとみなしている
> という事実だ
>
> フランツ・ファノン

ることはありえないということだ。ファノンに言わせるなら、「白い実存」を実現したいという願いは、人種差別と不平等を問題にしそこなうばかりでなく、白い実存には「異論の余地のない優位」があるという含意をもつ点で、人種差別や不平等を覆(おお)いかくし、許しさえする。

同時にファノンは、もっと複雑なことを言おうとしている。一種の「白い実存」を熱望するこうした傾向がじっさいにあるとして、その解決に必要なのはまずは黒人であるとはどういうことかを偏見ぬきで論議することだ。だが、それはそれで、あらゆる種類の問題を免れえない。なにしろ、「黒人の魂は白人のつくりだした人工物だ」。言いかえるなら、黒人であるとはどういうことだと考えるかに応じて、根源的に人種差別的なヨーロッパの思想の諸相が帰結してくるとファノンは考えるのだ。

ここでファノンは、フランスにおいてネグリチュードとして知られるものに、全面的にではないが応答している。これは、1930年代以降のフランスとフランス語圏の黒人作家たちによって展開された、フランスの主流文化に潜む人種差別と植民地主義を拒絶し、偏りのない、共有されうる黒人文化を擁護しようとする運動だ。だが、ファノンの考えでは、このネグリチュードの観念にしても、それが乗りこえようとしている人種主義の問題を真に検討することに失敗する。なぜなら、そこで考えられている「黒人らしさ」とは、たんに主流の白人文化の幻想を反復しているだけだからだ。

人間の権利

ある意味で、解決は私たちが人種主義的思考を超えるところにまで進んだときにのみ到来しうるとファノンは考えているようだ。つまり、人種という観念にとらわれているかぎり、けっしてそこから生じる不正に取りくむことはできない。「私は、自分が世界のなかにおり、たったひとつの権利だけは認められていることがわかった」とファノンは著作の最後に書いている。「それは、他人に人間的なふるまいを要求する権利だ」。ファノンの思想は、反植民地主義運動と反人種差別運動の双方に多大な影響を与えつづけており、その影響は反アパルトヘイト推進者スティーヴ・ビコのような社会活動家やエドワード・サイードのような学者にまで広範に及ぶ。■

黒人であることと結びついた**劣等感**は、植民地化された人びとをして「母国の文化的標準」を受けいれるよりほかなくし、その上「白い実存」を熱望するようにさえしたとファノンは言う。

フランツ・ファノン

フランツ・ファノンは、1925年に当時フランス領だったカリブ海のマルティニク島で生まれた。第二次世界大戦中に、自由フランス軍として戦うためにマルティニク島を後にし、戦後はフランスのリヨン大学で医学と精神医学を学ぶ。文学と哲学の講義も受講したが、そのなかには哲学者モーリス・メルロ＝ポンティによるものもふくまれていた。若いころのファノンは自分をフランス人だと思っていたので、フランス入国時にはじめて遭遇(そうぐう)した人種差別に驚きを感じた。このできごとは、ファノンの哲学をかたちづくる上で決定的な役割を演じることとなり、1951年に精神医学の博士号をとった1年後に、最初の著作『黒い皮膚、白い仮面』が公刊される。

1953年にファノンはアルジェリアに移動し、病院の精神科医として勤務する。そこで2年を費やして、1954〜62年のアルジェリア独立戦争で科された刺青(いれずみ)について語る患者の物語に耳を傾けたのち、政府から用意された職を辞して、チュニジアへ移りすみ、アルジェリア独立運動のために活動をはじめる。1950年代後半、白血病を患う。闘病生活のあいだに書きあげられたのが、別の世界を論じた、彼の最後の著作となった『地に呪われたる者』だ。それが公刊されたのはファノンの死後のことで、ジャン＝ポール・サルトルの序文が添えられていた。サルトルは最初ファノンに影響を与えた存在だが、その後は逆にファノンから影響を受けつづけた。

主著

1952年
『黒い皮膚、白い仮面』

1959年
『革命の社会学』

1961年
『地に呪われたる者』

1964年
『アフリカ革命に向けて』（論文集）

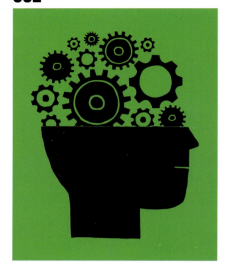

機械は驚くべき頻度で私を驚かせる
アラン・チューリング
（1912年〜1954年）

その哲学的背景
部門
心の哲学

手法
人工知能

前史
1662年 ルネ・デカルトが、人間以外のあらゆる動物は、合理的思考をいとなみうる心を有していないのだから、自動機械ということができると論じる。

後史
1956年 アメリカのニューハンプシャーで開催された人工知能にかんするダートマス会議で、「学習の、もしくは知能の任意のそのほかの特徴のあらゆる側面は、きわめて正確に記述されうるため、それをシミュレートするための機械をつくることが可能だ」との宣言が出された。
1980年 ジョン・サールが、彼の言うところの「弱いAI」（知性をもっているかのようにふるまうことの可能なシステム）と「強いAI」（精神と心的諸状態をともにそなえることの可能なシステム）とのあいだに区別を設ける。

けっして哲学者だとは自称しなかったコンピュータ科学のパイオニア、アラン・チューリングは、「機械は思考できるか」という哲学的な質問を繰りかえしぶつけられた。だが、そんな問いは不毛だと考えたチューリングは、それに答えるかわりに、知性をもつかのようにふるまうことは機械に可能かという別の問いを提起した。

1950年に、論文「計算する機械と知性」のなかで、チューリングは知性を定義する方法として、のちに「チューリングテスト」として知られるようになるものを考案した。あるひとが、いま人間と会話しているのか機械と会話しているのかを当の会話から与えられる応答からは判断できないとしたら、機械に知性が宿っているとみなしてかまわないとチューリングは言う。こう言ったからといって、これは機械が本当に思考していると主張しているわけではない。「礼儀正しいしきたり」とは、相手のふるまいから対話相手が思考をいとなみうる存在だとみなすということだとチューリングはさりげなく指摘する。

のちにアメリカの哲学者ジョン・サールが、チューリングテストが本当に機械が考えていると思わせる力をもっているかを疑

1968年の映画『2001年宇宙の旅』のなかで、人工知能コンピュータHALは、宇宙船に搭乗していた人間たちにとって恐るべき脅威となる。

問視した。1980年のサールの「中国語の部屋」という思考実験が示唆したのは、解答者はただ盲目的に「プログラム」にしたがっているだけだということであった。

人工知能（AI）は、そのころに比べると格段の進歩を遂げている。だが、機械はオリジナルな思考をいとなめるのかという核心的な問いはいまだに手つかずだ。さらには、人間の意識を私たちがどう理解するかという点との関係で、機械は精神や意識、さらには心的諸状態をもちうるのかという問題も、依然として未解決だ。■

参照 ダニエル・デネット 329頁

現代哲学 303

道徳的運という表現を最初にもちだしたとき、私が示唆したかったのは、撞着語法であった
バーナード・ウィリアムズ
（1929年〜2003年）

その哲学的背景

部門
倫理学

手法
帰結主義

前史
1780年 ジェレミー・ベンサムが、行為の道徳性をその行為のもたらした結果によって判断する功利主義というみずからの理論を展開する。
1784年 『人倫の形而上学の基礎づけ（道徳形而上学原論）』のなかで、イマヌエル・カントが、道徳性を決定するのは、結果ではなく意図だと主張する。
1883年 フリードリヒ・ニーチェが『ツァラトゥストラはかく語りき』のなかで、力への意志を叙述する。

後史
1979年 トマス・ネーゲルが、論文「道徳的運」のなかで、運に四つの異なった種類を認める。
1990年 スーザン・ヴォルフが、『理性の内なる自由』のなかで、道徳的運の果たす役割を拒否するか受容するかについて、その中間の道を模索する。

運（行為者にはいかんともしがたいことがら）に直面すると、そんなものが行為の道徳性にかんする私たちの判断に影響するべきではないと思われる。だが、イギリスの哲学者バーナード・ウィリアムズが自身の論文「道徳的運」のなかであきらかにしたのは、じっさい運が私たちの道徳的判断の一部をなすことはままあるということだ。

ウィリアムズの言う道徳的運は、任意のだれかが道徳的判断の対象となったときに生じるが、その評価のある部分が当事者には制御しえない要因にもとづくということが重要だ。そうした判断に運が影響をおよぼすことは誤っていると思われるかもしれないが、これは珍しいことではない。

たとえば、二人の人間がスポーツカーで市街を競走したとする。ひとりは捕まり、罰金を科され、免許を一時停止される。もう一方はもっと不幸だ。歩行者がスピード違反の彼の車の前に飛びだし、轢かれて死んでしまう。運転手は実刑判決を受け、生涯運転ができなくなる。当事者の制御を超えた出来事──運──が悲劇的な結果をもたらしたわけだが、これが示しているのは、二人の意図や道義的責任がおそらくは同等であったにもかかわらず、一方により厳しい判断が下ったということだ。

ウィリアムズの考えを受けて、トマス・ネーゲルが示唆したのが「コントロール原理」、すなわち人びとは彼らのちがいが当人のコントロールを超えた要因のみに起因したばあいには、道徳的に異なる判断を受けてはならないというものだ。

道徳的運およびコントロール原理という考えは、哲学者たちから毀誉褒貶があったが、特殊な状況下でなら、ある種の道徳的運を容認する者もいる。■

道徳的運の役割は、自分にはコントロールできない行為にたいして、私たちは罪を負うもしくは罰せられるべきなのかという問いにかかわる。

参照 ニコロ・マキャヴェリ 102〜107頁 ■ イマヌエル・カント 164〜71頁 ■ ジェレミー・ベンサム 174頁 ■ フリードリヒ・ニーチェ 214〜21頁 ■ トマス・ネーゲル 327頁

人間とは最近の発明品だ
ミシェル・フーコー
(1926年～1984年)

その哲学的背景

部門
認識論

手法
言説の考古学

前史
18世紀後半 イマヌエル・カントが、人間の19世紀的「モデル」の基礎をすえる。
1859年 チャールズ・ダーウィンの『種の起源』が、私たちの自己理解に革命をもたらす。
1883年 フリードリヒ・ニーチェが、『ツァラトゥストラはかく語りき』のなかで、人間は乗りこえられるべき存在だと宣告する。

後史
1985年 アメリカの哲学者ダナ・ハラウェイの「サイボーグ宣言」が、ポスト人間的未来のイメージを提供しようとする。
1991年 ダニエル・デネットの『解明される意識』が、意識にかんして私たちが後生大事に抱えこんでいる観念の多くに疑問を呈する。

私たちは「人間」あるいは人類の観念を**自然で永遠**の考えであるかのようにあつかっている

だが、**私たちの思考の考古学**が教えるのは、「人間」の観念は19世紀初頭に研究の対象として生じたものだということだ

人間とは最近の発明品だ

人間は最近の発明品だという考えは、フランスの哲学者ミシェル・フーコーの『言葉と物』にみられる。フーコーがこれでもってなにを言わんとしているのかを理解するには、アルケオロジー（考古学）ということでフーコーがなにを考えていたのか、そしてなぜそれを思想の歴史に適用すべきだとフーコーが考えるのかをみておく必要がある。

フーコーは、私たちの言説——私たちが事物について語り考えるスタイル——が、私たち自身が身を置いている歴史的条件をもとに登場してくる、ほとんどが無意識なままの一連の規則（ルール）からどのように形成されるのかという問題に関心をもった。自分たちが世界について考え語る流儀にとって「常識」的な背景だとみなされているものは、じっさいにはこれらの規則（ルール）と条件によって輪郭を与えられている。だが、規則も条件もときとともに変化する。当然、私たちの言説もそれにつれて変化する。こうしたわけで、以前の時代に人びとが世界についてどのように考え語っていたか、その限界と条件双方を暴きだすために、「考古学」が必要となるのだ。自分たちが現在の文脈において用いている概念（たとえば「人間本性」といった概念）を採りあげて、それらを永遠のもののように想定したり、それらの考古学を遂行するには「観念の歴史」だけで十分などと思いこむこと

現代哲学

参照 イマヌエル・カント 164～71頁 ■ フリードリヒ・ニーチェ 214～21頁 ■ マルティン・ハイデガー 252～55頁 ■ モーリス・メルロ＝ポンティ 274～75頁 ■ ダニエル・デネット 329頁

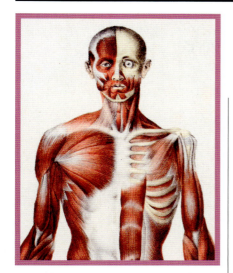

19世紀は、医学書から採ってきたこのイラストに示されているように、解剖学における革命が生じた。フーコーの考えでは、人間について私たちがいだいている現代的観念はこの時期に誕生した。

は不可能だ。フーコーの考えでは、自分たちの目下の観念が歴史上のどの任意の時点にたいしてもうまく適用可能だと想定するのはまったく誤っている。フーコーに言わせれば、私たちが「人間」や「人類」あるいは「人間本性」といったことばを用いるやりかたがその好例だ。

こうした発想の源泉は、イマヌエル・カントの哲学のうちにある。カントは、「なぜ世界はそのあるがままのありかたをしているのか」といった古い問いを放棄して、「なぜ私たちは世界をいま自分たちがおこなっているような具合に見るのか」と問うことで、哲学を転倒した。私たちは、人間とはなんであるかについての自分の考えが根源的で不変的なものだと思いがちだが、じつはそれはごく最近の発明にすぎない。私たちがいだいている「人間」についての特定の観念の起源を、フーコーは19世紀初頭の自然科学が登場したころのことだと考えている。この「人間」の観念は、フーコーに言わせれば、逆説的なものだ。なにしろ私たちは自分を、世界内の客体、つまり研究の対象とみなすと同時に、世界を経験し研究する主体ともみなしているのだ。これはつまり、私たちが二つの方向を同時に見る風変わりな被造物だということだ。

人間のセルフイメージ

フーコーによれば、このような「人間」の観念は、最近の発明品であるばかりか、もうすぐ終焉を迎えようともしている——「波打ちぎわの砂の上に描かれた顔のように」まもなくかき消されてしまうものだ。

フーコーは正しいのだろうか。コンピュータやマン・マシン・インターフェイスが急速に発展しつつある現代において、哲学者のほうがダニエル・デネットやダン・ウェグナーといった認知科学者から提供された情報で主観性の本性について問いかけているような状況下で、砂の上の顔がいますぐかき消されるわけではないにしても、波はびっくりするくらいきわまで押しよせていると感じないではいられない。■

> 人間は、
> 人間の知にたいして提起された
> 最古の問題でもなければ、
> もっとも恒常的な問題でもない
> ミシェル・フーコー

ミシェル・フーコー

フーコーは、1926年にフランスのポワティエで医師の一家に生まれた。第二次世界大戦後、高等師範学校に入学し、モーリス・メルロ＝ポンティの指導のもと哲学を学んだ。1954年をスウェーデンのウプサラですごし、それからポーランドとドイツにしばらく住んだが、1960年にはフランスに帰国する。

1961年に『狂気の歴史』で哲学博士号を取得する。この著作は、狂気と正常の区別が現実のものではなく社会的につくられたものだと論じた。1968年パリで生じた1カ月ほどの学生運動のあと、政治活動に積極的にかかわるようになり、エイズに関連した病気で亡くなるまで、残りの人生を教育者と活動家という二足の草鞋ですごした。

主著

1961年
『狂気の歴史』

1963年
『臨床医学の誕生』

1966年
『言葉と物』

1975年
『監獄の誕生』

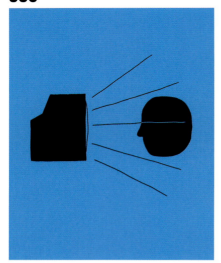

私たちが選択するなら、私たちは心地よい幻想の世界で暮らすことができる
ノーム・チョムスキー
（1928年～　）

その哲学的背景

部門
倫理学

手法
普遍主義

前史
紀元前380年ころ　プラトンが、『国家』のなかで、私たちのほとんどは幻想のなかに生きていると主張する。

1739年　デイヴィド・ヒュームが、『人間本性論』を出版する。ヒュームは、経験主義者でありながら、道徳の原因となるような固定的な原理があるにちがいないと主張する。

1785年　イマヌエル・カントが、その偉大な著作『人倫の形而上学の基礎づけ（道徳形而上学原論）』のなかで、道徳性は普遍性をベースとしたものでなければならないと主張する。

20世紀初頭　ジョン・デューイが、政治とはビッグ・ビジネスによって社会に投げかけられた影だと主張する。

1971年　ジョン・ロールズがその『正義論』のなかで、カントの普遍性概念を復興する。

　ノーム・チョムスキーは、もともとはその言語学における業績で知られていたが、こんにちでは政治権力にかんする分析で夙に知られる。チョムスキーの最初期の政治関連の著作である『アメリカン・パワーと新官僚』は1969年に公刊されたが、そのなかでチョムスキーは、国家が権力をふるう方法と国家が申したてる修辞的な主張とがしばしば食いちがう点を指摘した。チョムスキーの言うところでは、政府が申したてる修辞的主張は、それ自体では私たちが政治権力にかんする真理に到達するのに十分なものとは言えない。政府は、みずからのふるまいを正当化する方法であるかのように、「事実」の言語を語るかもしれないが、その主張は明白な証拠に支えられているにしても、幻想にしかゆきつかず、その結果、政府のふるまいにはそれを正当化する支えが欠けていることが露呈する。もし私たちが国家がどのように機能するかをもっと明晰に理解したいのなら、拮抗し

- もし自分たちの政府がほかの政府よりも本性的に**いっそう道徳的**だと思うのなら……
  → ……私たちは、居心地のよい幻想の世界のうちに住まう選択をしたわけだ
- こうした幻想を**打破する**ために必要なのは……
  - ……自分たちの政府がじっさいにおこなっていることを支持する証拠を探すことだ
  - ……ほかの政府に課しているのと同じ倫理原理を自分の政府にも課さねばならない

現代哲学 **307**

参照　プラトン 50〜55頁 ■ デイヴィッド・ヒューム 148〜53頁 ■ イマヌエル・カント 164〜71頁 ■ ジョン・デューイ 228〜31頁 ■ ジョン・ロールズ 294〜95頁

道徳の主体は国家ではなく人民だ
ノーム・チョムスキー

あうさまざまな修辞形式の対立を超えて、歴史や産業構造、公的な政治文書といったものにまで眼を向けねばならない。

倫理と普遍性

　チョムスキーの倫理的分析は、自身の言うところの「普遍性原理」にもとづいている。その原理の根本は、比較的単純だ。すなわち、最低限私たちは他人に要求する標準と同じものしか自分にも要求すべきではない。これが、信頼するに足るどんな倫理体系においても中心に置かれるべきだとチョムスキーは言う。ここでの核となる心理的洞察は、私たちは他人を擁護する手段には倫理的言語を用いたがるが、自分に判断をくだす段になるとあまりそうしたがらないということだ。それでも、私たちが倫理や道徳にかんする包括的な標準を支持したいなら、しかもそれを首尾一貫させたいなら、私たちは自分に適用するのと同じ標準を他人にも適用しなければならない。政府という観点に立つと、これが意味するのは、私たちは修辞にごまかされることなく、みずからの政治行動を厳格に分析しなければならないということだ。
　これは道徳的な命法でもあれば知的な命法でもある。チョムスキーの考えでは、両者は密接に連関している。チョムスキーによれば、だれかが道徳的要請をしていながら普遍性を侵害しているとしたら、その

要請を真摯に受けとめる必要はないし、むしろそんな要請は拒絶すべきだ。
　私たちが修辞を断ちきって、政治倫理を厳格に検討したいと望むなら、普遍性が不可欠な出発点となろう。グローバル・パワーの本性についてのチョムスキーのある特定の主張——たとえば、ロシア侵攻にたいする抗戦においてウクライナを支援することにたいする反対声明——は大きな論争を巻きおこしたが、だからといってチョムスキーの核となる洞察までもが無効だということにはならない。チョムスキーのある特定の主張を問題にしたいなら、普遍性と入手可能なあらゆる証拠の光に照らしてそうしなければならない。もしチョムスキーの主張の誤りが判明したなら、それらは拒絶されるか修正されるべきだ。逆に正しいことが判明したなら、それにもとづいた行動がなされなければならない。■

アメリカ合衆国の人格化である**アンクル・サム**は、国民からの支援を促す目的で政府に利用される無数にある小道具のひとつだ。そうしたイメージこそが私たちを真理から遠ざける危険をはらんでいることをチョムスキーは警告している。

ノーム・チョムスキー

　チョムスキーは、1928年にアメリカのフィラデルフィアで生まれ、バイリンガルのユダヤ系の家庭で育った。ペンシルヴァニア大学で数学・哲学・言語学を学び、哲学的言語学にかんする画期的な主張となる生成文法論を書きあげる。1957年に公刊した『統辞構造』によって、言語学における主導的人物としての評価が確立し、この領域に革命をもたらした。
　チョムスキーは、言語学の教育と研究をつづけるかたわら、次第に政治への参加を強めてゆく。ヴェトナム戦争への反戦の論陣を張ったことで知られ、その結果として1967年に、アメリカの知的文化にたいする批判である『知識人の責任』を出版するにいたった。こんにちでもチョムスキーは言語学・哲学・政治・国際事象といった多彩なテーマについて執筆と講演を繰りひろげている。

主著

1967年『知識人の責任』
1969年『アメリカン・パワーと新官僚』
2001年『9.11——アメリカに報復する資格はない！』
2006年『墜ちた国家——権力の深淵と民主主義の挑戦』

できることをしないでいるのを正当化するよりも、なにかをしてしまうのを正当化するほうが難しい

フィリッパ・フット
（1920年～2010年）

その哲学的背景

部門
倫理学

手法
帰結主義

前史
1780年 ジェレミー・ベンサムの功利主義が、最大多数の最大幸福を帰結するような行為を支持する。
1785年 イマヌエル・カントが、自身の義務論的道徳哲学の土台をなす定言命法を定式化する。
1859年 ジョン・スチュアート・ミルが、個人の行為への制限が許されるのは、それが他人に危害を及ぼすのを防ぐためのときだけだという危害原理を提唱する。

後史
1976年 ジュディス・ジャーヴィス・トムソンが、トロッコ問題についてのさまざまな反応を引きだす可能性のあるいくつものヴァリエーションを提起する。

帰結主義——行為の道徳性は帰結から評価されるという思想——は、ルネサンス以降の道徳哲学者たちの支持を集めた。カントとその後継者たちのように、私たちがしたがう義務を負う道徳規則が存在すると主張した人びとがいた一方で、行為の帰結に基礎を置くベンサムの功利主義概念に熱狂的に賛意を唱える人びともいた。

核となる原理は、ある行為が道徳的に正当化されうるのは、その行為が最大多数の最大幸福をもたらすときだというものだ。ベンサムの「快楽計算」を改変し、道徳性に到達するための準数学的な方法ももたらされた。だが、のちの時代に示された懐疑からもわかるように、事態はそれほど単純ではなかった。

1967年に、イギリスの哲学者フィリッパ・フットが功利主義の考えかたをテストする一連の思考実験を公表した。そのひとつでフットは、五人の末期患者がいて、その一人ひとりが異なる臓器を必要としているという事態を想定する。そのばあい、五人の生命を救う臓器を得るために、ひとりの健常者の生命を奪うことは道徳的に許せるだろうか。

フットは、のちに「トロッコ問題」として知られる別の思考実験をこれに対置する。制御不能になったトロッコが線路を爆走してくるが、止めるすべがない。このままでは線路修理中の五人の労働者がはねられ死ぬ。トロッコを別の線路に切りかえることはできるが、そうするとそちらで作業している別のひとりが死ぬ。道徳的によりよい選択はなんだろうか。

二つの問題は基本的には同じで、五人を救うためにひとりが犠牲にされる。だが、私たちが本能的に出す解答は一致しない。どちらのばあいでも功利主義的な解答は明白だ。だが、トロッコを迂回

「トロッコ問題」で問われるのは、より多くの生命を救うために能動的に介入するのは、それによって直接にほかのだれかひとりの死が帰結するとしても、道徳的にはよりよいことなのかどうかだ。

現代哲学 309

参照　ニコロ・マキャヴェリ 102〜07頁 ■ イマヌエル・カント 164〜71頁 ■ ジェレミー・ベンサム 174頁 ■ フリードリヒ・ニーチェ 214〜21頁 ■ ジュディス・ジャーヴィス・トムソン 345頁

山岳救助隊にできるのは、**ひとりの登山者**の生命を救うか、**五人のグループ**の生命を救うかのいずれかだ。つまり、**両方を救うことはできない**

↓

ケース1:
グループ五人の生命を救うためには、ひとりの登山者は**放置され死ぬよりない**

↓

これは、**許容できる**

↓

ケース2:
五人の**グループ**にたどりつくためには、救助隊はひとりの登山者をわきに**放りなげて**その**生命を奪わざるをえない**

↓

これは、**許容できることではない**

↓

できることをしないでいるのを正当化するよりも、なにかをしてしまうのを正当化するほうが難しい

フィリッパ・フット

　1920年に、イギリスのオーストン・フェリーに生まれたフィリッパ・フットは、キャプテン・ボーザンケトとエスター・クリーヴランド（彼女の母方の祖父はアメリカ合衆国大統領を務めたグローバー・クリーヴランド）の娘だ。父が製鋼所を経営していたノース・ヨークシャーで育ったフットは、女性家庭教師から個人的に教育を受けていたが、当時は同じ年代の女子生徒が高等教育を受けることは当然視されていなかった。そんななかで、フットはオクスフォード大学のサマーヴィル・カレッジに進学して、哲学と政治学、それに経済学を学び、1942年に学位を取得した。
　第二次世界大戦中はロンドンで仕事につき、そののち歴史家のマイケル・リチャード・ダニエル・フットと結婚した。フェローとしてサマーヴィルにもどり、1969年まで在籍する。客員教授としてさまざまな職務をつとめ、その後カリフォルニア大学ロサンゼルス校に落ちついた。1991年に職を辞してからは、オクスフォードにもどり、その地で90歳の誕生日に生涯を閉じた。

主著

1978年『徳と悪徳ならびに道徳哲学におけるそのほかの試論』
2001年『人間にとって善とは何か──徳倫理学入門』
2002年『モラル・ジレンマ──道徳哲学におけるそのほかの主題』

させるのは許容できても、だれかを臓器のために死なせるのは、それで多数の生命が救われるとしても、受けいれがたいという現実が立ちはだかる。
　この実験が引き金となって多くの道徳哲学者が論争を繰りひろげたが、そのひとりに「トロッコ問題」という呼び名を考案したジュディス・ジャーヴィス・トムソンがいる。トムソンは、フットの思考実験のいくつものヴァリエーションを検討するなかで、運転手の代わりに、制御不能のトロッコの軌道をスイッチの操作で変えられる傍観者を置くことを提案した。この傍観者には2つの選択肢がある。①なにもせず、すべてをそのまま任せ、五人の生命が奪われるがままにする。②なにもしなければ生きのこったはずのひとりに干渉し、彼の死を招く。また別のヴァリエーションで、トムソンは、傍観者が太った人物をひとり線路に放りなげてトロッコを止めて、その人物は死ぬが四人は救われるという可能性を、さらにはひとりで作業している人間が傍観者の友人もしくは身内である、あるいは悪名高い犯罪者ないし高名な慈善家であるとして、ジレンマの尺度をあれこれとずらしている。
　人数を重視する功利主義的な考えかたに疑いを投げかけることで、フットとトムソンは、故意になにかを生じさせることとできごとを成りゆきに任せることとでは明白な道徳的差異が存在すると主張した。■

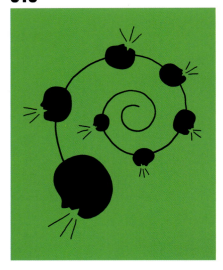

社会はそれ自身の伝統の批判に依拠している
ユルゲン・ハーバーマス
（1929年〜　　）

その哲学的背景

部門
政治哲学

手法
社会理論

前史
1789年　フランス革命がはじまり、フランスにおける「表象」的権力構造の終焉が明瞭になる。
1791年　ジェレミー・ベンサムが、「公共」という観念の早い段階での探究である試論『公共性について』を著す。
1842年　カール・マルクスが、エッセイ「出版の自由」を執筆する。

後史
1986年　エドワード・サイードが、ハーバーマスとフランクフルト学派を、そのヨーロッパ中心的な観点と人種問題や帝国主義問題への沈黙の点で批判する。
1999年　カナダの著述家ナオミ・クラインの『ブランドなんか、いらない――搾取で巨大化する大企業の非情』が、広告とマスメディアに支配された時代における公共圏の運命を問題にする。

　ドイツの哲学者ユルゲン・ハーバーマスにしたがうなら、現代社会はテクノロジーの進展にばかりでなく、みずからの伝統にたいして集団で批判したり推論したりする私たちの能力にも左右される。ハーバーマスが言うには、理性は私たちの日常的なコミュニケーションの中核に位置している。だれかが、なにかを言ったり、おこなったりする。すると私たちは、「なんでそんなことをしたんだ」とか「なんでそんなことを言ったんだ」といった反応を返す。私たちは絶えず正当化を求めているわけで、その点にハーバーマスが「コミュニケーション的」理性について語る理由がある。ハーバーマスの考えでは、理性とは抽象的な真理の発見にかかわるものではなく、他者にたいして自分を正当化する必要を私たちが感じているという現実にかかわる能力だ。

公共圏の誕生

　1960〜70年代にかけて、ハーバーマスは、コミュニケーション的理性と、自身の言うところの「公共圏」とのあいだにはつながりがあるという結論をくだしていた。ハーバーマスが言うには、18世紀までは、ヨーロッパ文化は主として「表象的」だった。つまり、支配階級が正当化など必要としないその権力を、印象的なページェントや巨大な建造物などのかたちで誇示することで、市民たちにみずからを「表象」しようとしていた。だが18世紀になると、さまざまな公共圏が出現した。それらは国家の統制の届かないところにあり、文芸サロンやコーヒーハウスといった形態を採った。これらは、個々人が一緒になって会話したり理性的な討論をしたりする場所として機能した。公共圏のこうした成長が、表象的な国家文化の権威への問いかけの機会を増していった。公共圏は、親しい友人や家族とすごす私的な空間と、国家権力に支配された空間のあいだの緩衝材的な「第三の場

コーヒーハウスは、18世紀に大都市における社会生活と政治生活の中心となった。「不満分子たちの出会う」場所と記されたように、これを閉鎖しようとする試みは頻繁に見られた。

現代哲学 311

参照 ジェレミー・ベンサム 174頁 ■ カール・マルクス 196〜203頁 ■ テオドール・アドルノ 266〜67頁 ■ ノーム・チョムスキー 306〜07頁 ■ エドワード・サイード 325頁 ■ エドガール・モラン 344頁 ■ ニクラス・ルーマン 345頁

所」となった。

　私たちは、公共圏を創設することで、自分がほかの人びとと利害＝関心を、それも国家によっては保障されないような利害＝関心をともにしていることを知る機会を増していった。この帰結として、国家の行為にたいして問いかけを発する可能性が生まれた。ハーバーマスの考えでは、このような公共圏の発展が、1789年のフランス革命の引き金が引かれる一因になった。

　18世紀以降も公共圏が拡大してゆくにつれて、民主主義的なかたちで採択された政治制度や国家から独立した裁判所、さまざまな権利にかんする法案といったものが著しく増加してゆく。だが、ハーバーマスの見るところ、権力の恣意的な行使にたいするこうした歯どめの多くは、いまや脅かされつつある。たとえば新聞は、個々人の理性的な討論のための機会を提供する力をもっているが、もし出版社が大企業に管理されてしまえば、そうした機会は減らされることだろう。実のある問題にかんする詳細な討論は華やかなゴシップにとって代わられ、私たちは批判的かつ合理的にふるまう主体から心を失った消費者に変えられてしまう。■

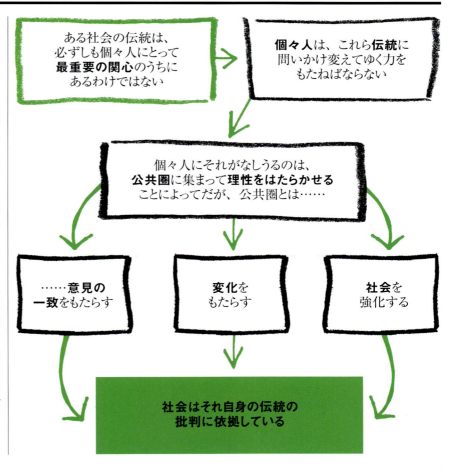

ユルゲン・ハーバーマス

　ユルゲン・ハーバーマスは、ナチ体制下のドイツで育った。ニュルンベルク裁判（1945〜46年）につづいて芽ばえた「自分たちが危機的なシステムのうちで生きている」という自覚は、ハーバーマスの哲学に消えることのない影響を与えてゆく。

　1954年に博士号を取得すると、ハーバーマスはマックス・ホルクハイマーやテオドール・アドルノをふくむフランクフルト学派のメンバーたちと共同研究に従事する。1960〜70年代にかけて、ボンとゲッティンゲンの大学で教壇に立ち、1982年にフランクフルト大学の哲学教授となったのちは、1993年に引退するまで教壇に立ちつづける。さらに近年になって、ハーバーマスは公共圏（の議論）にかんして積極的な役割を引きうけるようになり、ホロコーストの否認や国際的テロリズムについての討論に参加している。

主著

1962年	『公共性の構造転換』
1981年	『コミュニケーション的行為の理論』
1985年	『近代の哲学的ディスクルス』
2005年	『自然主義と宗教のあいだで』

テクストの外部はない

ジャック・デリダ
(1930 年〜 2004 年)

314　ジャック・デリダ

その哲学的背景

部門
認識論

手法
脱構築（デコンストラクション）

前史
紀元前4世紀　プラトンの『メノン』が、「アポリア」の観念を探究する。
20世紀初頭　チャールズ・サンダース・パースとフェルディナン・ド・ソシュールが、それぞれ記号と象徴の研究（記号学）を開始し、これがのちに『グラマトロジーについて』に大きな影響を与える。
1961年　エマニュエル・レヴィナスが、『全体性と無限』を刊行する。この書は、デリダの『エクリチュールと差異』におさめられたレヴィナス論にたいする応答であった。レヴィナスは、後期デリダの倫理にかんする探究において次第にその影響力を増していった。

後史
1992年　イギリスの哲学者サイモン・クリッチリーの『脱構築の倫理』が、デリダの業績の諸相を探究する。

> 私たちはみな媒介者であり翻訳者だ
> ジャック・デリダ

ジャック・デリダは、20世紀の哲学者のなかでもっとも論議の的となった人物のひとりだ。デリダの名は、なによりもまず「脱構築（デコンストラクション）」と結びつけられるが、これは私たちが文字で書かれたテクストの本質をどのように読み理解するかについてのとても複雑でニュアンスに富んだアプローチだ。デリダがそのよく知られた著作『グラマトロジーについて』で述べた「テクストの外部にはなにもない」（フランス語原文からするなら、「テクストの外部はない」とも訳せる）という断定の意味を知りたいなら、デリダの脱構築的アプローチの特徴をもっと詳細にみておく必要がある。哲学書であれ小説であ

れ、ある本を手にとるとき、私たちは自分の手のなかにあるものがそれなりに自足した全体として理解あるいは解釈できるものだと頭から思っている。かりにそれが哲学書であったばあい、私たちはそれがとりわけ体系的かつ論理的に書かれていると期待したくなる。書店に行って、『グラマトロジーについて』のある版を手にとったとしよう。最後まで読みおえたなら、「グラマトロジー」そのものがなんであるのか、この主題についてデリダが主としてどのようなことを考えているのか、それが世界についてなにを教えてくれるのかといったことがわかるものと期待しているだろう。だが、デリダの考えでは、テクストのはたらきとはそんなものではない。

アポリアと差延（さえん）

もっとも簡明なテクスト（もちろん『グラマトロジーについて』はそうしたものではない）でさえ、デリダが「アポリア」と呼ぶものに満ちている。「アポリア」という語は、古代ギリシアの語彙に由来しているが、もともとの意味は、「矛盾」とか「謎」あるいは「袋小路」をさす。デリダの考えでは、文字で書かれたあらゆるテクストにはそうした断絶や欠落、矛盾が潜んでおり、脱構築（デコンストラクション）というデリダの手法は、こうした謎や袋小路に注意をはらいながらテクストを読みすすめる方法だ。さまざまなテクストに姿をあらわすこうした矛盾を探究するなかで、デリダがめざすのは、テクストとはなんであり、なにをするものかについての私たちの理解の幅を押しひろげ、一見

どれほど単純に思われるテクストの背後にさえ複雑なものが潜んでいるのを示すことだ。脱構築とは、隠された逆説や矛盾をあかるみに出しつつテクストを読む手法だ。だが、これは私たちが哲学や文学をどう読むかということだけにかかわる話ではない。デリダのこの手法には、もっと広大な射程がはらまれており、それによって言語と思想、さらには倫理のあいだの関係までもが疑問に付される。

ここで、デリダの語彙からひとつの重要な術語「差延［différance］」を導入することが理解の助けとなるだろう。この語は、一見するとタイプの打ちまちがいのように見えるかもしれない——じっさい、この語がはじめてフランス語の辞書に登録されたときには、デリダの母親さえもが厳しい顔をして「でもね、デリダ、あなたが綴（つづ）ったとおりには載ってないようね」とデリダに語ったという話がまことしやかに流布しているありさまだ。だがじっさいには、差延は、言語の急所をさし示すべくデリダがみずからつくりだした語だ。
「差延」は、フランス語の「差異［différence］」（「異なること」を意味する）とやはりフランス語の「遅延［déferrer］」（「遅らせること」を意味する）をかけあわせたものだ。この語がどんなふうに使われるかを理解するには、この「遅らせること」と「異なること」とが現実の場面ではどんなふうにはたらく

植字工は、タイプのプレートを印刷前に入念にチェックできる立場にあるが、そこに表明されている観念は、デリダに言わせるなら、どれだけ分析を施しても除去しえないほどの「アポリア」や矛盾に満ちている。

現代哲学　315

参照　プラトン 50〜55頁 ■ チャールズ・サンダーズ・パース 205頁 ■ フェルディナン・ド・ソシュール 223頁 ■ エマニュエル・レヴィナス 273頁 ■ ミシェル・フーコー 304〜05頁 ■ ルイ・アルチュセール 344頁 ■ ルネ・ジラール 344頁

私たちの書くことの意味は、デリダの考えでは、つぎになにを書くかによって変わる。ただ文字を書くだけの驚くほど単純な行為でさえ、テクストそのものの内部での意味の遅延につながることがある。

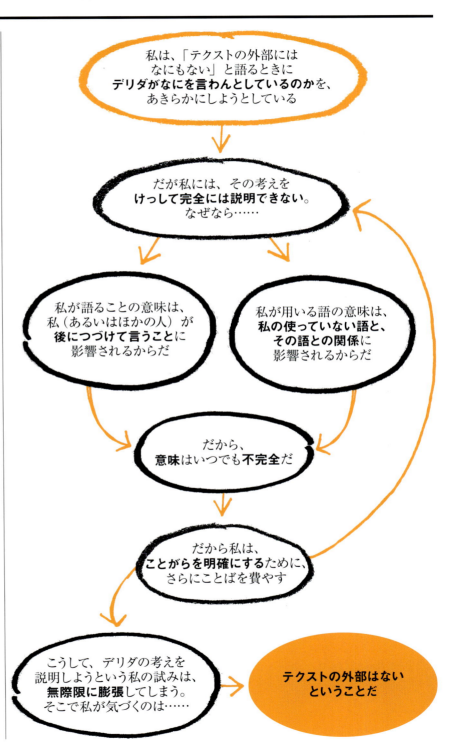

かを考察するのが一番だろう。遅らせるほうから見てみよう。「猫……」と私が発言し、ついで「僕の友人が見かけた……」と付けくわえ、さらにあいだを置いて「庭で……黒白のぶちだった……」と発言する場面を想像してもらいたい。私が用いている「猫」という単語の正確な意味は、つぎつぎと情報が付加されるとともに引きのばされてゆく。もし私が、「猫……」と言ったところでことばを切って、友人にも庭にも言及しなければ、「猫」の意味は異なったものになっていただろう。言いかえるなら、すでに言ったことになにかを付けくわえれば付けくわえるほど、すでに言ったことの意味は修正されてゆく。このようにして意味は、言語において遅らされてゆく。

だが、ここで進行している事態はこれだけではない。デリダの考えでは、「猫」の意味は、私のことばと世界内のじっさいのものとのあいだの関係のうちに潜んでいるものではありえない。語はその意味を言語体系全体のなかでの位置に応じて受けとる。だから、私が「猫」と言うとき、この語に意味があるのは、語と現実の猫とのあいだになにか不思議な結びつきがあるか

ジャック・デリダ

> **私たちは記号を用いてしか思考できない**
> ジャック・デリダ

書かれた語

デリダの考えでは、差延とは自分たちがエクリチュールに負っていることを私たちに気づかせてくれる言語の一側面だ。古代ギリシアの時代以来、哲学者たちはエクリチュール、すなわち書きとめられたことばに不信感をいだいていた。プラトンの対話篇『パイドロス』で、ソクラテスは、文字の発明にかんする神話を紹介するなかで、文字は「智恵の見かけ」を与えるだけで、智恵の実質をもたらしてはくれないと述べている。エクリチュールは、哲学者によって思考の対象とされるばあいには、まずまちがいなく、話されたことばのたんなる褪せた反映としかみなされないという傾向を帯びている。話されたことばのほうが、コミュニケーションの初次的手段とみなされてきたのだ。デリダはこれを逆転しようとする。デリダの言うところでは、書かれたことばは、話されたことばには伝えられえないなにかを私たちに伝えている。

伝統的には、話されたことばのほうが、哲学的観念を伝達する手段として強調されてきたが、このような態度は、デリダに言わせれば、ことばの意味に直接近づくことが可能であるかのような考えに私たち全員を誤って引きずりこんでしまう。意味は「現前」にかかわるものだと私たちは思いこみがちだ――他人と会話しているとき、相手がその考えを私たちにじかに「現前」させていると私たちは思っているし、こちらも相手に同じことをしているつもりでいる。なにかはっきりしない点があったら、私たちは会話相手に明確に話すよう求める。なんらかの謎やアポリアがあれば、おたがいに話を明確にしようと努めるし、そんな気づかい自体が気づかれることもなく過ぎさってゆくものだ。ここから私たちは、意味一般は現前にかかわるものだと考えるようになる。たとえば、「猫」の本当の意味は膝の上の猫に見いだされうると考えてしまうように。

だが、書かれたテクストをあつかうばあいには、私たちは現前へのこうした素朴な信仰から解放される。私たちに弁明と申しひらきをすべく手ぐすね引いている作者などそこにはいないのだから、私たちは複雑さと謎と袋小路に気づく。まったく突然に、ことばは以前よりもちょっと複雑なもののように見えはじめる。

意味に問いかける

テクストの外部にはなにもないと主張するからといって、デリダは、いっさいは書物の世界にかかっているとか、「生身」の世界など問題にはならないなどと言おうとしているわけではない。ましてや、テクストの背後にある社会的関係の重要性を貶めようというのでもない。そうだとすると、正確なところデリダはなにを言わんとしているのだろうか。

第一に、デリダが示唆しているのは、意味とは「異なること」と「遅らせること」という二重の意味での差延の問題だという考えを真摯に受けとるなら、そしてその上で、世界についてどう考えるべきかという問いに取りくむなら、意味とは私たちの考えているようにわかりやすいものではなく、つねに脱構築によってこじ開けられる可能性に開かれているという事実に、つねに注意をはらう必要があるということだ。

第二に、デリダは、考えたり話したり書いたりするさい、私たちがいつでも自分では気づいてもわかってもいないようなありとあらゆる政治的・歴史的・倫理的問いにすでにして巻きこまれているということを示唆している。だからこそ、脱構築とは本

らではなく、このことばがたとえば「犬」とも「ライオン」とも「シマウマ」とも異なっているからだ。

遅らせることと異なることというこの二つの概念を一緒にしてみると、そこから言語一般にかんするとても奇妙な帰結が引きだされる。私たちが語ることの意味は、最終的にはつねに遅らせられる。なにしろ、それはそのほかに私たちがなにを言うかに左右される。そして、私たちがさらに言ったことの意味もまた、そのあとに私たちが言うことに左右される……。その一方で、私たちが用いるどの特定のことばの意味も、そのとき念頭には置かれていない自余のいっさいのことばに左右される。このように意味は、テクストそのものの内部において自足しないのだ。

テクストの外部はないという**デリダ自身の主張**は、それ自体がデリダの脱構築の手法を用いた分析に開かれている。本書で説明された考えでさえ、差延を免れない。

現代哲学 **317**

1968年にアメリカでおこなわれた講演のなかで、デリダはヴェトナム戦争**反対の意志を表明した**。多くの政治問題や論争への能動的な関与がきっかけとなって、デリダの後期の著作が書かれていった。

質的には倫理的実践なのだと主張する哲学者もいる。あるテクストを脱構築的に読むさい、私たちはそのテクストが申したてている主張に疑問を感じたり、隠されたままになっている困難な倫理的問題をあらわにしたりする。たしかに後期になると、デリダは、「歓待(ホスピタリティ)」や「赦し(ゆるし)」といった観念から生じる、まさに現実の倫理的問題や矛盾のほうへ関心を向けるようになってゆく。

デリダ批判

デリダの思想が、意味がすべてテクストのなかに現前することはけっしてありえないという考えにもとづいているとすれば、デリダのテクストが難解極まりないものとなるのも驚くには当たらない。デリダの同時代人のひとりであったミシェル・フーコーは、デリダの思考は意図的に晦渋(かいじゅう)になっていると批判した。デリダの主張が本当のところなにを言わんとしているのかを正確に述べるのはしばしば不可能になっていると、フーコーは批判したのだ。これにデリダがどう応えるかといえば、おそらく、なにか主張があるという観念自体が、デリダが問題視してやまない「現前」の観念に依拠したものだということになるだろう。これははぐらかしのように思われるかもしれない。だが、デリダの考えを真摯に受けとめるなら、テクストの外部にはなにもないという考えかたそのものにしてもテクストからは逃れられないと認めなければならなくなる。そうなると、この考えを真剣に受けとめることそのものが、それを懐疑的にあつかうこと、つまりはデリダ自身の言うように、それを脱構築して、そのなかに潜んでいるはずの謎や矛盾や袋小路を探究することにつうじてゆくことになろう。■

ただ難解だからという理由だけのために、難解であろうとする誘惑に屈したことはない
ジャック・デリダ

ジャック・デリダ

ジャック・デリダは、当時フランスの植民地であったアルジェリアにユダヤ人の両親のもとに生まれる。早い時期から哲学に関心を示したが、プロのサッカー選手になりたいという夢も捨てられなかった。最後に残ったのは哲学で、1951年にデリダはパリの高等師範学校に入学し、そこで同じくアルジェリア出身だったルイ・アルチュセールと親交を結ぶ。のちにアルチュセールも、デリダと同じく、その時代のもっとも傑出(けっしゅつ)した思想家のひとりになってゆく。

1967年に『グラマトロジーについて』『エクリチュールと差異』『声と現象』を公刊し、デリダの知的名声は一挙に確立された。ヨーロッパとアメリカのさまざまな大学を定期的に訪れては講義し、1986年にはアーバインのカリフォルニア大学で人文科学の教授に任命される。デリダの後期の著作は、次第に倫理問題に収斂(しゅうれん)していったが、そこにはエマニュエル・レヴィナスの影響が認められる。

主著

1967年
『グラマトロジーについて』
『エクリチュールと差異』
『声と現象』
1994年
『友愛のポリティックス』

私たちの奥底には、私たちが自分でそこに置いたもの以外にはなにもない

リチャード・ローティ
（1931 年〜 2007 年）

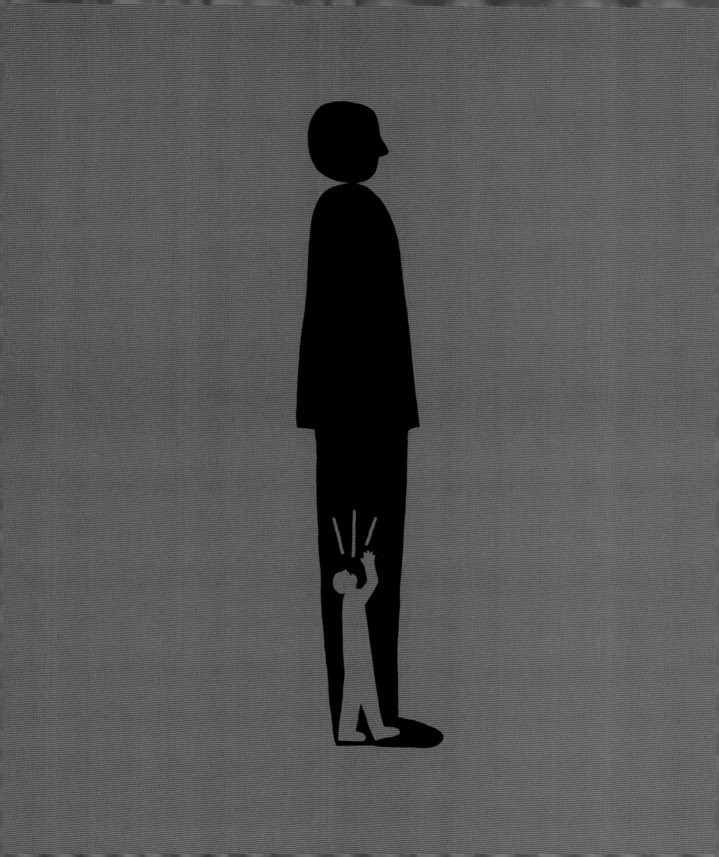

リチャード・ローティ

その哲学的背景

部門
倫理学

手法
プラグマティズム

前史
紀元前5世紀 ソクラテスが、正義や善そのほかの概念の本性を、アテナイの市民たちとともに議論する。
紀元前4世紀 アリストテレスが、精神の本性にかんする論考(『霊魂論』)を著す。
1878年 チャールズ・サンダーズ・パースが、「プラグマティズム」という用語を考案する。
1956年 アメリカの哲学者ウィルフリド・セラーズが『経験論と心の哲学』を刊行して、「所与の神話」を疑問視する。

後史
1994年 南アフリカ出身の哲学者ジョン・マクダウェルが、ローティの業績の決定的な影響下に書かれた『心と世界』を公刊する。

魂とは奇妙なものだ。自分の魂について多くを語ることも、魂とはどんなものなのかを描写することも不可能だというのに、私たちのほとんどは、自分たちのだれもがどこか奥深いところにそうしたものをもっていると固く信じて疑わない。そればかりでなく、私たちはこの魂なるものこそが根本となる自我(「私」)であり、それと同時にこの魂なるものは直接に真理なり現実なりと結ばれているとさえ考えている。

自分自身を一種の「分身」——それが魂であれ、「現実に固有の言語を用いる」深層の自我であれ——をもったものとして思いえがくというこうした傾向こそ、アメリカの哲学者リチャード・ローティがその著書『プラグマティズムの帰結』(1982年)の序論で探究した問題だ。ローティの論じるところでは、私たちがそうしたものを所有していると思っているかぎりにおいて、魂は人間の発明品であり、私たちがみずからそこに置いたものだ。

鏡としての知

ローティは、アメリカのプラグマティズムの伝統のうちで思索を展開した哲学者だ。ある言明を吟味するさい、大半の哲学的伝統においては、「これは真理か」と問われるが、それは「これはあるがままの事物を正確に表象しているのか」という意味だ。だが、プラグマティストは、言明をまったく異なった方法で問う。このばあいで言うなら、「これを真理と受けいれることからどのような実用的な結果が引きだされるのか」と問うのだ。

ローティの最初の主著である『哲学と自然の鏡』は1979年に出版されたが、それは、知とは一種の心的な鏡のように、世界を正確に表象するものだという考えに異議を唱える試みであった。ローティに言わせれば、知にたいするこうした見方は二つの理由からして擁護できない。第一に、私たちは、自分たちの世界経験が直接に私たちに「与えられて」いるものと想定してい

> 哲学は、
> より厳密になることによってではなく、より想像的になる
> ことによって進歩する
>
> リチャード・ローティ

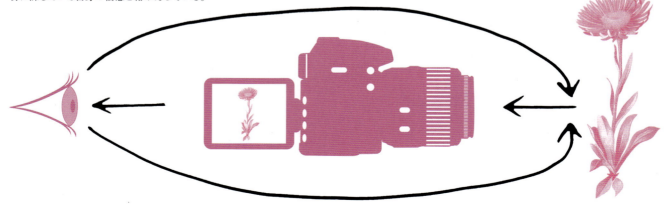

ある種の知の理論は、私たちが知を獲得する過程はカメラが光をとらえるように「生まのデータ」を蓄積することによって進展すると主張する。だが、ローティによれば、私たちの知覚は私たち自身が世界内の事物に課している自身の信念と絡みあっている。

現代哲学 321

参照 ソクラテス 46～49頁 ■ アリストテレス 56～63頁 ■ チャールズ・サンダース・パース 205頁 ■ ウィリアム・ジェイムズ 206～09頁 ■ ジョン・デューイ 228～31頁 ■ ユルゲン・ハーバーマス 310～11頁

る。つまり私たちの経験するものは、あるがままの世界の生のデータだと思いこんでいる。第二に、こうした生のデータが集積されれば、自分たちの理性（あるいはなんらかの心的能力）がそれにもとづいて作業にとりかかり、この知が集まって全体としてどのように調和するかを再構成し、世界内部がどのようになっているのかを鏡像のように映しだすものと思いこんでいる。

ここでローティは、「所与のもの」としての経験という観念は神話だと主張したウィルフリド・セラーズにならっている。私たちは、けっして生のデータに類したものには到達しえない。たとえば、思考とも言語ともかかわりのない観点に立って、犬そのものを経験することはできない。私たちにできるのは、なんであれその対象を概念化することをとおしてそのものに気づくことだけであり、しかも概念とは言語をつうじて学ばれたものだ。だから、私たちの知覚は、世界を分割するために私たちが言語を用いる習慣的なやりかたと複雑に絡みあっている。

ローティが示唆するのは、知は「会話や社会的実践」のように自然を鏡で映すためのものではないということだ。なにを知とみなすかの決定をくだすとき、私たちの判断は、「事実」がどれほどしっかり世界とリンクしているかに左右されるわけではないし、それが「社会が私たちに言わせようとしている」ことなのかどうかに左右されるわけでもない。つまり、私たちがなにを知とみなし、なにを知とみなさないかは、私たちが生活をしている社会の文脈や歴史、周囲の物事がなにを主張することを私たちに許容するかといったことに左右される。ローティに言わせれば、「真理とは、あなたの同時代の人びとによってあなたが言う気になることにほかならない」。

判断のための理由

だが、真理は本当に私たちが思いついたものに還元できるのだろうか。ここには

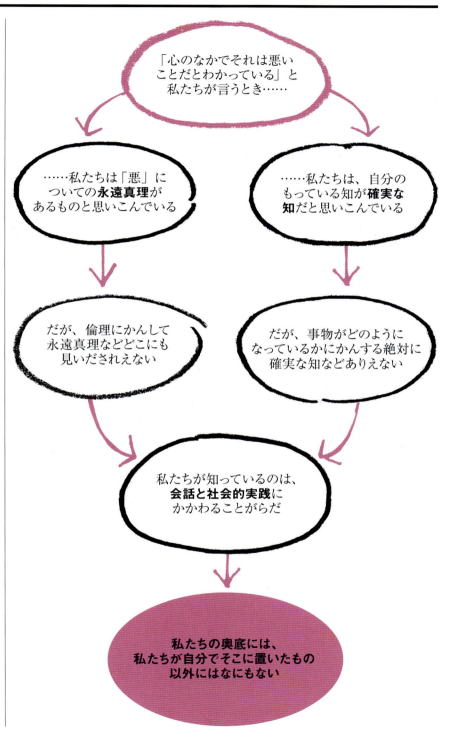

リチャード・ローティ

子どもを兵士として使うのは、どうみても悪いことのように思われる。だが、ローティに言わせれば、倫理的な絶対はない。倫理とは、よりよい世界を実現すべく、他者との連帯をつうじて、自分の最善をつくすことにかかわる。

倫理の問題をめぐって、混乱をひきおこしかねないいくつかの要因があることをローティは見のがさない。たとえば、隣人の飼っているハムスターを、その鳴き声が耳障り（みみざわ）だというだけの理由で、誘拐して、それにありとあらゆる残酷な拷問をくわえるとしてみよう。か弱いハムスターにそんなことをする（あるいは、このばあいで言うなら、隣人にたいしてそのようなふるまいにおよぶ）のが、道徳的に許しがたいふるまいであることにはだれもが同意するだろう。ほかの生きものにたいしてそのようなふるまいにおよぶのは絶対的かつ根源的にまちがっているとさえ言われるかもしれない。そして、そんなふるまいをするよう他人を唆（そそのか）したりすべきではないということにもだれもが同意するだろう。

だが、これは道徳的に許されざるふるまいだと私たちが言うその理由を考えてみると、事態は一変してくる。たとえば、根が不器用な道徳哲学者からハムスター（あるいは馬や人間）をそんなふうにあつかうこと

ひ孫のためにどんな世界を
準備できるだろうか
リチャード・ローティ

のどこが悪いのかと問われたとしてみよう。まずあなたは、ありとあらゆる理由と思われるものを並べたてるだろう。だが、哲学とはあるがままのものであり、道徳哲学者とは現にあるがままの類いの存在なのだから、あなたの考えつくどんな理由にたいしても、その哲学者の友人は反論を用意するだろうし、あなたのほうを逆にある種の矛盾へと連れこむかもしれない。

じっさいこれは、古代ギリシアで哲学者ソクラテスがおこなったことと瓜二つだ。ソクラテスが望んだのは、「善」や「正義」といった概念が本当のところどのようなものなのかをはっきりさせることであり、そのためにソクラテスはこうした概念を用いている人びとに問いかけ、それらがなにを意味しているのかを彼らが本当に知っているのかどうかを吟味した。プラトンの対話篇からわかるように、ソクラテスが会話を交わしたほとんどのひとが、自分たちが話題にしていることがらについて、それまでは完璧（かんぺき）に把握しているつもりでいたにもかかわらず、じっさいには驚くほどなにもわかっていなかった。同様に、現代のソクラテスからハムスターをどうあつかうべきかについて1、2時間も問いかけられたなら、あなたはイライラのあまり、思わず「とにかくぼくには心の奥底で、それがいけないことだってわかってるんだ」ともらしてしまうかもしれない。

私の心の奥底

私たちが比較的頻繁（ひんぱん）に口にしたり考え

たりすることがらがある一方で、そのとき自分がなにを言わんとしているのかが自分でもあまりはっきりしていないことがらもある。この考えをもっと詳しく吟味するために、それを三つの部分に分けてみよう。「心の奥底で、それがいけないことだってわかってるんだ」と語るとき、私たちはあたかも世界のどこかに「悪」そのものとでもいったものが現にあり、それについてなにかを知ることが可能であるかのように語っている。だが、ある哲学者が言うように、そのとき私たちは、この特定の悪に対応する「悪」それ自体の本質といったものがあるかのように語っているわけだ。

第二に、自分には心の奥底でちゃんと「わかってる」と言うことで、私たちは「心の奥底」なる神秘的実体が、その根拠は不明だが、真理についての特定の理解を有しているということを暗に主張している。

第三に、私たちは、自分の「心の奥底」と世界のなかに現にあるはずの「悪」そのものとのあいだにはっきりした関係があるかのように――たとえば自分の心の奥底にあるもののことがわかれば、絶対に確実な種類の知に到達しうるとでも言わんばかりに――語っている。言いかえるなら、これは知とは世界を鏡に映すやりかただという考えの別ヴァージョンでしかないということだ。そして、これこそがローティには受けいれがたい論点なのだ。

絶対者なき世界

自分の信念に一貫性をもたせようとする

たがいに頼りあうことが
できるなら、ほかにはなにも
あてにしなくてよい
リチャード・ローティ

なら、ローティは根本的に道徳的な真理という観念を放棄するよりほかないと言う。知が「社会が私たちに言わせようとすること」であるなら、絶対的な善も悪もない。これが受けいれがたい結論であることはローティも認める。だが、なにか道徳的によくないことをするさいに、自分の奥底にあるなにかを裏切っているのだと思いこむいわれがどこにあるのか。ささやかな人間的慎みを保つためにでさえ、「人生には真理があり、絶対の道徳法則があるのだが、自分はいまそれを侵犯しているのだ」と考えなければならないのだろうか。ローティはそうは考えない。ローティが堅持するのは、私たちが有限な存在者であり、その存在は地上での短い期間にかぎられており、もっと深いところにある根本的な道徳的真理にじかにつながっているような者なのではないということだ。

倫理的存在者として生きるのに、絶対の道徳法則を**信じる必要はない**。対話・社会的希望・他者との連帯によって、「善」を実用的に定義できるようになる。

どひとりもいないということだ。だが、そう言ったからといって、人生の問題が消えさるわけでも、問題とならなくなるわけでもない。そうした問題は依然として私たちについてまわり、絶対の道徳法則などないままに私たちはありあわせでなんとかやりくりするしかない。ローティに言わせれば、私たちは「一緒になって闇に抗ってしがみついている他人へのみずからの誠実さ」とともに置きざりにされている。発見されるべき絶対の善悪の分別（センス）などありはしない。私たちはたんに自分の希望と誠実さにすがりつづけ、こうした困難な話題を論じる錯綜（さくそう）した会話に参加しつづけるよりほかにない。

おそらく、ローティが言おうとしているのは、真理には絶対の標準などないと認めることから生じる謙虚さ、私たちが他者とのあいだに結ぶ連帯、生きるに値する世界を未来の世代に残すべく貢献できればという希望があれば十分だということだ。■

リチャード・ローティ

　リチャード・ローティは、1931年にアメリカのニューヨークに生まれた。両親は政治活動家で、ローティ自身が自分の幼年時代を語ったことばによるなら、ロシアの革命家レオン・トロツキーを読みふけったようで、12歳のころには、「人間であることの核心は、一生をかけて社会の不正と闘うことにある」ということがわかっていたそうだ。早熟で15歳のころからシカゴ大学に通うようになり、1956年にはイエール大学で哲学の博士号を取得した。その後2年間を軍隊ですごしてから教員になった。自身のもっとも重要な著作『哲学と自然の鏡』を書いたのは、プリンストン大学で哲学の教授をしていたころのことだ。ローティは哲学・文学から政治にいたるまで多岐にわたって執筆活動をつづけ、20世紀の哲学者にしては珍しく、いわゆる分析哲学の伝統にも大陸哲学の伝統にも近いところにいた。75歳でがんで亡くなった。

主著

1979年『哲学と自然の鏡』

1989年『偶然性・アイロニー・連帯
　　　――リベラル・ユートピアの
　　　可能性』

1998年『アメリカ未完のプロジェクト――20世紀アメリカにおける左翼思想』

1999年『リベラル・ユートピアという希望』

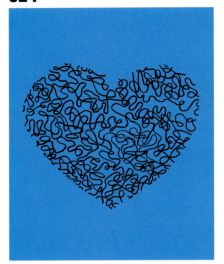

あらゆる欲望は狂気に関係している
リュス・イリガライ
（1932年～　）

その哲学的背景

部門
政治哲学

手法
フェミニズム

前史
1792年　メアリ・ウルストンクラフトの『女性の権利の弁護』が、社会における女性の地位についての真剣な議論をはじめておこなう。
1890年代　オーストリアの精神分析学者ジグムント・フロイトが、自身の精神分析の方法を確立し、これがのちにイリガライの著作に多大な影響を与える。
1949年　シモーヌ・ド・ボーヴォワールの『第二の性』が、性差に潜むさまざまな問題を探究する。

後史
1993年　リュス・イリガライが、『性差の倫理学』のなかで、性差にかんする非西洋的な思想スタイルに方向転換する。

　ベルギー出身のフランスの哲学者にして分析家リュス・イリガライの名は、なによりも性差の観念に結びついている。無意識の言語的構造を探究したことで知られジャック・ラカンの弟子であったリュス・イリガライは、あらゆる言語は本質的に男性形で書かれていると主張した。

　『性と考古学』（1993年）のなかで、イリガライは、「あらゆるところで、なににおいても男性の発話や男性の価値、夢や欲望が法律となっている」と書いている。イリガライのフェミニズムの業績は、男性中心主義から解放された、真に女性的な語り口や夢想、さらには欲望を見つけだそうとする格闘として評価することができる。

叡智と欲望
　この問題に取りくむにあたって、イリガライは、あらゆる思考は——叡智や確実性、正確さや節度をもった話しぶりゆえに、一見したところもっとも冷静で客観的に響く哲学でさえもが——ある欲望に支えられているという可能性を示唆する。伝統的に男性中心主義的な哲学は、みずからを支えている欲望を見損なっているために、その表面上の合理性の下にありとあらゆる非合理的な衝動が煮えたぎっていることを認めることもできないでいる。

　イリガライが言わんとしているのは、おのおのの性は欲望にたいしてそれ固有のかかわりをもっており、その結果としておのおのの性は狂気へのかかわりをももたざるをえないということだ。ここから、男性性を合理性と、女性性を非合理性と等置してきた長きにわたる伝統が疑問に付されることとなる。またここから、女性にとっても男性にとっても等しく、哲学について書き思考する新しいやりかたの可能性がひらけてくる。■

ひとは女性という役割を
あえて引きうけなければならない
リュス・イリガライ

参照　メアリ・ウルストンクラフト175頁　■　ルートヴィヒ・ウィトゲンシュタイン246～51頁　■　シモーヌ・ド・ボーヴォワール276～77頁　■　エレーヌ・シクスー326頁　■　ジュリア・クリステヴァ328頁

現代哲学 **325**

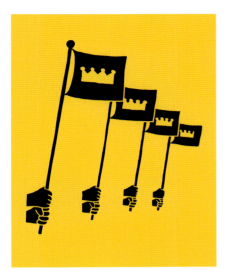

どんな帝国も、自身ともほかのどんな帝国とも似ても似つかない世界を語る
エドワード・サイード
（1935年〜2003年）

その哲学的背景

部門
政治哲学

手法
ポストコロニアリズム

前史
19世紀 西洋の学者たちが、みずから植民地にかかわる主題の歴史を探究しはじめる。
1940年代 第二次世界大戦の余波のなかで、ヨーロッパの植民地支配が、ばらばらになり崩壊しだす。
1952年 フランツ・ファノンが、コロニアリズムによってひきおこされたダメージについての初期の研究である『黒い皮膚、白い仮面』を著す。

後史
1988年 インドの哲学者ガヤトリ・チャクラヴォルティ・スピヴァクが、『サバルタンは語ることができるか』を著して、ポストコロニアリズムを研究する。
2000年以降 ノーム・チョムスキーらの学者が、帝国主義というモデルを用いて、アメリカのグローバル・パワーの解釈を展開しはじめる。

パレスチナ出身の著述家エドワード・サイードは、20世紀でもっとも著名な帝国主義批判者のひとりだ。1978年に公刊された『オリエンタリズム』は、19世紀のヨーロッパの学者たちによっておこなわれたイスラム社会の叙述がヨーロッパ諸国の帝国主義イデオロギーとどれほど密接に連動していたかを探究するものであった。

後期の著作においてサイードは、過去現在を問わずあらゆる形式の帝国主義の批判者でありつづけた。サイードが指摘するのは、私たちは過去の帝国の批判者にはなりえても、当の帝国は世界に文明を発信していると自負しているという点だ。しかるに、これこそは帝国が援助を差しのべたつもりでいる相手側の人びとからは共有されない見解だ。帝国は、略奪し支配する一方で、自身が「文明化」という使命を負っていると語ることで、みずからの文化の乱用を覆いかくしてもいる。もしこう考えてよいなら、外国への干渉に着手しようとする国家によってこんにちなされるどんな主張にたいしても、警戒を怠ってはならないとサイードは警告している。■

大英帝国は、みずからが文明化という恩恵をインドをはじめとするその植民地国にもたらしていると信じてはばからなかった19世紀の数ある帝国のひとつであった。

参照 フランツ・ファノン 300〜01頁 ■ ミシェル・フーコー 304〜05頁 ■ ノーム・チョムスキー 306〜07頁 ■ ガヤトリ・チャクラヴォルティ・スピヴァク 346頁

思想はつねに対立によって作動する
エレーヌ・シクスー
(1937年～　)

その哲学的背景

部門
認識論

手法
フェミニズム

前史
1949年　シモーヌ・ド・ボーヴォワールの『第二の性』が、性差にはらまれる哲学的含意を探究する。

1962年　フランスの文化人類学者クロード・レヴィ＝ストロースが、文化における二項対立の研究である『野生の思考』を刊行する。

1967年　フランスの哲学者ジャック・デリダが、『グラマトロジーについて』を公刊して、シクスーが自身のジェンダー研究で活用する「脱構築」の概念を導入する。

後史
1970年代　女性的エクリチュールというフランスの文芸運動が、シクスーにヒントを得て、フェミニズムの思考における言語の適切な使用を探究する。

1975年にフランスの詩人にして戯曲家、哲学者でもあったエレーヌ・シクスーは、『メデューサの笑い』を公刊したが、これは私たちが世界を考える流儀をしばしば規定している対立（概念）について、きわめて影響力をもつことになった探究であった。シクスーの考えでは、ここ数百年の思想に行きわたっている脅威とは、世界を構成する諸要素を文化／自然、昼／夜、頭／心といった対立関係にある対に落としこんでしまう私たちの傾向だ。シクスーに言わせるなら、こうした要素の対は、一方の要素を中心的で卓越した項とみなし、男性性および能動性に結びつける――そのさい、他方の要素ないし劣位に置かれた側面は、女性性ないし受動性に結びつけられている――私たちの傾向に支えられ、階層的にランクづけされた含意をつねに帯びている。

変化のとき

シクスーの考えでは、こうした階層的な思考パターンの権威こそが、フェミニズム思想の新たな開花によって、いまや疑問視されつつある。こうした変化が、哲学体系にたいしてのみならず、社会的・政治的諸制度にたいして、どのような影響をもちうるのかをシクスーは問題にする。だが、シクスー自身は、勝者と敗者といった二項対立を思考の構造的枠組みとして設定するゲームを演じることは拒絶する。それに代えてシクスーは、「いまだ認められていない無数のモグラ種」のイメージをもちだして、私たちの世界観の体系に穴を穿とうとする。では、こうした体系がずたずたにされだしたときになにが生じるのだろうか。その点については、シクスーはなにも語らない。まるで私たちにはもはやいかなる仮説を立てることもかなわず、できるのはただ座して待つことだけだとでも言っているかのようだ。■

> **女性はみずから書き、女性的なものを文学にもちこむのでなければならない**
> エレーヌ・シクスー

参照　メアリ・ウルストンクラフト 175頁　■　シモーヌ・ド・ボーヴォワール 276～77頁　■　ジャック・デリダ 312～17頁　■　ジュリア・クリステヴァ 328頁　■　マーサ・ヌスバウム 347頁

現代哲学 **327**

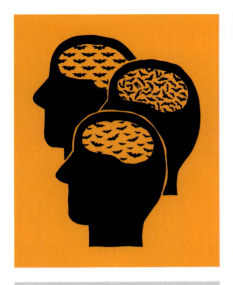

コウモリであるとは どのようなことか
トマス・ネーゲル
（1937年～　　）

その哲学的背景

部門
心の哲学

手法
主観的意識

前史
1690年　『人間知性論』のなかで、ジョン・ロックが意識を「当人の心のなかで生じていることの知覚」と定義する。
1890年　ウィリアム・ジェイムズが、意識を絶えず流れている「思考の流れ」として記述する。

後史
1892年　フランク・ジャクソンが、白黒の世界に閉じこめられているが、物理的自然と色のついた自然とが同じものでないことはわかっているひとを題材にした思考実験によって、客観的知識と主観的経験とを対比する。
1995年　ディヴィド・チャーマーズが、「意識のハード・プロブレム」すなわちクオリアの役割についての問いを見いだす。

意識は、なじみ深い概念だが、定義が難しい。意識を構成するものをどう考えるかは、哲学者ごとに異なる。還元主義的なアプローチにもとづいて、意識を大脳の活動から帰結する純粋に物理的な現象として説明する人びともいれば、トマス・ネーゲルのように、意識が本質的に主観的な性質のものである点を指摘し、意識的経験や感覚についての私たちの個人的な理解であるクオリアを重視する人びともいる。

「コウモリであるとはどのようなことか」という興味深いタイトルをもつ論文でネーゲルは、なにかであるとはどんなことかについての感じを意識の本質とみなした。コウモリが有する音波探知による飛行能力を例に採り、コウモリであるとはどんなことかとネーゲルは私たちに問う。もしコウモリのように飛べるからくりを、さらにコウモリの音波探知機を模倣した電子機械をつくれたなら、コウモリであるとはどんなことかを私たちは体験できるだろうか。ネーゲルによれば、コウモリであるとは私たちにとってどのようなことなのかを体験することはできても、コウモリであるとはコウモリにとってどのようなことなのかを体験することはできない。とりたててクオリアに言及してはいないが、ネーゲルは意識をそれがどんなものかという観点から定義する。この類の経験は必然的に主観的で、経験している当人ないし当該有機体にしか近づけない。だから、意識と経験が同義であるなら、前者は主観的な経験であって、ゆえに純粋に客観的ないし物理的な観点からは説明できないというのがネーゲルの結論だ。■

コウモリのように飛び獲物を捕まえられると想像してみようと**ネーゲルは言う**。そのとき私たちには、コウモリであるとはどのようなことかがわかるだろうか。答えはノーだ。自分の意識に制限されているかぎり、私たちの経験はつねに主観的だ。

参照　ウィリアム・ジェイムズ 206〜09頁 ■ ダニエル・デネット 329頁

こんにちのフェミニズムのなかで、だれが神を演じるのか
ジュリア・クリステヴァ
（1941年〜　）

その哲学的背景

部門
政治哲学

手法
フェミニズム

前史
1792年　メアリ・ウルストンクラフトの『女性の権利の弁護』が、社会のなかで女性が演じるよう強制されている役割の本性についての真剣な議論をはじめておこなう。

1807年　ゲオルク・ヘーゲルが、『精神現象学』のなかで、「主人」と「奴隷」の弁証法を探究する。

1949年　シモーヌ・ド・ボーヴォワールの『第二の性』が、公刊されるやすぐにフランスのフェミニズム運動における中心的テクストとなる。

後史
1997年　物理学教授アラン・ソーカルとジャン・ブリクモンが、その『「知」の欺瞞』のなかで、クリステヴァによる科学言語の誤用を批判する。

　ブルガリア生まれの哲学者にして精神分析家ジュリア・クリステヴァは、しばしばフランス・フェミニズムの主導的存在のひとりとみなされる。だが、クリステヴァがフェミニズムの思想家なのかどうか、あるいはそうだとしてもどのような意味においてそうなのかという問いは、慎重な考慮を要する。その理由の一端は、クリステヴァ自身がフェミニズムという概念自体を疑っているところにある。フェミニズムは、男性の優位ないしその権力と結託した諸構造にたいして女性が挑んできた闘いから生じた。こうした根をもつからこそ、フェミニズムには旧態のままの男性中心の前提のいくつかを共有するところがあり、その点が問題ではないかとクリステヴァは警告を発する。

　フェミニズム運動がその目標をくまなく実現すべきだというのなら、そのためにはいっそう自己批判的になることが不可欠だとクリステヴァは警告する。クリステヴァの表現を借りるなら、男性中心の世界の「権力原理」と闘うことに夢中になるあまり、フェミニズムはこの原理のもうひとつ別の形態を帯びてしまう危険にさらされている。どんな運動も、真の解放の実現を成功させようと望むのなら、権力や既成の社会システムとの関係を絶えず問題視する観点を欠いてはならないし、必要とあらば、「自分自身のアイデンティティーにかんする信念を放棄する」ことも辞さない覚悟が求められるとクリステヴァは考える。もしフェミニズム運動がこうした段階を踏みそこなったなら、それは現在進行中の権力ゲームにもうひとつの標準を付加する程度の結果に終わりかねないとクリステヴァは危惧しているのだ。■

マーガレット・サッチャーは、強大な権力の立場を我がものにした多くの女性と同じく、みずからの公のイメージに手をくわえて、強さと権威をそなえた古典的な男性概念を具現した。

参照　メアリ・ウルストンクラフト 175頁　■　ゲオルク・ヘーゲル 178〜85頁　■　シモーヌ・ド・ボーヴォワール 276〜77頁　■　エレーヌ・シクスー 326頁　■　マーサ・ヌスバウム 347頁

人間の意識こそは、まさに最後まで残っている謎だ
ダニエル・デネット
（1942年～　　）

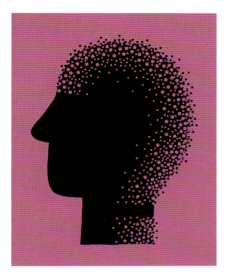

その哲学的背景

部門
心の哲学

手法
物理主義

前史
1949年　ギルバート・ライルが、肉体から切りはなされた精神という考えかたを「機械のなかの幽霊」として退ける。
1974年　トマス・ネーゲルが、意識をなにかであるとはどのようなことなのかについての感じの主観的経験として記述する。

後史
1992年　ジョン・サールが、大脳の物理的過程が意識の主観的感覚をひきおこすと主張する。

デカルトが自身の心身二元論を提起してからというもの、心の哲学の潮流は、その見解をうけいれる人びとと物質以外にはなにも存在しないと主張する物理主義者たちという二つの陣営に分裂している。

この分裂がことのほか明瞭になるのが、意識という論点だ。意識の主観的性質は、たんに物質的なものとはちがうなにかが実在していることを示唆しているように思われるし、クオリア——ものごとを経験するとはどういうことなのかについての感じかたの具体例——が、物理主義の考えを論駁するうえでの証拠とみなされてきた。

それにたいしてダニエル・デネットは、断固たる物理主義者のスタンスに立って、そうした主観的感覚は物理過程の帰結であり、クオリアという観念すら、「私たちのだれにとってもそれ以上になじみ深いもののありえないなにか」をたんに記述するあいまいで混乱したやりかただとして退けさえした。それに代えて、デネットは心のはたらきを情報処理システムのソフトウェアになぞらえた。そのばあい、大脳がこのシステムのハードウェアにあたる。このシステムは、複数の感覚器からのインプットを受

心とは原因ではなく結果だ
ダニエル・デネット

けとり、それらの入力が大脳によって解釈されて、苦痛や快感、味や色などといった感覚が生みだされる。ときとともに、これらの感覚は大脳による修正や編集を経て、私たちが意識として経験することになるある種の話法をかたちづくる。

意識についてのこうした物理主義的な説明は、強い人工知能（AI）——すなわち、人間の大脳と同じ容量をそなえた機械は、私たちが体験しているのと同じように、心的状態や意識についての経験をもつようになるだろうと考える立場——の可能性にとっての論拠を提供する役割を果たす。■

参照　ルネ・デカルト116～23頁 ■ ウィラード・ヴァン・オーマン・クワイン278～79頁 ■ アラン・チューリング302頁 ■ トマス・ネーゲル327頁

哲学は書かれた企てにつきるものではない
ヘンリー・オデラ・オルカ
（1944年〜1995年）

ヘンリー・オデラ・オルカは、1944年にケニアに生まれたが、メタ哲学——哲学について哲学すること——に関心を寄せた。その著書『賢者の哲学』（1994年）のなかで、オルカは、サハラ以南のアフリカ哲学がしばしば見落とされてきたのはなぜかを問題にし、その理由は、一般に哲学者が書かれたテクストをもとに作業するのにたいして、とりわけアフリカでは口頭伝承がいまなお主流となっている点にあるのではないかと結論した。哲学は必ず書かれた記録に結びつくと主張する哲学者は少なくないが、オルカはこれに真っ向から反対する。

アフリカの口頭伝承のなかに潜む哲学を探究するために、オルカは、自身が「哲学的叡智」と呼ぶアプローチを提唱する。そのさいオルカは、日常生活をいとなんでいる人びとを観察して、彼らの思想や行動をその文脈のなかで記録するという文化人類学の民族誌学的なアプローチを借用する。オルカはみずからアフリカのさまざまな村を旅してまわり、その地方の共同体のなかで賢者と認められている人びととの会話を記録した。オルカの目的は、そうした人びとが自分たちの世界観を支えている体系的な観点を有しているのかどうかをはっきりさせることにあった。神や自由といった伝統的な哲学の主題にかんするみずからの観念を批判的に吟味して、その合理的な基盤を見いだしたこれらの賢者たちは、哲学的賢者とみなされてしかるべきだとオルカは考えた。彼らの体系的な見解は、もっと広範な哲学的文脈と問いかけの光のもとで探究されるだけの価値を有している。■

哲学は、これまで特定の人種の思想をほかの人種のものよりも重要なものと宣言してきたが、ギリシアの賢人たちにたいしておこなったのとまったく同じようにアフリカの賢者の語ることをもとりこまねばならない、と**オルカは主張する**。

参照 ソクラテス 46〜49頁 ■ フリードリヒ・シュレーゲル 177頁 ■ ジャック・デリダ 312〜17頁

その哲学的背景

部門
メタ哲学

手法
民族誌学

前史
紀元前600〜前400年 タレスやピタゴラス、プラトンといったギリシアの思想家たちがこぞって、古代世界において哲学研究の中心地であったアフリカのエジプトで学ぶ。

後史
20世紀 ヨーロッパの植民地権力が撤退したのち、大陸を横断してアフリカ哲学が開花しはじめる。文化人類学と民族誌学の発展も、アフリカにおける思索の固有の伝統のより深い理解をもたらした。
20世紀後半 ガーナの哲学者クワシ・ウィルドゥが、哲学の叡智と民話の智恵は本来の哲学から区別されるべきだと主張した。

現代哲学 331

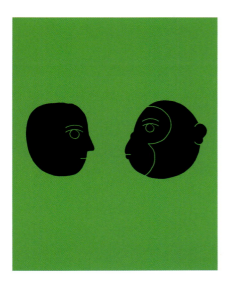

苦しむという点では、動物も私たちの同胞だ
ピーター・シンガー
(1946年～　)

その哲学的背景

部門
倫理学

手法
功利主義

前史
紀元前560年ころ　インドの賢者にしてジャイナ教の開祖マハーヴィーラが、厳格な菜食主義を呼びかける。
1789年　ジェレミー・ベンサムが、その『道徳と立法の原理序論』のなかで功利主義の理論を展開して、「だれもがひとりとして数えいれられ、ひとり以上に数えいれられるべきではない」と主張する。
1861年　ジョン・スチュアート・ミルが、その『功利主義』のなかで、ベンサムの功利主義を、個人の行為を考察するアプローチから道徳規則を考察するものへと発展させる。

後史
1983年　アメリカの哲学者トム・レーガンが、『動物の権利の擁護』を公刊する。

オーストラリアの哲学者ピーター・シンガーは、1975年に『動物の解放』を公刊して以来、動物の権利のもっとも積極的な代弁者のひとりだ。シンガーは倫理にたいする功利主義的アプローチを採用するが、これは18世紀後半にイギリスのジェレミー・ベンサムによって展開された伝統を受けつぐものだ。

功利主義は、ある行為の道徳的価値を問題にするにあたって、その行為のもたらした帰結に照らして判断することを要請する。ベンサムの考えでは、それをおこなう方法は、数学の方程式と同じように、私たちの行為から帰結してくる快楽あるいは苦痛の総量を計算するというものだ。

動物は感受性をもった生きものだ
シンガーの功利主義は、シンガーが「利益にたいする平等な配慮」と呼ぶものを土台としている。シンガーに言わせれば、苦痛は、それを感じるのがあなたであれ、私であれ、そのほかのだれであれ、苦痛だ。人間以外の生きものでも苦痛を感じることがありうるとすれば、その生きものの生存に影響しうる決断をくださいさいには、そこまでは私たちがその利害を勘定にいれるべき範囲にふくまれることになる。そして、私たちはそうした苦痛をひきおこしかねない活動は差しひかえるべきだ。だが、あらゆる功利主義者と同様、シンガーも、最大多数に最大幸福をもたらすような決定をくだすべきだと主張する「最大幸福原理」を採用する。自分が言わんとしているのは、いかなる動物実験もけっして正当化されえないということではなく、あらゆる行為をその帰結に照らして判断すべきだということであり、「動物の利害もそうした帰結のなかに数えいれられる」、つまり動物たちも方程式の一部なのだという点に、シンガーは注意を喚起する。■

生命の価値は、だれもが知るように困難な倫理上の問題だ
ピーター・シンガー

参照　ジェレミー・ベンサム 174頁 ■ ジョン・スチュアート・ミル 190～93頁

最良のマルクス主義的分析は、いつでも誤りの分析だ
スラヴォイ・ジジェク
（1949年〜　）

1968年のチェコスロヴァキアへの**ソヴィエトの介入**は、自由化の時期であった短命な「プラハの春」を終わらせるものとなった。民主化へ向かうあらゆる動きは、1989年まで抑圧された。

その哲学的背景

部門
政治哲学

手法
マルクス主義

前史
1807年　ゲオルク・ヘーゲルが、『精神現象学』を公刊して、マルクス主義思想の土台をすえる。

1848年　カール・マルクスとフリードリヒ・エンゲルスが、『共産党宣言』を刊行する。

1867年　マルクスが、政治経済学をあつかった著作である『資本論』第1巻を公刊する。

1900年　精神分析学者ジグムント・フロイトが、『夢判断』のなかで、人間の行動のほとんどは無意識の力によって動かされていると主張する。

1966年　ジジェクに強い影響を与えたひとりである精神分析理論家ジャック・ラカンが、『エクリ』のなかで、フロイトの考えを採りあげなおす。

最良のマルクス主義的分析は伝統的に誤りの分析だという考えは、2008年におこなわれたスロヴェニア出身の哲学者スラヴォイ・ジジェクのインタヴューに見られる発言だ。このインタヴューのなかでジジェクは、1968年に国家を地方分権化し民主化する目的で遂行された改革運動が、ソヴィエトとその同盟諸国によって突然収束させられたときに、チェコスロヴァキアで起こった出来事について質問された。

ジジェクの主張は、改革運動の失速こそが、左翼によって信奉されていた神話、すなわち改革運動が進めばある種の社会的・政治的楽園が到来するだろうという神話を最近まで支えてきたまさに中核だったのではないかというものだ。ジジェクに言わせるなら、左翼の人びとには、自分たちの失敗にこだわる傾向があるが、それはそうすることで、かりにうまくいったばあいになにが起こるかについての神話を生みだすことが可能となるからだ。こうした失敗によって、左翼は「安全な道徳的立場」を維持しえているとジジェクは指摘する。なにしろ、彼らが失敗したということは彼らには権力がないということを、または彼らがじっさい行為によって試されているということを意味している。こうした態度をジジェクは、政治革命の本質の再評価といった現実問題の回避を可能にする「快適な抵抗という立場」と揶揄する。献身的なマルクス主義者ジジェクの考えでは、政治権力の本質にかかわる真摯な問いを覆いかくしてしまう元凶は、ユートピアのとらえどころのなさを正当化しようとする、こうした終わりなき試みにほかならない。■

参照　イマヌエル・カント 164〜71頁 ■ ゲオルク・ヘーゲル 178〜85頁 ■ カール・マルクス 196〜203頁 ■ マルティン・ハイデガー 252〜55頁

現代哲学 **333**

家父長制支配は、人種差別主義とイデオロギー的土台を共有している
ベル・フックス
（1952年〜2021年）

その哲学的背景

部門
政治哲学

手法
交差性

前史
1949年 『第二の性』のなかでシモーヌ・ド・ボーヴォワールが、ひとは女に生まれるのではなく、女になるのだと主張した。
1974年 リュス・イリガライが、『検鏡、もうひとりの女性について』のなかで女性との関係に言語がもたらす影響を検討する。

後史
1989年 キンバリー・クレンショーが、差別ないし抑圧の重なりあう形態を記述するために、交差性という術語を考案する。
1990年 ジュディス・バトラーの『ジェンダー・トラブル』が、クイア理論におけるパフォーマティヴィティの役割を叙述して、交差性という主題への性的信条の包摂を強調した。

1960年代にアメリカで育った人びとは、第二波フェミニズムや公民権運動などの活動に集った。そうしたなかに、のちにベル・フックスとして知られる若き黒人女性グローリア・ジーン・ワトキンスがいた。ベル・フックスの思想は、女性と黒人差別、白人男性階級の優越にたいする反動のなかでかたちづくられた。

だが、それと並んで重要なのは、フックスがそれらにかかわる人びとが黒人女性としてのフックス自身の置かれている状況にかかわってきていないと感じていたことだ。フェミニズムは白人女性の領分に足場を置いていたし、公民権運動が一番に関心を寄せていたのは、黒人男性の権利だった。それにたいしてフックスが直面していた差別は、自身の人種と性、そして階級によるものであった。のみならず、そうした差別の源泉は、差別のどの形態にとっても同じもの——資本家と白人に男性家父長制——であり、そこでは特別扱いされた人びとによる支配というイデオロギーが共有されていた。

1981年の著作『アメリカ黒人女性とフェミニズム——ベル・フックスの「私は女ではないの？」』で、フックスは人種差別主義と性差別主義の結合から生まれる効果を叙述し、その根を奴隷制の時代にまで追跡した。アメリカ社会で黒人女性がとても低い身分に置かれていたことを指摘しつつフックスは、こうした事態を説明するうえで、性差と人種をばらばらなままで考察するのではだめだと主張した。

人種とジェンダーと階級といった、同じ家父長制支配からもたらされるいくつもの抑圧の形態を結びつけるフックスのやりかたは、のちに「交差性」と名づけられた。この概念は、第三波フェミニズムにおいて重要なファクターとなり、批判的人種理論という新しく誕生した学問分野に多大な影響をもたらした。■

抑圧されているということは、選択肢が存在しないということだ
ベル・フックス

参照 ウィリアム・デュ・ボイス 234〜35頁 ■ フランツ・ファノン 300〜01頁 ■ ミシェル・フーコー 304〜05頁 ■ コーネル・ウェスト 347頁

哲学者人名録

哲学者人名録

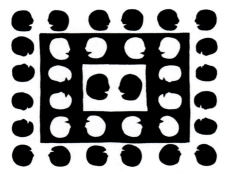

本文で紹介してきた思想を見てもらえば、歴史上最上の知性の持ち主たちによって表明された哲学的思索が、どれほどの広がりを有しているかはわかっていただけたことと思うが、哲学史を形成する助けとなった人びととはこれに尽きるわけではない。そうした思想家として、エンペドクレス、プロティノス、オッカムのウィリアムスといった名が挙げられるが、これらの人びとは、彼ら以上に名の知られている、ほかの人びととの理論にとっての出発点の役割を果たした。その点で、後代の哲学者たちに与えた影響には並々ならぬものがある。フリードリヒ・シェリングあるいはジル・ドゥルーズといった人びとは、先行する哲学者の業績を土台として、それに興味深いひねりをくわえることで、その主題に新たな光を当ててみせた。以下に紹介する人びととはみな、哲学史にたいするかかわりかたこそ一様ではないが、それぞれに哲学的思索の境界を拡大するのに貢献している。

アナクシマンドロス
(紀元前610年〜前546年ころ)

現在のトルコの南西部にあたるミレトスで生まれたアナクシマンドロスは、西洋哲学の「父」と目されるタレスの弟子であった。アナクシマンドロスも、タレスと同様に、万物がそこから展開してゆくひとつの基礎となる実体があると考えた。アナクシマンドロスの結論では、その実体は無限にして永遠なもので、アペイロン(「無限なもの」)と呼ばれる。またアナクシマンドロスは、地球は海の水に支えられて浮いているというタレスの考えを問題にし、この海もそれはそれで別のなにかに支えられているのでなければならないと推論した。だが、この支えとなっている構造を示す証拠がなかったために、アナクシマンドロスは、地球は宙空に浮いた物体だと断定した。さらにアナクシマンドロスは、最初の世界地図と推定されているものを公にしたことでも知られている。
参照 ミレトスのタレス 22〜23頁

ミレトスのアナクシメネス
(紀元前585年〜前528年ころ)

そのほかのミレトス学派の哲学者と同様に、アナクシメネスも宇宙を構成する基礎となる物質を探求した。アナクシメネスが選びとったのは空気だが、その理由としてアナクシメネスが主張したのは、空気が人体に生命を吹きこむのとまったく同じように、宇宙的なスケールでそれに対応する空気が宇宙に生命を吹きこんでいるのではないかということであった。アナクシメネスは、自分の考えを裏づける観察可能な証拠を引証した、記録上最初の思想家だ。

口をすぼめて息を吹くと冷たい空気になり、開いた口だと暖かい空気になる。つまり、濃縮されるとそのものは冷たくなり、拡散するとそれは暖かくなるとアナクシメネスは主張した。同様に、濃縮されると空気は、最初は霧、ついで雨、そして最後には石といった具合に眼に見えるものになり、こうした過程を踏んで地球は誕生したとアナクシメネスは考えた。
参照 ミレトスのタレス 22〜23頁

アナクサゴラス
(紀元前500年〜前428年ころ)

現在のトルコの南沿岸部のはずれにあたるイオニアに生まれたアナクサゴラスは、アテナイを哲学と科学的研究の世界の中心にする上で、決定的な役割を演じた。アナクサゴラスの思想の中核には、物質世界と宇宙についての独特の見解があった。それによれば、物質世界のあらゆるものはそれ以外のあらゆるものの小さな部分から構成されていると考えられる。さもなければ、なにものも存在するものとはなりえないとアナクサゴラスは推論した。太陽は灼熱した石だと述べたかどで不敬罪に問われ、死刑を宣告されたアナクサゴラスは、アテナイから逃れて異郷の地でその後の人生を送った。
参照 ミレトスのタレス 22〜23頁

エンペドクレス
(紀元前490年〜前430年ころ)

エンペドクレスは、当時のシチリアのギリシア植民都市において、政治にたずさわる上流の一族に属していた。自然界にかんするその知識ゆえに、エンペドクレスは病気を治したり天候を支配する奇跡的な力をもっていると思われたようだ。私たちは絶えず変転する世界に生きているというヘラクレイトスの考えをエンペドクレスはあらためて支持したが、これは、万物は究極的にはひとつの固定的な実体だというパルメニデスの説の対極に位置する。エンペドクレスの考えでは、火、水、地、風の四大元素が絶えず結合し

ては分離し、有限なしかたで再結合することで世界は構成されている。この考えは、ルネサンス期にいたるまで西洋思想の重要な一部をなしていった。

参照 ミレトスのタレス22〜23頁、ヘラクレイトス40頁、パルメニデス41頁

エレアのゼノン
(紀元前490年〜前430年ころ)

エレアのゼノンについては、アリストテレスによって言及された運動にかんするそのパラドクスのほかには、ほとんど知られていない。ゼノンは40以上ものパラドクスを生みだしたと推定されているが、ほんの少ししか残されていない。そのパラドクスのなかで、ゼノンがめざしたのは、みずからの師であるパルメニデスの、私たちの周囲に知覚される世界は絶えず変化し変容するが、それは現実ではなく、じっさいには不動にして一様で、単一だという主張を擁護することであった。ゼノンの考えでは、運動とは感覚器官の錯覚だ。そのパラドクスのそれぞれは、運動と変化は現実のことだという、ゼノンが反駁しようとしている立場を出発点として、そこから矛盾している帰結を導きだし、最後は、運動と変化という概念そのものの否定へいたるというものだ。

参照 ヘラクレイトス40頁、パルメニデス41頁、アリストテレス56〜63頁

ピュロン
(紀元前360年〜前272年ころ)

ピュロンはイオニア地方のエリス島に生まれた。アレクサンドロス大王の軍隊の出征に随行したさいに東洋文化に触れ、自分の思考の中心に懐疑をすえた最初の著名な哲学者となった。

感覚は誤りうるものであり、いかなる主張も等しく白とも黒ともみなしうるのだから、そうした事態にたいするただひとつの理にかなった対応は、いかなる信念についても判断を保留することだとピュロンは考えた。ピュロンはなにも著書を残

さなかったが、古代ギリシア哲学に懐疑主義の流れをひきおこした。この一派は、信念の保留こそが平穏な精神へつうずるという考えを発展させた。

参照 ソクラテス46〜49頁、アル゠ガザーリー338頁

プロティノス
(205年〜270年ころ)

エジプトで生まれたプロティノスは、当時、世界の知的中心と考えられていたアレクサンドリアで学んだ。その後、ローマへ移り、新プラトン主義として知られることになる独自のプラトン主義を考えだした。プロティノスは、宇宙をいくつもの層に分割するが、その頂点に位置するのは、すべての存在の定義できない源である「一者」であり、そのあとに精神、魂、自然、最後に物質世界がつづく。プロティノスは、転生と魂の不滅を信じていた。各人は、悟りの境地をめざすことで、「一者」との神秘的な合一を実現し、輪廻の円環から逃れられるようになる。『エンネアデス』で示されたプロティノスの思想は広く影響をおよぼし、とりわけ当時ローマ帝国に根をおろしつつあったキリスト教の信者に影響を与えた。

参照 ゴータマ・シッダータ30〜33頁、プラトン50〜55頁

王弼
(226年〜249年)

西暦220年にそれまで中国を統治していた漢王朝が崩壊し、道徳的混乱の時代が到来した。哲学者王弼は、この混乱に秩序を回復すべく、道家と儒家という中国の主要な思想学派を調和させようとした。王弼に言わせれば、道家の書物は文字どおりにではなく、詩の作品のように読むべきもので、そうすれば道家の書物は政治的・道徳的叡智に富んだきわめて実践的な孔子の理想と両立しうるものとなる。道家と儒家についての王弼の斬新な評価によって、両者の存続が確

実なものとなり、さらには仏教が中国全土へ広がってゆく道が整えられた。

参照 老子24〜25頁、ゴータマ・シッダータ30〜33頁、孔子34〜39頁

イアンブリコス
(245年〜325年ころ)

シリアの新プラトン主義の哲学者であるイアンブリコスは、有力な上級階級の家に生まれたと一般には伝えられている。こんにちのアンティオキアの近くに学校を創設し、主としてプラトンとアリストテレスの思想に依拠したカリキュラムを教えた。とはいえ、イアンブリコスの名を広く知らしめたのは、『ピュタゴラスの教説集』に自身が収録したピュタゴラスの定理の拡充によってだ。イアンブリコスは、魂は物質に埋めこまれているという考えを導入したが、魂も物質も神的なものだと考えていた。魂の救済、あるいは魂がその純粋な不死の形態へと還帰することは、抽象的概念だけを熟慮することによってではなく、特定の宗教儀式を挙行することによって実現されると主張した。

参照 ピュタゴラス26〜29頁、プラトン50〜55頁、プロティノス337頁

アレクサンドリアのヒュパティア
(370年〜415年ころ)

ヒュパティアは、アレクサンドリア博物館で数学・天文学・哲学を教え、最終的には父の後を継いで館長となった。ヒュパティアは、新プラトン主義の知識人として尊敬されたばかりでなく、最初の著名な女性数学者でもあったが、その名声を不動のものとしたのは殉教であった。ヒュパティアは、キリスト教信者の暴徒によって殺されたのだ。この暴徒は、ヒュパティアの友人であるローマの長官オレステスとアレクサンドリアの司教のシリルのあいだでのいさかいから生じた宗教紛争のかどでヒュパティアを非難した。ヒュパティアの著作は一冊も残っ

ていないが、目盛りつき真鍮（しんちゅう）製液体比重計と平面天体観測儀を発明した功績はヒュパティアに帰されている。

参照 プラトン 50 ～ 55 頁、プロティノス 337 頁

プロクロス
(412 年～ 485 年ころ)

コンスタンチノープルに生まれたプロクロスは、プラトン主義者であった師シリアヌスのあとをついでアテネのアカデメイアの学頭となった。その『ユークリッド「原論」第一巻注釈』は、ギリシア幾何学の初期の発展にかんする第一級の解説であり、その『プラトン「ティマイオス」注解』は、古代における新プラトン主義の最重要テクストとみなされている。科学者にして数学者、法律家にして詩人でもあり、とりわけ宗教に深い関心を寄せていたプロクロスは、中世のイスラム圏の哲学者にも、キリスト教の哲学者にも等しく多大な影響を与えた。

参照 プラトン 50 ～ 55 頁、ボエティウス 74 ～ 75 頁、トマス・アクィナス 88 ～ 95 頁

ヨアネス・フィロポヌス
(490 年～ 570 年ころ)

フィロポヌスの若いころにかんしては、アレクサンドリアでアリストテレス主義者ヘルメイアスの子アンモニオスとともに学んだということのほかには、ほとんどなにも知られていない。哲学者にして自然科学者でもあったフィロポヌスの探究方法は、キリスト教の信仰によってかたちづくられた。宇宙には絶対的なはじまりがあり、そのはじまりは神によってひきおこされたものだと論じることで、フィロポヌスは、未来の科学者たち、とりわけイタリアの天文学者ガリレオ・ガリレイに決定的な影響を与える探究の道を切りひらき、アリストテレスにたいする最初の本格的な批判者となった。同僚にはほとんど知られることがなかったが、フィロポヌスはのちに哲学を放棄して神学へ転向

し、そこでも三位一体はひとりの神ではなく三つの分離された神だという考えをほのめかして、論争を巻きおこした。

参照 アリストテレス 56 ～ 63 頁、トマス・アクィナス 88 ～ 95 頁

アル＝キンディー
(801 年～ 873 年ころ)

イラクの大学者アル＝キンディーは、古代ギリシアの考えをイスラム世界に紹介した最初のイスラム圏の学者のひとりだ。キンディーは、バグダッドにあった知恵の館でみずから翻訳作業にたずさわったばかりでなく、ギリシアの古典のテクストをアラビア語に翻訳する作業の指導もおこなった。キンディーは、さまざまな主題について幅広く論じたが、とりわけ心理学と宇宙論の領域において、自身の新プラトン主義的アプローチとアリストテレスの議論の権威とを混ぜあわせて独自の議論を展開した。キンディーがとりわけ関心を寄せたのは、哲学とイスラム神学との両立可能性であり、その業績の多くは、神の本性と人間の魂に、またそれと同等に預言の知に関係するものであった。

参照 イブン＝シーナー 76 ～ 79 頁、イブン＝ルシュド 82 ～ 83 頁、アル＝ファーラービー 338 頁

ヨハネス・スコトゥス・エリウゲナ
(815 年～ 877 年ころ)

エリウゲナのラテン名はしばしばジョン・ザ・スコット（スコットランド出身のジョン）と訳される。だが、神学者にして哲学者であったヨハネス・スコトゥス・エリウゲナはアイルランド出身であった。中世ラテン語では、アイルランドは「スコティア」であった。エリウゲナに言わせれば、理性に由来する知識と神の啓示に由来する知識とのあいだに矛盾はない。そればかりかエリウゲナは、あらゆるキリスト教の教説はじつは理性に基盤を置いているという論証さえ試みた。このためにエリ

ウゲナは、啓示と信仰をともに余分なものとしかねないその理論があだとなって、教会と対立するはめに陥った。エリウゲナが後ろ盾としたのは、理性こそがあらゆる権威の審判であり、私たちが啓示を解釈するためにも理性が必要だという信念であった。

参照 プラトン 50 ～ 55 頁、ヒッポの聖アウグスティヌス 72 ～ 73 頁

アル＝ファーラービー
(872 年～ 950 年ころ)

アル＝ファーラービーが現在のイランもしくはカザフスタンのどこで生まれたのかについては、はっきりしていないが、901年にバグダッドにやってきたことはまちがいない。アル＝ファーラービーは、ここバグダッドで生涯の大半を費やすこととなった。アル＝ファーラービーは、新プラトン主義者であったが、アリストテレスからも多大な影響を受けており、アリストテレスの著作について、またそのほかにも医学や科学、音楽といったさまざまな主題について注釈を著している。アル＝ファーラービーの考えでは、哲学とはアラーから与えられた天職であり、真の知識へいたる唯一の道だ。アル＝ファーラービーに言わせれば、地上での生のなかで哲学者には、人びとを日常生活におけるあらゆることがらについてガイドする義務が負わされている。その著書『有徳都市の住民がもつ見解の諸原理』は、プラトン的ユートピアを哲学者である預言者によって統治されるものとして描きだしている。

参照 アリストテレス 56 ～ 63 頁、イブン＝シーナー 76 ～ 79 頁、イブン＝ルシュド 82 ～ 83 頁

アル＝ガザーリー
(1058 年～ 1111 年ころ)

現在のイランに生まれたアル＝ガザーリーは、1092 ～ 96 年までバグダッドの名高いニザーミーヤ学院の教授であった。その間に『哲学者の意図』を執筆し、

イスラム圏の学者たちのあいだでの新プラトン主義的見解とアリストテレス主義的見解とを探究した。その講義は評判を呼び、それによってガザーリーは名声と富を得た。だが、真理は信仰と神秘的実践からくるのであって、哲学からもたらされるのではないという結論に達したのちは、教授職も財産も擲って、各地を遍歴するスーフィーの伝道者となった。最後には、できごとをつなぐ因果の連鎖はすべて神の意志によってのみ可能となっていると信じるようになった。

参照 アリストテレス 56 ～ 63 頁、イブン＝シーナー 76 ～ 79 頁、イブン＝ルシュド 82 ～ 83 頁、モーセス・マイモニデス 84 ～ 85 頁

ピエール・アベラール
(1079 年～ 1142 年)

　ピエール・アベラールは、その哲学以上に、弟子であったエロイーズとの悲劇的な恋愛によってその名を知られているが、注目に値する思想家であることに変わりはない。優秀な学生として、パリのノートルダム大聖堂付属学校で学び、その後カリスマ的な人気を誇る教師となった。22 歳のときに、自分の学校を立ちあげ、1115 年までノートルダムの学頭の座にあった。弁が立つことで知られていたアベラールは、プラトン由来の普遍的イデアにかんする人びとの信念を、「オークの木」のようなことばは、実在する無数の特定の「オーク」についてのじっさいのことをなにも伝えない語にすぎないと主張することで、否定しようとした。

参照 プラトン 50 ～ 55 頁、アリストテレス 56 ～ 63 頁、ボエティウス 74 ～ 75 頁、オッカムのウィリアム 340 頁

イブン＝バージャ
(1095 年～ 1138 年ころ)

　政治的助言者にして詩人であり、科学者にして哲学者でもあったイブン＝バージャは、ムラービト朝スペインの偉大な思想家たちのひとりだ。サラゴサで生まれたバージャは、その論考においてプラトンとアリストテレスの観念を活用して、イブン＝ルシュドに影響を与えた。バージャは、理性と信仰が両立可能であることを示すべく、真の知、すなわち啓蒙の道と、神との結びつきへとつうじる道は、合理的に考え行動することによってのみ可能になると主張した。だが、イブン＝バージャは、啓蒙へいたるには各人は自分だけの道を歩まねばならないと忠告する。蒙を啓かれた者が、みずからの叡智を直接に他人へ伝えようとすると、無知な者によって汚されてしまう危険にみずからをさらすことになる。

参照 プラトン 50 ～ 55 頁、アリストテレス 56 ～ 63 頁、イブン＝ルシュド 82 ～ 83 頁

ロバート・グロステスト
(1175 年～ 1253 年)

　グロステストは、イギリスの貧しい農民の一家に生まれた。その恐ろしいほどの知性を見いだしたのはリンカーンの市長で、そのおかげで教育を受けることができた。いくつかの資料から、グロステストがオクスフォード大学とパリ大学で学んだことは知られている。その後、聖職者の道を選び、リンカーンの司教となった。当時の教会にたいして歯に衣着せぬ批判を浴びせたグロステストだが、それ以上に科学的思考における才能で傑出していた。グロステストは、特殊の観察から普遍法則へと一般化してゆき、そのあとで普遍的法則から特殊の予測へと逆行してゆくというアリストテレスの科学的推論に特有の二重の道をきちんと理解した最初の中世哲学者のひとりだ。

参照 アリストテレス 56 ～ 63 頁

ライムンドゥス・ルルス
(1232 年～ 1316 年)

　マリョルカ島のマヨルカ王宮で教育を受けたルルスは、神秘主義的な新プラトン主義を発展させた。キリストの幻を見たのち、フランシスコ会に入会し、宣教師として北アフリカへ赴く。合理的な論証を用いればイスラム教徒やユダヤ教徒でもキリスト教徒に改宗させることは可能だと確信したルルスは、『アルス・マグナ』を著す。そのなかでルルスは、キリスト教の真理を論証しようという希望のもと、複雑な推論を駆使して、あらゆる一神教の基本教義のさまざまな組みあわせを導きだした。もしだれもがひとつの信仰をもったなら、あらゆる人間の知識はただひとつの体系に結びつけることが可能だとルルスは確信していた。

参照 プラトン 50 ～ 55 頁、聖アンセルムス 80 ～ 81 頁、マイスター・エックハルト 339 頁

マイスター・エックハルト
(1260 年～ 1327 年ころ)

　ドイツの神学者マイスター・エックハルトの若いころについては、パリで学びドミニコ会に入会したのち、ヨーロッパ各地でさまざまな指導や教職の活動に就いたということを別にすれば、ほとんど知られていない。トマス・アクィナスの後継者として、エックハルトは、その説教が与える印象の強さでなによりも知られている。その説教は、神が人間の魂のなかに現前していることを強調したもので、エックハルトの散文の神秘的な想像力を物語るものであった。エックハルトは、異端のかどで告発されたが、その裁判の過程で、自分の用いた派手で情感に満ちたことばが正統な教義の道から外れているかのような印象を聞く者に与えたのかもしれないとみずから認めた。エックハルトは、判決が下されるまえに亡くなったようだ。

参照 聖アンセルムス 80 ～ 81 頁、トマス・アクィナス 88 ～ 95 頁、ニコラウス・フォン・クザーヌス 96 頁、ライムンドゥス・ルルス 339 頁

ヨハネス・ドゥンス・スコトゥス
(1266 年～ 1308 年ころ)

　フランシスコ会の修道士であったドゥンス・スコトゥスは、中世の哲学者たち

のなかでももっとも影響力をもったひとりだ。スコットランド出身のスコトゥスはオクスフォード大学で教え、その後パリで教えた。とりわけスコトゥスの議論は、その厳格さと複雑さで知られる。スコトゥスはトマス・アクィナスに反対して、属性は、神に適用されるばあいにも、通常の物体に用いられるばあいと同じ意味を保持していると主張した。普遍論争にかんしては、スコトゥスは、普遍概念の助けがなくとも、特殊を直接に知覚することは可能だと主張した。さらにスコトゥスは、神的な「幻想」の助けを借りずとも、感覚をしかるべく用いれば、知識は獲得されうると主張した。

参照 プラトン50〜55頁、アリストテレス56〜63頁、トマス・アクィナス88〜95頁

オッカムのウィリアム
(1285年〜1347年ころ)

イギリスの神学者にして哲学者オッカムのウィリアムは、オクスフォード大学で学び、教えた。オッカムは、フランシスコ会の修道士であったが、教皇には世俗の権力を行使する権限などないと主張したかどで破門された。哲学を学ぶ者にたいしてその名をもっとも知らしめたのは、その名に由来する「オッカムの剃刀」と呼ばれる原理だ。それによれば、なににかんしてであれ最上の説明は、つねにもっとも単純なものだ。普遍は特殊の経験から抽象されたものでしかないという立場を支持したことで、オッカムはジョン・ロックによって17世紀に開始された哲学運動であるイギリス経験主義の先駆者とみなされる。

参照 プラトン50〜55頁、アリストテレス56〜63頁、フランシス・ベーコン110〜11頁、ジョン・ロック130〜33頁

オートルクールのニコラウス
(1298年〜1369年ころ)

フランスのヴァーダン近郊に生まれたオートルクールのニコラウスは、パリのソルボンヌで神学を学んだ。中世の哲学者としては異色なことに、オートルクールは、懐疑主義の論理を探究し、真理とその逆の主張の真理とは論理的には両立可能なものではなく、だから知識の絶対真理は、つまりできごとと反応のあいだの因果的な連鎖は、論理だけではカバーできないと結論した。1346年に、教皇クレマン6世がオートルクールの考えを異端として断罪した。オートルクールは自説の撤回を迫られ、その著作は公衆の面前で燃やされた。『宇宙論』と若干の書簡類をのぞいては、彼の著作はほとんど残っていない。

参照 デイヴィド・ヒューム148〜53頁、ピュロン337頁、アル＝ガザーリー338頁

モーゼス・ベン・ヨシュア
(？〜1362年ころ)

モーゼス・ベン・ヨシュアはナルボンヌのモーゼスとしても知られる、ユダヤの哲学者にして医師だ。フランス領カタルーニャのペルピニャンに生まれ、のちにスペインへ移りすんだ。ユダヤ教こそが最高の真理への導きとなる教えだと信じていた。トーラー（ヘブライ語聖書の冒頭部分に当たり、ユダヤ教の立法の土台をなしている）には二つの意味のレベルがあり、字義どおりの意味と隠喩的な意味とを区別する必要があるとも主張した。後者は俗人には近づきえない。

参照 イブン＝ルシュド82〜83頁、モーゼス・マイモニデス84〜85頁

ジョヴァンニ・ピコ・デラ・ミランドラ
(1463年〜94年)

ピコ・デラ・ミランドラは、フィレンツェのプラトン・アカデミーのメンバーで、その名はなににもまして『人間の尊厳について』で知られている。この著作は、個人の潜在能力は無限であり、唯一の制限は自分で課したものだと主張するが、もともとは、ミランドラの知的格闘の概要に当たる『900の提題』への序論として書かれた。そのなかで、ミランドラがめざしたのは、プラトンの思考とアリストテレスの思考を融和することであった。異教の利点をも容認したことへの教皇からの批判があったため、ミランドラは一時監禁されたが、のちに釈放されてフィレンツェへ移り住んだ。

参照 プラトン50〜55頁、アリストテレス56〜63頁、デシデリウス・エラスムス97頁

フランシスコ・デ・ヴィットリア
(1480年〜1546年)

ドミニコ会の修道士フランシスコ・デ・ヴィットリアは、トマス・アクィナスの信奉者にして、サラマンカ学派の創設者だ。「国際法の父」とも呼ばれるヴィットリアは、その名のとおり、なによりもまず国際法の発展に寄与したことで知られる。ヴィットリアが生きたのは、スペイン統合とアメリカ大陸の植民地化が進行していた時代であった。ヴィットリアは、スペインが帝国を樹立する権利に反対を表明したわけではないが、キリスト教が南アメリカの原住民に強制されるべきではないし、彼らには所有と自治の権利が許されるべきだと考えていた。

参照 トマス・アクィナス88〜95頁

ジョルダーノ・ブルーノ
(1548年〜1600年)

イタリアの天文学者にして思想家であったジョルダーノ・ブルーノは、ニコラウス・フォン・クザーヌスと『ヘルメス文書』――当時は、古代ギリシア哲学にまでさかのぼる時代のものだと思われていた、神秘主義の一連の文献――に影響を受けた。ブルーノはクザーヌスから無限宇宙――この太陽系は無数にある支えとなる知的生命体のひとつにすぎない――という観念を借りうけた。ブルーノに言わせれば、神とは「モナド」すなわち生命を宿した原子からなる宇宙の一部であって、けっしてそこから分離されうるもので

哲学者人名録 **341**

はない。こうした見解や、天文学および魔術への関心ゆえに、ブルーノは異端との判決を受け、火刑に処せられた。

参照 ニコラウス・フォン・クザーヌス96頁、ゴットフリート・ライプニッツ134～37頁

フランシスコ・スアレス
（1548年～1617年）

スペインのグラナダに生まれたイエズス会の哲学者フランシスコ・スアレスは、多くの主題について著作を著したが、もっともよく知られているのは形而上学にかんする著作だ。当時の哲学の大半を巻きこんだ普遍論争にかんして、実在するのは特殊だけだとスアレスは明言した。さらにスアレスは、トマス・アクィナスによる神の知についての二つのタイプ——現実的なものについての知と潜在的なものについての知——の区別のあいだに、それによって事物のありかたが変化することになる「中間の知」があると論じた。スアレスによれば、神は私たちのあらゆる行為についての「中間の知」を有しているが、もちろん神は、その有無にかかわらず、私たちの行為を生じさせたり、避けられないものにしたりする力を有している。

参照 プラトン50～55頁、アリストテレス56～63頁、トマス・アクィナス88～95頁

バーナード・マンデヴィル
（1670年～1733年ころ）

バーナード・マンデヴィルは、オランダ出身のイギリスの哲学者にして諷刺家、自然学者。そのもっとも知られた著作『蜂の寓話』（1729年）があつかうのは、働き蜂の群れだ。蜂は、急にほうりだされると、働くのをやめて直ちに近くの木に止まって休んでしまう。マンデヴィルの中心的論拠は、社会が進歩しうるための唯一の道は悪徳によるものであり、徳とは被支配階級をしたがわせるために支配階級が用いる偽善だということだ。マンデヴィルに言わせれば、経済成長は自分の

欲望を満たそうとする個人の能力に左右される。マンデヴィルの考えは、しばしば18世紀におけるアダム・スミスの理論の先駆形態とみなされる。

参照 アダム・スミス160～63頁

ジュリアン・オフロワ・ド・ラ・メトリー
（1709年～51年）

ジュリアン・オフロワ・ド・ラ・メトリーは、ブルターニュに生まれた。医学を学び、軍隊の軍医として勤務した。無神論的心情は、1745年に公刊された著作のなかで表明されているが、そこでは感情は外部に起源をもつ身体内の物理的変化の結果にほかならないと述べられている。このあからさまな言動によって、フランスを逃れてオランダへ亡命せざるをえなくなった。1748年に『人間機械論』を公刊し、自身の唯物論的見解を拡張して、身体と精神は分離されているというデカルトの理論に反意を表明した。本書の評価により、ふたたび亡命せざるをえなくなったが、その行き先はベルリンであった。

参照 トマス・ホッブズ112～15頁、ルネ・デカルト116～23頁

ニコラ・ド・カリタ・コンドルセ
（1743年～94年）

コンドルセ侯爵ニコラは、道徳的・政治的問題に数学的な観点からアプローチするフランスの伝統を最初に支持したひとりだ。コンドルセのパラドクスとして知られるその有名な定式は、候補者が3人以上のばあいに大多数の好みが推移的（a=bであり、b=cであれば、a=cがなりたつということ）にならないのを示して、投票システムのなかに逆説が存在することへの注意を喚起したものだ。自由思想家であったコンドルセは、女性もふくめた万人の権利の平等と自由教育を推奨した。フランス革命において重要な役割を演じたが、ルイ16世の命に反抗した反逆罪のかどで囚われ、獄死した。

参照 ルネ・デカルト116～23頁、ヴォルテール146～47頁、ジャン＝ジャック・ルソー154～59頁

ジョゼフ・ド・メーストル
（1753年～1821年）

当時サルディーニャ王国領だったサヴォワのフランス領に生まれたジョゼフ・ド・メーストルは、法律家にして政治哲学者であった。1792年にフランス革命の共和国軍がサヴォワに侵攻してきたとき、ド・メーストルはサルディーニャ王国の上院議員であり、亡命せざるをえなかった。その後ド・メーストルは熱心な反革命主義者となった。ド・メーストルによれば、人類とは遺伝的に虚弱で罪深い存在だ。だからこそ、専制君主と神という二重権力こそが、社会の秩序にとっては欠くことができない。『教皇について』（1819年）のなかでド・メーストルは、政府はただひとりの最高権威によって、理想的には宗教にかかわる人物、たとえば教皇によってこそ支配されるべきだと主張した。

参照 エドマンド・バーク172～73頁

フリードリヒ・シェリング
（1775年～1854年）

フリードリヒ・シェリングは、最初神学者を志していたが、イマヌエル・カントの思想に触発されて、哲学に専攻を転じた。南ドイツに生まれたシェリングは、チュービンゲン大学でゲオルク・ヘーゲルとともに学び、イエナ、ミュンヘン、ベルリンの大学で教壇に立った。自然を精神によって駆動される現在進行形の進化過程とみなすという自身の見解にあわせて、「絶対的観念論」という用語をつくりだした。シェリングの論じるところでは、精神も物質もふくめて自然のいっさいは、ひとつの連続的で有機的な過程に内包されており、そのような現実をまったくの機械論的な観点から説明しようとしてもうまくゆくはずがない。人間の意識とは自覚的になった自然であり、逆から見るなら、自

然は人間というかたちにいたったときに自己意識の段階に到達したわけだ。

参照　ベネディクトゥス・スピノザ126〜29頁、イマヌエル・カント164〜71頁、ヨハン・ゴットリープ・フィヒテ176頁、ゲオルク・ヘーゲル178〜85頁

オーギュスト・コント
(1798年〜1857年)

　フランスの思想家オーギュスト・コントの名は、人間の進歩を三段階に区分する、知性と社会にかんする独自の理論によって知られている。最初の段階である神学的段階は、ヨーロッパの中世に当たり、超自然的なものへの信仰によって特徴づけられる。ここからつぎの形而上学的段階への道が開けるのだが、そこでは現実の本性にかんする思索が展開される。最後にくる「実証主義的」段階は、ちょうどコントが執筆にいそしんでいた時代がそれに当たるとされたわけだが、真に科学的な態度に裏づけられたもので、観察可能な規則性のみに依拠する。この実証主義によって、新しい社会秩序が可能となり、フランス革命によってひきおこされた混乱は取りのぞかれることになるとコントは考えていた。

参照　ジョン・スチュアート・ミル190〜93頁、カール・マルクス196〜203頁

ラルフ・ウォルドー・エマソン
(1803年〜82年)

　ボストン生まれのアメリカの詩人ラルフ・ウォルドー・エマソンは、傑出した哲学者でもあった。ロマン主義運動に触発されたエマソンは、自然は一体をなしており、そのなかには物質のあらゆる部分も、全宇宙のミクロコスモスである個々人の精神もそっくり組みこまれていると考えた。その講演の巧みさでも定評があり、その内容は、社会の画一化と伝統的権威の拒絶を促すものであった。エマソンが薦めるのは、唯一の道徳命法としての個人的な高潔さと独立独行の精神、そし

てだれもが自分の運命をかたちづくる力をもっている点を重視することであった。

参照　ヘンリー・デイヴィッド・ソロー204頁、ウィリアム・ジェイムズ206〜09頁、フリードリヒ・ニーチェ214〜21頁

ヘンリー・シジウィック
(1838年〜1900年)

　イギリスの道徳哲学者ヘンリー・シジウィックは、トリニティ・カレッジとケンブリッジのフェローであった。主著である『倫理学の諸方法』(1874年)のなかで、シジウィックは、行動の直観的原理を吟味することで、自由意志の問題を探究した。シジウィックによるなら、快楽の追求は利他主義つまり他者に快楽をもたらす可能性を排除するものではない。なぜなら、他者に快楽をもたらすことそれ自体が快楽となるからだ。自由主義的博愛主義者にして女性の教育権の擁護者であったシジウィックは、女性の研究者のためにケンブリッジ内に設けられた最初の施設であるニューナム・カレッジの設立に一役買った。

参照　ジェレミー・ベンサム174頁、ジョン・スチュアート・ミル190〜93頁

フランツ・ブレンターノ
(1838年〜1917年)

　プロイセン出身の哲学者フランツ・ブレンターノの名は、固有の存在意義をもった学科としての心理学を創設したことでなによりも知られている。最初は司祭であったブレンターノは、教皇の不可謬性の概念と折りあいをつけることができなくなって1873年に教会を離脱した。ブレンターノの考えでは、心的過程は受動的なものではなく、志向的作用とみなさねばならない。そのもっとも世評の高い著作『経験的立場からの心理学』が1874年に公刊されたことで、ウィーン大学の教授職への道が開かれ、そこで教壇に立つなかで、精神分析学の創始者ジグムント・フロイトをはじめとする多く

の才能にあふれた学生に影響を与えた。

参照　エドムント・フッサール224〜25頁

ゴットロープ・フレーゲ
(1848年〜1925年)

　イエナ大学の数学教授であったドイツの哲学者ゴットロープ・フレーゲは、哲学の分析的伝統のパイオニアだ。最初の主著『概念記法』(1879年)と『算術の基礎』(1884年)は、哲学的論理学に革命をもたらし、この学科の急速な発展を促した。「意義と意味について」(1892年)のなかでフレーゲは、命題が有意味であるケースには、第一にそれが指示している対象があること、第二にその指示がおこなわれるしかたの特異性、の二つがあることをあきらかにした。

参照　バートランド・ラッセル236〜39頁、ルートヴィヒ・ウィトゲンシュタイン246〜51頁、ルドルフ・カルナップ257頁

アルフレッド・ノース・ホワイトヘッド
(1861年〜1947年)

　イギリスの数学者アルフレッド・ノース・ホワイトヘッドは、倫理学・形而上学・科学哲学に深甚な影響を与えた。かつての教え子であったバートランド・ラッセルとともにアルフレッド・ノース・ホワイトヘッドは、数理論理学における里程標とも言える研究『プリンキピア・マテマティカ』(1910〜13年)を執筆した。1924年、63歳のおりに、アメリカのハーヴァード大学の哲学教授のポストを得る。その地でホワイトヘッドは、のちにプロセス哲学として知られることになる思想を練りあげる。これは、伝統的な哲学的カテゴリーは物質や空間・時間の相互関係をあつかうには不適切であって、「生物の器官ないし経験はひとつの全体としての生ける身体」であり、大脳に尽きるものではないという確信にもとづいている。

参照　バートランド・ラッセル236〜39頁、ウィラード・ヴァン・オーマン・クワイン278〜79頁

哲学者人名録 343

西田幾多郎（きたろう）
(1870 年〜 1945 年)

　日本の哲学者西田幾多郎は、高校で道教と儒教を学び、東京大学で西洋哲学を研究した。その後京都大学で教職に就き、日本における真摯な研究対象としての西洋哲学を確立した。西田の思考にとっての鍵は、「場所の論理」だが、これは、西洋で伝統的に主観と客観のあいだに認められている対立を、知る者と知られるもの、自己と世界といった区別を失効させる、禅や仏教における「純粋経験」でもって乗りこえることをめざしている。

参照　老子 24 〜 25 頁、ゴータマ・シッダータ 30 〜 33 頁、孔子 34 〜 39 頁、田辺元 244 〜 45 頁

エルンスト・カッシーラー
(1874 年〜 1945 年)

　現在はポーランド領のブレスラウで生まれたドイツの哲学者エルンスト・カッシーラーは、まずベルリン大学で、ついでハンブルク大学で教鞭をとり、そこでワールブルク文庫に収蔵されていたさまざまな民族の文化と神話の研究を集めた膨大なコレクションの存在を知る。この出会いから、カッシーラーの主著『シンボル形式の哲学』（1923 〜 29 年）がかたちづくられたのだが、このなかでカッシーラーは、神話的思考をイマヌエル・カントのそれに類似した哲学体系のうちに組みこんでみせた。1933 年のナチズムの台頭にともない、カッシーラーはヨーロッパを逃れてアメリカへ渡って研究を続行し、最後はスウェーデンに移り住んだ。

参照　イマヌエル・カント 164 〜 71 頁、マルティン・ハイデガー 252 〜 55 頁

ガストン・バシュラール
(1884 年〜 1962 年)

　フランスの哲学者ガストン・バシュラールは、物理学を学んだのちに哲学に専攻を変えた。ディジョン大学で教壇に立ち、それと並行してパリのソルボンヌで歴史と科学哲学の第一教授になった。思想の過程についてのその研究は、演劇の象徴主義から想像力の現象学まで多岐にわたる。科学の発展は連続的だとするコントの見解に反対して、科学はしばしば歴史的展望（パースペクティヴ）における急展開をつうじて変化するものであり、これによって以前の概念を新しく解釈しなおす可能性が拓かれるのだと主張した。

参照　トマス・クーン 293 頁、ミシェル・フーコー 304 〜 05 頁、オーギュスト・コント 342 頁

エルンスト・ブロッホ
(1885 年〜 1977 年)

　ドイツのマルクス主義哲学者エルンスト・ブロッホの著作は、搾取とも抑圧とも無縁な、人間によるユートピア世界の可能性に焦点を合わせている。第一次世界大戦をつうじて、ブロッホは難を避けるためにスイスへ移住し、1933 年にはナチズムからの亡命を図り、最後にアメリカにたどりついた。主著となる『希望の星』（1947 年）の執筆はそのころ開始された。第二次世界大戦終了後、ブロッホはライプツィヒで教壇に立つが、1961 年にベルリンの壁が登場すると、西ドイツへ亡命した。ブロッホは、無神論者であったが、地上を超えた天国について宗教が提示する神秘的なイメージは到達可能なものだと考えていた。

参照　ゲオルク・ヘーゲル 178 〜 85 頁、カール・マルクス 196 〜 203 頁

ギルバート・ライル
(1900 年〜 76 年)

　イギリス南海岸のブライトンに生まれたギルバート・ライルは、オクスフォード大学で学び教えた。ライルによれば、哲学の問題の多くは、言語の濫用（らんよう）から生じている。ライルがあきらかにしたのは、文法的に同じスタイルで機能する表現は同じ論理的カテゴリーに属しているものと思ってしまう傾向が私たちにはあるということだ。ライルに言わせるなら、そうした「カテゴリー・ミステイク」こそが、大半の哲学的混乱の原因だ。だから、日常言語がもっている根底的機能にきちんと注意をはらうことで、哲学的問題を克服する道が拓かれる。

参照　トマス・ホッブズ 112 〜 15 頁、ルートヴィヒ・ウィトゲンシュタイン 246 〜 51 頁、ダニエル・デネット 329 頁

マイケル・オークショット
(1901 年〜 90 年)

　マイケル・オークショットは、イギリスの政治理論家にして哲学者だ。ケンブリッジとオクスフォードの大学で教壇に立ったのち、ロンドン・スクール・オブ・エコノミクスの政治科学の教授となった。『保守的であること——政治的合理主義批判』（1956 年）や『政治における合理主義』（1962 年）といった著作によって政治理論家としてのその名声は不動のものとなり、20 世紀後半の保守主義に多大な影響を与えた。だが、オークショットはみずからの見解を頻繁に改訂したこともあって、その業績は安易な分類（カテゴライズ）を受けつけない。

参照　エドマンド・バーク 172 〜 73 頁、ゲオルク・ヘーゲル 178 〜 85 頁

アイン・ランド
(1905 年〜 82 年)

　作家にして哲学者でもあるアイン・ランドは、ロシアに生まれたが、1926 年にアメリカへ移住した。理想を追求する男の物語である小説『水源』がベストセラーになったとき、ランドは脚本家として働いていた。ランドが提唱した客観主義とは、人間の道徳的義務は他人のために生きることにあるという考えを否定するものだ。現実は客観的絶対として実在しており、人間理性とはそれを知覚するやりかたにほかならない。

参照　アリストテレス 56 〜 63 頁、アダム・スミス 160 〜 63 頁

シモーヌ・ヴェイユ
(1909 年〜 43 年)

　フランスの哲学者シモーヌ・ヴェイユは、ある特異なスタイルの道徳哲学を展開したが、それは政治的急進主義と実存主義、それに宗教的神秘主義を混ぜあわせたもので、彼女の同時代人たちの主流であった思想潮流にうまくフィットするものではなかった。シモーヌ・ヴェイユはパリの非宗教的なユダヤ人一家に生まれ、高等師範学校（ここで彼女は哲学および論理学の試験でシモーヌ・ド・ボーヴォワールをおさえた）で学んだのち、政治活動に身を投じ、スペイン市民戦争では義勇軍兵士として戦い、第二次世界大戦では自由フランスに協力した。この期間にシモーヌ・ヴェイユは、いくつもの神秘体験を経験し、それらは彼女の哲学に深甚な影響を与えた。

参照　プラトン 50 〜 55 頁、カール・マルクス 196 〜 203 頁

ジョン・ラングショー・オースティン
(1911 年〜 60 年)

　オクスフォード大学で学び、のちにそこで教壇に立ったイギリスの哲学者ジョン・ラングショー・オースティンは、1950 年代に一世を風靡した「オクスフォード日常言語学派」の指導的存在だ。オースティンによれば、日常の言語使用において言語がどのように機能しているかを厳格に分析すれば、深遠な哲学的問題を解決するのに必要とされる微妙な言語的区別があきらかになる。オースティンの名は、その論文と講義とによって広く知られているが、それらはオースティンの死後に編集されて、『言語と行為』（1962 年）、『知覚の言語——センスとセンシビリア』（1964 年）として公刊された。

参照　バートランド・ラッセル 236 〜 39 頁、ギルバート・ライル 343 頁

ドナルド・デイヴィドソン
(1917 年〜 2003 年)

　アメリカの哲学者ドナルド・デイヴィドソンは、ハーヴァードで学び、その後アメリカのさまざまな大学で教壇に立ち、抜群の才能を発揮した。デイヴィドソンは哲学のさまざまな領域に関心を寄せたが、なかでも心の哲学に多大な関心を示した。デイヴィドソンは唯物論の立場を堅持し、おのおのの心的できごとの個別事例は、物理的できごとでもあると主張した。ただし、心的なものが物理的なものにくまなく還元可能であるとか、物理的なものの見地から説明しつくされるまでは考えていない。デイヴィドソンはまた、言語哲学の領域においても注目に値する貢献をなしている。その主張によるなら、言語は有限数の要素からなっているにちがいないのだから、その意味も有限の要素とその結合規則の産物でしかありえない。

参照　ルートヴィヒ・ウィトゲンシュタイン 246 〜 51 頁、ウィラード・ヴァン・オーマン・クワイン 278 〜 79 頁

ルイ・アルチュセール
(1918 年〜 90 年)

　アルジェリア出身のフランスのマルクス主義学者ルイ・アルチュセールは、マルクスの初期の著作と、『資本論』を執筆した「科学的な」時期とのあいだには根本的な断絶があると主張した。マルクスの初期の著作は、疎外に代表されるヘーゲルの概念に関心が集中していたその時代を反映しているが、成熟期の著作になると、人間主体の意図や行為とは無関係に、歴史はそれ固有の傾向性をもつものとみなされるようになる。そこでアルチュセールは、私たちは社会の構造的諸条件によって決定されていると主張するのだが、この主張には、個人という主体が歴史のなかで果たす役割を否定する含意がある。そのため、人間の自律性を拒絶

エドガール・モラン
(1921 年〜　)

　フランスの哲学者エドガール・モランは、ギリシアからの移民ユダヤ人の息子としてパリに生まれた。西洋文明の進歩にたいするモランの楽天的な見解は、技術と科学の進歩のもたらす否定的な影響とモランがみなしているものによってやわらげられている。進歩は富を生むかもしれないが、それとともに責任や国際的な認識の崩壊をももたらす。モランは、「複雑性の思考」として知られるものを発展させ、「文明の政治」という術語を考案した。六巻からなる『方法』（1977 〜 2004 年）は、モランの思想と観念の集大成であり、人間の探究心の本性についての広大な見とおしを与えてくれる。

参照　テオドール・アドルノ 266 〜 67 頁、ユルゲン・ハーバーマス 310 〜 11 頁

ルネ・ジラール
(1923 年〜 2015 年)

　フランスの哲学者にして歴史家ルネ・ジラールは、広範な主題にまたがる執筆活動と教育活動を展開しており、その主題は経済学から文芸批評にまでおよぶ。ジラールの名を広く知らしめたのは、その欲望のミメーシス（模倣）にかんする理論だ。『欲望の現象学——ロマンティークの虚偽とロマネスクの真実』（1961 年）のなかでジラールは、古代の神話と現代のフィクションとを活用して、動物的欲求から区別されるかぎりでの人間の欲望が、つねに他者の欲望によって喚起されるものであることをあきらかにした。暴力の起源にかんする研究である『暴力と聖なるもの』（1972 年）は、さらに進んでこの模倣される欲望こそが葛藤と暴力の起源だと論じている。ジラールに言わせれば、

する思想だということで、論議を呼んだ。

参照　ゲオルク・ヘーゲル 178 〜 85 頁、カール・マルクス 196 〜 203 頁、ミシェル・フーコー 304 〜 05 頁、スラヴォイ・ジジェク 332 頁

宗教とは暴力を宥（なだ）めるために用いられる犠牲ないし供犠（くぎ）の過程に起源をもつ。

参照 ミシェル・フーコー 304 〜 05 頁

ジル・ドゥルーズ
（1925 年〜 95 年）

ジル・ドゥルーズはパリに生まれ、生涯のほとんどをパリですごした。ドゥルーズは哲学を、現実を発見したり反映したりするものというよりは、概念を構築する創造的な過程とみなしていた。ドゥルーズの業績の大半は、哲学史にかかわるものだが、ドゥルーズの読解はたとえば「真の」ニーチェを露呈することを試みるものではない。ある哲学者の主題の概念構成を改訂して新たな観念を生みだせるものにし、新しい思想の冒険への扉を開こうとする試みなのだ。ドゥルーズの名は精神分析学者フェリックス・ガタリとの共同作業によっても知られており、そこから『アンチ・オイディプス』（1972 年）や『哲学とはなにか』（1991 年）といった著作が生まれた。さらに文学や映画、芸術についての評論でも知られている。

参照 アンリ・ベルクソン 226 〜 27 頁、ミシェル・フーコー 304 〜 05 頁

ヒラリー・パトナム
（1926 年〜 2016 年）

アメリカの哲学者ヒラリー・パトナムは、数学およびコンピュータ科学の領域で重要な貢献をなしたが、哲学の少なからぬ分野をいくつも横断し、自身の業績を再検討するなかで、みずからの立ち位置を変えることもしばしばだった。とはいえパトナムは、分析的アプローチは堅持しており、その哲学において変わらなかったものは、真理と知識は客観的なものだとみなす実在論のへのコミットだ。パトナムは、意味論的外在主義という見解を導入して、言語的意味はたんに心のなかにあるものではなく、外的現実に関係していると主張したことで、もっともよく知られている。

参照 ルネ・デカルト 116 〜 23 頁、ウィラード・ヴァン・オーマン・クワイン 278 〜 79 頁

スタンリー・カヴェル
（1926 年〜 2018 年）

ジョージア州アトランタ生まれのアメリカ人哲学者スタンリー・カヴェルは、もともとはカリフォルニア大学バークレー校とジュリアード音楽院で音楽を専攻していたが、その後進路を哲学に変えてカリフォルニア大学ロサンゼルス校とハーヴァード大学で学んだ。この地でカヴェルは、ウィトゲンシュタイン、ジョン・ラングショー・オースティン、バーナード・ウィリアムズといったイギリスの哲学者たちの分析哲学的アプローチに多大な影響を受けた。だがその一方でカヴェルは、ヨーロッパの大陸がわの哲学にも近づき、その文学および文化的諸伝統との結びつきにも関心を払った。大陸がわの脱構築的技法よりも、日常言語学派的なアプローチを採用しながら、カヴェルは文学や映画、ポピュラーカルチャー研究などをみずからの哲学的作品にもちこんだ。

参照 ヘンリー・ディヴィド・ソロー 204 頁、ルートヴィヒ・ウィトゲンシュタイン 246 〜 51 頁

ニクラス・ルーマン
（1927 年〜 98 年）

ドイツのリューネブルクに生まれたニクラス・ルーマンは、第二次世界大戦中にアメリカで捕虜になったが、そのときはまだ 17 歳だった。戦後ルーマンは法律家として働きだすが、1962 年に有給休暇（サバティカル）を利用してアメリカで社会学を研究し、20 世紀におけるもっとも重要で多作の社会理論家のひとりとなる。ルーマンは壮大な理論を展開して、複雑で十分に確立された社会からその場での交換行為にいたるまで、社会生活のあらゆる要素を探究し、つねに第一線に立ちつづけている。もっとも重要な著作『社会の社会』（1997 年）のなかでは、コミュ

ニケーションだけが唯一真に社会的な現象だと述べられている。

参照 ユルゲン・ハーバーマス 310 〜 11 頁

ジュディス・ジャーヴィス・トムソン
（1929 年〜 2020 年）

おそらくアメリカの道徳哲学者ジュディス・ジャーヴィス・トムソンは、フィリッパ・フットによって最初に提起された「トロッコ問題」を一般向けに修正し、展開したことでもっともよく知られている。ニューヨーク市出身のトムソンは、そのほぼすべてのキャリアをつうじてマサチューセッツ工科大学で教鞭をとったが、それと並行していくつもの大学の客員教授も務めた。倫理学の分野におけるトムソンのもっとも重要な貢献のひとつは、1971 年に、ロー対ウエイド裁判事件の直前に公刊された論文「中絶を擁護する」だ。そのなかでトムソンは、議論の要を胎児の権利から妊婦の権利へと向けかえた。

参照 イマヌエル・カント 164 〜 71 頁、フィリッパ・フット 308 〜 09 頁

ミシェル・セール
（1930 年〜 2019 年）

フランスの文筆家にして哲学者ミシェル・セールは、数学を学んだのち、専攻を哲学に替えた。カリフォルニアのスタンフォード大学の教授を務め、アカデミー・フランセーズのメンバーでもある。セールの講演集や著作はフランスのどこにでも置いてあるが、その文章はとても洗練されていてとらえどころがなく、翻訳するのが難しい。セールのポスト人文主義的探究は、「地図」のスタイルを採用しており、そこでは旅することそのものが重要な役割を演じている。セールを評して、「旅することがそのまま発明であるような思想家」と言われることがあるが、それはセールが科学と芸術と現代文化のあいだのつながりのうちにあらわれるカオスや不一致や混乱のなかに真理を見いだすところ

からきている。

参照 ロラン・バルト 290 〜 91 頁、ジャック・デリダ 312 〜 17 頁

スーザン・ソンタグ
(1933 年〜 2004 年)

ニューヨーク市に生まれたスーザン・ソンタグは、シカゴ大学とハーヴァード大学で英文学と哲学を学んだのち、オクスフォードとパリでしばらくすごしてから、あらためてアメリカへもどった。ソンタグはフィクションの書き手としてその経歴をスタートさせたが、その名を知らしめたのは、1960 年代の大衆文化や写真、哲学を題材にしたノンフィクションだった。それと並行して、ソンタグは容赦ない発言を辞さない左派政治活動家となっていった。哲学的に見てもっとも影響力をもったソンタグの論文は「反解釈」だが、そのなかでは芸術批評にたいする二つの対照的なアプローチである形式重視のものと内容重視のそれとが検討されている。

参照 ロラン・バルト 290 〜 91 頁

アラン・バディウ
(1937 年〜　)

ルイ・アルチュセールとジャック・ラカンの思想に影響を受けたフランスの哲学者アラン・バディウは、1968 年の五月革命をつうじてどんどん好戦的になっていった極左の立場に立ち、共産主義への関与をもちつづけた。ヴァンセンヌ実験大学センター（現パリ第八大学）の（ジル・ドゥルーズ、ミシェル・フーコー、ジャン＝フランソワ・リオタールと並ぶ）共同創設者を務めたバディウは、のちに高等師範学校哲学科教授となる。多くの著書があるが、主著と言えるのが存在と真理の概念、並びにそれらの数学との結びつきをあつかった『存在と出来事』（1988 年）だ。

参照 ジャン＝フランソワ・リオタール 298 〜 99 頁、ミシェル・フーコー 304 〜 05 頁

ロバート・ノージック
(1938 年〜 2002 年)

ニューヨークのブルックリン生まれのアメリカの哲学者ロバート・ノージックの名は、なによりも第一作『アナーキー・国家・ユートピア』（1974 年）によって知られている。本書は、ハーヴァードの同僚であったリベラルな立場に立つジョン・ロールズの『正義論』への応答として、自由市場リバタリアニズムを擁護する目的で書かれた。ノージックは 2002 年に亡くなるまでハーヴァードで教壇に立ちつづけたが、政治哲学から離れて認識論へと関心を移し、自由意志や人格的同一性、客観的現実といった形而上学的問いを論じた。

参照 ジョン・ロック 130 〜 33 頁、ジョン・ロールズ 294 〜 95 頁

ソール・クリプキ
(1940 年〜 2022 年)

幼少期から神童との評判の高かったアメリカの分析哲学者にして論理学者ソール・クリプキは、弱冠 17 歳のときに様相論理における完全性定理についての論文を発表した。ハーヴァード大学で数学の学士号を取得した後、ニューヨークのロックフェラー大学を皮切りに、プリンストン大学、ニューヨーク市立大学大学院センターでの教育職を歴任した。様相論理の領域における多大な影響をもたらした著作と並んで、クリプキは形而上学と言語哲学の領域でも重要な貢献をなした。そのなかには、「クリプケンシュタイン」という名で知られることになるウィトゲンシュタインにかんする独特な解釈がふくまれる。

参照 バートランド・ラッセル 236 〜 39 頁、ルートヴィヒ・ウィトゲンシュタイン 246 〜 51 頁、アラン・チューリング 302 頁

ガヤトリ・チャクラヴォルティ・スピヴァク
(1942 年〜　)

インドのカルカッタ（現在のコルカタ）生まれのガヤトリ・チャクラヴォルティ・スピヴァクは、カルカッタ大学で英文学を学んだのち、さらにコーネル大学とケンブリッジ大学で学んだ。アメリカで比較文学の教授としてキャリアを開始したスピヴァクは、1976 年にジャック・デリダの『グラマトロジーについて』を英訳し、それに長大な序文を付した。その後、スピヴァクは脱構築批評というみずからに固有のスタイルを展開してゆくが、自分ではそれを「介入主義」と呼んでいた。現在ではスピヴァクは、ポストコロニアル理論の創始者（当人はそれを拒絶している）とみなされることが多いが、それはとりわけ論文「サバルタンは語ることができるか」（1988 年）で展開された帝国主義と国際的フェミニズムについてのスピヴァクの検討によるところが大きい。

参照 フランツ・ファノン 300 〜 01 頁、ジャック・デリダ 312 〜 17 頁

マルセル・ゴーシェ
(1946 年〜　)

フランスの哲学者にして歴史家、社会学者でもあるマルセル・ゴーシェは、民主主義と、現代社会における宗教の役割といった主題について幅広く執筆している。ゴーシェは、フランスの定期刊行物『デバ』の編集者にして、パリの社会科学高等研究院（EHESS）の教授でもある。彼の主著である『世界の脱呪術化』（1985 年）は、個人主義という現代の祭儀を人間の宗教的過去という文脈にすえて探究している。西洋世界全体で信仰心が薄れつつある現在、供犠の諸要素は人間関係やそのほかの社会的活動のなかに吸収されてしまったとゴーシェは主張する。

参照 モーリス・メルロ＝ポンティ274〜75頁、ミシェル・フーコー304〜05頁

マーサ・ヌスバウム
（1947年〜　）

ニューヨーク生まれのアメリカの哲学者マーサ・ヌスバウムは、シカゴ大学で法律と倫理学の教授を務めている。多くの著書と論文を公刊しているが、中心テーマは倫理学と政治哲学であり、その学術的探究の厳格さはつねに情熱的な自由主義（リベラリズム）によって満たされている。古代ギリシアの倫理学の探究である『善の脆さ（もろさ）』（1986年）が評判を呼んだが、近年では『性と社会的公正』（1999年）で表明されたフェミニズムにかんするリベラルな見解によっても知れわたっている。この書のなかでは、ジェンダーと家族関係における根底的変革の必要性が説かれている。

参照 プラトン50〜55頁、アリストテレス56〜63頁、ジョン・ロールズ294〜95頁

イザベル・スタンジェール
（1949年〜　）

イザベル・スタンジェールは、ベルギーに生まれ、ブリュッセル自由大学で化学を学び、いまでは同大学の哲学教授だ。1993年にはアカデミー・フランセーズから哲学の大賞を受けている。科学にかんする優れた思想家であるスタンジェールは、社会的目標のための科学利用や権力ないし権威との関係における科学の使われかたに的を絞って、現代科学の展開過程をめぐって執筆をつづけている。その著書には、『権力と発明』（1997年）、『現代科学の発明』（2000年）、ノーベル賞化学者イリヤ・プリゴジンとの共著である『混沌からの秩序』（1984年）などがある。

参照 アルフレッド・ノース・ホワイトヘッド342頁、エドガール・モラン344頁

コーネル・ウェスト
（1953年〜　）

卓越した左派活動家であるコーネル・ウェストは、テレビにラジオ、ポッドキャスト、さらにはハリウッド映画にまで出演していることで、アメリカでは有名人だ。だが、ウェストは哲学者としても傑出したアカデミックな経歴を送っている。「非マルクス主義的社会主義者」を自任しているウェストの政治哲学は、とりわけ人種、階級、ジェンダー、そして現代民主主義の本性といった主題に焦点を当てており、その背景にはプラグマティズムや超越論主義、アフリカ系アメリカ人キリスト教などをふくむアメリカのリベラルな伝統からの影響が認められる。2023年にウェストは、2024年のアメリカ大統領選挙への出馬の意向を表明した。

参照 ウィリアム・デュ・ボイス234〜35頁、ベル・フックス333頁

クワメ・アンソニー・アッピア
（1954年〜　）

ガーナの外交官ジョー・アッピアと芸術史家ペギー・クリップスの息子としてロンドンで生まれたクワメ・アンソニー・アッピアは、ガーナとイギリスで教育を受けた。1975年にケンブリッジ大学で哲学の学士号を取得し、1997年にアメリカ国籍を取得する。その間イエール大学、ハーヴァード大学、プリンストン大学、ニューヨーク大学といった著名大学で教鞭を執り、華々しいキャリアを築いた。アッピアの名をもっともよく知らしめたのは、その政治哲学、とりわけ非西洋諸国の社会的・経済的発展および国際組織の役割と効能についての研究だ。

参照 ウィリアム・デュ・ボイス234〜35頁、フランツ・ファノン300〜01頁

サリー・ハスランガー
（1955年〜　）

マサチューセッツ工科大学においてフォード哲学教授、並びにウーマン・アンド・ジェンダー研究の教授であるサリー・ハスランガーは、そのアカデミックな経歴を分析的形而上学と認識論、さらには古代哲学の専門家として開始したが、ハスランガーの関心はどんどん膨らんでいって、社会哲学に政治哲学、フェミニズム理論、批判的人種理論までもが包含されるにいたる。なかんずくハスランガーの著作では、社会的正義——とりわけジェンダー、人種および家族にかんする——と言語哲学および心の哲学における現代的諸観念とのあいだのつながりが探求の的となっている。

参照 シモーヌ・ド・ボーヴォワール276〜77頁

ジュディス・バトラー
（1956年〜　）

代名詞には they/them を用いるアメリカの哲学者ジュディス・バトラーは、イエール大学とハイデルベルク大学で哲学を学ぶ。その後のアカデミックな経歴には、ジョンズ・ホプキンズ大学、カリフォルニア大学バークレー校、コロンビア大学がふくまれる。論文「パフォーマティヴ行為とジェンダー構成」（1988年）と『ジェンダー・トラブル——フェミニズムとアイデンティティの撹乱（かくらん）』（1990年）のなかで、ジェンダーもセックスもパフォーマティヴなもので、いずれも行動とふるまいをつうじて確立されるものだと主張する理論を提起した。この見解は、当初一部のフェミニスト哲学者たちによってのみ受けいれられていたが、のちに文化理論とクイア理論内部でとりわけ大きな影響力をもつこととなった。

参照 シモーヌ・ド・ボーヴォワール276〜77頁、ミシェル・フーコー304〜05頁

用語解説

あ 行

アプリオリ A priori：経験に先だって（あるいは経験を必要とすることなく）**妥当**だと知られうるものごと。

アポステリオリ A posteriori：経験を媒介としてのみ**妥当**なものとみなされうるものごと。

一元論 Monism：あらゆるものはただひとつの根源となる要素からなっているとみなす立場。たとえば、人間は、精神と身体のような究極的には分離可能な二つの要素からなっているのではなく、ただひとつの実体からなっているとみなす立場。

意味論 Semantics：言語表現における意味の研究。

宇宙論 Cosmology：宇宙全体、コスモスについての研究。

演繹 Deduction：普遍から特殊へと向かう推論。たとえば、「もしあらゆる人間が死すべき存在であるなら、ソクラテスは、人間である以上、死ぬにちがいない」。演繹が**妥当**であることは一般に認められている。これと対をなす過程が**帰納**だ。

か 行

懐疑主義 Scepticism：なんであれ、なにかを確実に知ることは私たちには不可能だとみなす立場。

概念 Concept：思想もしくは観念。語や名辞の意味。

科学哲学 Philosophy of science：科学的知識の本性と科学的営為の実践にかかわる哲学の分野。

確証 Corroboration：必ずしもそれを証明しなくても、結論を支持すべく機能する証拠。

仮説 Hypothesis：その真理性が当座のものと想定されている理論。その**妥当性**を証明する証拠がかぎられているにもかかわらず、この先の探究にとって有効な出発点となりうるという理由で容認されている。

カテゴリー Category：事物を分類するためのもっとも大きな分類クラスないしグループ。アリストテレスとイマヌエル・カントがそれぞれにカテゴリーの完全なリストを提供しようとした。

還元不可能 Irreducible：さらに単純な、あるいは縮減された形式にもたらされえないものが還元不可能と言われる。

観念論 Idealism：精神であれ精神や魂、霊魂といった概念であれ、現実がなにか非物質的なものからなっているとみなす立場。これと対をなす立場が**唯物論**だ。

記号論 Semiotics：記号と象徴の研究。とりわけ、それらがその意味しているとされる対象とのあいだにとりもつ関係を問題にする。

擬人主義 Anthropomorphism：人間の特性を人間以外のもの、たとえば神や天候などに適用する見方。

帰納 Induction：特殊から普遍へと向かう推論。一例として、「ソクラテスは死んだ、プラトンは死んだ、アリストテレスは死んだ、とすると、生まれた人間はだれでも130歳になるまえに死ぬ。つまり、あらゆる人間は死すべきものだ」といった推論が挙げられる。帰納は必ずしも真なる帰結を導くとはかぎらない。つまり帰納が本当に論理的な過程をたどっているかどうかは異

論の余地がある。これと対をなす見解が**演繹**だ。

偶然 Contingent：当たるも八卦当たらぬも八卦と言われるように、事態はそのいずれかだ。これと対をなすのが**必然**だ。

経験主義 Empiricism：なんであれ現存するものについてのあらゆる知は、経験に由来するにちがいないとみなす立場。

経験世界 Empirical world：私たちの現在的もしくは可能的な経験をとおして、私たちに開示される世界。

経験知 Empirical knowledge：**経験世界**についての知。

経験的言明 Empirical statement：**経験世界**についての、つまり経験されること、もしくは経験されうることについての言明。

形而上学 Metaphysics：実在するものの究極的な本性を問題にする哲学の分野。それは「外部」の視点から自然界に問いかけるわけだから、その問いかけ自体は科学によっては答えられない。

決定論 Determinism：あらゆるできごとはそれに先行する原因——これらは、それはそれで先行する原因からの**必然的**な結果だ——からの必然的な結果なのだから、現に起こっていること以外にはなにも起こりえないとみなす立場。これと対をなすのが**非決定論**だ。

言語哲学 Linguistic philosophy：言語分析とも呼ばれる。哲学的問題は、言語の誤った使用から生じるのだから、そうした問題を表現するさいに用いられている言語を入念に**分析**してみれば、それらは解決されるか解消されるはず

だとみなす立場。

現象 Phenomenon：直接に現前している経験のこと。ある対象を見るばあい、私によって経験されているその対象が現象に当たる。イマヌエル・カントは、現象と対象それ自体、すなわち経験されるか否かにはかかわりなくあるものとを区別し、後者を**ヌーメノン**と呼んだ。

現象学 Phenomenology：経験の対象（**現象**と呼ばれる）を、それらが私たちの意識にあらわれるがままに探究する哲学上のアプローチ。そのさい、意識からは独立した事物としてのそれらの本性については、いかなる想定ももちこまない。

検証可能性 Verifiability：言明は、経験的証拠に照らすことで真であることが証明可能であるなら、検証可能なものとみなされる。**論理実証主義者**たちは、有意味な**経験的言明**のみが検証可能だと考えた。デイヴィッド・ヒュームとカール・ポパーはそれぞれに、科学法則が検証不可能であることを指摘した。

行為主体 Agent：知る自己から区別されるかぎりでの、行為する自己。決断や選択をおこなう、あるいは行動する自己。

功利主義 Utilitarianism：行為の道徳性をその帰結に照らして判断し、最大多数の最大幸福を行為のもっとも望ましい帰結とみなし、「善」を快楽ないし苦痛の不在という観点から定義する**倫理・政治上の理論**。

合理主義 Rationalism：世界についての知は、感覚的知覚に依拠しなくても、みずからの理性を用いることで獲得できるとみなす立場。合理主義者たちは、感覚知覚を当てにならないものとみなす。これと対をなす立場が**経験主義**と呼ばれる。

合理的 Rational：理性もしくは論理と

いう原理に依拠している、あるいはしたがっていること。

誤謬 Fallacy：根本的に誤っている**論証**ないし、そうした論証に依拠した偽りの結論。

さ 行

自然主義 Naturalism：現実は、自然界の外部にあるなにものかを参照しなくても、説明可能だとみなす立場。

実存主義 Existentialism：個々人の**偶然的**実在とともにはじまり、この実存を根源的な謎とみなす哲学の分野。こうした観点に立った哲学的理解が追究される。

社会契約 Social contract：ある社会の成員たちが、集団全体に恩恵をもたらす目標を達成するために交わす暗黙の合意。ときには、それと引きかえに個人が犠牲にされることもある。

宗教哲学 Philosophy of religion：人間の信仰体系と、そうした信念の土台をなす神のような想像上の対象の本性を考察する哲学の分野。

情感的 Emotive：情動の表現。哲学においては、この語は客観的ないし中立的であろうとしながらも、じっさいには情動的態度を表現してしまっているような発話——たとえば、「情感的定義」におけるように——にたいして、侮蔑的な意味あいで用いられる。

神学 Theology：神の本性について生じる学問的・知的な問いの究明。これにたいして哲学は、神の実在を前提しない。もちろん、なかには神の実在を証明しようと試みた哲学者もいる。

神聖 Numinous：神秘的で霊的なもののこと。自然の領域の外部からの暗示がもとになっている。ヌーメナルと混同しないこと。**ヌーメノン**の項を参照。

神秘主義 Mysticism：自然界を超越した直観的な知を認める立場。

真理値 Truth-value：言明に適用されうる真か偽かという二つの価値のいずれか。

政治哲学 Political philosophy：国家の本性や方法について問いかけ、正義・法・社会的階層・政治権力・制度といった主題をあつかう哲学の分野。

世界 World：哲学において「世界」という語には、「経験的現実の全体」という特殊な意味が割りあてられてきた。そのかぎりでは世界は、現実的あるいは可能的な経験の総体と等置されうるかもしれない。真の**経験主義者**たちは、世界とは現にあるものの総体だと考えたが、見解を異にする哲学者たちは、世界が現実の全体とは等置されないと考える。そうした哲学者たちは、経験的な領域と並んで**超越論的**な領域が存在しており、どちらもが同等のリアリティをもつと考えている。

絶対者 the Absolute：すべてを包括する単一の原理とみなされる究極の実在。この原理を神と同一視する思想家もいれば、神ではなく絶対者と信じた思想家もいるし、いずれをも信じていない思想家もいる。この観念ともっとも密接な関係を保った哲学者はゲオルク・ヘーゲルだ。

前提 Premise：論証の出発点。どんな論証も少なくともひとつの前提から出発するよりほかない。そのかぎりでは、どんな論証もそれ自身の前提は証明しえない。その結論が前提からの帰結であることを証明できるものが、**妥当な論証**と言われる。だがそれは、その結論が真であることの証明にはならない。その証明はどんな論証にもなしえない。

綜合 Synthesis：さまざまな部分を統合することで、対象のより深い理解にいたろうとする態度。これと対をなすのが**分析**だ。

綜合命題 Synthetic statement：その真

偽が決定されるには、それ自体の外部にある事実による検証を必要とする命題。これと対をなすのが**分析命題**だ。

想定 Presupposition：表現されるまでもなく自明と思われていることがら。あらゆる発話にはなんらかの想定が先だっているが、それらは自覚されているばあいもあればされていないばあいもある。想定が誤っていれば、その誤りそのものは発話のなかではあらわになっていないにしても、それにもとづいている発話も、誤っていることになる。哲学を研究すれば、想定にはいっそうの注意をはらう必要のあることがわかってくる。

属性 Property：哲学においては、この語はふつうある特徴をさすために用いられる。たとえば、「毛皮もしくは体毛は、哺乳類を定義する属性だ」という具合に。**第一性質と第二性質**の項も参照されたい。

ソフィスト Sophist：**議論**において真理を探究するのではなく、議論に勝つことを目標とする人物。古代ギリシアでは、公的生活を切望する若者はソフィストに学んで、議論に勝つためのさまざまな方法を会得した。

存在論 Ontology：現に実在しているものについて、それについての私たちの知の本性の問題——これは**認識論**という部門の管轄下になる——は別にして、問いかける哲学の部門。存在論と認識論は一緒になって、哲学の中心的伝統を構成する。

た　行

第一性質と第二性質 Primary and secondary qualities：ジョン・ロックは、物体の**属性**を、経験されるか否かにかかわらず対象そのものがそなえている性質——たとえば、場所や広がり、速度や重さなど（これが第一性質と呼ばれる）——と、経験する観察者からの干渉をふくむもの——たとえば、対象の色や味など（これが第二性質と呼ばれる）——とに区分した。

対立 Contrary：二つの言明があって、どちらも真である、あるいはどちらも偽であることがありえないばあい、その関係が対立と呼ばれる。

妥当性 Validity：ある**論証**は、その結論が**前提**からたどれるものであるばあいに妥当とみなされる。だからといって、必ずしも結論が真であるということにはならない。前提にひとつでも誤りがあれば、論証全体は依然として妥当であっても、結論が偽となることはありうる。

超越論的 Transcendental：感覚経験の世界の外部。**倫理**は超越論的なものだと考えている者は、倫理の源泉は**経験世界**の外部にあると考えているわけだ。徹底した**経験主義者**は、超越論的なものの存在自体を信じない。たとえば、フリードリヒ・ニーチェや人間主義的**実存主義者**もそれにふくまれる。

直観 Intuition：感覚的知覚によるのであれ、洞察によるのであれ、直接的な知をさす。推論をまったく使わない知の形式。

哲学 Philosophy：文字どおりには、「知恵への愛」を意味する。この語は、より深い理解を実現することを目標とする一般的原理についての持続的な**合理的**反省をさす語として広く用いられる。哲学は、専門的な**分析**、**論証**・理論・方法・あらゆる種類の発話・そのさい用いられる概念の明確化への熟達を可能にする。伝統的に哲学の最終目標は、世界についてのより深い理解に到達することであった。だが20世紀になって、少なからぬ哲学が議論の手順のより深い理解に力を注ぐようになった。

独我論 Solipsism：確実に知られうるのは自己の経験のみだとみなす立場。

な　行

二元論 Dualism：ものごとを二つの**還元不可能**な部分からなっているとみなす立場。たとえば、人間という観念は、身体と精神からなっているが、このいずれもまったく他方と似ていない。

人間主義 Humanism（ヒューマニズム）：実在しているあらゆるもののうちで人類がもっとも重要な存在であり、超自然的な世界については、かりにそうした世界が存在しているにしても、なにも知りえないという想定にもとづく哲学的アプローチ。

認識論 Epistemology（エピステモロジー）：なんであれ私たちが知りうるのはどのような類いの事物であり、それはどうやって知られるのか、そもそも知とはなにかといったことを問題にする哲学の分野。事実上、哲学の主流をなしている。

ヌーメノン Noumenon：人間の意識に現前するもの——これが**現象**だ——を超えたところにある知りえない現実。経験されるものとは無縁に、それ自体であるがままのものがヌーメノンと言われる。したがって、「ヌーメナル」は現実の究極の本性をさす術語となる。

は　行

反証可能性 Falsifiability：ある言明ないし陳述は、経験的検証によって誤りが証明されうるようなばあいに、反証可能的だと言われる。カール・ポパーによれば、反証可能性こそが科学と非科学の境界を示す。

美学 Aesthetics：芸術の原理と美の概念にかかわる哲学の分野。

非決定論 Indeterminism：できごとは必ずしも、それらに先行するできごとからの必然的な結果であるとはかぎらないと考える立場。これと対をなす立場が**決定論**だ。

必然 Necessary：事態はしかじかであるにちがいないという状態。この逆が**偶然**だ。ヒュームの考えでは、必然的連結は現実世界にではなく**論理**のうちにのみ存在する。この立場は、それ以降の多くの哲学者によって支持されている。

必要条件と十分条件 Necessary and sufficient conditions：Xが夫であるためには、Xにとっては結婚していることが必要条件だ。だが、これだけでは十分条件とはならない。もしXが女性だったらどうだろう。こうして、Xが夫であるための十分条件とは、Xが男でありかつ結婚しているということになる。思考における誤りのよくありがちな形式のひとつが、必要条件を十分条件ととりちがえるというものだ。

普遍 Universal：「赤」や「女性」のようなあまねく適用される概念。普遍がそれ固有の実在をもつか否かは、長らく論議の的であった。「赤なるもの」が実在するのか、それとも個々の赤い対象だけが実在するのか。中世には、「赤なるもの」が真に実在していると考える哲学者たちは「レアリスト（実念論者）」と呼ばれ、そんなものはことばでしかないと主張する哲学者たちは「ノミナリスト（唯名論者）」と呼ばれた。

普遍主義 Universalism：私たちは、他人に適用するのと同じ基準なり価値をみずからにも適用するのでなければならないという考え。上の**普遍**とは混同されないよう留意されたい。

プラグマティズム Pragmatism：真理についての理論。ある言明は、それに求められているあらゆる作業——状況を正しく描きだすとか、以前の経験を正確に私たちに呼びさます、あるいはすでに吟味ずみの言明とうまく適合するなど——をすべて果たしているときに真だとみなす立場。

分析 Analysis：対象を部分に分けて各部分を考察することで、より深い理解にいたろうとする探究。これと対をなすアプローチが**綜合**だ。

分析哲学 Analytic philosophy：その目標をものごとの明確化に置く哲学のひとつの見方。概念や言明や方法、それに論証を明確なものにし、それらを注意深く分離したままで考察する理論。

分析命題 Analytic statement：その真偽が命題それ自体の**分析**だけではっきりする命題。これと対をなすのが**綜合命題**だ。

弁証法 Dialectic：①問いかけや議論における技法。②ことばによるのであれ行為によるのであれ、どんな主張もその逆の見解を惹起（じゃっき）し、両者はそのいずれの要素をも包含する**綜合**のうちで調停されるにいたると考える立場。

方法論 Methodology：探究と**論証**の方法についての研究。

ポストモダニズム Postmodernism：あらゆる知をただひとつの枠組みのなかに収蔵しようとした理論・物語・イデオロギーへの全般的な不信を支持する見解。

本質 Essence：ものの本質とは、そのものをほかのものからきわだたせ、それがなんであるかを構成しているもののことを意味する。たとえば、ユニコーンの本質は、それが頭に一本の角を生やした馬であるということだ。もちろん、ユニコーンは実在しない。つまり、本質には実在は含意されない。この区別は哲学的には重要だ。

ま 行

矛盾 Contradictory：同じ事態についての二つの言明があって、一方が真であり他方が偽であるにちがいないとしたら、両者は矛盾している関係にある。

どちらもが真あるいは偽であるということはありえない。

無矛盾 Non-contradictory：言明は、その**真理値**がたがいに独立しているばあいには、無矛盾とみなしうる。

命題 Proposition：あることが当たっているかどうかを裏づけたり否定したりする言明の内容。真であるばあいと偽であるばあいとがある。

メタ哲学 Metaphilosophy：哲学そのものの本性と方法を問題にする哲学の分野。

目的論 Teleology：最終目的ないし目標についての研究。目的論的説明とは、対象をそれが保持している目標に照らして説明しようとするものだ。

物自体 Thing-in-itself：ヌーメノンをあらわすもうひとつの表現。ドイツ語のDing-an-sichに由来する。

や 行

唯物論 Materialism：あらゆる現実の存在は、つまるところ物質的なものからできているとみなす立場。これと対をなす見解が**観念論**だ。

ら 行

倫理学 Ethics：私たちはどう生きるべきか、そこから生じる正と不正、善悪、すべきか否か、義務などといったことがらの本性にかかわる問いを問題にする哲学の分野。

論証 Argument：その結論が真であるのを示す目的でおこなわれる、**論理**による推論の過程。

論理 Logic：理性的**論証**そのもの——その術語・概念・規則・方法など——を研究する哲学の分野。

論理実証主義 Logical positivism：有意味な**経験的言明**のみが**検証可能**だとみなす立場。

索引

太数字(ゴシック体)は見出し項目の掲載ページ。「聖〜」は読みに入れていない。

あ行

愛　49, 189, 233, 240, 258, 291
アイヒマン, アドルフ　272
アインシュタイン　213, 293
アヴィケンナ→イブン＝シーナー
アヴェロエス→イブン＝ルシュド
聖アウグスティヌス(ヒッポの), アウレリウス　55, 63, 70, **72〜3**, 97, 120
アウレリウス, マルクス　55, 67
アカデメイア　20, 21, 55, 58, 338
アガトン　290, 291
アクィナス, トマス　63, 70, 71, **88〜95**, 97, 339〜41
悪神　118, 120
遊び　238
アダムとイヴ　73, 158
アッピア, クワメ・アンソニー　**347**
アドルノ, テオドール　**266〜7**, 311
アナーキズム　297
アナクサゴラス　**336**
アナクシマンドロス　23, **336**
アナクシメネス(ミレトスの)　23, 40, **336**
アハド＝ハアム　**222**
アフォリズム　177
アプリオリ　168〜70, 181, **348**
アベラール, ピエール　95, **339**
アポステリオリ　**348**
アポリア　314
阿弥陀仏　245
アリストクレス→プラトン
アリストテレス　12, 21, 55, **56〜63**, 70, 71, 91〜5, 127, 129, 235, 274, 337〜9, 348
アリストテレス主義　71, 76, 79, 82, 83, 90, 338, 339
アル＝ガザーリー　78〜79, **338**
アルキビアデス　290, 291
アル＝キンディー　76, **338**

アルケー　20
アルチュセール, ルイ　288, 317, **344**
アル＝ファーラービー　76, **338**
アレオパギタ, ディオニュシウス　84, 96
『あれかこれか』　145, 268
アレクサンドロス大王　21, 63, 71, 337
アーレント, ハンナ　241, 255, **272**
アンクル・サム　307
聖アンセルムス(カンタベリーの)　71, **80〜1**
『アンチ・オイディプス』　345
アンティステネス　66
アンリ(ヘントの)　90, 95
イアンブリコス　**337**
イクバール, ムハンマド　87
意志　188
意識　114, 166, 341
イスラム(教)　70, 71, 78, 82, 83, 338, 339
一元論　22, 40, 41, 127, 139, 180, **348**
イデア(論)　29, 52〜5, 58〜60, 131, 138, 219, 339
イブン＝シーナー(アヴィケンナ)　62, 71, **76〜9**, 90
イブン＝バージャ　**339**
イブン＝ルシュド(アヴェロエス)　62, 76, **82〜3**, 90, 91, 339
意味論　**348**
イリガライ, リュス　273, 276, 289, 324
因果律　94, 152
ヴィーコ, ジャンバッティスタ　232
ヴィットリア, フランシスコ・デ　340
ウィトゲンシュタイン, ルートヴィヒ　209, 212, 238, **246〜51**, 296
ウィリアム(オッカムの)　71, 95, **340**
ウィリアムズ, バーナード　289, **303**
ウィルドゥ, クワシ　330
ウィーン学団　248, 279
ヴェイユ, シモーヌ　**344**
ウェグナー, ダン　305
ヴェサリウス, アンドレアス　21, 110

ウェスト, コーネル　**347**
ヴェーダ教　30
ヴェトナム戦争　288, 307, 317
ウェーバー, マックス　236
ヴォイチワ, カロル・ユゼフ(ヨハネ・パウロ２世)　240
ヴォルテール　13, 144, **146〜7**, 156, 157, 159
ウォルハイム, リチャード　**296**
ヴォルフ, スーザン　303
宇宙(論)　22, 23, 27〜9, 40, 41, 43, 45, 90〜5, 136, 340, **348**
ウナムーノ, ミゲル・デ　**233**
ウルストンクラフト, メアリ　**175**, 276, 324, 328
ウルフ, ヴァージニア　209
叡智界　169, 187
エイトケン, ロバート・ベーカー　283
エウダイモニア　235
エクリチュール　316, 326
『エチカ』　128
エックハルト, マイスター　84, **339**
エヌマ・エリシュ　22
エピクロス　**64〜5**, 67, 174
エピクロス主義　21, 64, 65
エピステモロジー→認識論
エマソン, ラルフ・ウォルドー　206, **342**
エラキュリア, イグナチオ　242
エラスムス, デシデリウス　71, **97**, 100, 222
エリウゲナ, ヨハネス・スコトゥス　84, **338**
エロイーズ　339
演繹　264, 265, **348**
演繹的推論　26, 29, 264
エンゲルス, フリードリヒ　145, 189, 198, 203
エンペドクレス　20, 187, **336**
王弼　24, **337**
オークショット, マイケル　172, **343**

オクスフォード日常言語学派　344
オークの木　339
オースティン，ジョン・ラングショー　**344**
オッカムの剃刀　340
『オリエンタリズム』　325
オルカ，ヘンリー・オデラ　17, 289, **330**
オルテガ・イ・ガセット，ホセ　**242〜3**
音楽　28, 29

か行

懐疑主義　21, 118, 141, 146, 245, 340, **348**
階級闘争　198, 199, 202, 238, 299
解釈学　260
蓋然的言明　151, 152
概念　223, **348**
快楽計算　174, 192
カヴェル，スタンリー　**345**
ガウニロ（マルムティエの）　80
科学革命　110, 118
科学哲学　257, 262, 265, 292, 293, 297, **348**
科学理論　262, 263, 265
確証　**348**
郭象　24
仮説　**348**
カーソン，レイチェル　282
ガダマー，ハンス＝ゲオルク　252, 255, **260〜61**
ガタリ，フェリックス　345
ガッサンディ，ピエール　113
カッシーラー，エルンスト　**343**
カテゴリー　60, 61, 181, 182, **348**
カテゴリー・ミステイク　76, 112, 343
カミュ，アルベール　213, **284〜5**
ガリレイ，ガリレオ　100, 110, 113, 168, 338
カルヴィーノ，イタロ　258
カルナップ，ルドルフ　248, **257**
ガレノス（ペルガモの）　21
感覚　13, 54, 59, 60, 63, 167, 275
環境（哲学）　242, 243, 282, 283
還元不可能　**348**
観察　55, 59, 60, 61, 167〜9, 187, 262, 263

ガンジー，マハトマ　204
感性　167, 168
カント，イマヌエル　60, 63, 80, 134, 144, 145, **164〜71**, 176, 220, 227, 248, 305, 343, 348
観念論　139, 145, 176, 180, 186〜8, **348**
幾何学　20, 22, 26〜29
帰結主義　303, 308
キケロ　104
キニク学派（犬儒学派）　21, 66, 67
記号論　223, 290, **348**
擬人主義　**348**
帰納（法）　262〜5, **348**
帰納的推論　118, 151〜3, 263
帰納的論証　49
客観主義　343
『饗宴』　47, 240, 258, 291
『狂気の歴史』　222, 305
共産主義　198, 202, 203, 213, 288, 289
『共産党宣言』　15, 145, 159, 198, 200〜3
キリスト教　15, 67, 70, 90〜5, 219, 338〜40
キルケゴール，セーレン　145, **194〜5**, 213, 241
キング，マーティン・ルーサー　204, 234, 235
ギンズベルク，アシェル・ツヴィ→アハド＝ハアム
空間　167, 169, 170
偶然　**348**
クオリア　327, 329
クザーヌス，ニコラウス・フォン　**96**, 340
グーテンベルク，ヨハネス　71
クライン，ナオミ　310
クリステヴァ，ジュリア　273, 276, 290, **328**
クリッチリー，サイモン　314
クリプキ，ソール　**346**
グリーン，グレアム　233
グリーンピース　289
苦しみ　233
クレンショー，キンバリー　333
グロステスト，ロバート　110, **339**
クワイン，ウィラード・ヴァン・オーマン　257, **278〜9**

クーン，トマス　257, 262, 288, **293**, 297
『君主論』　100, 105〜7
経験主義（者）　58〜60, 63, 101, 110, 134, 135, 144, 145, 166, 167, 171, **348〜50**
経験世界　167, **348**, 350
経験知　168, **348**
経験的言明　**348**, 351
形而上学　13, 15, 16, 257, **348**
芸術　15, 16, 157, 296, 298
形相（因）　59〜61, 76, 112, 129
啓蒙思想家　156
ケインズ，ジョン・メイナード　190, 193
決定論　**348**
ケプラー，ヨハネス　26, 100
兼愛　44
言語（哲学）　14, 212, 248, 278, 290, 291, 344, **348**
『賢者の哲学』　289, 330
現象（界）　169, 182, 187, **349**
現象学　213, 224, 225, 253, 273, 274, **349**
検証可能性　**349**
原子（論）　16, 29, 45, 65
行為主体　**349**
公共圏　310, 311
交差性　333
孔子　20, 25, 30, **34〜9**, 337
構造主義　288
功利主義　44, 144, 174, 190〜3, 331, **349**
合理主義（者）　60, 63, 101, 134, 135, 144, 145, 150, 153, 167, 171, **349**
合理的　**349**
コギト　120
『告白』　70, 244
『国富論』　161〜3
心の哲学　124, 344
ゴーシェ，マルセル　**346**
個人主義　346
ゴータマ・シッダータ（釈迦）　20, 21, **30〜3**, 233
『国家』　15, 52, 55, 294, 296
古典経済学　160
『言葉と物』　216, 304
誤謬　**349**
コペルニクス，ニコラウス　100, 110, 293
コーラン　82, 83, 86, 87

コンスタンティヌス1世　70
コント, オーギュスト　**342**
コンドルセ, ニコラ・ド・カリタ　**341**
コンドルセのパラドクス　341
コンピュータ(革命)　298, 299

さ行

サイード, エドワード　301, **325**
サヴォナローラ, ジロラモ　104
差延　314〜6
サッチャー, マーガレット　328
悟り(仏教)　31〜3, 245
サマリア人　192
サール, ジョン　289, 302, 329
サルトル, ジャン＝ポール　195, 213,
　221, 255, **268〜71**, 277, 288, 301
産業革命　101, 144, 162, 201
懺悔　244, 245
山上の垂訓　216
『三蔵』　31
サンタナーヤ, ジョージ　**232**
三段論法　61, 62, 121
サン・バルテルミの虐殺　109
サンブラーノ, マリア　242
シェイクスピア, ウィリアム　195, 220
ジェイムズ, ウィリアム　145, 193, **206
　〜9**, 234
ジェイムソン, フレデリック　298
シェーラー, マックス　**240**
シェリング, フリードリヒ　145, 171,
　180, **341**
『ジェンダー・トラブル』　333
シオニズム　222
時間　166〜70, 254, 255
シクスー, エレーヌ　16, 289, **326**
シゲルス(ブラバンティアの)　83
シジウィック, ヘンリー　174, **342**
ジジェク, スラヴォイ　259, 266, **332**
『シーシュポスの神話』　284, 285
『自然学』　63
自然主義　232, **349**
実証主義　171, 342
実存主義(者)　194, 195, 213, 221, 241,
　242, 255, 256, **349**, 350
実体　123, 126〜9, 138〜41, 168〜70, 181

実体一元論　126
シニフィアン　223
シニフィエ　223
『資本論』　145, 259, 344
市民的不服従　204
ジャイナ教　331
釈迦→ゴータマ・シッダータ
社会契約　**349**
社会契約(論)　133, 156, 158, 159, 294
『社会契約論』　144, 157, 158, 173, 204,
　294
ジャラール・ウッディーン・ルーミー　86
　〜7
ジャンセニズム　125
主意主義　124, 125
宗教哲学　**349**
自由主義(者)　124, 191, 193, 281
自由民主主義　144, 213
『自由論』　193, 280
儒家　21, 337
儒教　36, 39
『種の起源』　145, 229
ジュビリ, クザヴィエ　242
シュライエルマッハー, フリードリヒ
　260
シュリック, モーリッツ　248
シュレーゲル, フリードリヒ　**177**
『純粋理性批判』　118, 144, 168, 171, 186,
　216, 220
ジョイス, ジェイムズ　209
情感的　**349**
浄土真宗　245
諸子百家　21, 24, 36
ショーペンハウアー, アルトゥール　17,
　33, 145, **186〜8**
ジラール, ルネ　**344**
シリアヌス　338
神学　189, 338, **349**
シンガー, ピーター　**331**
進化論　212, 292
人工知能(AI)　302, 329
新儒家　39
人種主義　235, 300, 301
心身二元論　123, 274
神聖　**349**

身体　13, 54, 77, 78, 79, 115, 122, 123,
　127, 128, 167, 170, 171, 275
ジンバルドー, フィリップ　272
神秘主義　340, **349**
新プラグマティズム　209
新プラトン主義　52, 70, 337〜9
人文主義　97
親鸞　244, 245
真理(値)　12〜4, 49, 58, 137, 205, 207
　〜9, 320〜3, **349**
心理学　17, 342
スアレス, フランシスコ　**341**
数学　14, 17, 20, 27〜9, 71, 151, 212, 219,
　225
スコラ哲学　70, 100, 113
スターリン, イオシフ　213, 235
スタンジェール, イザベル　**347**
ストア哲学(主義)　21, 62, 67, 70, 223
スピヴァク, ガヤトリ　325, **346**
スピノザ, ベネディクトゥス(バルフ・デ)
　80, **126〜9**, 130, 134, 282
スーフィズム　86, 87
スミス, アダム　**160〜3**, 200, 202
正義　43, 49, 52, 54, 189, 294, 295, 322
聖狂人　266〜7
生気論　226〜7
『正義論』　156, 294
『省察』　100, 112, 115, 118〜20, 122, 123,
　166, 242, 274
政治的急進主義　234, 235
政治哲学　15, 172, 212, 294, **349**
精神　13, 54, 77〜9, 114, 115, 122, 123,
　127〜9, 139, 167, 181, 275
『精神現象学』　145, 180, 184, 185
生得観念　62, 131〜3, 150
世界　**349**
セシル, リチャード　108
絶対者　185, 322, **349**
絶対精神　184, 185, 201
絶対的観念論　138, 341
絶対無　245
セネカ(小)　67
ゼノン(エレアの)　14, **337**
ゼノン(キティウムの)　21, 66, **67**
セラーズ, ウィルフリド　320, 321

セール, ミシェル **345**
禅 343
全体主義 213, 259
前提 **349**
綜合 92, 182, 183, 200, **349**
綜合命題 **349**, 351
荘子 24, 44
想像力 124, 125, 343
相対主義 42, 43
相対性理論 212, 293
想定 **350**
ソーカル, アラン 328
属性 340, **350**
ソクラテス 12, 14, 20, 21, 38, **46〜9**, 220, 224, 245, 291, 316, 322
『ソクラテスの弁明』 47〜9, 52
ソシュール, フェルディナン・ド **223**, 290, 314
ソフィスト 43, 46, **350**
ソロー, ヘンリー・デイヴィド **204**, 206
ゾロアスター 216, 217
『存在と時間』 194, 213, 253, 274, 284
『存在と無』 213
存在論 13, 224, 233, 242, 252〜4, **350**
存在論的証明 80, 81
ソンタグ, スーザン **346**

た行

第一性質と第二性質 **350**
『大衆の反逆』 243
『第二の性』 268, 276, 277, 288, 326, 328
対立 **350**
ダーウィン, チャールズ 61, 145, 212, 229, 230, 292
他者(性) 185, 276
脱構築 288, 314, 316, 317, 326
妥当性 **350**
タナトス 64
田辺元 **244〜5**
タブラ・ラサ 130, 132, 133, 146
ダマシオ, アントニオ 267
ダランベール, ジャン 156
タレス(ミレトスの) 20, **22〜3**, 36, 40, 189, 336
ダント, アーサー 296

知恵の館 71
知覚 13, 139〜41, 187, 275
『知覚の現象学』 275
チャーチランド, パトリシア 297
チャーチランド, ポール 297
チャーマーズ, デイヴィド 114
チューリング, アラン **302**
超越論的 **350**
超越論的観念論 138, 166, 169〜71
直観 167〜9, 226, 227, **350**
チョムスキー, ノーム 133, 223, **306〜7**, 325
『ツァラトゥストラはかく語りき』 216, 217, 220, 221
テアノ(クロトンの) 27
ディアゴラス(メロスの) 189
デイヴィドソン, ドナルド 126, **344**
ディオゲネス(シノペの) **66**, 67, 252, 253
ディオゲネス・ラエルティオス 23
帝国主義 325
ディッキィ, ジョージ 296
ディドロ, ドニ 14, 144, 156
ディープ・エコロジー 282, 283
テイラー, ハリエット 191, 193
定立 182, 183, 200
ディルタイ, ヴィルヘルム 260
デカルト, ルネ 14, 15, 60, 63, 78, 79, 100, 101, 113, 115, **116〜23**, 128, 240
哲学 12〜7, 240, 330, **350**
デネット, ダニエル 278, 305, **329**
デモクリトス **45**, 65
デューイ, ジョン 209, **228〜31**
デュ・ボイス, ウィリアム **234〜5**
デリダ, ジャック 273, 288, **312〜17**, 326
デルフォイの神託 49
ドイツ観念論 145, 166, 180, 194
道家(思想) 21, 24, 337
道教 15
洞窟の比喩 53
道徳哲学 14, 15, 21, 36, 52, 212, 213, 322
動物の権利 331
ドゥボール, ギィ 258
東洋哲学 15, 21, 71, 188, 256

ドゥルーズ, ジル **345**
ドゥンス・スコトゥス, ヨハネス 71, 95, 226, **339**
ドーキンス, リチャード 292
独我論 **350**
独断論 176
ドストエフスキー, フョードル 284
トムソン, ジュディス・ジャーヴィス 45, 308, **345**
トーラー 84, 85, 340
ドルトン, ジョン 45
奴隷制 193, 234, 239
ドレイフュス, ヒューバート 274
トロツキー, レオン 323
トロッコ問題 308

な行

ナショナリズム 176
ナチス 221, 255
ナポレオン・ボナパルト 145, 184, 220
二元論 115, 123, 127, 274, **350**
ニコラウス(オートルクールの) 134, **340**
西田幾多郎 **343**
偽ディオニュシウス→アレオパギタ, ディオニュシウス
ニーチェ, フリードリヒ 188, 195, 212, 213, **214〜21**, 241, 350
ニュートン, アイザック 101, 110, 135, 146
ニューランズ, ジョン 29
認識論 13, 60, 118, 297, 298, 350
認知科学 275
ヌスバウム, マーサ 295, **347**
ヌーメノン(物自体) 167, 169, 170, 182, 187, 227, **350**, 351
ネグリチュード 301
ネーゲル, トマス 285, 295, **327**
ネス, アルネ **282〜3**
ノージック, ロバート 294, **346**

は行

ハイゼンベルク, ヴェルナー 255
ハイデガー, マルティン 171, 195, 213, 245, **252〜5**, 260

『パイドロス』 47, 49, 316
ハーヴェー, ウィリアム 110, 115
聖パウロ 266
『バガヴァッド・ギーター』 188
バーク, エドマンド **172〜3**
バークリー, ジョージ 60, 63, 101, 130, 134, **138〜41**, 150, 166
バシュラール, ガストン **343**
場所の論理 343
パース, チャールズ・サンダーズ **205**, 206〜9, 228, 231, 314
パスカル, ブレーズ 101, **124〜5**, 240
ハスランガー, サリー **347**
バディウ, アラン **346**
パトナム, ヒラリー **345**
バックル, H.T. 163
バトラー, ジュディス 333, **347**
ハーバーマス, ユルゲン 289, **310〜11**
ハラウェイ, ダナ 304
パラダイム・シフト 293, 297
パラドクス 14, 337, 341
バラモン教 30, 33
バーリン, アイザイア 176, 203, **280〜1**, 295
バルト, ロラン 223, **290〜1**
パルメニデス **41**, 337
反証可能性 257, 265, 293, 297, **350**
汎神論 128
『パンセ』 101, 124, 125
反省(性) 177
反定立 182, 183, 200
ハンプシャー, スチュアート 126
ピエロ・デ・メディチ 104
美学 14, 296, **351**
悲観主義 188
非協調主義 204
非決定論 **350**
「ビッグ・バン」理論 90, 95
必然 **351**
必要条件と十分条件 **351**
否定神学 84
ヒトラー, アドルフ 221
批判的人種理論 333
ヒメネス, ファン・ラモン 233
『百科全書』 144, 156

ピュタゴラス 14, 20, 23, **26〜9**, 30, 36, 337
ヒュパティア(アレクサンドリアの) 175, 276, 337
ヒューマニズム(人間主義) 71, 97, 100, 108, **350**
ヒューム, デイヴィド 17, 33, 60, 63, 73, 130, 134, 144, **148〜53**, 160, 173
ピュロン **337**
ヒンドゥー教 33, 188
ファイヤアーベント, ポール 262, 293, **297**
ファノン, フランツ 288, 289, **300〜01**, 325
『不安の概念』 195
フィヒテ, ヨハン・ゴットリープ 145, 171, **176**
フィロポヌス, ヨアネス 90〜2, **338**
フェミニズム 175, 276, 277, 289, 324, 326, 328
フォイエルバッハ, ルートヴィヒ・アンドレアス **189**, 201, 202
フォスター, ジョン 138
フォード・モデルT 212
フーコー, ミシェル 288, **304〜05**, 317
不条理 285
仏教 15, 20, 30, 31, 188, 245, 337, 343
フック, ロバート 110
フックス, ベル 289, **333**
フッサール, エドムント 171, 212, 213, **224〜5**, 243, 253, 255, 274, 275
仏陀→ゴータマ・シッダータ(釈迦)
フット, フィリッパ 289, **308〜09**
物理主義 112
プトレマイオス 21, 100
普遍(性) 53, 307, 340, 341, 350, **351**
普遍主義 306, **351**
ブラーエ, ティコ 111
プラグマティズム 145, 205, 206, 209, 228, 231, 234, **343**
プラトン 12, 15, 20, 21, **50〜5**, 58〜61, 91, 218, 219, 220, 291, 316, 322, 337, 339
プラトン・アリストテレス主義 80
プラトン主義 63, 70, 74, 97, 337
フランクフルト学派 258, 259, 266, 267,

310, 311
フランクリン, ベンジャミン 231
フランス革命 144, 159, 173, 311, 341, 342
プランティンガ, アルヴィン 80
ブリクモン, ジャン 328
プリゴジン, イリヤ 347
プリーストリー, ジョゼフ 173
ブルーノ, ジョルダーノ 126, **340**
プルマン, フィリップ 79
フレーゲ, ゴットロープ 212, 248, 257, **342**
ブレンターノ, フランツ 224, **342**
フロイト, ジグムント 188, 189, 212, 213, 221, 324, 332, 342
プロクロス **338**
プロタゴラス 42〜3, 52, 55, 177
ブロッホ, エルンスト **343**
プロティノス 70, **337**
フロム, エーリッヒ 280
プロレタリア独裁 202, 203
文化人類学 330
文化大革命 288
分析 209, **351**
分析哲学 212, 262, 278, 280, 292, 296, 297, **351**
分析命題 **351**
ペイン, トマス 156
ヘーゲル, ゲオルク 145, 159, 177, **178〜85**, 194, 199〜202, 259, 349
ベーコン, フランシス 49, 100, 101, **110〜1**, 113, 118
ベーコン, ロジャー 71, 110
ヘシオドス 22
ヘラクレイトス 36, **40**, 230, 336
ペリクレス 42
ベルクソン, アンリ 188, **226〜7**
ヘルメス文書 340
ベンサム, ジェレミー 65, 144, **174**, 191, 192, 331
弁証法 46, 49, 60, 70, 180, 182〜5, 200〜3, **351**
ベンヤミン, ウォルター **258**, 290
弁論術 42, 46
ボイル, ロバート 110, 133, 140

ポインソット, ジョン　223
ボーヴォワール, シモーヌ・ド　213, 269,
　271, **276〜7**, 289, 324, 328
『方法序説』　63, 120, 150
方法論　**351**
ボエティウス, アニキウス　70, **74〜5**,
　83
ホーキング, スティーヴン　95
墨子　**44**
ホジキンソン, トム　236
保守主義　172〜3, 343
ポストコロニアリズム　325
ポスト人文主義　345
ポストモダニズム　288, 289, 298, 299,
　351
『ポストモダンの条件』　289, 298
墨家　44
ホッファー, エリック　15
ホッブズ, トマス　100, 101, **112〜5**,
　156, 157
ボードレール, シャルル　258
ボトン, アラン・ド　236
ポパー, カール　153, 193, 213, 257, **262
　〜5**
ポープ, アレクサンダー　222
ポリス　20〜22, 42, 43, 47
ボルジア, チェーザレ　105
ポルピュリオス　27
ホロコースト　272, 273, 311
ホワイトヘッド, アルフレッド・ノース
　55, 212, 226, 238, 279, **342**
本質　**351**

ま行

マイモニデス, モーセス　**84〜5**
マキャヴェリ, ニコロ　100, **102〜7**,
　108, 109
マクダウェル, ジョン　320
マコーリー, キャサリン　175
マリオン, ジャン＝リュック　96
マルクス, カール　15, 145, 159, 189, **196
　〜203**, 204, 212, 238, 332, 344
マルクス主義　171, 198, 203, 213, 238,
　299, 332, 344
マルクス主義的実存主義　288

マルクーゼ, ハーバート　**259**
マンデヴィル, バーナード　160, **341**
ミッジリー, メアリー　**292**
ミメーシス理論　344
ミランドラ, ジョヴァンニ・ピコ・デラ
　340
ミル, ジェームズ　191
ミル, ジョン・スチュアート　65, 144,
　145, **190〜3**, 331
ミレトス学派　23, 40, 52, 336
民主主義　42, 243
民族誌学　330
矛盾　**351**
無神論　128, 189, 270
ムッソリーニ, ベニト　104, 107
ムハンマド（マホメット）　70, 86
無矛盾　**351**
命題　248〜51, **351**
メヴレヴィー教団　86, 87
メーストル, ジョゼフ・ド　172, **341**
メタ哲学　177, 330, **351**
メディチ家　104, 105, 107
メルセンヌ, マラン　113
メルロ＝ポンティ, モーリス　**274〜5**
モア, トマス　100
孟子　36, 39, 44
毛沢東　44, 203, 213
モウラヴィー→ジャラール・ウッディー
　ン・ルーミー
目的論　61, **351**
モーゼス・ベン・ヨシュア　83, **340**
モナド（論）　136, 137, 340
物自体→ヌーメノン
モラン, エドガール　**344**
モンテーニュ, ミシェル・ド　**108〜9**, 124
問答法　20, 46, 48, 49

や行

ヤコブソン, ロマーン　223
ヤスパース, カール　**241**
湯浅泰雄　256
唯物論　344, 348, **351**
ユークリッド　26, 29
ユダヤ人とユダヤ教　84, 85, 90, 189, 340
ユートピア　203, 332, 338, 343

『夢判断』　332
ユング, カール　188
欲望　32, 62, 188, 290, 291, 324
四原因　61
四大元素　336

ら行

ライプニッツ, ゴットフリート　14, 60,
　63, 101, **134〜7**
ライル, ギルバート　76, 79, 112, **343**
ラカトシュ, イムレ　293, 297
ラカン, ジャック　288, 290, 324, 332
ラスキン, ジョン　160
ラッセル, バートランド　16, 107, 193,
　209, 212, **236〜9**, 249, 251, 279, 342
ラ・メトリー, ジュリアン・オフロワ・ド
　112, **341**
ランド, アイン　**343**
ランバン→マイモニデス, モーセス
リアリズム　106
『リヴァイアサン』　101, 113
リオタール, ジャン＝フランソワ　289,
　298〜9
リクール, ポール　232, 260
理性と推論　12〜4, 16, 101, 348, 349
リベラリズム（自由主義）　191, 193, 281,
　347
リプシウス, ユストゥス　67
リュケイオン　21, 62, 63
輪廻　27, 33, 337
リンネ, カール・フォン　58
倫理（学）　14, 15, 17, 60, 63, 212, 250,
　256, 307, 322, **351**
ルイス, C. S.　233
ルクレティウス　64, 232, 292
ルソー, ジャン＝ジャック　144, 150,
　154〜9, 160, 173, 175, 202, 204
ルター, マルティン　72, 97, 100, 110
ルナン, エルネスト　82
ルーマン, ニクラス　**345**
ルーミー→ジャラール・ウッディーン・
　ルーミー
ルメートル, ジョルジュ　90
ルルス, ライムンドゥス　**339**
レヴィ＝ストロース, クロード　326

レヴィナス, エマニュエル　255, **273**, 317

レウキッポス　**45**, 65

レオポルド, アルド　282, 283

レーガン, トム　331

歴史哲学　232, 260

老子　**24〜5**, 30

労働　162, 163, 200, 201, 237〜9

ロック, ジョン　60, 63, 101, **130〜3**, 146, 147, 150, 156, 158, 173, 175, 205,

340

ローティ, リチャード　209, **318〜23**

ロマン主義　144, 145, 157, 158, 190, 342

ロルカ, フェデリコ・ガルシア　233

ロールズ, ジョン　193, 289, **294〜5**

ロレンツォ・デ・メディチ　104, 105

『論語』　36〜9

論証　12, 14, 15, 17, 49, 58, 264, 265, 349, **351**

論証的言明　151, 152

論理　340, **351**

論理学　14, 60, 62, 63, 151, 212

論理実証主義　153, 257, **351**

『論理哲学論考』　212, 248〜51

わ行

ワーグナー, リヒャルト　217

和辻哲郎　**256**

ワールド・ワイド・ウェブ　289, 298

ワールブルク文庫　343

第2版 訳者あとがき

　本書は、The Philosophy Book, Dorling Kindersley Limited. 2024（第2版）の全訳だ。第2版で追加されたページを中心に、今回見直して、修正した箇所もふくめて訳出しなおしてある。翻訳にさいしての注記をまずまとめておく。（　）などの記号は基本的に原文のままだが、ときに訳者の都合で用いた個所もある。原文の斜字体は強調点に、太字はそのまま太字に置きかえた。原語などを挿入したいばあいは、〔　〕そのほかを用いた。

　13年ぶりの改訂第2版ということで、久しぶりにあらためて全編を通読したが、とりわけ追加分と変更箇所について感じたことを述べておきたい。基本的には歴史的な流れに沿っての人名紹介だから、この十数年で登場した最近の哲学者に新しいページの多くが割かれている。その傾向としては、倫理学系の哲学者が増えていることや、女性を中心としたフェミニズム関係の思想家が比較的多く採りあげられていることなどが指摘できる。また、イスラム関係の思想家についてある程度の修正がくわえられている点も、最近の世界情勢の反映なのかもしれない。全体として言えるのは、純理論的な

思索以上に、具体的な社会問題への提言が、こんにちの哲学に求められている一番の課題だということだろう。

　じっさい、＃MeTooやハラスメント問題、性的マイノリティへの関心の増加は、この十年であらためて触れるまでもなく、世界全体での中心的関心事となっている。そうした問題もふくめて多様性重視の傾向がますます先鋭化しつつある状況のなかで、いわば時事的な話題にたいして哲学がなにを語りうるのかは、さきにも触れたように最重要課題のひとつだ。だから、本書でもそうした動向への目配せがきちんとなされているわけだが、とはいえ現在進行形の問題ということもあってか、そうしたテーマについての基本的な知識をおさえておくくらいのことしか現時点ではなしえないのは致しかたのないところかもしれない。もちろん、おさえておくべき要点をきちんと踏まえることだけでも、簡単な話ではないが。

　二度の世界大戦をふくむことから「戦争の世紀」と呼ばれた二十世紀にたいして、「テロの世紀」と命名されながらも、四半世紀もたたないうちに相変わらずの戦争だらけとなっている世界情勢、何十年も前から予測されていたにもかかわらず

無策なままに突入している少子高齢化の進む現状、未曾有の原発事故を経験していながらその十分な事後処理もめどの立たないままに原発再稼働の進められている昨今の日本など、きちんと見据えて長期的な展望を立てなければならない社会問題はいやますばかりだ。

　かつてヘーゲルが哲学をミネルバの梟にたとえたことからも知られるように、哲学には時代の最先端の動向にアクチュアルに反応してゆくというよりは、一時代の終わりにあたってその時代を総攬する役割を担う傾向が強い。もちろん、そんな言いわけをもちだして、ヴィヴィッドな状況への対応をおざなりにしてよいというわけではないが、いま私たちの直面しているような諸問題にたいしてのしかるべき哲学的対応の成果が出るのは、まだもう少し後のことになるのかもしれない。だが、これからますます哲学にも喫緊の問題にたいする対応が迫られてゆくようになることは否定できないだろうし、そうしたときにヒントとなりうるトピックスがそこかしこに盛りこまれているというのが、本書の大きな魅力と言えるだろう。

　本書を皮切りにこのシリーズは現在で

は30冊以上出されているようで、その人気の高さが窺えるというものだが、当時初版の翻訳の仕事をいただいたときには、まだ一冊目ということでそんな事情など知る由もなく、精神分析学や社会哲学系、自然科学の思想家の紹介が足りないようだなどと勝手なことを述べたが、その後のシリーズの著作などを踏まえてみると、あらためて本書の構成の巧みさが際だつように思う。ほかの出版社からも、本書と同じようなタイプの哲学入門書がこの十年で少なからず出るようになったが、それら類書と比較してもこれだけすっきりと枝葉を切りおとした論述

スタイルを早くから採用していた点は高く評価してもよいのではないだろうか。

もともと哲学は、具体的な問題を扱うというよりは、抽象的な水準で議論を組みたててゆくことのほうが多いものだ。それだけに、議論の深みにはまると、いくら紙幅を費やしても結論に辿りつかなくなる恐れが多分にある。だからこそ、どの哲学者を紹介するにあたっても、その思想をまんべんなく要約することをはじめから断念し、論点を絞って議論を組みたてるという本書のスタイルはあらためて見事というしかない。入門書とは、その先への期待と欲望を駆りたててこそのもの

であろう。本書をお読みになったみなさまが、気になった哲学者の書いた著作をじっさいにみずから読んでみたいと思っていただければ、それに勝る喜びはない。

今回の翻訳にあたっては、三省堂出版局辞書出版部の西垣浩二さんと北烏山編集室の樋口真理さんにひとかたならぬご尽力をいただいた。この場を借りてお礼申しあげたい。

2024年夏

小須田 健

出典一覧

For the first edition, Dorling Kindersley would like to thank Debra Wolter and Nigel Ritchie for their editorial assistance, Vicky Short for her design assistance, and Jane Parker for providing the index and proofreading the book.
For the second edition, Dorling Kindersley would like to thank Priyal Mote for illustration, Deepak Negi and Samrajkumar S for their picture research, and Joicy John and Pankhoori Sinha for their editorial assistance.

PICTURE CREDITS

The publisher would like to thank the following for their kind permission to reproduce their photographs:

(Key: a-above; b-below/bottom; c-centre; l-left; r-right; t-top)

23 Getty Images: Hulton Archive (tr). **25 Corbis:** Chan Yat Nin / Redlink (cl). **Getty Images:** Hulton Archive (bl). **27 Alamy Images:** Gianni Dagli Orti / The Art Archive (bl). **29 Getty Images:** M. Bertinetti / De Agostini Picture Library (br). **31 Alamy Images:** INTERFOTO (tr).

32 The Bridgeman Art Library: Musée Guimet, Paris / Bonora (tl). **36 Getty Images:** Keren Su (bl). **38 Corbis:** Christian Kober / JAI (tr). **39 The Art Archive:** (br). **41 Corbis:** Visuals Unlimited (cra). **43 akg-images:** Wadsworth Atheneum (bl). **Getty Images:** G. Dagli Orti / De Agostini Picture Library (cr). **44 Corbis:** Bettmann (cr). **47 Corbis:** PoodlesRock (tr). **49 Corbis:** (br). **53 The Bridgeman Art Library:** Bibliothèque nationale, Paris / Archives Charmet (br). **55 The Bridgeman Art Library:** Pinacoteca Capitolina, Palazzo Conservatori, Rome / Alinari (tl). **Corbis:** Jon Hicks (bl). **59 Getty Images:** The Bridgeman Art Library (tl). **60 Corbis:** Elizabeth Whiting & Associates (tl). **63 akg-images:** British Library (tl). **Getty Images:** SuperStock (bl). **64 Réunion des Musées Nationaux Agence Photographique:** Hervé Lewandowski (bc). **65 Corbis:** Araldo de Luca (tr). **66 The Bridgeman Art Library:** Walters Art Museum, Baltimore, USA (cra). **73 Getty Images:** The Bridgeman Art Library (bl); **Alamy Stock Photo:** Adam Jn Fige (tr). **75 The Bridgeman Art Library:** Bibliothèque municipale, Rouen / Giraudon (tr). **Getty Images:** Hulton Archive (bl). **77 Alamy Images:** Mary Evans Picture

Library (tr). **78 Alamy Images:** Gianni Dagli Orti / The Art Archive (bl). **79 The Kobal Collection:** New Line Cinema (br). **81 Getty Images:** Hulton Archive (tr). **83 Corbis:** Bettmann (bl). **Photolibrary:** Dariush Zandi / GraphEast RM (cr). **85 Getty Images:** The Bridgeman Art Library (bl); Danita Delimont / Gallo Images (tr). **87 Alamy Images:** Gianni Dagli Orti / The Art Archive (tr). **Getty Images:** Bruno Morandi / The Image Bank (tl). **90 Getty Images:** Science & Society Picture Library (bl). **91 Alamy Images:** Gianni Dagli Orti / The Art Archive (tl). **92 Alamy Images:** Gianni Dagli Orti / The Art Archive (b). **94 Getty Images:** Chad Baker (bc). **95 NASA:** LAMBDA / WMAP Science Team (tr). **105 Corbis:** Massimo Listri (tl). **107 Corbis:** Bettmann (tr) (bl). **109 Alamy Images:** Gianni Dagli Orti / The Art Archive (bl). **Corbis:** Bettmann (tr). **111 akg-images:** (tl). **Corbis:** Bettmann (tr). **113 Corbis:** Bettmann (tr). **114 Science Photo Library:** David McCarthy. **115 Corbis:** Bettmann (br). **118 Getty Images:** Hulton Archive (cra). **120 akg-images:** Cameraphoto (tl). **122 Corbis:** Bettmann (bl). **123 Corbis:** Alberto Estevez / EPA (br). **125 Corbis:** Michael Nicholson (bl); Bill Varie (tr). **128 Alamy Images:** Gari Wyn

Williams (tl). **Corbis:** Bettmann (bl). **129 Dorling Kindersley:** Natural History Museum, London (cr/flower on rock). **133 Corbis:** Bettmann (bl); **Getty Images / iStock:** E+ / andresr (tr). **135 Corbis:** Bettmann (tr). **136 Science Photo Library:** Matthew Hurst (tl). **137 Getty Images:** Science & Society Picture Library (tr). **139 Corbis:** Bettmann (tr). **147 Corbis:** Bettmann (bl). **Getty Images:** G. Dagli Orti / De Agostini Picture Library (tr). **150 Corbis:** Michael Nicholson. **151 Corbis:** Ken Seet (bl). **152 Corbis:** Tomas del Amo - The Stock Connec / Science Faction (clb/tap). **153 Alamy Images:** Lebrecht Music & Arts Photo Library (tr). **157 The Bridgeman Art Library:** Detroit Institute of Arts, USA (bl). **Corbis:** Bettmann (tr). **158 Alamy Images:** V&A Images (bl). **159 Getty Images:** Peter Willi / SuperStock (br). **161 Corbis:** Hulton-Deutsch Collection (tr). **162 Shutterstock.com:** Sumit Kumar 99 (b). **163 Corbis:** Karen Kasmauski (tr). **166 Dorling Kindersley:** Stephen Oliver (tr) (tl/tree in summer). **169 Getty Images:** Matheisl (tl/tree in winter). **170 Corbis:** Bettmann (bl). **171 Getty Images:** Hulton Archive (tr). **173 Corbis:** Bettmann (tr); Gianni Dagli Orti / The Art Archive (bc). **177 Getty Images:** David Sanger / The Image Bank (br). **180 The Bridgeman Art Library:** American Illustrators Gallery, NYC / www.asapworldwide.com (tr). **Corbis:** Bettmann (bl). **184 The Bridgeman Art Library:** Château de Versailles (bl). **185 The Bridgeman Art Library:** Germanisches Nationalmuseum, Nuremberg (Nuernberg) (br). **187 Getty Images:** Time Life Pictures / Mansell (tr). **188 akg-images:** British Library (bl). **189 The Bridgeman Art Library:** National Gallery, London (br). **191 Corbis:** Bettmann (tr). **192 Corbis:** Todd Gipstein (bl). **193 Corbis:** Bettmann (tc). **195 Corbis:** Bettmann (bl); Robbie Jack (tr). **198 Corbis:** Alfredo Dagli Orti / The Art Archive (tr). **200 Getty Images:** The Bridgeman Art Library (bl). **201 Alamy Images:** Gianni Dagli Orti / The Art Archive (br). **202 Alamy Images:** Gianni Dagli Orti / The Art Archive (tl). **203 The Bridgeman Art Library:** Private Collection (bl). **Corbis**: Bettmann (tr). **204 Alamy Images:** Dinodia Images / India Images (br). **208 akg-images:** (tl). **Corbis:** Bettmann (bl). **209 Corbis:** Bettmann (bl). **217 Corbis:** Bettmann (bl); Kazuyoshi Nomachi (tr). **218 Corbis:** Bettmann (bl). **219 Corbis:** Bettmann (ca/Apollo); Jon

Hicks (cra/saint). **220 Corbis:** The Gallery Collection (tl). **221 Getty Images:** Hulton Archive (b). **225 Getty Images:** Jeffrey Coolidge (bl); Imagno / Hulton Archive (tr). **227 Corbis:** Bettmann (bl); **Shutterstock. com:** Giannis Papanikos (tr). **229 Corbis:** Bettmann (tr). **230 Getty Images:** G. Dagli Orti / De Agostini Picture Library (tr). **231 Corbis:** Philadelphia Museum of Art (tl). **232 Corbis:** Alan Schein Photography (bc). **235 Corbis:** Bettmann (bl); Hulton-Deutsch Collection (tr). **237 Getty Images:** MPI (tr). **238 Corbis:** Bettmann (clb). **239 Getty Images / iStock:** vm (br). **241 Corbis:** The Gallery Collection (b). **243 Corbis:** Bettmann (tr). **TopFoto.co.uk:** FotoWare FotoStation (bl). **245 The Bridgeman Art Library:** Archives Charmet (tl). **249 Getty Images:** The Bridgeman Art Library (br). **250 Getty Images:** Travelpix Ltd / Photographer's Choice (tl). **251 Getty Images:** Hulton Archive (tr). **254 Alamy Images:** Mary Evans Picture Library (tl). **255 The Bridgeman Art Library:** Bonhams, London / Private Collection (bl). **Corbis:** Bettmann (tr). **256 Alamy Images:** J. Marshall / Tribaleye Images (br). **258 Corbis:** Tommy Olofsson / Nordicphotos (cb). **259 The Advertising Archives:** (br). **261 akg-images:** Ullstein Bild (bl). **263 Photolibrary:** Johann Schumacher (tr). **265 Getty Images:** Altrendo Images (tr); Keystone / Hulton Archive (bl). **267 Corbis:** (tc). **Getty Images:** Imagno / Hulton Archive (tr). **269 Corbis:** Bettmann (tr). **271 Getty Images:** AFP / Central Press / Hulton Archive. **272 Corbis:** Bettmann (cr). **273 Dreamstime.com:** Shuo Wang (br). **275 Corbis:** Dan McCoy - Rainbow / Science Faction (bc). **TopFoto.co.uk:** (tr). **277 The Advertising Archives:** (bc). **Getty Images:** Hulton Archive (tr). **279 Alamy Images:** Geoff A. Howard (bl). **281 Getty Images:** Gemma Levine (tr). **Photolibrary:** Art Media (tl).

283 Dreamstime.com: Wavebreakmedia Ltd (tr); **Press Association Images:** Per Lochen / Scanpix (bl). **285 akg-images:** Album / Oronoz (tl). **Getty Images:** RDA (bl). **291 Getty Images / iStock:** People Images (cr); **Corbis:** Bettmann (bl). **293 Corbis:** (br). **295 Getty Images:** artpartner-images (b); Steve Pyke (tr). **296 Alamy Stock Photo:** Archivio GBB (cr). **299 akg-images:** Anna Weise (bl). **Corbis:** Chip East / Reuters (tr). **301 Getty Images:** Buyenlarge (cr). **302 Alamy Stock Photo:** TCD / Prod.DB (cr). **303 Getty Images / iStock:** gorodenkoff (crb). **305 The Bridgeman Art Library:** Ken Welsh / Private Collection (tl); **Corbis:** Bettmann (bl). **307 Corbis:** Christopher Felver (tr); PoodlesRock (bc). **309 Getty Images:** Premium Archive / Steve Pyke (tr). **310 Alamy Images:** The Print Collector (bc). **311 Alamy Images:** INTERFOTO (bl). **314 Getty Images:** Taro Yamasaki / Time Life Pictures (br). **315 iStockphoto.com:** BSJ (tl). **317 Corbis:** Sophie Bassouls / Sygma (tr); Jack Burlot / Apis / Sygma (tl). **322 Corbis:** Nic Bothma / EPA (tl). **323 Getty Images:** Marty Katz / Time Life Pictures (tr); Shawn Thew / AFP (bl). **327 Getty Images:** Universal Images Group Editorial / Arterra (br). **328 Alamy Images:** Tim Graham (br). **330 Photoshot:** (bc). **332 Getty Images:** Libor Hajsky / AFP (cr).

All other images © Dorling Kindersley